Intermediate Russian Language and Culture

PANORAMA

Benjamin Rifkin, Evgeny Dengub, and Susanna Nazarova

Georgetown University Press | Washington, DC

The publisher is not responsible for third-party websites or their content. URL links were active at time of publication.

Library of Congress Cataloging-in-Publication Data

Names: Rifkin, Benjamin, 1960– author. | Dengub, Evgeny, author. | Nazarova, Susanna, author
Title: Panorama : Intermediate Russian Language and Culture/ Benjamin Rifkin, Evgeny Dengub, and Susanna Nazarova.
Description: Washington, DC : Georgetown University Press, 2017. | Includes index.
Identifiers: LCCN 2016027532 | ISBN 9781626164178 (pb : alk. paper)
Subjects: LCSH: Russian language—Grammar. | Russian language—Textbooks for English speakers. | Russia (Federation)—Civilization.
Classification: LCC PG2112 .R54 2017 | DDC 491.782/421—dc23
LC record available at https://lccn.loc.gov/2016027532

⊗ This book is printed on acid-free paper meeting the requirements of the American National Standard for Permanence in Paper for Printed Library Materials.

20 19   9 8 7 6 5 4 3

Printed in the United States of America

Text design by click! Publishing Services.
Cover design by Martyn Schmoll. Cover image courtesy of Getty Images (Moscow by Dmitry Mordvintsev).

DEDICATED TO ELENA NIKOLAEVNA SHCHEPINA

Outstanding teacher, inspiring colleague, beloved friend

CONTENTS

Panorama is designed to meet the needs of learners who have completed at least 100 hours and as many as 400 hours of Russian-language classroom instruction and who have attained intermediate-level proficiency, as defined by the ACTFL Proficiency Guidelines, in speaking, listening, reading, and writing. Learners using *Panorama* should have been exposed to the fundamental concepts of Russian grammar—including declension, conjugation, and aspect—but their accuracy in the use of these concepts in spontaneous speech, as well as in planned writing, may most likely still be developmental. Our book is designed to help these learners strive for advanced-level proficiency in all four modalities, over the course of a semester or an entire academic year, as we shift their attention from reading and listening *to learn Russian* toward learning Russian *by reading and listening* to texts that are inherently interesting to them, as well as from speaking and writing *to learn Russian* toward learning Russian *by speaking and writing* about topics that matter to them.

Panorama consists of sixteen chapters, each dedicated to thoughtfully paired cultural and grammatical topics, and is accompanied by an Electronic Workbook, a companion website which provides homework for students to practice their mastery of the topics. Although instructors may assign the chapters in any order, we recommend that courses begin with chapter 1 because it is focused on reminding students of the basics of Russian grammar. The exercises in chapter 1 are designed to help students notice patterns of agreement after what may have been a long summer break without extended practice in the use of Russian. We also recommend that instructors assign chapter 15, which presents unprefixed verbs of motion, prior to chapter 16, which presents prefixed verbs of motion. With these two exceptions, our book is truly modular and instructors can pick and choose the order of presentation of chapters as they see fit. We have created a Teacher's Manual that provides you with a sample syllabus for one chapter to give you a sense of how we use these materials in our own courses. The Teacher's Manual, available at press .georgetown.edu/georgetown/instructors _manuals, includes additional resources, which we discuss later in the preface.

We believe that all the materials in each chapter (the textbook and Electronic Workbook together) can generally be completed within ten classroom contact hours (i.e., about three weeks in a three-credit semester-length course). We also believe, however, that instructors can use the book with reduced contact hours. You can accomplish the goal of helping students advance their Russian by assigning only some of the summative and integrative activities in each chapter, thus reducing the number of contact hours to six or seven hours per chapter. If you do wish to reduce the number of hours spent on each chapter, we recommend that you vary the selected exercises from chapter to chapter, providing students a film activity in every other chapter, a longer written assignment for alternating chapters, and so forth. In the sample syllabus for chapter 6 provided in the Teacher's Manual, we have included such variations to give you a sense of how you might accomplish this.

Organization of the Book

Each chapter includes the same basic sections and types of activities. Within each chapter, learners and instructors can expect to encounter vocabulary introducing the cultural topic, including some vocabulary exercises and a text focused on the vocabulary; extensive grammatical explanations and examples from authentic speech, alongside proverbs illustrating the grammatical points of the chapter; extensive grammar exercises for in-class work; two more reading texts, the last being a poem or an excerpt from an important work of prose fiction; a series of discussion tasks; and a summative section of writing tasks.

Each textbook chapter begins with a photograph that problematizes the chapter's cultural topic, encouraging students to think about that topic from different perspectives. A second photograph activity appears later in each chapter in different places, depending on the topic. We then present the vocabulary necessary for students to begin to read on the topic with two authentic or slightly modified authentic texts, together with pre- and post-reading exercises to guide students toward a preliminary discussion of the given cultural topic.

Next in each textbook chapter, there is a thorough and organized explanation of the given grammar topic, with examples, generally related to the culture topic, that illustrate the grammatical principles. All examples are provided in both Russian and English. The grammar also is illustrated with four or five proverbs, sayings, or idiomatic expressions interspersed among the grammar explanations; each proverb or saying is given in Russian with a literal translation and an idiomatic equivalent.

The grammar explanation section in each chapter is followed by a series of short grammar exercises suitable for completion in class in order to check student comprehension of the various grammar points. We have embedded cues in the grammar explanations pointing to the relevant textbook exercises and more cues among the textbook exercises to show when the relevant exercises in the Electronic Workbook should be completed. These cues, which appear at the end of each exercise, should help you plan your course syllabus and will help frame student expectations of their work for your course. Many of the exercises both in the book and Electronic Workbook consist of sentences drawn from Russian literary texts or from the Russian National Corpus. Beside the discussion-based exercises throughout each chapter in the textbook you will see 🗩🗩 to help you and your students find them easily.

There are three reading texts presented in each textbook chapter. The first, within the vocabulary section, focuses on vocabulary knowledge related to the chapter's theme. The second comes after the short, in-class grammar exercises and dives more deeply into the theme. The third is a poem or excerpt from a novel. Next to the literary text you will see the 🔊)), signaling that there is a recording of the text available on press.georgetown.edu. Students can listen to a native speaker reading the work, or you can use it as a classroom activity.

Each chapter concludes with two summative activities, which integrate grammatical, lexical, and cultural knowledge. We include two sets of discussion topics, one of which is based on films related to the chapter's topic, that you can use in class work, as group work, or for presentations. Lastly we provide a series of writing prompts that students can use to write their own essays on the chapter's topic.

The appendices to *Panorama* include declension charts and an inventory of commonly used verb stems. Both English–Russian and Russian–English glossaries from the word lists and grammar presentations are available as a downloadable file in the Electronic Workbook, together with the numbers of the chapters in which they are presented.

Homework in the Electronic Workbook

Most of *Panorama*'s homework materials are available online in the Electronic Workbook at books.quia .com (see "How to Use This Textbook and the Electronic Workbook" for more instructions).

The exercises therein were designed to be paired with the work being done in the textbook, and they should be used side by side. We encourage instructors to set up an online class each semester. Access is free for teachers; students must pay a fee for eighteen months of access. Both students and teachers set up accounts; teachers then provide a course code to their students so that they can "enroll" in the online course. Having students connect to the teacher's course provides teachers with a way to monitor their students' progress throughout the semester and to see at a glance which exercises were difficult for the class as a whole, which were difficult for individual students, how much time each student spent on the homework, and so forth. A free preview of chapter 6 in the Electronic Workbook is available for you to review prior to adoption. Go to books.quia .com, navigate to the Bookstore, select *Panorama*, and click Preview.

The exercises in the Electronic Workbook are intended to be completed online. The website automatically corrects all of the convergent exercises (e.g., drag and drop, multiple choice, etc.) so instructors do not have to spend their time correcting mechanical exercises. For many of the divergent exercises (e.g., write a sentence or translate into Russian), model answers are provided and students are asked to self-check by comparing their work to the model. There are many options and settings that instructors may set, and we encourage you to explore such features as controlling when students see correct answers (either immediately or after the assignment deadline has passed) and setting the due dates for activities.

Each chapter in the Electronic Workbook begins with exercises to develop students' lexical competence on the cultural topic of the chapter. The workbook exercises then focus on the grammar of the chapter. Among the activities are listening exercises with audio, exercises on the proverbs introduced in the grammar sections in the book, and an activity where students record a monologue; teachers can provide oral or written feedback for this exercise. Most of the listening exercises use authentic texts drawn from the archives of the radio station Ekho Moskvy.

There are a few additional items provided on the website: the complete Teacher's Manual PDF is available through the website so that you have everything you need at your fingertips. In addition, sixteen audio files for the literary reading passages are also available on the website. These are MP3 files that can be downloaded and used as you see fit. Students also have access to the audio files. Finally, a comprehensive glossary of all of the word lists in the textbook is available in PDF for you and for your students to download and use for studying, creating exams, etc. Students also have access to the glossary.

The Teacher's Manual

The Teacher's Manual is available in two places: you can find it on the publisher website (press .georgetown.edu/georgetown/instructors_manuals) as a downloadable PDF, and it is available inside the teacher workstation of the Electronic Workbook (you must create an account in order to access it).

We have created a teacher's manual to provide you with additional materials and guide you in your syllabus creation. In it, we provide supplementary activities for each chapter, including research topics for a symposium activity, a group project activity, interview topics for an activity focused on interviewing native speakers of Russian in your community or via Skype, and listening/viewing activities based on YouTube segments (URLs provided) on the relevant cultural topic. We also include for each chapter several videos and/or films on the cultural topics of the chapter. At least one song is also suggested for each chapter.

Each of these additional activities can be used to provide alternatives for students or to expand the number of classroom hours you spend on a particular chapter. The Teacher's Manual also includes the transcripts of all of the texts for the listening exercises found in the Electronic Workbook, as well as a sample syllabus for chapter 6, a sample test for chapter 6, and a section on how to create additional tests for this book.

We believe that *Panorama* presents a deeply contextualized and systematic approach to the study of

Russian at the intermediate level and hope that you and your students will enjoy reading and listening to the many authentic texts in each chapter and discussing the photographs, all while acquiring new vocabulary and mastering grammatical concepts first encountered in earlier courses. The book's comprehensive approach, including supplementary activities in the Teacher's Manual, is consistent with the five standards of foreign language education in the twenty-first century: communication, culture, connections, comparisons, and communities (see actfl.org for more information). The Electronic Workbook frees the instructor from the burdensome correction of mechanical exercises, thus giving instructors more time to develop and implement more meaningful and creative classroom activities. We hope you and your students will enjoy the broad view of contemporary Russian language and culture from *Panorama*.

Most of the homework can be found in the Electronic Workbook that accompanies this textbook. The exercises therein are designed to correspond to the work done in the textbook and they should be used side-by-side. The Electronic Workbook is only available as a companion website and can be found at books.quia.com. Although it is free for teachers to use, students must purchase access to the site.

A free preview of chapter 6 in the Electronic Workbook is available for you to review prior to purchase or adoption. Go to books.quia.com, navigate to the Bookstore, select *Panorama*, and click Preview.

Access for Students

To purchase access to the site, you have two options:

(1) Go to books.quia.com and create an account. From here, navigate to the Bookstore and select *Panorama*. Click Buy and proceed through the purchase process, using a credit card. You will receive automatic access once the purchase is complete and be able to begin using it right away.

(2) Purchase a discounted bundle that includes both the textbook and a printed card with a code to use to access the website. Go to books.quia.com and create an account. Enter the code included on the printed card when prompted.

No matter how you make your purchase, the duration of your access is 18 months from the date of purchase or entering the code.

Access for Teachers

If you are ready to adopt the Electronic Workbook, go to books.quia.com and create an account. Once you have an account, navigate to the Bookstore and select *Panorama*. Select Instructor Trials & Adoptions. Once you enter your information, you will quickly receive access to the site. Technical help is available through the site and the FAQs provide information about how to get started.

Once you have created a course, you will want to print the course code and hand it out to your students so that they can enroll in your course in the Electronic Workbook. This way, you will be able to see their progress throughout the semester, ensure that they have completed appropriate homework, grade the homework, contact the class as a group, and much more. The teacher account and access never expires.

ACKNOWLEDGMENTS

We would not have been able to complete our work on this project without the help of many colleagues and friends around the world. We thank Alexei Venediktov and Ekho Moskvy, Vladimir Voloshin, and Oksana Boldyreva for permission to use their texts, and Ilya Ipatov, Artemii Lebedev, Andrei and Alla Sulitsky, and Ilya Varlamov for permission to use their photographs. We are grateful to Polina Barskova for lending her voice for some of our recordings. We thank Ksenia Golovleva for writing many of our texts.

We are grateful to the following colleagues who piloted our materials, read through them, and gave us valuable feedback: Alexandr Belonogov, Olga Eremina, Edie Furniss, Irina Kogel, Svetlana Malykhina, Olga Mukhortova, Andrew Roth, Yulia Stone, Anna Tumarkin, Zhanna Vrabets, and Jeanne Milligan Wardle. We thank our reviewers— Irina Dubinina, Karen Evans-Romaine, and Tom Garza—for their important feedback.

We thank colleagues and students who helped us with editing our manuscript: Bryan Furman and Megan McNelis. We are grateful to our colleagues and students at the Kathryn Wasserman Davis School of Russian at Middlebury College, Mount Holyoke College, University of Massachusetts Amherst, Smith College, and Amherst College for their encouragement and patience as we worked on this project.

We thank our dear colleagues at Georgetown University Press—David Nichols, Clara Totten, Laura Valerie, and Glenn Lisa Saltzman—for their help at various stages and in various aspects of the creation of our book.

Most importantly, we thank Hope LeGro, our editor at Georgetown University Press, whose passion for language learning and instinct for curricular development enabled us to realize our vision for *Panorama*.

Evgeny Dengub, Smith College
Susanna Nazarova, Mount Holyoke College
Benjamin Rifkin, Hofstra University

Урок №1

Образование

Что вы видите на фотографии. Где эти люди? Что они делают?

ЛЕКСИЧЕСКАЯ ТЕМА: «ОБРАЗОВАНИЕ»

In this section you will learn words and phrases that will help you understand texts in this chapter and discuss the topic of education.

Полезные слова и выражения

Вот некоторые слова и фразы, которые помогут вам понять тексты главы.

вы́сшее образова́ние	higher education
пла́тное/беспла́тное образова́ние	paid/free education
учёба	studies
обуче́ние	education/teaching
па́рта	school desk
зубри́ть/вы́зубрить, зубрёжка	to cram, cramming
вуз — вы́сшее уче́бное заведе́ние	institution of higher education, college, university
абитурие́нт	university/college entrant
штуди́ровать	to study hard
выпускни́к	graduate
проходно́й балл	passing grade
отчисля́ть/отчи́слить	to expel
неуспева́емость	poor grades/unsatisfactory progress
прогу́ливать/прогуля́ть	to play truant/to skip classes

Глаголы на тему «учёба» ("Study" Verbs)
Russian uses different verbs to convey the idea of studying. Read the following words and their translation into English. Study the examples.

изуча́ть/изучи́ть *что* to study, explore, examine, investigate something, for example, a university subject

На первом курсе студенты обычно **изуча́ют** общие предметы, например, алгебру, литературу, историю.

учи́ть/вы́учить *что* to learn by heart, to memorize
Он **учи́л** новые слова весь день, но так и не **вы́учил** их.

учи́ть/научи́ть *де́лать что, чему* to teach how to do something, to teach a skill
Его никто никогда не **учи́л** читать.
В институте нас **научи́ли** пользоваться компьютерными программами.

занима́ться *где, сколько* to study, do homework
Многие студенты **занима́ются** в кафе.
Мой брат никогда не **занима́ется**, но получает пятёрки. А я **занима́юсь** много, но никогда не получаю пятёрки.

учи́ться *где, как* to be a student at an institution of learning, to study at/to go to school somewhere
Её дочь **у́чится** в Индиане. Она **у́чится** очень хорошо.

учи́ться/научи́ться чему, *делать что*   to learn how to do something, to acquire a skill

Ольга **учи́лась** играть на скрипке только один год, но играет лучше своего учителя.

Он так и не **научи́лся** кататься на велосипеде.

В детстве мы все **учи́лись** фигурному катанию.

Упражнения по лексике

Complete these exercises as a class or in small groups to prepare for reading Text 1. The homework on the companion website will help you enhance your mastery of this material.

1 Соедините русские слова и фразы слева с их английским переводом справа.

1. курсова́я рабо́та	a. classmate
2. поле́зные предме́ты	b. useless knowledge
3. успе́шный челове́к	c. to earn money
4. рабо́тать по специа́льности	d. secondary education
5. соку́рсник	e. private instructor
6. зараба́тывать/зарабо́тать де́ньги	f. successful person
7. сре́днее образова́ние	g. to work in the field of one's major
8. ча́стный преподава́тель	h. useful subjects
9. бесполе́зные зна́ния	i. term paper

 2 Обсудите с партнёром по-русски, что значат эти слова и выражения.

поступа́ть/поступи́ть в университе́т
принима́ть/приня́ть в университе́т
получа́ть/получи́ть дипло́м
получа́ть/получи́ть зна́ния
нача́льное образова́ние
дава́ть/дать зна́ния
зака́нчивать/зако́нчить университе́т

Текст 1: Статья «Высшее образование больше не нужно?»

Before you read the text, you will engage in a discussion to prepare you for the topic. After reading the text, complete the After Reading exercises to evaluate your comprehension and practice new vocabulary.

 Перед чтением

Прочитайте утверждения о высшем образовании и оцените их по шкале от 1 до 4, где:

1 = совершенно согласен/согласна	3 = не согласен/не согласна
2 = согласен/согласна	4 = совершенно не согласен/не согласна

Обсудите ответы в группе.

1. Учиться в университете необязательно.
2. Если у вас есть уникальная бизнес-идея, то вам нужно уйти из университета и заниматься этой идеей.
3. Все знания, которые студенты получают в университете, будут нужны им потом в жизни или в работе.
4. Учёба в университете гарантирует хорошую работу и высокую зарплату.
5. Успешный человек — это тот, кто зарабатывает много денег.
6. Вы сможете стать успешным человеком, только если вы закончите университет.

Высшее образование больше не нужно?
Прочитайте статью.

Многие мои знакомые молодые люди задают себе такой вопрос: зачем тратить время на учёбу в университете, если самые успешные и богатые люди мира не закончили его и не получили диплома о высшем образовании? Среди этих людей Стив Джобс, изобретатель[1] и основатель корпорации «Apple», Билл Гейтс, предприниматель[2] и создатель[3] компании «Microsoft», Марк Цукерберг, основатель социальной сети «Facebook», Роман Абрамович, российский предприниматель и миллиардёр, Вуди Аллен, американский кинорежиссёр, продюсер, актёр, писатель и многие другие. Этот список[4] заставляет[5] задуматься над тем, стоит[6] ли идти по заранее[7] известному и долгому пути: школа — университет — аспирантура — работа, если можно реализовать себя и вне[8] этой схемы, и к тому же, гораздо раньше?

Никто не будет спорить[9] с тем, что для того, чтобы придумать интересную идею и воплотить[10] её, высшее образование совсем не нужно. Если есть такая сверх-идея, а вдобавок[11] ещё и талант, энергия и желание эту идею претворить[12] в жизнь, нужно делать это сразу, как говорится, «не отходя от кассы[13]», а не проводить самые лучшие и продуктивные годы жизни в университетских аудиториях. В этом случае учёба не только бесполезна, но даже вредна и опасна[14]. За годы сидения за партой и зубрёжки перед экзаменами любая творческая[15] идея исчезнет без следа[16]. Поэтому творческие люди и бегут из университетов и добиваются[17] успеха не с помощью высшего образования, а совсем другими способами[18]. Все, кто учился в университетах, скажут вам, что бо́льшая часть знаний, которую они получили в стенах вузов, оказалась[19] потом практически бесполезной и ни разу не пригодилась[20] им ни в жизни, ни в работе.

Вот я, например, закончила один из самых престижных в 80-е годы высших учебных заведений в России. Поступить туда было практически невозможно. Все абитуриенты годами занимались с частными преподавателями и платили за это огромные деньги. Но для поступления и этого было мало. Если у тебя не было «связей[21]», то ты мог забыть об этом вузе и идти учиться в какой-нибудь строительный институт. Туда принимали почти всех.

Став наконец студентами этого замечательного заведения, сколько времени мы с сокурсниками потратили на переписывание лекций по истории и экономике, на штудирование языков, на написание курсовых работ и дипломов! И что в результате? Только три процента выпускников нашего вуза работают по специальности. Остальные 97% забыли почти всё, что они учили долгие шесть лет в институте, и теперь занимаются разными интересными и важными делами, которые позволяют[22] им зарабатывать нормальные деньги и обеспечивать[23] свои семьи.

Нужно ли тогда учиться в вузах и забивать[24] свою голову тем, что никогда не пригодится тебе в жизни? Нужно ли несколько лет сидеть в университете и получать знания, которые никогда не помогут тебе жить лучше, зарабатывать больше денег и чувствовать себя комфортнее?

[1]inventor, [2]entrepreneur, [3]creator, [4]list, [5]force, [6]worth, [7]in advance, [8]outside, [9]argue, [10]realize, [11]in addition, [12]put into practice, [13]on the spot, [14]dangerous, [15]creative, [16]without a trace, [17]achieve, [18]by other means, [19]turn out to be, [20]prove useful, [21]connections, [22]allow, [23]provide, [24]fill

---

После чтения

А. Поняли ли вы текст? Поставьте П (правильно) или Н (неправильно) напротив утверждений о тексте. Если вы поставили Н, дайте правильный ответ.

1. _____ Все молодые люди хотят получить высшее образование.
2. _____ Многие успешные и известные в мире люди не закончили университет.
3. _____ Учёба в университете помогает творческим людям придумывать интересные идеи и претворять их в жизнь.
4. _____ В 80-е годы можно было поступить в любой самый престижный вуз в Советском Союзе, если студент хорошо сдал вступительные экзамены.
5. _____ Почти все выпускники вуза, в котором училась автор статьи, работают по специальности и зарабатывают хорошие деньги.
6. _____ Автор считает, что высшее образование необходимо, чтобы стать успешным человеком.

Б. Обсудите с партнёром или в группе.

1. Знаете ли вы людей, имена которых автор называет в первом абзаце статьи? Почему автор пишет о них?
2. Почему, по мнению автора, «творческие люди бегут из университетов»?
3. Зачем автор рассказывает о своей учёбе в престижном московском вузе?
4. Что автор считает критерием успеха в жизни? Вы согласны с ним?
5. Что вы считаете критерием успеха? Какого человека можно, по-вашему, назвать успешным?
6. Как вы считаете, высшее образование необходимо или нет? Почему? Аргументируйте свою точку зрения.

Electronic Workbook
exercises
A—B

Each chapter of *Panorama* reviews grammatical and syntactical topics that you have probably studied before, but our presentation will strive to be more comprehensive and systematic than what you might have had in previous learning experiences. In this chapter, we will provide you with the tools you will need to use to analyze Russian grammatical and syntactical patterns in the exercises and tasks throughout the rest of the book.

Agreement (Согласова́ние)

Russian is a highly inflected language. This means that nouns, pronouns, and adjectives are declined and verbs are conjugated, that is, the endings of these words change so that they agree with each other. Adjectives must agree in case, gender, and number with the nouns that they modify, and analogously, nouns must agree with the adjectives that modify them. Verbs agree with their subjects, which may be nouns, noun phrases (noun + adjective/s) or pronouns. The relationships of agreement among Russian words are illustrated in the sentences below. The arrows drawn between groups of words indicate the existence of an obligatory relationship of grammatical correspondence, called "agreement," among the words marked with arrows.

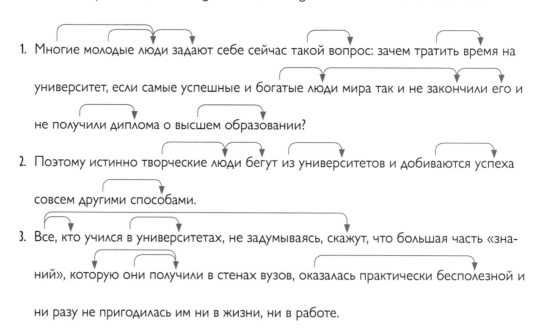

1. Многие молодые люди задают себе сейчас такой вопрос: зачем тратить время на университет, если самые успешные и богатые люди мира так и не закончили его и не получили диплома о высшем образовании?

2. Поэтому истинно творческие люди бегут из университетов и добиваются успеха совсем другими способами.

3. Все, кто учился в университетах, не задумываясь, скажут, что большая часть «знаний», которую они получили в стенах вузов, оказалась практически бесполезной и ни разу не пригодилась им ни в жизни, ни в работе.

In example sentence 1, the adjectives мно́гие and молоды́е agree with the noun лю́ди, and the noun phrase consisting of the noun and those two adjectives agrees with the verb задаю́т. The adjective тако́й agrees with the noun вопро́с. The word вре́мя is in the accusative case because it is the direct object of the verb трáтить. The noun мир is in the genitive case because it "possesses" the most successful and wealthy people. The verbs закóнчить and получúть are in the plural to agree with their subject люди, the pronoun егó appears in the accusative case as the direct object of the verb закóнчить, and the phrase вы́сшее образовáние is in the prepositional case, because it is governed by the preposition о, which must take an object in the prepositional case.

In example sentence 2, the verbs бежáть and добивáться appear in the third-person plural form to agree with the subject люди. The word университéт appears in the genitive plural, because the preposition из takes an object in the genitive. The word успéх also appears in the genitive case, because the verb добивáться requires an object in the genitive. The noun phrase другúе спóсобы appears in the instrumental case in order to convey manner, as will be explained in chapter 10.

In example sentence 3, the verb сказáть appears in the third-person plural form to agree with the subject все (a pronoun), while that same pronoun is associated with the pronoun and verb in the intervening clause (кто учúлся). The noun университéт appears in the prepositional case as an object of the preposition в conveying the idea of location rather than movement in a direction. The relative pronoun котóрый appears in its feminine singular accusative form, because it is standing in for the word часть (which is feminine) and is the object of the verb получúть. The verb получúть is in the third-person plural to agree with the pronoun онú. The word "useless," бесполéзный, is in the instrumental case as required by the verb оказáться.

Textbook exercises
3, 4

 Пословицы, поговорки, выражения
Век живú, век учúсь.
As long as you live, you're learning.
Live and learn.

Parts of Speech and Dictionary Forms

You are probably familiar with the parts of speech in English. Because Russian and English are both Indo-European languages (and hence related to one another), their grammatical structures are not so dissimilar. Look at the chart below to compare terms in both languages. In this table, words are provided in a variety of grammatical contexts to illustrate the parts of speech. In glossaries and dictionaries, they are given only in what we might call the "dictionary form," which we can define as the nominative singular form for nouns, the nominative masculine singular form for adjectives, and the infinitive for verbs.

Textbook exercises
5, 6

Adverbs, prepositions, interjections, and conjunctions are not inflected forms. In other words, they exist in the Russian language in only one form. Verbs, nouns, adjectives, and pronouns all take inflectional endings, as described below. The way these words appear in the dictionary is called "the dictionary form."

English Term	Russian Term and Examples (in Various Grammatical Forms)	Definition and English Examples
noun	**и́мя существи́тельное:** Борис, студенты, диплом, Москва, образование	person, place, thing, or idea: Boris, students, diploma, Moscow, education
pronoun	**местоиме́ние:** я, ты, он, она, оно, мы, вы, они, меня, тебя, его, её, нас, вас, их, кто, что, куда, где	a word that takes the place of a noun, including personal pronouns (I, you, he, she, it, we, they) in any form (e.g., me, her) and interrogative pronouns (who, what, where, etc.)
adjective	**и́мя прилага́тельное:** успешный, курсовая, среднее, социальной, лучшие	a word that modifies a noun: successful, term (paper), secondary, social, best
verb	**глаго́л:** быть, являться, получили, закончила, будем поступать, поучусь	an action word or a word denoting a state of being: to be, to appear, received, finished, will enter, will study
participle	**прича́стие:** образованный, любимую, думающего	an adjective derived from a verb: educated, beloved/favorite, thinking
verbal adverb/ gerund	**дееприча́стие:** учась, научившись, записывая, записав	an adverb derived from a verb: while studying, having learned, while jotting down, having jotted down.
numeral	**числи́тельное:** два, второго, двое	a word denoting a number: two, second, a couple of
adverb	**наре́чие:** хорошо, плохо, интересно	a word that modifies a verb: well, poorly, interestingly
preposition	**предло́г:** в, на, от, из, с, под, между	a word that indicates the relation of a noun or pronoun to another noun or pronoun: in, at, from, under, between
interjection	**междоме́тие:** ах! ох! эх!	exclamation: Oh! Wow!
conjunction	**сою́з:** и, или, а, но, поэтому, однако	words that connect noun phrases or clauses: and, or, but, therefore, however
particle	**части́ца:** бы, же, ведь	no English equivalent

For verbs, the dictionary form is the infinitive, which ends in -ть for the vast majority of Russian verbs, with a very small percentage of verb infinitives ending in -ти or -чь. For nouns, the dictionary form is the nominative singular form of the word. With the exception of some foreign borrowings into Russian, nouns are grouped into categories called "genders," marked by their endings, as demonstrated in this chart:

Мужско́й род (Masculine)	Же́нский род (Feminine)	Сре́дний род (Neuter)
• all nouns ending in a consonant • all nouns with feminine endings that refer to males, including names and relationships, such as па́па, Ми́ша • some nouns ending in a soft sign (but none ending in -чь, -шь, -жь, -щь)	• all nouns ending in -a or -я except those denoting males (masculine) and those ending in -мя (neuter) • all nouns ending in -чь, -шь, -жь, -щь • some nouns ending in a soft sign	• all nouns ending in -о, -е, -ё • all nouns ending in -мя • many foreign words that are indeclinable

Here are the most common exceptions to these rules:

1. The words человек, друг, врач, and доктор are masculine and take masculine adjectives, even when they refer to a woman, for instance: Она — хороший врач.
2. The words сирота (*orphan*), плакса (*crybaby*), пьяница (*drunkard*), убийца (*murderer*) are of common gender. They may be either masculine or feminine depending on the context. They are modified by adjectives that agree in gender with the biological gender of the subject, e.g., большой плакса is a male, while ужасная пьяница is a female.
3. Foreign words ending in vowels that do not signify a gender class in Russian (e.g., -ю) are neuter, such as интересное меню or красивое авеню. However, some of these foreign words may take the gender of the larger category to which they belong. For example, Миссисипи is feminine when it refers to the река, but it is masculine when it refers to the штат.

Textbook exercise
7

The dictionary form of an adjective is the masculine singular version. Adjectives are also marked for gender and, in the nominative case, take the endings depicted in the chart below, with the first option used for hard-stem adjectives without spelling rule concerns, and the second option used for soft-stem adjectives and/or adjectives with spelling rule concerns.

Masculine Singular	Feminine Singular	Neuter Singular	All Genders Plural
-ый/-ий, -ой	-ая, -яя, -ья	-ое, -ее, -ье	-ые, -ие, -ьи

Most adjectives are hard-stem adjectives, but a few select adjectives are soft-stem adjectives. It is useful to memorize the list of soft-stem adjectives, many of which are related to concepts of place or time:

утренний	летний	последний	сегодняшний
вечерний	осенний	здешний	вчерашний
весенний	зимний	тамошний	завтрашний

 Пословицы, поговорки, выражения
Повторение — мать учения.
Repetition is the mother of learning.
Practice makes perfect.

Hard and Soft Endings

How can you tell if a noun or adjective has a hard or soft stem? You have to look at the last consonant in the root of the word (that part that precedes the nominative case singular grammatical ending). For nouns, that means looking at the very end of masculine singular words that have a "zero-ending," such as стол, Антон, музей, карандаш, плащ, пляж, мяч, канадец, and словарь, while for feminine and neuter words it means looking at the last consonant before the vowel that marks the word's gender, such as in лампа, Нина, Маша, кража, неделя, Казань, преподавательница, море, окно, письмо, and бельё. If that consonant is hard, the word has a hard stem. If that consonant is soft, the word has a soft stem.

How can you tell if a consonant is hard or soft? Russian consonants come in three groups:

1. Consonants that are always hard: ж, ц, ш, (пля**ж**, кра́**ж**а, кана́де**ц**, преподава́тель-ни**ц**а, каранда́**ш**, Ма́**ш**а,). These consonants remain hard even in those instances when they are followed by a soft sign, which in fact serves only as a grammatical indicator (either of feminine gender for nouns or to mark a verb form as second-person singular or as an imperative) as in these examples: ло**жь**, ре**жь**, де́лае**шь**. (Note that the soft sign *never* follows ц in any Russian word; this may occur in renderings of foreign words in Russian.)
2. Consonants that are always soft: й, ч, щ (музе́**й**, мя**ч**, пла**щ**)
3. Consonants that may be hard or soft, depending on what vowel or letter follows them.

A word whose root-final consonant is of group 3 is hard if:

1. that consonant is word final (ме**л**, Анто́**н**)
2. that consonant is followed by another hard consonant (о**кн**о́, и**гр**а́, чё**рт**)
3. that consonant is followed by a hard-series vowel (-а, -о, -у, -ы, -э) (письм**о́**, ва́**за**)

A word whose root-final consonant is of group 3 is soft if:

Textbook exercise
8

1. that consonant is followed by another soft consonant (бо**рщ**, **ст**ена́, **три**)
2. that consonant is followed by a soft-series vowel (-я, -ё, -ю, -и, -е) or by the soft sign (-ь) (неде́**ля**, мо́**ре**, бель**ё**, слова́**рь**, Каза́**нь**)

 Пословицы, поговорки, выражения
Учи́ться никогда́ не по́здно.
It's never too late to learn.
You **can** teach an old dog new tricks!

The Case System

As you recall, Russian has six cases as described in the chart below:

English Case Name	Russian Case Name	Russian Interrogative Pronouns
nominative case	имени́тельный паде́ж	кто? что?
accusative case	вини́тельный паде́ж	кого́? что?
genitive case	роди́тельный паде́ж	кого́? чего́?
prepositional case	предло́жный паде́ж	о ком? о чём?
dative case	да́тельный паде́ж	кому́? чему́?
instrumental case	твори́тельный паде́ж	кем? чем?

We will review the cases in later chapters. For now it is important to remember that nouns agree with the adjectives that modify them in case and in gender *or* number. (Case endings are either singular, in which case they are marked for gender, or they are plural, in which event they are *not* marked for gender.) Consider the following examples:

Он зна́ет (1) <u>э́тих молоды́х профессоро́в</u>, кото́рые занима́ются (2) <u>интере́сными вопро́-</u><u>сами</u> (3) <u>я́дерной фи́зики</u>.

He knows these young professors who study interesting questions in the area of nuclear physics.

Textbook exercise 9

In the example above, each numbered noun phrase consists of at least one modifier and the noun it modifies: (1) these young professors—in the accusative case, plural; (2) interesting questions—in the instrumental case, plural; and (3) nuclear physics—in the genitive case, singular feminine.

 Пословицы, поговорки, выражения
Тяжело́ в уче́нии—легко́ в бою́.
If it's hard in training, it will be easy in battle.
Lessons hard to learn are sweet to know.

The Russian Verb

As you no doubt remember, Russian verbs have numerous forms. Every verb has its infinitive; and every verb has conjugated forms that agree with each person and number, as in the chart below:

Инфини́тив: учи́ться	Еди́нственное число́	Мно́жественное число́
Пе́рвое лицо́	я учу́сь	мы учи́мся
Второ́е лицо́	ты учи́шься	вы учи́тесь
Тре́тье лицо́	он/а учится	они́ у́чатся

Russian verbs also convey actions that took place in the past, are taking place in the present, and will take place in the future, using the grammatical functions of verbal aspect and tense, as depicted in this chart:

Учи́ться/ научи́ться	Проше́дшее вре́мя (*Past Tense*)	Настоя́щее вре́мя (*Present Tense*)	Бу́дущее вре́мя (*Future Tense*)
Несоверше́нный вид (Imperfective)	Она́ учи́лась в Моско́вском университе́те.	Она́ у́чится в Моско́вском университе́те.	Она́ бу́дет учи́ться в Моско́вском университе́те.
Соверше́нный вид (Perfective)	Она́ научи́лась води́ть маши́ну.	**no such form exists**	Она́ ско́ро нау́чится води́ть маши́ну.

Textbook exercise 10

The Spelling Rules

Before concluding the grammar explanations in this chapter, we want to remind you of the three spelling rules of Russian:

1. After **г, к, х, ж, ч, ш**, and **щ** never write **ы**, always write **и** instead. For instance, the standard masculine nominative singular adjectival ending is -ый, but because of the spelling rule, after к, the ending is -ий, as in the word ру́сский, with the same pattern after ш, for the word хоро́ший. Foreign words, especially place names, such as Кыргызста́н, are exceptions to this rule.

2. After **г, к, х, ж, ч, ш, щ,** and **ц** never write **я** or **ю**, always write **а** or **у** instead. For example, the standard ending for the third-person plural form of a second conjugation verb is ят, but because of the spelling rule, the они form of the veb кричать is они кричáт. The same rule explains why we write ищý, шýба, among other words. Exceptions to this rule are foreign words, such as брошюра, парашют, and жюри.

3. After **ж, ч, ш, щ,** and **ц** never write unstressed **о**, always write **е** instead. For example, the standard neuter nominative singular adjective ending is -ое, but because of this spelling rule, the adjective хорóший takes a neuter form of хорóшее, and there are many other words, especially adjectives, that follow this same pattern. Words of foreign origin, such as шоколáд, шофёр, constitute exceptions to these spelling rules. Remember that it *is acceptable* to write unstressed о after г, к, and х as in the example sentence, Гóголь и Набóков—óчень **хорó**шие писáтели.

Spelling rules in English may seem arbitrary to native speakers of English or to foreigners learning the language, including such rules as "when two vowels go a-walking, the first one does the talking," to explain how we spell and pronounce the word "feather," even though there are many exceptions to this rule (e.g., "niece"). Similarly, the spelling rules of Russian described here may seem arbitrary to you, but they are a foundational element of the orthography of the language.

Textbook exercise
11

 Пословицы, поговорки, выражения
Учéнье—свет, а неучéнье—тьма.
Learning is light and ignorance is darkness.
I say there is no darkness but ignorance. (William Shakespeare)

Выражéния врéмени (*Time Expressions*)

Time expressions in any language are highly idiomatic. A list is provided below: most of these expressions are probably familiar to you, but now is the time to systematize them.

Clock time and time of day

Котóрый (сейчáс) час?	Во скóлько? В котóром часý?
What time is it?	**At what time? When?**
Сейчáс одúннадцать (часóв).	В одúннадцать (часóв).
Сейчáс два (три, четы́ре) часá.	В два (три, четы́ре) часá.
Сейчáс пять (шесть, семь, вóсемь, дéвять, дéсять, одúннадцать, двенáдцать) часóв.	В пять (шесть, семь, вóсемь, дéвять, дéсять, одúннадцать, двенáдцать) часóв.
Сейчáс половúна (пол-) четвёртого. (3:30)	В половúне (пол-) четвёртого. (3:30)
Сейчáс дéсять минýт пя́того. (4:10)	В дéсять минýт пя́того. (4:10)
Сейчáс без пятú (минýт) шесть. (5:55)	Без пятú (минýт) шесть (5:55)

When expressing clock time, we can identify whether times are in the morning or the evening by using the word ýтро or вéчер after the time expression in the genitive case, as in these examples:

Ле́кция по ру́сской исто́рии начина́ется в 10 утра́.
Профе́ссор на́чал отвеча́ть на вопро́сы студе́нтов то́лько в 8 ве́чера.
Сосе́д по ко́мнате буди́л меня́ в 2 часа́ но́чи всю неде́лю, когда́ возвраща́лся из библиоте́ки!

Dates and seasons of the year

Како́е сего́дня число́?
Сего́дня двена́дцатое октября́ две ты́сячи семна́дцатого го́да.

What date is it today?
Today is October 12, 2017.

When did something happen?

Когда́ Ма́ша верну́лась из Му́рманска?	*When did Masha return from Murmansk?*
двена́дцатого октября́	*on October 12* No preposition is used in Russian, despite the fact that a preposition is used in English. In Russian, we use just the genitive case for both date and month.
двена́дцатого октября́ 2016-го го́да	*on October 12, 2016* No preposition is used in Russian, despite the fact that a preposition is used in English. In Russian, we use the genitive case for date, month, and year.
в октябре́	*in October* The month is in the prepositional case with a preposition.
о́сенью	*in the fall* The season of the year appears in the instrumental case without a preposition, despite the fact that in English there is a preposition.
в про́шлом ме́сяце	*last month* The phrase appears in the prepositional case with a preposition, despite the fact that in English there is no preposition.
в про́шлом году́	*last year* The phrase appears in the prepositional case with a preposition, despite the fact that in English there is no preposition.
в 2018-м году́ (в две ты́сячи восемна́дцатом году́)	*in 2018* The phrase appears in the prepositional case with a preposition.

We can describe when an event occurred with reference to the date and month, to the season, to the month alone, or to the year, using the constructions in the examples in the chart above and as illustrated again in examples below:

Се́ссия зако́нчилась пятна́дцатого декабря́. (Date and month in the genitive case)
Заня́тия начина́ются о́сенью и зака́нчиваются весно́й. (Season in the instrumental case)
Зи́на око́нчила университе́т в 2013-ом году́. (Year alone in the prepositional case)

Галина Михайлова выступала у нас с лекцией весной 2013-го года. (Season and year: season in the instrumental case, year in the genitive case.)

When referring to days of the week, we use the nominative case to describe what day it is today (shown in the first two example sentences below) and the accusative case to describe what happens (happened) on a particular day of the week (shown in the second two example sentences):

— Какой сегодня день недели?
— Сегодня понедельник (вторник, среда, четверг, пятница, суббота, воскресенье).

— Когда у тебя следующее занятие по фонетике?
— В среду.

When referring to weeks, months, or years, we use the prepositional case, as in these examples:

Я поеду на практику в Тулу на следующей (будущей) неделе.
Мы ездили на практику в Тулу на прошлой неделе.
Я поеду на практику в Тулу в следующем месяце.
Мы ездили на практику в Тулу в прошлом месяце.
Я поеду на практику в Тулу в следующем году.
Мы ездили на практику в Тулу в прошлом году.

When referring to seasons and years, we use the instrumental case of the season (without a preposition) and the genitive case of the last ordinal number of the year, as in these examples:

Я поеду на практику в Тулу весной следующего года.
Мы ездили на практику в Тулу осенью прошлого года.

Я поеду на практику в Тулу зимой 2019-го (две тысячи девятнадцатого) года.
Мы ездили на практику в Тулу летом 2010-го (две тысячи десятого) года.

Time expressions of duration

In general, the accusative case is used to convey a period of time for duration. If a period of time involves a number of minutes, hours, days, weeks, months or years, the number is in the accusative case (inanimate) and the case of the time period itself is governed by the number (as described in chapter 7). Most expressions of duration do not require a preposition, whereas the equivalent expression in English often does require a preposition.

Мы были там только одну минуту (две минуты, пять минут).
We were there just for a minute (for two minutes, for five minutes).

Мы учились в Новосибирске месяц (два месяца, пять месяцев).
We studied in Novosibirsk for a month (for two months, for five months).

Она читает весь день (всё утро, весь вечер, всю ночь).
She has been reading all day (all morning, all evening, all night).

Она́ занима́ется э́тим вопро́сом всю неде́лю (весь ме́сяц, весь год, всё вре́мя).
She has been studying this question all week (all month, all year, all the time).

All of these duration expressions require an imperfective verb. However, there is one duration expression that requires a perfective verb. This expression uses the preposition за and the accusative case of the time expression, and it conveys the meaning of the achievement of a particular result within a particular period of time, as in this example:

Со́ня прочита́ла «Войну́ и мир» за 3 дня!
Sonya finished reading War and Peace *in just 3 days!*

Relating events to time

There are many ways that an event can be related to time. We can specify that an event is taking place:

1. During a certain time period: We have already discussed how to express duration in this part of the grammar explanation.
2. After another time period has elapsed: In English, we use the preposition "in" to refer to an event that will occur after a particular period of time has elapsed, as in this example:

   I will leave for the restaurant in twenty minutes.

   In Russian we use the preposition че́рез for the equivalent construction, with the accusative case of the number in the time expression:

   Я пое́ду в рестора́н че́рез два́дцать мину́т.

3. At a time before or after another event: If we want to connect this time expression to another event, we use the constructions че́рез (+ по́сле) or за (+ до) as in these examples:

   Я пойду́ в кафе́ че́рез два́дцать мину́т по́сле того́, как зако́нчится фильм.
   I will go to the café 20 minutes after the movie ends.

   Я пойду́ в кафе́ че́рез два́дцать мину́т по́сле оконча́ния фи́льма.
   I will go to the café twenty minutes after the end of the movie.

   Она́ пошла́ в рестора́н за два́дцать мину́т до того́, как пришёл профе́ссор.
   She left for the restaurant 20 minutes before the professor arrived.

   Она́ пошла́ в рестора́н за два́дцать мину́т до прихо́да профе́ссора.
   She left for the restaurant 20 minutes before the arrival of the professor.

4. From a particular time to another particular time: We use the constructions с . . . до or с . . . по, as in these examples:

   Библиоте́ка откры́та с 10 до 22 часо́в.
   The library is open from 10 am to 10 pm.

   Мы бу́дем в Москве́ с деся́того по двадца́тое ма́я.
   We will be in Moscow from the 10th through the 20th of May.

The use of the construction с . . . по indicates that the date at the end of the construction is included in the time period, while the construction с . . . до excludes the date at the end of the time period.

5. **Before a time certain (deadline):** When indicating that an event must take place by a certain time, we use the preposition к and the dative case of the time expression, as in these examples:

> Докла́д на́до зако́нчить к пяти́ часа́м.
> *The report must be finished by 5 pm.*

> Нам на́до успе́ть написа́ть кни́гу к январю́ (к деся́тому января́).
> *We must finish writing the book by January (by January 10ᵗʰ).*

6. **With results that will be in effect for a certain time:** We can talk about results that will hold for a time period following an event by using the preposition на with the accusative case of the time period in question. For example:

> Я пое́ду в Москву́ на ме́сяц.
> *I'm going to Moscow for a month.*

> Мы пое́дем в Санкт-Петербу́рг на неде́лю.
> *We'll be going to St. Petersburg for a week.*

The Concepts of "Until" and "Since"

If we want to describe an event as happening only after another event, we use the construction пока не or до тех пор, пока, as in these examples:

> Ири́на не пойдёт в библиоте́ку, пока́ не верну́тся подру́ги.
> *Irina will not go to the library until her friends return.*

> До тех пор, пока́ он не защити́т диссерта́цию, она́ от него́ не уйдёт.
> *She won't leave him before he defends his dissertation.*

We also connect events to time with the English phrases "since" or "from . . . to . . ." using the Russian phrase с тех пор, как as in this example:

Textbook exercise

12

> С тех пор как она́ ушла́, Макс переста́л писа́ть стихи́.
> *Since she left, Max stopped writing poetry.*

УПРАЖНЕНИЯ ПО ГРАММАТИКЕ

3 Перечита́йте отры́вки из те́кста №1. С каки́ми слова́ми согласу́ются подчёркнутые слова́? (*With which words do the underlined words agree?*)

Все, кто <u>учи́лся</u> в университе́тах, не заду́мываясь, <u>ска́жут</u> вам, что больша́я часть зна́ний, кото́рую они́ получи́ли в сте́нах ву́зов, <u>оказа́лась</u> пото́м практи́чески бесполе́зной и ни ра́зу не <u>пригоди́лась</u> им ни в жи́зни, ни в рабо́те.

Вот я, например, <u>закончила</u> один из самых престижных в 80-е годы высших учебных заведений в России. Поступить туда было практически невозможно. Все абитуриенты годами <u>занимались</u> с частными преподавателями и <u>платили</u> за это огромные деньги.

4 Начальное образование

Прочитайте текст о системе начального образования в России. С какими словами согласуются подчёркнутые слова?

Сколько? Шесть или семь? Старая дискуссия о том, в каком возрасте ребёнка лучше отдавать в школу, вновь <u>обострилась</u> в связи с обсуждением школьной реформы и перспективой введения <u>12-летнего</u> обучения. До последнего времени в нашей стране официально сосуществовали <u>две</u> системы <u>начального</u> образования — <u>трёхлетняя и четырёхлетняя</u>. Если родители хотели отдать ребёнка в школу с шести лет, они выбирали программу «1–4», родители же семилетних первоклассников — программу «1–3». В прошлом году трёхлетнюю систему отменили, так что теперь любой первоклассник <u>пробудет</u> в <u>начальной</u> школе четыре года. Большинство родителей <u>воспринимает</u> это решение как сигнал к тому, чтобы отдавать в школу с шести лет всех детей — независимо от их способностей и здоровья. («Коммерсантъ-Власть», 2002)

Electronic Workbook
exercise
Г

5 Прочитайте отрывок из текста №1. Определите часть речи подчёркнутых слов. (*Determine the parts of speech for the underlined words.*)

<u>Никто</u> не будет спорить с тем, что для того, <u>чтобы</u> придумать <u>интересную</u> идею и <u>воплотить</u> её, высшее образование <u>совсем</u> <u>не</u> нужно. <u>Если</u> есть такая сверх-идея, а вдобавок <u>ещё</u> и талант, энергия и желание <u>эту</u> идею претворить в <u>жизнь</u>, нужно делать это <u>сразу</u>, как говорится, «не <u>отходя</u> от кассы», <u>а</u> не проводить самые лучшие и продуктивные годы жизни в <u>университетских</u> аудиториях.

6 Казанский государственный университет

Прочитайте текст о Казанском государственном университете и определите часть речи подчёркнутых слов.

В 2013 <u>году</u> Казанский университет <u>вошёл</u> в число <u>пятнадцати</u> ведущих вузов России, <u>сегодня</u> здесь учатся более 16 тысяч студентов <u>по</u> 40 специальностям и 7 направлениям. Работают 14 факультетов, институт <u>востоковедения</u>, институт языка, институт <u>непрерывного</u> образования, химический институт имени Бутлерова и два филиала. Профессорский корпус — 1112 человек. Ну, и один факт, который, быть может, <u>скажет</u> про (*about*) настоящие времена Казанского университета больше, чем <u>всё</u>, что мы говорили до сих пор — <u>только</u> за последние 80 лет в Академию наук СССР и Российскую академию наук было избрано (*elected*) более 50 профессоров из выпускников Казанского университета. И <u>ещё</u>, то, что нельзя не отметить — библиотека. Научная библиотека имени Лобачевского

при университете — одно из <u>богатейших</u> хранилищ (*depository*) страны. Основой (*basis*) <u>её</u> стали книги князя (*prince*) Григория Потёмкина и казанского книголюба Василия Полянского. Сегодня в фонде <u>около</u> 5 миллионов томов. (Радио «Эхо Москвы»)

7 Школы в Японии

А. Прочитайте текст о школах в Японии. Определите род подчёркнутых существительных. (*Determine gender of underlined nouns.*) Если нужно, используйте словарь.

Задача японских школ не столько научить <u>ребёнка</u> чему-то, сколько сделать из него японца. Детей учат <u>истории</u>, любить и понимать традиции, уважать старших и <u>культуру</u>. Львиную <u>долю</u> формального <u>образования</u> ребёнок получает на вечерних курсах дополнительной подготовки, без которых невозможно поступить в вуз. При этом домашних заданий довольно много, но все они заточены на <u>зубрёжку</u> и запоминание фактов, которые будут на экзамене. Японцы убеждены, что хороший ученик это тот, который прилежно учится, соблюдает дисциплину и слушается <u>учителей</u>, а одарённость — дело десятое. Распространено <u>мнение</u>, что если человек хорошо слушается, то и учиться он будет хорошо.

В <u>Японии</u> бесплатное начальное образование и бесплатные учебники, но перед началом <u>учёбы</u> родители обязаны купить ребёнку школьную форму, которая в пересчёте на доллары стоит от 600 до 1500. А также должны оплачивать дополнительные материалы, книги, учебники и поездки. В зависимости от школы общая <u>стоимость</u> таких материалов может достигать значительных <u>сумм</u> и является способом дополнительного <u>финансирования</u> школы.

Б. Согласны ли вы с мнением, что «хороший ученик это тот, кто соблюдает дисциплину и слушается учителей»? Почему да или нет? Обсудите с партнёром.

8 Система образования в Канаде

Прочитайте текст о системе образования в Канаде. Определите, являются ли окончания подчёркнутых слов твёрдыми или мягкими. (*Determine whether the endings of the underlined words are hard or soft.*)

Система <u>среднего</u> и высшего образования в <u>Канаде</u> весьма отличается от <u>российской</u>, воспроизводя во <u>многом</u> основы американской <u>системы</u>. Во всех <u>средних</u> <u>школах</u> обучение продолжается 12 лет, за исключением провинции Онтарио, где добавляется ещё один год. <u>Многие</u> <u>университеты</u> засчитывают этот год как академический. Обучение в <u>государственных</u> школах бесплатно только для собственных граждан. («Туризм и образование», 2001)

9 Автобиография

Прочитайте отрывок автобиографии и определите падеж <u>подчёркнутых</u> слов.

С 1995 по 1999 г. я обучался в <u>средней школе</u> № 3 г. Новочеркасска. С 1999 по 2006 г. обучался в средней школе № 1045 ЮЗАО г. <u>Москвы</u>. Имею <u>аттестат</u> о полном среднем образовании и <u>серебряную медаль</u>. В 2006 г. поступил в <u>Финансовую академию</u> при <u>Правительстве</u> РФ. В <u>настоящее время</u> являюсь <u>студентом</u> 1 курса Института страхования.

Electronic Workbook
exercise
И

10 Учёба в США

Прочитайте блог русского студента, который учится в США. Определите лицо и число (*person and number*) подчёркнутых слов.

Моей целью <u>было</u> получить максимум от американского образования и вернуться в Россию. Главное, что меня <u>привлекало</u> в нём — возможность выбрать необходимые тебе курсы и составить себе индивидуальный план обучения. То есть <u>изучаешь</u> те предметы, которые интересны тебе, а не как в России — те, которые <u>навязывает</u> тебе университет. Причём, первые два года ты изучаешь «общие» предметы, а потом только выбираешь специализацию. В России же ты с начала первого курса <u>учишься</u> на определённой специальности. <u>Согласитесь</u>, когда вы <u>попадаете</u> в вуз со школьной скамьи, сразу сориентироваться сложно, поэтому многие <u>выбирают</u> специальность наобум (*at random*), ничего не зная о ней.

11 Spelling Rules

А. Прочитайте запись на форуме об обучении детей. Вставьте пропущенные гласные в слова в соответствии с правилами орфографии. (*Insert missing word endings in accordance with spelling rules.*)

Детям трудно учиться, потому что их психофизиологическ_____ми особенностями никто не интересуется. Дети готовы к обучению уже с рождения, только методы обучения в этом возрасте — другие. А у наш_____й системы только один метод. Учить умеют, только посадив за парту и заставляя зубрить книжк_____и писать текст_____. А ведь обучение может быть лёгк_____м, увлекательным, доступн_____м, ненавязчивым. В настоящ _____ е время существует огромн_____е количество замечательных методик, специально ориентированных на маленьк_____х детей, только вот педагогов, которые умеют с этими методиками работать — мало, к сожалению. (форум в интернете, НКРЯ)

 Б. Нравилось ли вам учиться в начальной школе? Расскажите об этом партнёру.

 ## 12 Выражения времени

With a partner or in a group, answer the questions below, using the time expressions that you have learned.

1. Расскажите друг другу об учебном календаре какого-нибудь университета, где учатся ваши друг, подруга, брат или сестра. Когда там начинается учебный год? Когда он кончается? Какие там бывают каникулы?

2. Расскажите друг другу о своём учебном расписании. Когда и какие у вас занятия каждый день? В какие дни недели у вас курсы?

3. Расскажите друг другу, когда дни рождения у ваших родных и друзей.

4. Когда передают по телевизору ваши любимые передачи? В какие дни и в котором часу?

5. Расскажите, какие у вас планы на будущую неделю. На лето?

6. Расскажите, чем вы будете заниматься после того, как получите диплом.

7. Расскажите, чем вы занимались в свободное время до того, как вы поступили в университет. А с тех пор, как вы начали учиться в университете?

ПРОДОЛЖАЕМ РАЗГОВОР

Опишите, что вы видите на фотографии. Какое отношение эта фотография имеет к теме «Образование»? Обсудите с партнёром.

 Ваша точка зрения

Обсудите в группе: Должно ли военное дело (*military science*) быть частью курса обучения в университете? Аргументируйте своё мнение.

ТЕКСТ 2: СТАТЬЯ «РОССИЙСКОЕ ОБРАЗОВАНИЕ — ПЛАТНОЕ ИЛИ БЕСПЛАТНОЕ?»

Before you read the text, you will engage in a discussion to prepare you for the topic. After reading the text, complete the After Reading exercises to evaluate your comprehension and practice new vocabulary.

Обсудите с партнёром или в группе: Должны ли студенты платить за обучение в университете, или высшее образование должно быть бесплатным? Почему вы так считаете?

Российское образование — платное или бесплатное?

Прочитайте статью.

Каким должно быть высшее образование — платным или бесплатным? Этот вопрос волнует многих: родителей, студентов, преподавателей, администраторов. Чтобы разобраться[1] в нём, приведём несколько фактов. На сегодня большинство современных вузов перешло на смешанную[2] схему, по которой одна часть студентов — так называемые[3] бюджетники, то есть их обучение полностью[4] оплачивает государство, а вторая — это те, кто учится на коммерческой основе, то есть сами платят за своё обучение. Поступить на платное обучение сравнительно[5] просто, а на бюджетное во многих университетах практически невозможно: нужен очень высокий проходной балл по ЕГЭ (Единый государственный экзамен[6]), и при этом конкурс[7] может быть до 100 человек на одно место.

В коммерческом образовании есть свои преимущества.[8] Во-первых, если студент сам платит за обучение, у него есть уверенность, что он не будет отчислен за неуспеваемость. Это даёт некоторым серьёзным студентам возможность экспериментировать и слушать разные курсы, что помогает им в выборе специальности. Ещё один безусловный[9] плюс коммерческой системы — она обеспечивает финансовую поддержку[10] вуза (ведь наше государство не очень любит тратиться[11] на образование). И, наконец, ещё одно, может быть, главное достоинство.[12] Люди обычно намного больше ценят[13] то, за что они платят большие деньги. Раньше все учились бесплатно, и поэтому возможность получения знаний ценили далеко не все. Если же студент знает, что каждая пропущенная[14] лекция — это выкинутые на ветер[15] деньги, то вряд ли[16] он станет прогуливать.

Однако у коммерческого образования есть и проблемы. В России есть много талантливой молодёжи, которой просто нечем платить за обучение. При коммерческой системе возможность получения высшего образования для таких ребят будет исключена.[17] В результате наша страна лишится[18] большого количества квалифицированных кадров.[19] Развивать[20] науку, технику, экономику, культуру будет некому.

Поэтому, конечно, нужна бюджетная система, так как она позволяет студентам, которые не могут платить за обучение, получать необходимые им знания. В то же время ни для кого не секрет, что на бюджетных отделениях[21] во многих вузах процветает[22] коррупция, то есть открытое вымогательство[23] денег за сдачу экзаменов, и это отравляет[24] весь учебный процесс. Сдать экзамены без взятки[25] в последнее время стано́вится всё сложне́е и сложне́е да́же для тех студе́нтов, кото́рые серьёзно отно́сятся к учёбе и зна́ют материа́л.

Так как же отве́тить на гла́вный вопро́с: вы́сшее образова́ние должно́ быть пла́тным и́ли беспла́тным? Необходи́мо найти́ золоту́ю середи́ну: часть студе́нтов у́чится за счёт[26] госуда́рства, а часть — на комме́рческой осно́ве. Но как сде́лать так, что́бы на бюдже́тное отделе́ние поступа́ли то́лько са́мые тала́нтливые и целеустремлённые[27] молоды́е лю́ди, у кото́рых нет возмо́жности плати́ть за образова́ние — вот что должны́ реши́ть для себя́ ву́зы.

[1]investigate, make clear, [2]mixed, [3]so called, [4]fully, [5]relatively, [6]the unified state exam, [7]competition, [8]advantage, [9]indisputable, [10]support, [11]spend, [12]advantage, [13]appreciate, [14]missed, [15]wasted/squandered, [16]unlikely, [17]eliminated, [18]lose, [19]specialist, [20]develop, [21]division, [22]flourish, [23]extortion, [24]poison, [25]bribe, [26]at the expense of, [27]purposeful

 ## После чтения

Отве́тьте на вопросы с партнёром.

1. Кто платит за обучение студента в российском вузе?
2. Какие три преимущества коммерческого образования называет автор?
3. В чём, по мнению автора, главная проблема коммерческого образования?
4. Какое главное преимущество бюджетной системы называет автор?
5. Есть ли у бюджетной системы минусы?
6. Каким, по-вашему, должно быть высшее образование: платным или бесплатным? Приведите три аргумента.

ТЕКСТ 3: МАРИНА ЦВЕТАЕВА «В КЛАССЕ»

 ## Перед чтением

Расскажите друг другу.

1. Как вы учились в школе? Хорошо, плохо, с интересом?
2. В Америке есть отметки A, B, C, D, F, а в России — 5 (пятёрка), 4 (четвёрка), 3 (тройка), 2 (двойка) и 1 (единица или кол). Единица — это самая плохая отметка. Какие отметки вы обычно получали в школе? Почему?
3. Вы когда-нибудь получали единицу? За что? Как вы себя тогда чувствовали?

В классе

Прочитайте и прослушайте стихотворение.

Скомкали[1] фартук[2] холодные ручки,
Вся побледнела[3], дрожит[4] баловница[5].
Бабушка будет печальна[6]: у внучки
Вдруг — единица!

Смотрит учитель, как будто не веря[7]
Этим слезам[8] в опустившемся[9] взоре[10].
Ах, единица большая потеря[11]!
Первое горе[12]!

Слёзка[13] за слёзкой упали, сверкая[14],
В белых кругах[15] уплывает[16] страница . . .
Разве[17] учитель узнает, какая
Боль — единица?

1910

[1]crumple, [2](uniform) apron, [3]turn pale, [4]tremble, [5]naughty child, [6]sad, [7]in disbelief, [8]tears, [9]cast down, [10]gaze, [11]loss, [12]grief, [13]little tear, [14]sparkle, [15]circle, [16]float away, [17]is it likely

---

 После чтения

Ответьте на вопросы с партнёром.

1. Прочитайте первую строфу. Что случилось? Почему бабушка «будет печальна»?
2. Прочитайте вторую строфу. Что делает учитель? А что делает ученица?
3. Учитель считает, что единица — это серьёзно или нет? А как вы думаете, единица — это «большая потеря» и горе?
4. Прочитайте последнюю строфу. Кто испытывает боль: учитель или ученица? Почему?
5. Как вы думаете, учитель понимает ученицу или нет? Почему вы так думаете?

 ДАВАЙТЕ ОБСУДИМ

Using what you have learned in this chapter, discuss these topics in groups or with a partner. Try to extend it into a conversation rather than just answering each question.

1. Расскажите партнёру о предметах, которые вы изучали или изучаете сейчас. Какие из них вы считаете наиболее полезными для вашей будущей карьеры, а какие — совершенно бесполезными? Объясните, почему.
2. Расскажите партнёру о своём любимом преподавателе/профессоре, кроме вашего преподавателя по русскому языку.

   • Какой предмет он/она преподаёт/преподавал(а)?
   • Что вы обычно делаете/делали на занятии?
   • Почему этот преподаватель — ваш любимый?

3. Один из вас считает, что, если у родителей есть возможность, то детей нужно отдавать учиться в частные школы. Другой считает, что детям полезнее учиться в государственных школах. Приведите три аргумента в защиту вашей позиции.

4. Как вы понимаете русскую пословицу «Век живи — век учись»? Обсудите с партнёром. Приведите пример из жизни, который иллюстрирует эту пословицу.

5. Один из вас считает, что стандартизованные тесты (ЕГЭ, SAT, GRE, GMAT) — это единственный способ тестирования абитуриентов, которые поступают в университет или в аспирантуру. Другой считает, что эти тесты нужно отменить и вместо них использовать что-то другое. Приведите как минимум три аргумента в защиту своей позиции.

▶◀ ДАВАЙТЕ ПОГОВОРИМ О КИНО

Вот несколько названий советских и российских фильмов, в которых рассматривается тема главы. Посмотрите один из них (информация в интернете поможет вам выбрать фильм) и подготовьте небольшое выступление, в котором вы: (1) кратко расскажете содержание фильма и (2) покажете, как в этом фильме раскрывается тема главы. Постарайтесь использовать как можно больше активной лексики по теме.

- «Чучело», режиссёр Ролан Быков, 1983
- «Курьер», режиссёр Карен Шахназаров, 1986
- «Дорогая Елена Сергеевна», режиссёр Эльдар Рязанов, 1988
- «День учителя», режиссёр Сергей Мокрицкий, 2012
- «Географ глобус пропил», режиссёр Станислав Велединский, 2013

ПИСЬМЕННЫЕ ЗАДАНИЯ

Выберите одну из тем и напишите сочинение длиной 500–600 слов.

1. Напишите письмо своему русскому другу, в котором вы описываете вашу школьную и студенческую жизнь. Напишите абзац о каждом этапе вашего обучения (детский сад, начальная и средняя школа, университет, аспирантура).

2. Напишите письмо другу, в котором вы описываете ваш самый любимый или нелюбимый курс. Расскажите, почему он вам так (не) понравился: что вы делали на занятиях, над чем вы работали дома, какие методы преподавания использовал профессор.

3. Напишите доклад, в котором вы приводите аргументы за и против того, чтобы студенты обязательно учились семестр или год за границей.

4. Напишите статью, в которой вы аргументируете точку зрения, что высшее образование должно быть бесплатным.

Electronic Workbook
exercises
Й—0

ЛЕКСИКА УРОКА

VERBS*

занима́ться (занима́й+ ся 3)
зубри́ть (зубри́+ 8)/вы́зубрить (вы́зубри+ 8)
изуча́ть (изуча́й+ 3)/изучи́ть (изучи́+ 8)
отчисля́ть (отчисля́й+ 3)/отчи́слить
    (отчи́сли+ 8)

прогу́ливать (прогу́ливай+ 3)/прогуля́ть
    (прогуля́й+ 3)
сдава́ть (сдава́й+ 2)/сдать (irregular)
учи́ть(ся) (учи́+ ся 8)/вы́учить(ся) (вы́у-
    чи(ся)+ 8)/научи́ть (научи́(ся)+ 8)
штуди́ровать (штуди́рова- 15)

NOUNS AND NOUN PHRASES

абитурие́нт
балл, проходно́й балл
вид (соверше́нный, несоверше́нный)
вре́мя (проше́дшее, настоя́щее, бу́дущее)
вуз
вы́сшее уче́бное заведе́ние
выпускни́к/выпускни́ца
глаго́л
дво́йка
дееприча́стие
дипло́м
едини́ца
зна́ния
и́мя прилага́тельное
и́мя существи́тельное
кол
курсова́я рабо́та
лицо́
междоме́тие
местоиме́ние
наре́чие
неуспева́емость
образова́ние

обуче́ние
однокла́ссник/однокла́ссница
паде́ж (имени́тельный, роди́тельный,
    да́тельный, вини́тельный, твори́тель-
    ный, предло́жный)
па́рта
предло́г
предме́т
прича́стие
пятёрка
род (мужско́й, же́нский, сре́дний)
согласова́ние
соку́рсник/соку́рсница
сою́з
тро́йка
успева́емость/неуспева́емость
учёба
части́ца
четвёрка
числи́тельное
число́
шко́льник/шко́льница
экза́мен

ADJECTIVES

бесполе́зный
весе́нний
вече́рний
вчера́шний
же́нственный
за́втрашний
зде́шний
зи́мний

ле́тний
му́жественный
нача́льный (нача́льное образова́ние)
осе́нний
пла́тный/беспла́тный
поле́зный
после́дний
проходно́й (балл)

*The number after each stem refers to one of the 16 most common stem types catalogued on page 440.

сего́дняшний
сре́дний (сре́днее образова́ние)
та́мошний
успе́шный
у́тренний
ча́стный

Урок №2

Социальные сети

Что вы видите на фотографии? Как вы думаете, кто эти люди, где они и что они делают?

In this section you will learn words and phrases that will help you understand texts in this chapter and discuss the topic of social media.

Полезные слова и выражения

Прочитайте слова и выражения.

«Твиттер», твит, твитнуть; личный «Твиттер»
«Фейсбук», страница в «Фейсбуке», личная страничка в «Фейсбуке»
пиар, пиарщик/пиарщица, пиарить
социальные сети/медиа
общаться в сетях
отправлять/отправить текстовое сообщение/эсэмэску
обмениваться/обменяться сообщениями на «Фейсбуке»
распространять/распространить информацию в сетях
лайкать/лайкнуть
создавать/создать профиль
изменять/изменить статус
делать/сделать записи в сетях
публиковать/опубликовать фотографии в «Фейсбуке»
загружать/загрузить видео/фотографии
появляться/появиться в сетях

Упражнения по лексике

1 Переведите слова из списка полезных слов и выражений на английский язык.

2 Прочитайте определения «Фейсбука» и «Твиттера», которые даёт «Википедия».

«Фейсбук» — в настоящее время самая крупная социальная сеть в мире. Была основана в 2004 году Марком Цукербергом и его соседями по комнате во время обучения в Гарвардском университете.

«Фейсбук» позволяет создать профиль с фотографией и информацией о себе, приглашать друзей, обмениваться с ними сообщениями, изменять свой статус, оставлять сообщения на своей и чужой «стенах», загружать фотографии и видеозаписи, создавать группы (сообщества по интересам).

«Твиттер» — система, которая позволяет пользователям отправлять короткие текстовые сообщения. Был создан Джеком Дорси в 2006 году и вскоре получил популярность во всём мире.

3 Переведите предложения на русский язык. Используйте слова и выражения из предыдущих заданий.

1. Every day, my friend posts a lot of pictures on her personal Facebook page.
2. Sometimes it is dangerous to make comments in social media.
3. Companies want their workers to spread information about new products through social media.
4. My sister hasn't appeared online for a week, and I am worried.
5. Some companies look at the information on candidates' personal Facebook pages.
6. Many young people don't talk on the phone; they prefer to communicate only through social media.

Текст 1: Блог «О вреде[1] социальных медиа»

Before you read the text, you will engage in a discussion to prepare you for the topic. After reading the text, complete the After Reading exercises to evaluate your comprehension and practice new vocabulary.

 Перед чтением

Ответьте на вопросы с партнёром.

1. Пользуетесь ли вы социальными медиа? Какими?
2. Что вы делаете в социальных сетях?
3. Прочитайте название блога. Как вы думаете, социальные медиа могут принести вред? Какой?

О вреде социальных медиа

Я всё чаще слышу о том, что «Твиттер» или «Фейсбук» не то место, в котором надо присутствовать[2], так как в них «опасно[3]». На днях я говорил с моей любимой пиарщицей из Британии, и она сказала, что не может на своей странице в «Фейсбуке» публиковать фотографии с летнего отдыха, каких-то застолий[4] и так далее, так как это может бросить тень[5] на компанию, её могут неправильно понять. На мой вопрос, является ли для неё это ограничение добровольным[6] или оно наложено[7] самой компанией, она призналась[8], что ограничение добровольное. Она добавила, что многие её коллеги поступают[9] так же. Под своими реальными именами они не пишут ничего, что выходило бы за рамки[10] повседневной работы. Таким образом их социальные странички превратились[11] в пиар отдел компании.

Интересно, что многие пиарщики ориентируют свои социальные медиа на распространение[12] информации о компании. Например, Катя Турцева (компания «Билайн», Москва) создала в «Твиттере» смесь[13] про работу и про личную жизнь. Когда происходит что-то интересное в личной жизни или на работе, то в её твиттере появляются[14] записи об этом. С одной стороны, это личный твиттер Кати, с другой — источник[15] информации о компании, пусть и неофициальный.

Гла́вный вопро́с состои́т в том, что представи́тели отде́льной компа́нии счита́ют досто́йным[16] публи́чного внима́ния, а что, по их мне́нию, не должно́ появля́ться в сетя́х. Мой това́рищ Сте́фан прорабо́тал в «Nokia» не о́чень до́лго. Его́ уво́лили[17] за то, что он опубликова́л фотогра́фии с ка́меры прототи́па телефо́на, кото́рый был уже́ объя́влен[18]. Ничего́ осо́бенного не случи́лось, моде́ль уже́ объяви́ли, она́ не была́ секре́тной, но де́йствия Сте́фана расцени́ли[19] как наруше́ние[20] та́йны[21]. И уво́лили. Как вы счита́ете, что реши́ли други́е сотру́дники «Nokia» по́сле э́того слу́чая? Что лу́чше не рискова́ть и избега́ть[22] социа́льных сете́й и обще́ния в них.

Приведу́ в приме́р па́ру тви́тов:

— Ужина́ю с сове́том[23] директоро́в, бу́дет ве́село. Но на́до быть осторо́жным[24].

— Сове́т директоро́в. Хоро́шие ци́фры — дово́льный сове́т.

Это тви́ты от фина́нсового дире́ктора (CFO) «Gene Morphis, Francesca's Holding Corp.» (компа́ния мо́дной оде́жды). В них он не раскрыва́л никаки́х секре́тов. Но и́менно его́ «Тви́ттер» послужи́л[25] причи́ной[26] для его́ увольне́ния с рабо́ты. Его́ посчита́ли вино́вным[27] в распростране́нии ча́стной информа́ции. И таки́х исто́рий стано́вится всё бо́льше, и за́писи в социа́льных сетя́х стано́вятся удо́бным предло́гом[28] для тех, кто хо́чет по той и́ли ино́й причи́не изба́виться[29] от сотру́дника.

Вот друго́й приме́р. Капита́н Бра́йан Бе́кман из Майа́ми был пони́жен в зва́нии[30] по́сле того́, как на свое́й ли́чной страни́це в «Фейсбу́ке» он негати́вно вы́сказался о роди́телях одного́ поги́бшего[31] подро́стка[32]. Он написа́л, что его́ роди́тели пренебрега́ли[33] свои́ми обя́занностями[34] и, таки́м о́бразом, со́здали опа́сную для жи́зни подро́стка ситуа́цию. Де́ло бы́ло насто́лько гро́мким, что Бе́кмана пони́зили в зва́нии, а мно́гие тре́бовали[35] да́же его́ увольне́ния. И сно́ва я хочу́ подчеркну́ть[36], что э́то была́ его́ ли́чная страни́чка в «Фейсбу́ке», где он дели́лся[37] свои́ми мы́слями и мне́ниями.

Эльдар Муртазин

[1]harm, [2]be present, [3]dangerous, [4]celebration, [5]cast a shadow, [6]voluntary/self-imposed, [7]place, [8]confess, [9]act, [10]go beyond the scope of, [11]turn into, [12]dissemination, [13]mixture, [14]appear, [15]source, [16]worthy, [17]fire, [18]announced, [19]regard, [20]violation, [21]secrecy, [22]avoid, [23]committee, [24]cautious, [25]serve, [26]reason, [27]guilty, [28]pretext, [29]get rid of, [30]lower in in rank, [31]deceased, [32]teenager, [33]neglect, [34]responsibilities, [35]demand, [36]emphasize, [37]share

 После чтения

Отве́тьте на вопросы с партнёром.

1. Почему пиарщица из Британии не может публиковать на своей страничке в «Фейсбуке» фотографии с летнего отдыха?

2. Как вы понимаете фразу «это ограничение является добровольным»?

3. Расскажите, почему Стефана уволили из «Nokia»? Вы согласны с тем, что он нарушил тайну? Почему да или нет?

4. Какие твиты были причиной увольнения с работы финансового директора компании модной одежды? По-вашему, в этих твитах он распространял частную информацию? Почему вы так думаете?

5. Расскажите, что случилось с капитаном Брайаном Бекманном. Мог ли он писать о том, что он думает о происшествии, в своей личной страничке в «Фейсбуке»? Считаете ли вы правильным то, что его понизили в звании?
6. Может ли человек свободно делиться своими мыслями и мнениями в личных социальных медиа или нет? Почему?

ПРОДОЛЖАЕМ РАЗГОВОР

Обсудите в группе, что вы видите на фотографии. Используйте активную лексику главы.

Electronic Workbook exercise A

> **Пословицы, поговорки, выражения**
> Пока́ гром не гря́нет, мужи́к не перекре́стится.
> *A peasant won't cross himself until the thunder booms (until the storm is upon him).*
> It's no use to lock the barn door after the horse has been stolen.

ГРАММАТИКА: СПРЯЖЕНИЕ РУССКОГО ГЛАГОЛА
(*THE CONJUGATION OF THE RUSSIAN VERB*)

Russian verbs may seem to come in an infinite number of varieties. However, there is a way of looking at Russian verbs through a particular system that can help reduce this complexity and make it easier for you to learn new verbs. We will explain this system here and then introduce each category of verb in the system. After you understand the system, you'll be able to categorize every new verb you meet as belonging to one or another group of verbs you already know. This will help you learn new verbs more quickly.

Introduction to the One-Stem System

As we recalled in chapter 1, the Russian verb has two aspects: imperfective and perfective. While verbs of both aspects can be used to express action in past and future tenses, only the imperfective verb can be used to convey action in the present tense. Linguists use the term "non-past" to refer to a conjugated form of the Russian verb. For imperfective verbs, the non-past form conveys the present tense, while, for perfective verbs, the non-past form conveys the future tense, as in these example sentences:

Я читáю э́ту статью́ ужé 20 минýт, но всё равнó не понимáю, что хóчет сказáть áвтор.
I have been reading this article for 20 minutes already, but still don't understand what the author wants to say.

Я прочитáю э́тот расскáз пóсле у́жина.
I will read this story after dinner.

In each of these two examples, the verb form is conjugated to agree with the first-person singular pronoun я.

Russian verbs are conjugated in their non-past forms to agree with the subjects who are performing the actions they express. Those subjects are marked for person, лицó (first, second, and third), and number, числó (singular, еди́нственное, or plural, мнóжественное), as described in the chart.

Лицó (Person)	Числó (Number)	
	Еди́нственное (Singular)	Мнóжественное (Plural)
пéрвое	я	мы
вторóе	ты	вы
трéтье	он, она, оно	они

In the past tense, Russian verbs are marked for *род* and *число*, as depicted in this table:

Еди́нственное число (Singular)			Мнóжественное число (Plural)
Мужскóй род (Masculine)	Жéнский род (Feminine)	Срéдний род (Neuter)	
-л (with exceptions, sometimes no ending)	-ла	-ло	-ли

The Russian verb is challenging for learners of Russian, because without knowing the verb's conjugation, there is no way to predict possible consonantal mutations (about which more below) or how to combine endings with verb roots from the infinitive. In other words, the infinitive is useful because it is the dictionary form of the verb, but it doesn't tell us how to conjugate the verb. The internationally renowned Slavic linguist Roman Jakobson developed a theory called "the one-stem system" to help scholars and students understand the internal structure of the Russian verb. If you know the system and you know the stem, you can reliably predict the conjugation of the verb. You will know, for example, to see the difference in conjugation of the verbs сказáть, давáть, спать, and читáть, which look very similar in the infinitive form but conjugate differently. We will present this system to you in this chapter.

Textbook exercise
4

The stem of a Russian verb is an abstract linguistic unit that contains all the information necessary to conjugate a verb and produce all the possible forms from the given verb. The stem consists of a root and a suffix (which can be zero, or unsuffixed). For example, the stems of the verbs говори́ть, писа́ть, лежа́ть, and жить are говори́-, писӑ-, лежа́-, жйв-.

The suffix of a stem (or the stem's verbal classifier) allows us to determine the verb's conjugation type (first or second), and to decide whether or not the consonant in the stem will undergo a mutation.

There are eleven verbal classifiers (including stems with a suffix and stems with a zero suffix, also called *unsuffixed*) in modern Russian. The zero-suffix stem is represented by the symbol ∅; all unsuffixed stems belong to the first conjugation.

Первое спряже́ние (*First conjugation*)	Второе спряже́ние (*Second conjugation*)
-а-, -ова-, -ай-, -ей-, -авай-, -ну-, -о-, -н-, -з/с-, -д/т-, -ой-, -в-, -ий-, -м/н-, -р-, -г/к-, -б-, ∅	-и-, -е-, -жа-

How are the actual verbs formed from the stems? Every verb form consists of a stem combined with a grammatical ending, as in these examples:

Stem: лежа́-
Grammatical ending: third-person plural (-ат)
Verb form: лежа́+ат = лежа́т

Stem: говори́-
Grammatical ending: plural past tense ending (-ли)
Verb form: говори́+ли = говори́ли

In our explanation of the one-stem system, we will use the abbreviation C to refer to any Russian consonant letter and the abbreviation V to refer to any Russian vowel letter. **The single most important principle of the one-stem system is that when combining a verb stem with a grammatical ending, you must always combine C+V or V+C, never C+C or V+V.** If you have a stem that ends in a vowel, before that stem can be combined with an ending that begins with a vowel (and all non-past endings begin with a vowel), the stem must be truncated (you must remove the final vowel of the stem before you combine stem and ending). For example, лежа́- + -ишь = лежи́шь. If you have a stem that ends in a consonant, before that stem can be combined with an ending that begins with a consonant (and all past-tense endings begin with a consonant), the stem must be truncated (you must remove the final consonant of the stem before you combine stem and ending). For example, чита́й- + -ла = чита́ла. In other words, when you have two building blocks that are similar (one ends in a consonant and the other begins in a consonant), you must truncate; but when you have two building blocks that are different (one ends in a consonant and the other begins in a vowel), then you must simply combine them.

In general, whenever a stem ends in -й and that stem is combined with an ending that begins with a vowel, the combination й + V is written in Russian with just one vowel letter, as follows:

$$й + а \rightarrow я \qquad й + е \rightarrow е$$
$$й + о \rightarrow ё \qquad й + у \rightarrow ю$$

For example: чита́й- + -ешь = чита́ешь; гуля́й- + -ут = гуля́ют.

Some of the stems described in "Second Conjugation Stem Types" and "First Conjugation Stem Types" will feature a **consonantal mutation** (or **alternation**). This is the term used to describe the change of a consonant in the stem (and in the infinitive) to a different consonant in one or more of the non-past forms of the verb. We see this kind of transformation in English in the American pronunciation (not the spelling) of words like *use* but *usual*. Only certain consonants in Russian verb stems are prone to mutation and they always follow this pattern:

м	б	п	в	ф	з	д	г	к	т	х	с	ст	ск
мл'	бл'	пл'	вл'	фл'	ж		ч		ш				щ

The apostrophe indicates that the vowel that follows must be a soft-series vowel (e.g., и, е, ё, ю, or я).

Пословицы, поговорки, выражения
Из пе́сни слов не вы́кинешь.
You can't throw words out of a song.
You have to take the bad with the good.

Stress

Russian verbs feature either fixed or shifting stress. Fixed stress is indicated by the mark "́" placed over the stressed syllable of the verbal stem, whereas shifting stress is marked by "×". placed over the basic stem. Stress shift occurs in the patterns outlined below.

1. All stress shifts in non-past Russian verbs move from the post-root syllable to the root (CVC), that is, from right to left.
2. For all suffixed verbal stems, a shift in stress occurs only in the non-past (present or future) tense and affects all conjugational forms except the first-person singular.

   ходи́й- = хожу́, but хо́дишь, хо́дит, хо́дим, хо́дите, хо́дят

   Past tense forms are unaffected: ходи́л, ходи́ла, ходи́ло, ходи́ли.
3. For all non-suffixed verbal stems, stress shift can occur only in the past tense and affects all forms except the feminine.

   жи́в- = жила́, but жил, жи́ло, жи́ли

Second Conjugation Stem Types

Second conjugation verbs in Russian are verbs that end in one of only three suffixes: -и-, -е-, and -жа- (where ж = any of the husher consonants ч, ш, щ, ж). These verbs take the endings illustrated in the table below in the non-past. Examples of these verbs include говори́ть, ви́деть, лежа́ть:

я . . . -ю (-у) (+сь)   он/а/о . . . -ит (+ся)   вы . . . -ите (+сь)
ты . . . -ишь (+ся)   мы . . . -им (+ся)   они́ . . . -ят (-ат) (+ся)

Verbs of only three stem types belong to the second conjugation: the и-stem, e-stem, and жа-stem, as described below.

И-Stem Verbs

И-stem verbs will feature mutations in the я form of their non-past forms if the consonant immediately preceding the end of the stem is of a type that mutates (e.g., с, з, д, ст), including those consonants (б, п, в, м) that mutate with a soft л inserted after that consonant in the stem. Note that the mutations in и-stem verbs will occur **just in the я form**. И-stem verbs include:

говори́-   учи́- (ся)   ста́ви-   води́-   отве́ти-   знако́ми- (ся)
проси́-   получи́- (ся)   удали́-   вози́-   люби́-   купи́-
проводи́-   стреми́- (ся)   позвони́-   ходи́-   гото́ви-   разбуди́-

Stems ending in -чи, -ши, and -щи will take -у and -ат in their respective я and они form endings in order to conform to Russian spelling rules, as in the examples учи́- (учу́, у́чишь, у́чат), соверши́- (совершу́, соверши́шь, соверша́т), and сообщи́- (сообщу́, сообщи́шь, сообща́т).

E-Stem Verbs

E-stem verbs also feature consonantal mutations in the я form only, just as with the и-stem verbs, as in these examples:

ви́де- (ви́жу, ви́дишь)   лете́- (лечу́, лети́шь)
висе́- (вишу́, виси́шь)   сиде́- (сижу́, сиди́шь)

Textbook exercises 5–7

Жа-Stem Verbs

Жа-stem verbs include all those verbs whose stems end in a husher (ч, ш, щ, ж) and the verb classifier a, as in these examples:

слы́ша- (слы́шу, слы́шишь)   молча́- (молчу́, молчи́шь)   стуча́- (стучу́, стучи́шь)
крича́- (кричу́, кричи́шь)   держа́- (держу́, де́ржишь)

Textbook exercise 8

Remember that in the first-person singular and third-person plural forms, these verbs will conform to spelling rules and take the endings -у, -ат respectively (not -ю, -ят).

> ❝ **Пословицы, поговорки, выражения**
> Сло́во не воробе́й, вы́летит — не пойма́ешь.
> *A word is not a sparrow. Once it flies away, you can't catch it.*
> What is said cannot be unsaid.

There are only three common second-conjugation verbs that are irregular and do not fall into one of the stem types described above:

спать (сплю, спишь, спят)
стоя́ть (стою́, стои́шь, стоя́т)
боя́ться (бою́сь, бои́шься, боя́тся)

First Conjugation Stem Types

First conjugation verbs in Russian are verbs that take the following endings in the non-past:

я . . . -у (+сь)	он/а/о . . . -ёт/-ет (+ся)	вы . . . -ёте/-ете (+сь)
ты . . . -ёшь/-ешь (+ся)	мы . . . -ём/-ем (+ся)	они . . . -ут (+ся)

While there are only three stem types for the second conjugation, there are many more stem types for first conjugation verbs. Now we will present the most common stem classes for first-conjugation verbs:

Suffixed Stems: First Conjugation

Ай-Stem Verbs include those with stems ending in -ай/-яй, -ей, such as: рабо́т<u>ай</u>-, д<u>е</u>л<u>ай</u>-, слу́ш<u>ай</u>-, приближ<u>а́й</u>- (ся), тер<u>я́й</u>- (ся), красн<u>е́й</u>-, ум<u>е́й</u>-, among thousands of other verbs that conjugate identically (e.g., рабо́таю, рабо́таешь, рабо́тают; уме́ю, уме́ешь, уме́ет). This group also includes the many verbs whose stems end in -ывай-, such as расск<u>а́зывай</u>- and откр<u>ы́вай</u>-. Verbs of this stem do not feature mutation, but you must remember to drop the -й- in the stem as you combine the stem with the endings of the non-past forms, as explained above.

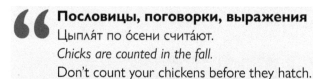

Пословицы, поговорки, выражения
Цыпля́т по о́сени счита́ют.
Chicks are counted in the fall.
Don't count your chickens before they hatch.

Ова-Stem Verbs feature a syllabic alternation in the non-past in which the syllables -ова- or -ева- (also called an "infix") are replaced by the syllable -уй- before the ending is combined with the stem, as in these verbs: сове́т<u>ова</u>- (сове́тую, сове́туешь, сове́туют), танцев<u>а́</u>- (танцу́ю, танцу́ешь, танцу́ют). You must remember to drop the -й- in the stem as you combine the stem with the endings of the non-past forms.

A-Stem Verbs end in a consonant followed by the verb classifier -а-, as in these examples:

пис<u>а́</u>- (пишу́, пи́шешь, пи́шут)
сказ<u>а́</u>- (скажу́, ска́жешь, ска́жут)
доказ<u>а́</u>- (докажу́, дока́жешь, дока́жут)
пл<u>а́к</u>а- (пла́чу, пла́чешь, пла́чут)
мах<u>а́</u>- (машу́, ма́шешь, ма́шут)
жд<u>а́</u>- (жду, ждёшь, ждут)

Textbook exercises
14—16

These verbs feature consonantal mutation throughout their conjugations in the non-past form when the stems are combined with non-past endings.

The one-stem system can help us distinguish verbs that may have some similarity but different structures. For instance, some students are confused by the verbs платить (*to pay*: плачу́, пла́тишь, пла́тят) and пла́кать (*to cry*: пла́чу, пла́чешь, пла́чут) because their я forms are differentiated only by the stress. However, you can remember which is which by using this method:

Плати́ть (*to pay*) can be happy or sad, depending on whether you are paying or you are being paid. With that emotional variability, we have variation in the stress: я плачу́, but ты пла́тишь.

Textbook exercise
17

Пла́кать is always sad because no matter what, someone is crying. This means that there is emotional stability and there is no variation in the stress: я пла́чу, ты пла́чешь, and so forth.

Пословицы, поговорки, выражения
Держа́ть язы́к за зуба́ми
To keep your tongue behind your teeth
To hold your tongue

Textbook exercises
18—20

Авай-Stem Verbs feature a syllabic alternation in the non-past forms, in which the infix, -авай-, is replaced by -ай. Remember that the й will drop out when this stem is combined with an ending that begins with a vowel as in these examples: <u>дава́й</u>- (даю́, даёшь), узн<u>ава́й</u>- (узнаю́, узнаёшь), уст<u>ава́й</u>- (устаю́, устаёшь). The non-past has fixed stress on the endings in all of the verbs. This group has only three roots: -дава́й- *give*, -знава́й- *know*, and -става́й- *stand*.

Textbook exercises
21, 22

Ой-Stem Verbs feature a syllabic alternation in which the vowel -о- is replaced with -ы- before all consonantal endings, thus transforming the syllable from -ой- to -ый-, which is then truncated when combined with a grammatical ending beginning with a vowel, as in these examples: откр<u>о́й</u>- (откро́ю, откро́ешь, откры́л, откры́ла), закр<u>о́й</u>- (закро́й, закро́ешь, закры́л, закры́ла).

Ну-Stem Verbs exist in two subclasses: In one subclass, the -ну suffix is truncated in the past tense. The masculine form also loses -л-, although it does occur in all other past forms. See the conjugation of the verb привы́кнуть (*get used to*) below:

Привы́к<u>ну</u>-	
Non-past	**Past**
Я привы́кну	Он привы́к
Ты привы́кнешь	Она привы́кла
Он привы́кнет	Оно привы́кло
Мы привы́кнем	Они привы́кли
Вы привы́кнете	
Они привы́кнут	

Some common verbs that lose the suffix -ну in the past tense are: ги́бнуть (*to perish*), дости́гнуть (*to reach, to achieve*), мёрзнуть (*to be cold, freeze*), па́хнуть (*to smell*), and привы́кнуть (*to get used to*). In the other subclass, the -ну suffix is preserved in the past tense, as in верну́лся, верну́лась, верну́лись; обману́л, обману́ла, and обману́ли. Some common verbs that do not lose the suffix -ну in the past tense are: верну́ться (*to come back*), обману́ть (*to deceive*) выкинуть (*to throw out*), заснуть (*to fall asleep*), крикнуть (*to shout*), отдохнуть (*to rest*), проснуться (*to wake up*), and улыбнуться (*to smile*).

Й-Stem Verbs feature an alternation. When the suffix is preceded by a non-syllabic root (consonant only), -и- is inserted before consonantal endings with regular consonant truncation. Imperative forms, however, have an inserted -е-. Consider these examples: пьй- (пью, пьёшь, пьют, пил, пила, пей!), льй- (лью, льёшь, льют, лил, лила, лей!). Other common verbs of this stem-type include бьй- (бить), вьй- (вить), and шьй- (шить).

Zero-Suffix (Ø) First Conjugation Stems

Н-Stem Verbs end in -н, such as стан-. These verb stems can be combined with non-past endings without any truncation or mutation (e.g., стану, станешь, станут), but do feature truncation to create past-tense forms (e.g., стал, стала, стали). There are just a few verbs of this type: встать, надеть, одеться, and раздеться.

Д/Т-Stem and З/С-Stem Verbs end in -д or -з, respectively, and feature neither truncation nor mutation in the non-past, as in these examples: вёд- (веду, ведёшь, ведут), развёд- (ся) (разведусь, разведёшься, разведутся), вёз- (везу, везёшь, везут), нёс- (несу, несёшь, несут), and приобрёт- (приобрету, приобретёшь, приобретут). However, in the past tense, the stem must be truncated (remove the д) before being combined with the past-tense endings, e.g., вёл, вела, вели, развёлся, развелась, and развелись. (Stems in this group in -з, -с, and -д/т drop л in the masculine past tense.)

М-Stem Verbs fall into two groups; their stems end in м or н.

1. In the verb начать (нач/н-) н changes to -а- when followed by a consonant in the infinitive and past tense forms. The stress shifts from the stem to the ending in the feminine past. The other verbs in this group are жать (ж/м-), мять (мн-), and распять (расп/н-).
2. The verbs in the other group feature either -йм- or -ним- in the stem, and this will change to ня before the consonantal endings of the infinitive and past tense. Verbs in this group may have a shift in both tenses (non-past and past). Verbs of the -йм- group include занять (займ-), нанять (найм-), and понять (пойм-). Verbs of the -ним- group include обнять (обним-), отнять (отним-), поднять (подним-), and снять (сним-).

Verbs in the -ним group have shifting stress in both past and non-past tenses (подниму, поднимешь, поднял, подняла); verbs in the -йм group have shifting stress only in the past tense (пойму, поймёшь, понял, поняла).

Other Stem Types for First Conjugation Verbs

There are a few other stem types in the first conjugation, which represent relatively few verbs, but some of those are high-frequency verbs:

жйв- (живу, живёшь, живут) (also плыв-, слыв-)
дуй- (дую, дуешь, дуют)
пёк- (пеку, печёшь, пекут) and берёг- (берегу, бережёшь)

This last stem (пёк-) features mutation in all non-past forms except the first-person singular and third-person plural forms. The other verbs in this class include стричь (стриг-), and увлечь (увлёк-).

Stems ending in the consonant -p- or -л- include ўмр- (умру́, умрёшь, умру́т), коло̆- (колю́, ко́лешь), боро̆- (ся) (борю́сь, бо́решься).

The stem types and combination rules described above in the sections you just read account for the overwhelming majority of Russian verbs. In fact, the only Russian verbs that do not conform to this system are the following verbs and the verbs derived from them (with prefixes). Because these verbs occur with very high frequency, you must memorize them.

Инфинитив	Я	Ты	Он/а	Мы	Вы	Они	Прош. время
бежа́ть	бегу́	бежи́шь	бежи́т	бежи́м	бежи́те	бегу́т	бежа́л, бежа́ла, бежа́ли
быть	бу́ду	бу́дешь	бу́дет	бу́дем	бу́дете	бу́дут	был, была́, бы́ли
дать	дам	дашь	даст	дади́м	дади́те	даду́т	дал, дала́, да́ли
есть	ем	ешь	ест	еди́м	еди́те	едя́т	ел, е́ла, е́ли
лечь	ля́гу	ля́жешь	ля́жет	ля́жем	ля́жете	ля́гут	лёг, легла́, легли́
мочь	могу́	мо́жешь	мо́жет	мо́жем	мо́жете	мо́гут	мог, могла́, могли́
петь	пою́	поёшь	поёт	поём	поёте	пою́т	пел, пе́ла, пе́ли
расти́	расту́	растёшь	растёт	растём	растёте	расту́т	рос, росла́, росли́
хоте́ть	хочу́	хо́чешь	хо́чет	хоти́м	хоти́те	хотя́т	хоте́л, хоте́ла, хоте́ли

Ударе́ние в глаго́лах (Stress Patterns in the Russian Verb)

Students of Russian sometimes feel that **ударе́ние** (*stress*) floats unpredictably in the Russian verb. In fact, that is not the case. Here are some fundamental rules:

1. Stress may shift either in the past or the non-past forms, but not in both, with the exception of the verbs of the -ним group.
2. If stress shifts in the past tense, e.g., жил, жила́, жи́ли, it cannot and will not shift in the non-past forms: живу́, живёшь, живу́т.
3. If the stress shifts in the non-past tense, e.g., скажу́, ска́жешь, ска́жут, it will not shift in the past tense forms: сказа́л, сказа́ла, сказа́ли.

When the stress shifts in the past tense, it shifts from the stem in the masculine form onto the feminine ending and then back again for the neuter and plural endings, as in the case with the example verb жить in point b above (as well as пить, приня́ть, взять, нача́ть, роди́ться, and many other verbs).

When the stress shifts in the non-past form, it is always on the ending in the я form and then shifts from there one syllable to the left in all other conjugated forms, as in the example verb сказать in point c above (as well as in купи́ть, писа́ть, станови́ться, смотре́ть, and many other verbs).

Textbook exercise
30

The Interrogative Particle ли

In English we often use the word *if* as a synonym for *whether*, as in these examples:

I don't know **if** they're writing a blog.
I don't know **whether** they're writing a blog.

She will surely ask me **if** I spend a lot of time on Facebook.
She will surely ask me **whether** I spend a lot of time on Facebook.

Whenever the word *if* can be replaced by the synonymous phrase *whether*, the Russian expression **must** use the interrogative particle ли, as in these examples:

Я не знаю, ведут **ли** они блог.
I don't know if (whether or not) they are writing a blog.

Она, наверное, спросит меня, провожу **ли** я много времени на «Фейсбуке».
She will probably ask me if I spend a lot of time on Facebook.

In those instances when *if* cannot be replaced by *whether*, the Russian expression is a truly conditional sentence (as it includes a condition) and will use the conjunction если:

Если Миша об этом твиттнул, мне придётся поменять свой статус на «Фейсбуке».
If Misha tweeted about this, I will have to change my status on Facebook.

The interrogative particle ли is used to focus the attention of the reader on the target of a question, much the way that this can be accomplished through intonation in conversational speech. Consider these examples:

Антон писал статью для блога вчера?
Did Anton write the article for the blog yesterday? (neutral)

Антон **ли** писал статью для блога вчера?
*Did **Anton** write the article for the blog yesterday?* (Was it Anton? Not Larissa?)

Писал **ли** Антон статью для блога вчера?
*Did Anton **write** the article for the blog yesterday?* (I thought he was going to record an mp3 file.)

Для блога **ли** Антон писал статью?
*Did Anton write the article for **a blog**?* (I thought he was going to write it for a newspaper.)

Вчера **ли** Антон писал статью для блога?
*Did Anton write the article for the blog **yesterday**?* (I thought he was going to write it today.)

Textbook exercise
31

The particle ли always immediately follows the word or phrase about which the question is being raised and this word or phrase is always in the sentence-initial position. The interrogative particle can **never** be in sentence-initial position.

Conditional Constructions and Subjunctive Mood in Russian

We use the word если in Russian together with future tense verb forms for actions and events that are possible in the future. For example:

Если она позвонит, я спрошу её о «Живом журнале».
If she calls, I'll ask her about LiveJournal.

Петя рассердится, если Паша об этом твитнет.
Petya will get angry if Pasha tweets about that.

When the actions or events are contrary to fact, whether they are contrary to fact in the past or whether they are hypothetical (possibly contrary to fact in the future), we use the subjunctive mood in Russian. The subjunctive mood is formed by using a past-tense form of the verb together with the subjunctive particle бы.

Если бы она позвонила, я **бы** спросила её о «Живом журнале».
If she had called, I would have asked her about LiveJournal.

Петя рассердился **бы**, **если бы** Паша об этом твитнул.
Petya would have gotten angry if Pasha had tweeted about that.

The subjunctive particle бы occurs in both clauses of the conditional construction: always after если in one clause, and after a subject or a verb in another. Never put бы between не and a verb.

Using "Would" in a Russian Context

The word **would** is often mistakenly translated as бы. Some common contexts where *would* ≠ бы include:

1. In English, the word would is often used to refer to repeated actions in the past that no longer continue into the present. Use imperfective past-tense verb in Russian.

   Я писа́л заме́тки на интерне́т-сайт, предпочита́л кино-реце́нзии. (С. Шаргунов)
   I would (used to) write articles for a website, [I] preferred film reviews.

2. "Would" is also commonly used to report statements about the future, especially with indirect speech according to a rule of sequence of tenses in English. We use the future tense in such contexts in Russian.

   Оле́г сказа́л, что он загру́зит фотогра́фии за́втра.
   Oleg said that he would download the photos tomorrow.

The Reflexive Particle -ся

Textbook exercises
32—36

The reflexive particle -ся is attached to verb forms to make the verbs reflexive. Reflexive verbs with this particle have one of several different meanings:

1. Reciprocal action for two or more subjects

    Мы перепи́сываемся по электро́нной по́чте.
    We correspond by e-mail.

2. Action that reflects back on the subject of the sentence, adding the meaning of "oneself"

    Мой брат пи́шет эсэмэ́ски, да́же когда́ мо́ется.
    My brother writes text messages even when he is taking a shower.

3. Action in a passive voice

    Таки́е вопро́сы ча́сто рассма́триваются в бло́гах либера́лов.
    Such questions are often reviewed in the liberals' blogs.

    Тако́й подхо́д счита́лся неприе́млемым для «Ма́йкросо́фта».
    Such an approach was considered unacceptable for Microsoft.

    В обсужде́ниях в «Фейсбу́ке» наблюда́ется расту́щий интере́с к э́тому кандида́ту.
    In Facebook discussions one observes a growing interest in this candidate.

Some verbs ending in the reflexive particle -ся have no counterpart without the reflexive particle and must simply be memorized:

смея́ться	боя́ться
улыба́ться	ошиба́ться

The reflexive particle is spelled -ся as in the above examples when attached to a verb form ending in a consonant, but it is spelled -сь when attached to a verb form ending in a vowel, as in these examples:

счита́ется	стремлю́сь	наблюда́ется	становлю́сь
счита́лись	стреми́лся	наблюда́лось	стано́вишься

Textbook exercises
37—41

УПРАЖНЕНИЯ ПО ГРАММАТИКЕ

4 Verbs in the Text

Review Текст 1, find 10 different verbs, and write them down in the infinitive. Identify the stem and the conjugation type of each verb. Write down all the forms in present/future and past for these verbs.

5 И-Stem and E-Stem Verbs

Напиши́те вопро́сы с да́нными глаго́лами в настоя́щем/бу́дущем вре́мени и зада́йте их ва́шему партнёру: купи́ть, проси́ть, вози́ть, люби́ть. *Write questions with these verbs in the present/future tense and pose them to your partner.*

Приме́р: Что ты ку́пишь, когда́ пое́дешь в Росси́ю?

6 И-Stem and E-Stem Verbs

Прочитайте предложения и подчеркните (*underline*) глаголы. Напишите вопросы 1–6 с глагольной формой «ты» и задайте их вашему партнёру.

Пример: Я всегда готовлю себе ужин. — Ты всегда готовишь себе ужин?

1. Я всегда готовлю себе завтрак.
2. Я часто вожу машину.
3. Я провожу много времени в библиотеке.
4. Я стремлюсь стать известным человеком.
5. Я никогда не прошу никого о помощи.
6. Я легко знакомлюсь с людьми.

7 И-Stem and E-Stem Verbs

А. Заполните таблицу и проставьте ударение. *Fill in the chart and mark stress.*

Инфинитив	Стема	Перевод	Я	Ты	Он	Они
	проси́		прошу			просят
	вертё-				вертит	
	знако́ми-		знакомлюсь	знакомишься		
	проводи́-				проводит	
	оби́де-					обидят
	вози́-			возишь	возит	
	лете́-		лечу		летит	
	висе́-			висишь		висят

Б. Прочитайте отрывки из стихотворений и заполните пропуски глаголами из упражнения 7А. *Read excerpts from poems and fill in the blanks with the verbs from 7A.*

1. Ты руки поднимаешь,
   О, как они прозрачны! — Ты _____,
   Ты падаешь, ты умираешь.
   (В. Смоленский)

2. На всех парах несётся поезд,
   Колёса _____ паровоз.
   (Б. Пастернак)

3. Я _____ тебя, бога ради,
   улыбнись на прощание мне.
   (Н. Ушаков)

4. Стали дни прозрачнее и суше,
   Осыпаться начинает сад,
   Пожелтели розовые груши,
   Золотые яблоки _____.
   (Н. Туроверов)

5. Мне не надо счастья малого,
   Мужа к милой _____
   И довольного, усталого,
   Спать ребёнка уложу.
   (А. Ахматова)

Electronic Workbook
exercises
Б, В

6. Груза много на верблюде
   по пустыням _____ люди.
   (В. Маяковский)

8 Жа-Stem Verbs

Перепишите предложения, заменяя подчёркнутые слова синонимами из списка.
Rephrase the sentences by replacing the underlined verbs and phrases with their synonyms from the list below. Make all necessary changes.

кричать, молчать, услышать, стучать, держать, лежать

Electronic Workbook
exercise
Г

1. Дождь <u>бьёт</u> по стеклу.
2. Зачем ты так <u>громко говоришь</u>? Я тебя хорошо слышу!
3. <u>У него в руках</u> зонтик.
4. Я <u>ничего не говорю</u>, потому что мне нечего сказать.
5. Книга <u>была</u> на столе.
6. Вы скоро <u>узнаете</u> об этом!

9 Utterly Irregular Second Conjugation Verbs

А. Проспрягайте (*conjugate*) глагол «спать».

я		мы	
ты		вы	
он/она		они	

Б. Напишите три предложения с разными формами глагола «спать».

10 A-Stem and Ай-Stem Verbs

Look at the infinitives and the forms provided and identify which of the following verbs have the a-stem and which have the ай-stem, marking each pair of verb forms with either a- or ай- accordingly. Complete the chart. Mark stress.

Electronic workbook
exercises
Д, Е

Стема	Инфинитив	Я	Они
a-stem	шептать	шепчу	шепчут
	обсуждать	обсуждаю	
	начинать	начинаю	
	плакать	плачу	
	встречать	встречаю	

11 Ей-Stem Verbs

Many ей-stem verbs are formed from adjectives in the meaning "to become X" (e.g., белый > белеть *to become white*. Match the verbs below with their explanation in the chart.

(по)худеть, (по)теплеть, (о)беднеть, (за)пьянеть,
(по)желтеть, (раз)богатеть, (по)бледнеть, (по)краснеть

становиться худым	худеть
становиться пьяным	
становиться богатым	
становиться бледным	
становиться бедным	
становиться жёлтым	
становиться тёплым	
становиться красным	

Electronic Workbook
exercises
Ё, Ж

12 Ова-Stem Verbs

А. Вставьте в пропуски глаголы в правильной грамматической форме. *Fill in the blanks with the verbs in correct grammatical form.*

1. Ты обычно спокойно _____ на конфликтные ситуации? (реагировать)
2. Что и кто тебя _____? (радовать)
3. Тебя часто _____ родители или бабушка с дедушкой? Кого ты обычно _____? (баловать) (*pamper*)
4. Какие компьютерные программы ты _____, когда делаешь домашнюю работу? (использовать)
5. Ты часто _____ новые блюда (*dishes*) в ресторанах? (пробовать)
6. Тебя _____ новости о глобальном потеплении (*global warming*)? (волновать)
7. Кто тебе _____? (завидовать)
8. Где и с кем ты обычно _____ свои дни рождения? (праздновать) (*celebrate*)
9. Ты _____ советам своих друзей и родственников? (следовать) (*follow*)
10. Ты _____ поехать куда-нибудь летом? (планировать)

Б. Задайте эти вопросы партнёру.

В. Расскажите о своём партнёре, используя его ответы.

13 Ова-Stem Verbs

Напишите о человеке, которого вы знаете, используя фразы:

завидовать богатым людям, планировать всё наперёд,
реагировать на критику, следовать советам, волновать/радовать близких людей

14 A-Stem Verbs

А. Заполните таблицу и проставьте ударения.

Инфинитив	Стема	Перевод	Я	Ты	Он	Они
	пла́ка-					плачут
	доказа́-		докажу		докажет	
	маха́-			машешь		машут
	иска́-		ищу			
	рассказа́-				расскажет	расскажут
	пря́та-			прячешь		
	ре́за-		режу			режут
	подписа́-			подпишешь	подпишет	

Б. Вставьте в пропуски глаголы из таблицы в правильной грамматической форме.

1. Как только прилетим в Москву, я _____ вам, что говорил чистую правду. (Л. Дворецкий)
2. Ты в последний раз _____ мне рукой. (Ю. Безелянский)
3. Всем, кто _____ контракт, придётся жить и работать в экстремальных условиях. (С. Голубицкий)
4. Почему же, как страус (*ostrich*), ты _____ голову в перья (*feathers*)? (А. Белый)
5. Вы _____ девочку-подростка для своего нового фильма? (А. Карабаш)
6. Мы _____ не потому, что мы печальны, но мы печальны лишь потому, что мы _____. (Ю. Буйда)

15 A-Stem Verbs

А. Прочитайте предложения и проставьте ударения (*mark the stress*) в подчёркнутых (*underlined*) глаголах. Напишите формы инфинитива этих глаголов.

1. Я часто <u>плачу</u>, когда смотрю фильмы о любви.
2. В каждом новом городе я всегда <u>ищу</u>, где можно выпить хорошего кофе.
3. Я <u>прячу</u> деньги под подушку.
4. Я никогда не <u>смеюсь</u>, когда смотрю советские комедии.

5. Мои друзья всегда долго <u>ждут</u> меня, когда мы куда-то идём.

6. Я никогда не <u>лгу</u> своим родителям.

Б. Расскажите своему партнёру о себе, используя предложения из А.

16 A-Stem Verbs

А. The verb сказать is a typical example of an a-stem verb. It can have a variety of prefixes that change the meaning. The verbs below are imperfective (infinitive + third person singular form). Follow the example to create perfective pairs of verbs by analogy with their imperfective mates. Mark stress.

Пример: рассказывать/она рассказывает — рассказа́ть/она расска́жет

показывать/показывает   наказывать/наказывает

заказывать/заказывает   отказывать/отказывает

доказывать/доказывает   указывать/указывает

Б. Напишите шесть предложений с глаголами из А.

17 И-Stem and A-Stem Verbs

А. Заполните таблицу. Затем напишите 5 предложений с глаголами.

	Местоимение	Платить	Плакать
Настоящее время	я	плачу	плачу
	ты	платишь	плачешь
	он/она		
	мы		
	вы		
	они		
Прошедшее время	он	платил	плакал
	она		
	они		

Б. When would one say «плачу́ и пла́чу»? Напишите два предложения с глаголами **платить** и **плакать** в каждом.

18 Авай-Stem Verbs

А. Вставьте в пропуски глаголы в правильной грамматической форме.

1. Ты обычно очень _____, когда делаешь домашнюю работу? (уставать)

2. Ты часто _____ вещи в химчистку (*dry cleaning*)? (сдавать)

3. Откуда ты как правило _____ новости? (узнавать)

4. Где у вас в городе _____ русские продукты? (продаваться)
5. Кто в группе _____ больше всех вопросов? (задавать)

Б. Напишите три вопроса с глаголами «задавать», «отдавать», «продавать» и задайте их партнёру.

19 Авай-Stem Verbs

Many of the авай-stem verbs originate from the verb давать. The added prefixes change the meaning.

Заполните таблицу, как показано в примере.

Перевод	Инфинитив	Я	Он
to give away	отдавать	отдаю	отдаёт
	преподавать		
	продавать		
	задавать		
	сдавать		
	раздавать		

20 Авай-Stem Verbs

Составьте выражения, комбинируя глаголы из списка с нужными фразами в правой колонке, как показано в примере. *Match the verbs from the list below with possible complements in the right column. Follow the example in the first row of the table.*
Затем напишите семь предложений с выражениями из таблицы.

~~признаваться~~, отставать, восставать, приставать,
отдавать, сдавать, узнавать, уставать

признаваться	признаюсь	признаётся	в любви
			как собака
			от других
			с вопросами
			против всех
			долги
			бумагу в переработку
			что-то новое

Electronic Workbook
exercise
Й

21 Ой-Stem Verbs

A. Many ой-stem verbs have the root -крыть. The added prefixes change meaning. Заполните таблицу, как показано в примере.

Перевод	Инфинитив	Я/буд. время	Он/прош. время
to close	закрыть	закрою	закрыл
	открыть		
	приоткрыть		
	скрыть		
	перекрыть		
	накрыть		
	раскрыть		

Б. Заполните пропуски глаголами из таблицы в правильной грамматической форме.

1. Жилец _____ глаза, вздрогнул и узнал Настасью. (Ф. Достоевский)
2. Я _____ глаза руками и стал читать молитву, не помню какую . . . (М. Лермонтов)
3. Мы пригласили его в гости, _____ стол. (Журнал «Сельская новь»)
4. [Я] не _____: в нашем доме любили выпить, умели выпить и, просто говоря, пили. (Ф. Искандер)
5. В этот вечер, уходя из дома навсегда, я выключил свет, _____ газ и поцеловал кота. (В. Солдатенко)
6. Движение в центре Москвы _____ в понедельник вечером для репетиции Парада Победы, это будет первая из пяти репетиций. («РИА Новости»)

22 Ой-Stem Verbs

Вставьте в пропуски глаголы в правильной грамматической форме.

закрыть, мыться, открыть, открыться, скрыть

1. Изабелла _____ глаза ладонями: от страха, от жалости, от стыда за него. (Г. Бакланов)
2. Теперь он от меня ничего не _____: всё, всё узнаю! (В. Верещагин)
3. Вторым городом, где _____ [ресторан] «Ёлки-палки», станет Красноярск. («Бизнес-журнал»)
4. Французский гидролог Жюстин Саворнин _____ это море восемьдесят лет назад. (Журнал «Знание—сила»)
5. Мальчики, как известно, долго не _____; минуты через две Донат вернулся. «Уже?» — неодобрительно спросил отец. «Уже», — подтвердил Донат. «Покажи руки». (И. Грекова)

A. The chart features ну-stem verbs that keep ну- in the past. Заполните таблицу, как показано в примере.

Перевод	Инфинитив	Он/она будущее время	Он прошедшее время
to rest	отдохнуть	отдохнёт	отдохнул
	выкинуть		
	заснуть		
	крикнуть		
	вернуться		
	улыбнуться		

Б. Заполните пропуски глаголами из таблицы А в форме прошедшего времени.

1. Как Рождество провёл? Как _____? (А. Гаррос, А. Евдокимов)
2. Таня сняла белый халат и вышла из лаборатории. Больше она туда не _____. (Л. Улицкая)
3. Он _____ крепко, и снились ему молодые жаркие сны. (Б. Екимов)
4. Она посмотрела на Ирину и _____ ей, как будто узнала. (В. Токарева)
5. Я вышел, а она _____ мне вслед: «Принесите мне кто-нибудь стакан воды!» (В. Белоусова)
6. Руслан взял рубашку и _____ её в окно с третьего этажа! (А. Тарасов)

В. This chart features ну-stem verbs that lose the suffix ну- in the past. Заполните таблицу, как показано в примере.

Перевод	Инфинитив	Он/она будущее время	Он/она прошедшее время
to die, to be killed	погибнуть	погибнет	погиб/погибла
	достигнуть		
	привыкнуть		
	отвыкнуть		
	замёрзнуть		
	высохнуть		
	пахнуть		

Г.   Заполните пропуски глаголами из таблицы В в форме прошедшего времени.

1. Я узнал, что её возлюбленный (*beloved*) _____ в автоката-
    строфе. (В. Белоусова)
2. Западные артисты не _____ к цветам, а зрители несли их и
    несли. (С. Спивакова)
3. Прошлой зимой три недели не было ни света, ни газа. Мы чуть не
    (*almost*) _____. (А. Волос)
4. В городе уже снег совсем сошёл (*melted*), асфальт _____ и
    посерел, появилась первая весенняя пыль (*dust*). (Р. Полищук)
5. Чай _____ лесными травами (*herbs*) и водой, а чаем не
    _____. (З. Прилепин)
6. Я пошёл к этому месту и _____ его через несколько минут.
    (Г. Газданов)
7. Я _____ от работы, целиком ушла в дом, в ребёнка.
    (Л. Гурченко)

24 Й-Stem Verbs

А.   Прочитайте инфинитивы глаголов справа и приставки (*prefixes*) слева.

вы, до, про   пить
на, раз, с   лить
раз, у, по   бить

Б.   Напишите инфинитивы глаголов с каждой приставкой и переведите каждый глагол
на английский язык. Напишите формы глаголов в будущем времени (я, ты, они)
и форму в прошедшем времени (он).

Пример: выпить (to have drunk, to have a drink), я выпью, ты выпьешь, они выпьют,
он выпил.

25 Н-Stem Verbs

Заполните таблицу, как показано в примере.

Перевод	Инфинитив	Будущее время	Прошедшее время
to get stuck	застрять	застрянет	застрял
	переодеться		
	остыть		
	достать		
	расстаться		
	встать		
	отстать		

26 H-Stem Verbs

Вставьте в пропуски глаголы в правильной грамматической форме. Затем задайте эти вопросы своему партнёру.

Electronic Workbook
exercise
И

1. Во сколько ты завтра _____? (встать)
2. Что ты _____, если пойдёшь на свадьбу? (надеть)
3. Когда ты _____ учиться в университете? (перестать)
4. Кем ты _____ после университета? (стать)
5. Что ты будешь делать, если _____ в лифте? (застрять)

27 Д/Т-Stem and З/С-Stem Verbs

А. Заполните таблицу, как показано в примере.

Перевод	Инфинитив	Я	Они	Он/прош. время	Она/прош. время
to steal	украсть	украду	украдут	украл	украла
	перевести				
	изобрести				
	везти				
	ползти				
	спасти				
	нести				
	лезть				
	развестись				

Б. Вставьте в пропуски глаголы из А в правильной грамматической форме.

1. Я ничего плохого не сделал и ничего ни у кого не _____. («Rbcdaily.ru»)
2. Считается, что Альфред Нобель _____ динамит. (Журнал «Коммерсантъ-Власть»)
3. Если есть такой человек, который может нам помочь, то пусть он срочно приедет к нам на завод и _____ нас, а мы его отблагодарим (*thank*). (В. Постников. «Удивительные похождения нечистой силы»)
4. Если мы _____, для Максимки это будет страшный удар. (Журнал «Даша»)
5. Филолог, профессор Сорбонны, недавно _____ на француз-ский рассказ Каменского «У омута». (Л. Юзефович. «Князь ветра»)
6. Гора была крутая (*steep*). Мы садились и отдыхали, потом опять _____ вверх. (В. Арсеньев. «По Уссурийскому краю»)

Electronic Workbook
exercise
О

28 M-Stem Verbs

А. Напишите форму будущего времени совершенного вида (*perfective aspect*) к каждому глаголу, как показано в примере.

Пример: поднимаю — подниму

понимаете —		начинаете —	
снимаешь —		пожимает —	
занимается —		снимаем —	

Б. Напишите формы **я** и **они** в настоящем времени всех глаголов в А.

29 M-Stem Verbs

Заполните пропуски глаголами в форме будущего времени:

понять, снять, заняться, начать, пожать.

1. Семья интеллигентных врачей из Подмосковья без детей срочно _____ квартиру! (объявление)
2. Почему ты не бросишь свою работу, не _____ чем-нибудь более приятным? (А. Рубанов)
3. _____ мы учиться, наверно, в этом году с 1-го октября. (Журнал «Наука и жизнь»)
4. Никто не прочтёт твоего письма — не надейся . . . Никто не _____ руку — не надейся (Н. Мандельштам).
5. Пока наши хоккеисты этого не _____, у нас всегда будут проблемы. (Газета «Известия»)

Electronic Workbook exercises Н, П

30 Спросите партнёра.

— Что он/она обычно ест на завтрак? Что он/она никогда не ест в ресторане?

— Где он/она вырос(ла)? Какие фильмы он/она любил(а) смотреть, когда рос(ла)?

— Во сколько он/она ляжет спать сегодня? Во сколько он/она лёг/легла вчера?

— Любит ли он/она петь? Где он/она обычно поёт? Какие песни? Пел(а) ли он/она в детстве?

— Может ли он/она долго не пользоваться интернетом? Как долго?

— Даёт ли он/она деньги бедным на улице? Когда он/она в последний раз дал/дала деньги бедным?

Electronic Workbook exercise Р

31 Напишите предложения, используя частицу **ли**.

Пример: Я не помню/я показывал тебе эти фотографии?
Я не помню, показывал ли я тебе эти фотографии.

1. Я не уверен/мы сможем закончить домашнее задание вовремя.
2. Он не знает/сегодня будет фильм.

3. Никто не знает/цена на нефть будет падать.

4. Мои друзья не помнят/вчера была вечеринка или нет.

5. Нам скажут/нам можно говорить по-русски.

6. Я не собираюсь спрашивать/у неё есть дети.

7. Давайте спросим/будет домашнее задание на понедельник.

32 Переведите предложения на русский язык.

1. It would be nice to go on vacation if we could afford it.
2. They helped me a lot. I don't know what I would have done without their help.
3. I didn't go to bed. I wasn't tired, so I wouldn't have slept.
4. I would stay a bit longer but I really have to go now.
5. Tom said he would phone me on Sunday.
6. Ann promised that she wouldn't be late.

33 Как изменится ваша жизнь?

Ответьте на вопросы полными (*complete*) предложениями.

A.   Как изменится ваша жизнь,

1. если у вас не будет сотового телефона?
2. если у вас будет доступ в интернет только один час в день?
3. если вы будете работать в компании «Фейсбук»?
4. если вы будете читать все посты своих друзей в социальных сетях?
5. если вы не сможете пользоваться электронной почтой целый год?

Б.   Задайте эти вопросы партнёру. Напишите несколько предложений о том, что вы узнали.

B.   Перепишите (*rewrite*) предложения в А, чтобы они начинались с «Если бы» . . .

34 Переведите вопросы на русский язык и задайте их партнёру.

1. Where would you be now if you didn't have Russian class?
2. What would you do if you didn't study here?
3. Who would you call if you could call anyone?
4. What would you buy if you could buy anything?
5. Where would you travel if you had a lot of time and money?

35 Не по плану

Вспомните об одном дне, когда всё случилось не так, как вы хотели. Затем напишите несколько предложений об этом. Затем напишите несколько предложений о том, что было бы, если бы всё случилось, как вы планировали.

Пример: Если бы я не опоздал на автобус, я бы успел на самолёт в Москву. Если бы я успел на самолёт в Москву, . . .

36 Что бы вы сделали, если бы . . . ?

Напишите предложения, как показано в примере. Используйте эти выражения: на летних каникулах, после университета, через 20 лет, на пенсии, в эти выходные.

Пример: Я бы поехал в Бостон в эти выходные, если бы знал, что там выступает Земфира.

37 Вставьте нужный глагол в предложения в правильной грамматической форме.

1. Возвращать — возвращаться

   А. Вася Шеин _____ Вере обручальное кольцо. «Я не смею (*dare*) мешать твоему счастию», — говорит он. (А. Куприн)
   Б. Я бродил по городу; _____ домой, выходил снова. (И. Тургенев)

2. Изменить — измениться

   А. Не думаю, Володя, что мы могли бы что-то _____. (В. Белоусова)
   Б. — Хорошо, — сказала Елена Николаевна, и я услышал, что голос у неё _____. (А. Геласимов)

3. Поднять — подняться

   А. Я _____ глаза и вижу перед собой Екатерину Михайловну. (А. Геласимов)
   Б. Внезапно Данила споткнулся (*tripped*), упал и не _____. (В. Астафьев)

4. Одевать — одеваться

   А. Мама с Варей кормили его, _____, обували. (И. Грекова)
   Б. Андрей встал и начал быстро _____. (В. Пелевин)

38 Вставьте нужный глагол в предложения в правильной грамматической форме. Затем задайте вопросы партнёру.

1. Что или кто тебя больше всего _____ (беспокоить/беспокоиться)?
2. Когда ты в последний раз за кого-то сильно _____ (беспокоить/беспокоиться)?
3. Как долго ты обычно _____ (одевать/одеваться) утром?
4. Где и как часто ты обычно _____ (подстригать/подстригаться)?
5. Что или кто тебя часто _____ (удивлять/удивляться)?
6. Чему ты очень сильно _____ (удивить/удивиться) в последний раз?
7. Чему ты _____ (научить/научиться) в этом семестре?

39 Отрывок из стихотворения

Прочитайте **отрывок из стихотворения** Фёдора Тютчева. Заполните пропуски глаголами в скобках в настоящем времени.

Весенняя гроза

(Любить: я) _____ грозу в начале мая,
Когда весенний, первый гром,
Как бы резвяся и играя,
(грохотать: он) _____ в небе голубом.
(Греметь: они) _____ раскаты молодые,
Вот дождик брызнул, пыль (лететь: она) _____,
Повисли перлы дождевые,
И солнце нити (золотить: оно) _____.

40 Письмо Татьяны

Прочитайте одно из самых известных писем в русской литературе: письмо Татьяны Евгению Онегину из поэмы А. Пушкина «Евгений Онегин». Заполните пропуски глаголами в правильной грамматической форме. Используйте время глагола, указанное в скобках.

Я к вам (писать — *настоящее*) _____ — чего же боле?
Что я (мочь — *настоящее*) _____ ещё сказать?
Теперь, я (знать — *настоящее*) _____, в вашей воле
Меня презреньем наказать.
Но вы, к моей несчастной доле
Хоть каплю жалости храня,
Вы не (оставить — *будущее*) _____ меня.
Сначала я молчать (хотеть — *прошедшее*) _____;
Поверьте: моего стыда
Вы не (узнать — *прошедшее*) _____ б никогда,
Когда б надежду я (иметь — *прошедшее*) _____
Хоть редко, хоть в неделю раз
В деревне нашей видеть вас,
Чтоб только слышать ваши речи,
Вам слово молвить, и потом
Всё думать, думать об одном
И день и ночь до новой встречи.
Но, (говорить — *они/настоящее*) _____, вы нелюдим;
В глуши, в деревне всё вам скучно,
А мы . . . ничем мы не (блестеть — *настоящее*) _____,
Хоть вам и рады простодушно.

Ответьте на каждый вопрос несколькими предложениями. Используйте как можно больше глаголов из списка. Затем обсудите ваши идеи с партнёром.

1. Что люди делали или не делали до появления сотовых телефонов?
   <u>глаголы</u>: спать, реагировать, волноваться, переписываться, богатеть, беднеть, узнавать, радовать

2. Что сейчас люди делают с помощью сотовых телефонов, «Фейсбука» и т.д?
   <u>глаголы</u>: планировать, обидеть, публиковать, прятать, знакомиться, дать, признавать

3. Что сейчас люди не делают из-за сотовых телефонов, «Фейсбука» и т.д?
   <u>глаголы</u>: знакомиться, готовить, учить, просить, молчать, спать, реагировать, понимать

4. Что люди делают сейчас больше или меньше благодаря новым технологиям/из-за новых технологий?
   <u>глаголы</u>: проводить, следовать, использовать, плакать, начинать, фотографировать, радовать

5. Что люди будут/не будут делать в будущем благодаря новым технологиям/из-за новых технологий?
   <u>глаголы</u>: спать, стремиться, любить, проводить, формировать, искать, платить, создавать

Electronic Workbook
exercise
X

ТЕКСТ 2: ЗАПИСЬ В «ФЕЙСБУКЕ»: СОЦИАЛЬНЫЕ СЕТИ—ЗЛО ИЛИ ДОБРО?

Before you read the text, you will engage in a discussion to prepare you for the topic. After reading the text, complete the After Reading exercises to evaluate your comprehension and practice new vocabulary.

 Перед чтением

А. Прочитайте фразы и переведите их на английский язык. Что из этого вы делаете? Обсудите с партнёром.

   заходить/зайти на сайты газет
   просматривать/просмотреть информацию в блогах
   выходить на форумы под ником
   общаться с друзьями в реале/в соцсетях
   просматривать посты на «Фейсбуке»

Б. С какими из этих утверждений вы согласны/не согласны? Почему?

Социальные сети	а) облегчают (*make easy*) нашу жизнь.
	б) отнимают (*take*) много времени.
	в) помогают общаться с друзьями.
	г) мешают общаться с друзьями.

Прочитайте блог и комментарии к нему.

Социальные сети и блоги — это не зло и не добро, это просто инструмент. Мобильный телефон — это зло или добро? Он просто есть, это некая удобная штука[1] такая же как телеграф или почтовые голуби[2] раньше. Вот сейчас есть интернет и есть социальные сети, которые позволяют[3] людям общаться, быстро распространять и собирать информацию. Это просто очень удобно. Если завтра её не будет, жизнь не рухнет[4], но какие-то вещи станет делать гораздо неудобнее. Например, мне придётся читать газеты или заходить на сайты газет, тогда как сейчас я просто очень быстро всю информацию просматриваю в блогах и в «Твитере». Поэтому я бы не относился к блогам восторженно[5] или излишне[6] скептично — это просто обычное приложение[7], которое немножко облегчило нашу жизнь. Я думаю, что блоги отомрут[8] так же, как отмер телеграф, когда появится что-то более удобное.

Говорят, что социальные сети отнимают много времени. Я не согласен. Вы тратите время на чтение газет, 40 минут в день или час. Я точно так же трачу время на то, что читаю блоги, потому что блоги для меня — это СМИ. Я не считаю, что в этот момент я оторван[9] от реальной жизни или погружён[10] в виртуальную реальность. Это совершенно обычная жизнь. Я читаю ту же самую информацию, что и вы, только не пью чай и не шуршу[11] газеткой, а читаю на экране компьютера.

Алексей Навальный

[1]thing, [2]pigeon, [3]allow, [4]collapse, [5]rapturously, [6]excessively, [7]application, [8]die off, [9]detached, [10]immersed, [11]rustle

---

Комментарии

Ирина: Я не нуждаюсь в сетевом общении. Попробовала[1] «Facebook», и использую его только для того, чтобы убедиться[2], что мой дети в порядке. И вообще мне не хватает[3] времени на гораздо более интересные вещи, чем смотреть на чужих кошек.

Анна: Я в соцсетях нашла мужа, работу, клиентов и пиарю себя и свой бизнес. Сейчас никуда без сетей. Вся моя жизнь, можно сказать, перенесена[4] в компьютер и довольно успешна.

Е. Гонтмахер: Социальные сети — это хорошо, я считаю. Это огромное достижение[5] современности. Почему? Потому что есть очень много одиноких людей, которые боятся общаться лично. Социальные сети дают им возможность, не выходя из дома, прикрывшись[6] каким-то ником, выходить во всякие форумы и общаться, высказывать свой мысли.

Ирина: Ли́чно мне соцсе́ти не меша́ют[7] обще́нию с друзья́ми. С друзья́ми обща́юсь то́лько в реа́ле, а в соцсетя́х — совсе́м друго́й круг[8] знако́мых. Кро́ме того́, в интерне́те я нашла́ своего́ люби́мого па́рня: у нас стопроце́нтно схо́дятся[9] интере́сы, за це́лый год мы ещё ни ра́зу не ссо́рились[10]. Так что соцсе́ти — э́то хорошо́, гла́вное — не переба́рщивать[11].

Ольга: Я счита́ю, что социа́льные се́ти в тако́й фо́рме, в кото́рой они́ испо́льзуются в да́нный моме́нт, опа́сны. За после́дние лет 10 выраста́ет поколе́ние[12], кото́рое обща́ется практи́чески то́лько в социа́льных сетя́х, а обще́ние напряму́ю у них отсу́тствует[13]. Таки́м о́бразом они́ не уме́ют обща́ться ли́чно. Да́же когда́ они́ собира́ются вме́сте, они́ не разгова́ривают, а просма́тривают посты́ на «Фейсбу́ке» на свои́х телефо́нах.

[1]try, [2]make sure, [3]have enough, [4]transfer, [5]achievement, [6]use as a cover, [7]interfere, [8]circle, [9]coincide, match, [10]argue, [11]overdo, [12]generation, [13]be absent

---

 После чтения

Ответьте на вопросы с партнёром.

1. Согласны ли вы с Навальным, что социальные сети отомрут, как когда-то отмер телеграф? Если да, то что будет на их месте?
2. Как, по мнению Гонтмахера, соцсети помогают одиноким людям? Согласны ли вы с этим?
3. Некоторые считают, что социальные сети делают нас более одинокими. Что вы думаете об этом?
4. Почему Ольга считает, что соцсети опасны? Согласны ли вы с ней?

◀)) ТЕКСТ 3: АННА АХМАТОВА «СЕГОДНЯ МНЕ ПИСЬМА НЕ ПРИНЕСЛИ . . . »

 Перед чтением

Пишете и получаете ли вы письма по обычной, не электронной, почте? Кому вы их пишете? От кого вы их получаете?

«Сегодня мне письма не принесли . . . »

Прочитайте стихотворение и прослушайте его в аудиозаписи.

Сего́дня мне письма́ не принесли́:
Забы́л он написа́ть и́ли уе́хал;
Весна́, как трель[1] сере́бряного[2] сме́ха[3],
Кача́ются[4] в зали́ве[5] корабли́.
Сего́дня мне письма́ не принесли́ . . .

Он был со мной ещё совсе́м неда́вно,
Тако́й влюблённый, ла́сковый[6] и мой,
Но э́то бы́ло бе́лою зимо́й,
Тепе́рь весна́, и грусть[7] весны́ отра́вна[8],
Он был со мной ещё совсе́м неда́вно . . .

Я слы́шу: лёгкий тре́петный[9] смычо́к[10],
Как от предсме́ртной[11] бо́ли, бьётся[12], бьётся
И стра́шно мне, что се́рдце разорвётся[13],
Не допишу́ я э́тих не́жных[14] строк . . .

1912

[1]trill, [2]silver, [3]laughter, [4]sway, [5]bay, [6]affectionate, [7]sadness, [8]poisonous, [9]anxious, [10]bow, [11]premortal, [12]throb,
[13]burst, [14]tender

 После чтения

Ответьте на вопросы с партнёром.

1. Перечитайте первую строфу. Кто не принёс ей письма? Кто не написал ей письма? В какое время года это происходит? Какими словами автор описывает это время года?
2. Есть ли в описании времени года контраст с чувствами героини? Как вы думаете, почему последняя строчка строфы повторяет первую?
3. Перечитайте вторую строфу. Что мы узнаём о нём? Какой он был? Когда он и она были вместе? Как вы понимаете фразу «грусть весны»? Разве весна грустная? Что вы можете сказать о структуре этой строфы?
4. Перечитайте третью строфу. С чем героиня сравнивает своё сердце? Как она описыват боль сердца? Чего она боится?
5. Что чувствует героиня? Почему её сердце может разорваться?
6. Прочитайте стихотворение ещё раз и перескажите его по-русски.

 ДАВАЙТЕ ОБСУДИМ

Using what you have learned in this chapter, discuss these topics in groups or with a partner. Try to extend it into a conversation rather than just answering each question.

1. Как изменилось общение людей за последние 10—20 лет?
2. Какую роль играют социальные сети в нашем обществе?

3. Один из вас считает, что социальные сети положительно влияют на молодых людей, другой считает, что — отрицательно. Приведите аргументы.

4. Многие отказываются от использования «Фейсбука» и других социальных сетей, считая, что они только отнимают время. Другие считают, что если люди могут правильно распределять (*manage*) своё время, то использование «Фейсбука» не будет проблемой. Обсудите с партнёром.

5. Если бы вам нужно было отказаться от интернета на две недели, вам было бы трудно это сделать? Почему?

6. Многие работодатели просматривают страницы социальных сетей своих потенциальных работников. Один из вас считает, что это нормально, а другой считает, что работодатели не должны этого делать. Обсудите.

7. Некоторые специалисты утверждают, что в «одежду будущего» должны быть встроены три прибора — мобильный телефон, навигационная система и компьютер. Таким образом, электроника станет деталью одежды. Как вы относитесь к этому? Обсудите с партнёром.

8. Некоторые считают, что компании имеют право следить за тем, что пишут в «Фейсбуке» и других социальных сетях их работники. Если работник написал то, что не нравится компании, его могут уволить, так как это портит имидж компании. Согласны ли вы с такой позицией? Какие аргументы «за» и «против» вы можете привести?

▶◀ ДАВАЙТЕ ПОГОВОРИМ О КИНО

Вот несколько названий советских и российских фильмов, в которых рассматривается тема главы. Посмотрите один из них (информация в интернете поможет вам выбрать фильм) и подготовьте небольшое выступление, в котором вы: (1) кратко расскажете содержание фильма и (2) покажете, как в этом фильме раскрывается тема главы. Постарайтесь использовать как можно больше активной лексики по теме.

- «Питер FM», режиссёр Оксана Бычкова, 2008
- «Шапито-шоу», режиссёр Сергей Лобан, 2011
- «Измена», режиссёр Кирилл Серебренников, 2012
- «Пока ночь не разлучит», режиссёр Борис Хлебников, 2012

ПИСЬМЕННЫЕ ЗАДАНИЯ

Напишите сочинение длиной 500—600 слов на одну из тем ниже.

1. Напишите небольшую статью в газету на тему «Как изменилось общение людей за последние 20 лет?»

2. Напишите письмо студенту из России, который собирается учиться в вашем колледже или университете. Посоветуйте ему, как найти новых друзей и не потерять связь со старыми, используя социальные сети.

3. Напишите своему русскому другу и посоветуйте ему, как использовать социальные сети, чтобы найти хорошую работу.

4. Напишите небольшую статью, где вы даёте совет родителям, как сделать общение детей в интернете безопасным и полезным.

5. Напишите письмо русской семье, с которой вы будете жить в России, о том, как вы используете «Твитер» или «Инстаграм».

6. Напишите сочинение о том, как «Фейсбук» или другой социальный сайт помог вам решить какую-то проблему.

Electronic Workbook
exercises
Ц—Ъ

ЛЕКСИКА УРОКА

VERBS

бежа́ть/побежа́ть (irregular)
безде́йствовать (бездейств<u>ова</u>+ 15)
бесе́довать/побесе́довать (бесе́д<u>ова</u>+ 15)
бить/поби́ть (би<u>й</u>+ 9)
бледне́ть/побледне́ть (бледн<u>ей</u>+ 6)
богате́ть/разбогате́ть (богат<u>ей</u>+ 6)
боя́ться (бо<u>я</u>+ся 7)
буди́ть/разбуди́ть (буд<u>й</u>+ 8)
быть (irregular)
ви́деть/уви́деть (ви́д<u>е</u>+ 5)
висе́ть/повисе́ть (вис<u>е</u>+ 5)
води́ть (вод<u>й</u>+ 8)/вести́/повести́ (вёд+ 4)
возвраща́ться (возвращ<u>ай</u>+ся 3)/верну́ться (верн<u>у</u>+ся 14)
вози́ть (воз<u>й</u>+ 8)/везти́/повезти́ (вёз+ 4)
встава́ть (вст<u>авай</u>+ 2)/встать (вст<u>ан</u>+ 12)
встреча́ть (встреч<u>ай</u>+ 3)/встре́тить (встре́т<u>и</u>+ 8)
выходи́ть (выход<u>й</u>+ 8)/вы́йти (irregular)
говори́ть/поговори́ть (говор<u>и</u>+ 8)
говори́ть (говор<u>и</u>+ 8)/сказа́ть (сказ<u>а</u>+ 1)
дава́ть (<u>давай</u>+ 2)/дать (irregular)
де́лать/сде́лать (де́л<u>ай</u>+ 3)
держа́ть/подержа́ть (держ<u>а</u>+ 7)
дока́зывать (дока́зыв<u>ай</u>+ 3)/доказа́ть (доказ<u>а</u>+ 1)
достава́ть (дост<u>авай</u>+ 2)/доста́ть (дост<u>ан</u>+ 12)
дуть/поду́ть (ду<u>й</u>+)
е́здить (е́зд<u>и</u>+ 8)/е́хать/пое́хать (irregular)
есть/съесть (irregular)
жать/пожа́ть (ж/м+)
ждать/подожда́ть (жд<u>а</u>+ 1)

желте́ть/пожелте́ть (желт<u>ей</u>+ 6)
жить/пожи́ть (жи<u>в</u>+)
задава́ть (зад<u>авай</u>+ 2)/зада́ть (irregular)
закрыва́ть (закрыв<u>ай</u>+ 3)/закры́ть (закр<u>ой</u>+ 16)
занима́ться (занима́<u>й</u>+ся 3)/заня́ться (займ+ся 10)
запреща́ть (запрещ<u>ай</u>+ 3)/запрети́ть (запрет<u>и</u>+ 8)
засыпа́ть (засып<u>ай</u>+ 3)/засну́ть (засн<u>у</u>+ 14)
звони́ть/позвони́ть (звон<u>и</u>+ 8)
знако́миться/познако́миться (знако́м<u>и</u>+ся 8)
име́ть/заиме́ть (им<u>ей</u>+ 6)
иска́ть/поиска́ть (иск<u>а</u>+ 1)
красне́ть/покрасне́ть (красн<u>ей</u>+ 6)
красть/укра́сть (крад+ 4)
крича́ть (крич<u>а</u>+ 7)/кри́кнуть (кри́к<u>ну</u>+ 14)
лежа́ть/полежа́ть (леж<u>а</u>+ 7)
лета́ть (лет<u>ай</u>+ 3)/лете́ть/полете́ть (лет<u>е</u>+ 5)
лить/поли́ть (ли<u>й</u>+ 9)
ложи́ться (лож<u>и</u>+ся 8)/лечь (irregular)
люби́ть/полюби́ть (люб<u>й</u>+ 8)
маха́ть (мах<u>а</u>+ 1)/махну́ть (мах<u>ну</u>+ 14)
мёрзнуть/замёрзнуть (мёрз<u>ну</u>+ 13)
молча́ть/замолча́ть (молч<u>а</u>+7)
мочь/смочь (irregular)
мы́ться/помы́ться (мо́<u>й</u>+7)
наблюда́ть(ся) (наблюд<u>ай</u>+(ся) 3)
надева́ть (надев<u>ай</u>+ 3)/наде́ть (наде́<u>н</u>+12)
нака́зывать (нака́зыв<u>ай</u>+ 3)/наказа́ть (наказ<u>а</u>+ 1)
нанима́ть (нанима́<u>й</u>+ 3)/наня́ть (на<u>й</u>м+ 10)
начина́ть (начин<u>ай</u>+ 3)/нача́ть (на́ч/<u>н</u>+ 11)

носи́ть (носи́+ 8)/нести́/понести́ (нёс+ 4)
обижа́ть(ся) (обижа́й+(ся) 3)/оби́деть
    (оби́де+(ся) 5)
обма́нывать (обма́нывай+ 3)/обману́ть
    (обману́+ 14)
обнима́ть (обнима́й+ 3)/обня́ть
    (обни́м+ 10)
обсужда́ть (обсужда́й+ 3)/обсуди́ть (обсу-
    ди́+ 8)
обща́ться/пообща́ться (обща́й+ся 3)
ограни́чивать (ограни́чивай+ 3)/ограни́чить
    (ограни́чи+ 8)
отвеча́ть (отвеча́й+ 3)/отве́тить (отве́ти+ 8)
отвыка́ть (отвыка́й+ 3)/отвы́кнуть
    (отвы́к(ну)+ 13)
отдыха́ть (отдыха́й+ 3)/отдохну́ть (отдох-
    ну́+ 14)
открыва́ть (открыва́й+ 3)/откры́ть
    (откро́й+ 16)
отнима́ть (отнима́й+ 3)/отня́ть (о́тним+ 10)
отстава́ть (отстава́й+ 2)/отста́ть (отста́н+12)
ошиба́ться (ошиба́й+ся 3)/ошиби́ться
    (irregular)
па́дать (па́дай+ 3)/упа́сть (упа́д+ 4)
переводи́ть (переводи́+ 8)/перевести́
    (перевёд+ 4)
перестава́ть (перестава́й+ 2)/переста́ть
    (переста́н+ 12)
петь/спеть (irregular)
печь/испе́чь (пёк+)
пиа́рить/распиа́рить (пиа́ри+ 8)
писа́ть/написа́ть (писа́+ 1)
пить (пий+ 9)/вы́пить (вы́пий+ 9)
пла́кать/запла́кать (пла́ка+1)
плати́ть/заплати́ть (плати́+ 8)
погиба́ть (погиба́й+ 3)/поги́бнуть
    (поги́б(ну)+ 13)
подава́ть (подава́й+ 2)/пода́ть (irregular)
поднима́ть (поднима́й+ 3)/подня́ть (под-
    ни́м+ 10)
пока́зывать (пока́зывай+ 3)/показа́ть (пока-
    за́+ 1)
покупа́ть (покупа́й+ 3)/купи́ть (купи́+ 8)
получа́ть (получа́й+ 3)/получи́ть
    (получи́+ 8)
помога́ть (помога́й+ 3)/помо́чь (irregular)

понима́ть (понима́й+ 3)/поня́ть (по́йм+10)
появля́ться (появля́й+ся 3)/появи́ться (поя-
    ви́+ся 8)
преподава́ть (преподава́й+ 2)
приближа́ть(ся) (приближа́й+(ся) 3)/при-
    бли́зить(ся) (прибли́зи+(ся) 8)
привыка́ть (привыка́й+ 3)/привы́кнуть (при-
    вы́к(ну)+ 13)
приобрета́ть (приобрета́й+ 3)/приобрести́
    (приобрёт+ 4)
проводи́ть (проводи́+ 8)/провести́ (про-
    вёд+ 4)
продава́ть (продава́й+ 2)/прода́ть (irregular)
проекти́ровать/спроекти́ровать (проек-
    ти́рова+ 15)
пропада́ть (пропада́й+ 3)/пропа́сть (про-
    па́д+ 4)
проси́ть/попроси́ть (проси́+ 8)
пря́тать/спря́тать (пря́та+ 1)
публикова́ть/опубликова́ть (публикова́+ 15)
пьяне́ть/запьяне́ть (пьяне́й+ 6)
рабо́тать/порабо́тать (рабо́тай+ 3)
разводи́ться (разводи́+ся 8)/развести́сь
    (развёд+ ся 4)
раскрыва́ть (раскрыва́й+ 3)/раскры́ть (рас-
    кро́й+ 16)
расска́зывать (расска́зывай+ 3)/рассказа́ть
    (рассказа́+ 1)
рассма́тривать(ся) (рассма́тривай+(ся) 3)/
    рассмотре́ть(ся) (рассмотре́+(ся) 5)
расстава́ться (расстава́й+ся 2)/расста́ться
    (расста́н+ся 12)
расти́/вы́расти (irregular)
ре́зать/поре́зать (ре́за+1)
реша́ть (реша́й+ 3)/реши́ть (реши́+ 8)
рисова́ть/нарисова́ть (рисова́+ 15)
сдава́ть (сдава́й+ 2)/сдать (irregular)
сиде́ть/посиде́ть (сиде́+ 5)
скрыва́ть (скрыва́й+ 3)/скрыть (скро́й+ 16)
слу́шать(ся)/послу́шать(ся) (слу́шай+ся 3)
слы́шать/услы́шать (слы́ша+ 7)
смея́ться/засмея́ться (смея́+ся 1)
снима́ть (снима́й+ 3)/снять (сни́м- 11)
спать/поспа́ть (irregular)
ста́вить/поста́вить (ста́ви+ 8)
станови́ться (станови́+ся 8)/стать (ста́н+12)

старе́ть/постаре́ть (старе́й+ 6)
стоя́ть/постоя́ть (стоя́+ 7)
стреми́ться/устреми́ться (у/стреми́+ся 8)
стуча́ть (стуча́+ 7)/сту́кнуть (сту́кну+ 14)
счита́ть(ся)/посчита́ть(ся) (счита́й+(ся) 3)
тви́тнуть (тви́тну+ 14)
тепле́ть/потепле́ть (тепле́й+ 6)
теря́ть/потеря́ть (теря́й+ 3)
удаля́ть (удаля́й+ 3)/удали́ть (удали́+ 8)
узнава́ть (узнава́й+ 2)/узна́ть (узна́й+ 3)
улыба́ться (улыба́й+ся 3)/улыбну́ться (улыб-
  ну́+ся 14)

уме́ть/суме́ть (уме́й+ 6)
уставáть (уставáй+ 2)/устáть (устáн + 12)
учи́ть(ся)/научи́ть(ся) (учи́+(ся) 8)
формирова́ть/сформирова́ть
  (формирова́+ 15)
фотографи́ровать/сфотографи́ровать
  (фотографи́рова+ 15)
ходи́ть (ходи́+ 8)/идти́ /пойти́ (irregular)
хоте́ть/захоте́ть (irregular)
шепта́ть (шептӑ+ 1)/шепну́ть (шепну́+ 14)
шить/сшить (ши́й+ 9)

NOUNS AND NOUN PHRASES

до́ступ
ли́чная страни́ца
пиа́р
пиа́рщик/пиа́рщица
социа́льные ме́диа
социа́льная сеть

сре́дства ма́ссовой информа́ции (СМИ)
твит
Тви́ттер
Фейсбу́к
цель

PARTICLES

бы
ли

Урок №3

Преступление и наказание

НАЧИНАЕМ РАЗГОВОР

Что вы видите на фотографии? Как вы думаете, кто эти люди, где они и что они делают? Что случилось до этого и что случится после? Обсудите с партнёром.

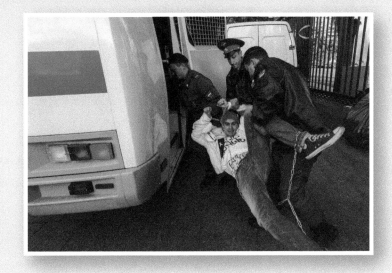

ЛЕКСИЧЕСКАЯ ТЕМА: «ПРЕСТУПЛЕНИЕ И НАКАЗАНИЕ»

In this section you will learn words and phrases that will help you understand texts in this chapter and discuss the topic of crime and punishment.

Полезные слова и выражения

Прочитайте слова по теме «Преступление и наказание» и их перевод.

закóн	law
нарушáть/нарýшить закóн	to break the law
престýпность	criminality, delinquency
подросткóвая престýпность	juvenile delinquency
несовершеннолéтний престýпник	juvenile offender
тюрьмá	prison
тюрéмное заключéние	prison sentence
пожúзненное заключéние	life sentence
тюрьмá стрóгого режúма	maximum security prison
сидéть (в тюрьмé) *за что* (за крáжу)	to be imprisoned (for theft)
сесть в тюрьмý	to go to prison
сидéть/отсидéть в тюрьмé	to serve time in prison
сажáть/посадúть в тюрьмý	to put into prison
тюрéмный срок	prison term
заключённый	prisoner, convict
исправúтельная колóния	penal colony
уголóвный кóдекс	criminal code
освобождáть/освободúть из заключéния	to release from prison
жéртва преступлéния	victim of a crime

Упражнения по лексике

1 Типы преступлений

Прочитайте слова в таблице. Они относятся к типам преступлений. Скажите, какие преступления вы считаете наиболее и наименее тяжкими (*grave*) и почему.

What?	Что?	Кто?	Что делать/сделать?
crime	преступлéние	престýпник	совершáть/совершúть преступлéние
murder	убúйство	убúйца	убивáть/убúть *кого*; совершáть/совершúть убúйство *кого*
rape	изнасúлование	насúльник	насúловать/изнасúловать *кого*
robbery	грабёж	грабúтель	грáбить/ограбúть *что, кого*
bribery	взяточничество	взяточник	брать/взять взятку у *кого, за что*; давáть/дать взятку кому, *за что*
theft	крáжа воровствó	вор	красть/украсть *что, у кого* воровáть/своровáть *что, у кого*
hijacking	угóн	угóнщик	угонять/угнáть *что*

2 Определения

Напишите определения следующих слов, используя **который** и лексику из упражнений выше, как показано в примере.

Пример: Преступник — это человек, который совершил какое-то преступление.

1. Взяточник — это человек, . . .
2. Отсидевший — это человек, . . .
3. Заключённый — это человек, . . .
4. Вор — это человек, . . .
5. Угонщик — это человек, . . .
6. Жертва преступления — это человек, . . .

3 Соедините синонимы.

1. престу́пник   а. во́ля
2. коло́ния   б. грабитель
3. вор   в. уголо́вник
4. свобо́да   г. зо́на

4 Вставьте слова из упражнений выше в предложения в нужной форме.

1. Диапазон (*of punishments*) _____ за такие преступления широк: от 500 рублей штрафа до 5 лет (*of prison sentence*) _____.
2. Отец обещал сделать всё возможное, чтобы сын не (*go to prison*) _____.
3. В девять лет Миша (*stole*) _____ книгу из библиотеки, а в двадцать — (*robbed*) _____ банк.
4. Главной причиной того, что Родион Раскольников (*committed a murder*) _____ старухи, была созданная им философия.
5. Он никогда не (*took bribes*) _____, и был очень удивлён, когда во время избирательной компании его обвинили во (*bribery*) _____.
6. За пять лет его работы в городской администрации (*juvenile delinquency*) _____ фактически исчезла.

5 Переведите предложения на русский язык, используя активную лексику главы.

1. Due to my sister's criminal past it was very difficult for her to find a good job.
2. Everybody knows that a group of old convicts is very powerful in this prison.
3. After ten years in prison, Robert did not know where to turn for help.
4. Vladimir Mayakovsky started writing when he was in Butyrskaya prison in 1909.
5. After being released, Oleg found a job helping former convicts.
6. When she returned home, Anna found that a robber was asleep on her couch.

Текст 1: Статья «Закончен срок—что ждёт на воле?»

Before you read the text, you will engage in a discussion to prepare you for the topic. After reading the text, complete the After Reading exercises to evaluate your comprehension and practice new vocabulary.

Перед чтением
Согласны ли вы с этими утверждениями? Почему? Обсудите с партнёром.

1. После тяжёлой жизни в колонии человек сделает всё, чтобы никогда не вернуться туда.
2. Тюрьма никого не исправляет (*reform*), а, наоборот, только портит (*damage*).

Статья «Закончен срок—что ждёт на воле?»
Прочитайте статью.

Ворота[1] открываются, и человек со справкой[2] об освобождении возвращается к нам. Как сложится[3] его жизнь на воле? Есть мнение: если заключённый настрадается[4] в зоне, он не вернётся туда. На практике эта система не работает. Статистика показывает огромную рецидивную преступность: 60% заключённых сидят по второму и по третьему разу. В колонии заключённый выпадает[5] из общества. Там за него думают, им командуют. На воле он чувствует себя чужим[6], не знает, куда идти за помощью, как обратиться к работодателям. Человек часто теряется и срывается[7]. Вышел, погулял, совершил кражу, а то и похуже—и снова в колонию. Так и крутится[8] эта рецидивная карусель. Как же эффективно проводить реабилитацию бывших заключённых? Вот несколько организаций, которые занимаются этим:

Центр социальной адаптации (ЦСА) в Санкт-Петербурге
Колония направляет[9] освободившихся заключённых в ЦСА, если им негде жить. В Центре строгий режим: отбой[10] в 24 часа, запрещены[11] спиртное и наркотики. После трёх письменных предупреждений[12] нарушителя просят выехать. Бывшие заключённые стараются до этого не доводить: потерять такое место для них—полный крах[13]. Здесь горячая еда, одежда, предметы сангигиены, телевизоры . . . «Проблема в том,—говорит Анна Самодеенко, заместитель начальника[14] Центра,—что у наших подопечных[15] есть только временная регистрация, поэтому нет учёта[16] в службе занятости[17]. А без службы занятости найти работу бывшим заключённым почти невозможно, и человек, помотавшись[18] без дела, может пойти на новое преступление». Анна Самодеенко старается помочь: договаривается с работодателями, понимающими ситуацию, ищет рабочие места с общежитием. «Главная беда[19] в том, что тюрьма никого не исправляет, а только портит. Можно вывести человека из зоны, но зону из человека убрать трудно»,—считает она. До похода на зону человек жалеет[20] о совершённом преступлении, а после общения с бывалыми[21] сидельцами жалеет, что попался[22] по-глупому. Прогноз Анны Самодеенко на будущее подопечных Центра печальный—большинство опять попадёт[23] на зону.

Общество социа́льной реабилита́ции

Общество—э́то федера́льный прое́кт, финанси́руемый кру́пными спо́нсорами. Отсиде́вшие срок прихо́дят сюда́ за материа́льной по́мощью, за рабо́той, за по́мощью юри́ста, психо́лога. Пока́ мы разгова́риваем с представи́телем о́бщества Вита́лием Ковале́нко, прихо́дит то́лько что освободи́вшийся заключённый. Ему́ 38 лет, а пришёл с ма́терью. Пять раз сиде́л за кра́жи. Специа́льности нет, на зо́не не рабо́тал. Мать про́сит о материа́льной по́мощи и говори́т, что сын сиде́л по глу́пости. Пять раз! Они́ заполня́ют анке́ту и ухо́дят. На во́ле, говори́т Ковале́нко, у мно́гих поте́ряны социа́льные конта́кты, в семье́ отноше́ния напряжённые[24], на у́лице ка́жется, что все смо́трят на тебя́ и ви́дят уголо́вное про́шлое. Большинство́ бы́вших заключённых не хо́чет де́лать никаки́х самостоя́тельных[25] уси́лий[26], им про́ще уйти́ в апа́тию, задурма́нить[27] го́лову алкого́лем, сно́ва пойти́ на преступле́ние.

Кри́зисный центр по́мощи же́нщинам в Санкт-Петербу́рге

Сотру́дники[28] Це́нтра выезжа́ют в же́нскую коло́нию в Са́блино в Ленингра́дской о́бласти, прово́дят тре́нинги с те́ми, кто ско́ро освободи́тся: у́чат, куда́ пойти́ по́сле освобожде́ния, каки́е докуме́нты офо́рмить. Же́нщины коло́нию перено́сят[29] тяжеле́е, чем мужчи́ны, говори́т сотру́дница отделе́ния социа́льной адапта́ции Ине́сса Владисла́вовна Пресно́ва. В дни разрешённых[30] посеще́ний[31] у воро́т мужски́х коло́ний стои́т о́чередь[32]: жёны, ма́тери с тяжёлыми су́мками. А у воро́т же́нской коло́нии—никого́. Муж с тако́й же́нщиной разво́дится, её дете́й передаю́т под опе́ку[33] ро́дственников. Тя́нет она́ свой срок[34], а о бу́дущем стара́ется не ду́мать. Сотру́дники Це́нтра помога́ют, убежда́ют, что жизнь измени́ть мо́жно.

Ольга Кузнецова

---

[1]gate, [2]certificate, [3]turn out, [4]suffer greatly, [5]fall out, [6]alien, [7]come unhinged, [8]go around, [9]send, [10]lights out, [11]forbidden, [12]warning, [13]disaster, [14]deputy chief, [15]charges, [16]registration, [17]placement service, [18]knock about, [19]trouble, [20]regret, [21]experienced, [22]get caught, [23]end up, [24]tense, [25]independent, [26]effort, [27]make blunt, [28]staff, [29]bear, [30]allowed, [31]visit, [32]line, [33]custody, [34]prison term

---

После чтения

Отве́тьте на вопросы и обсуди́те с партнёром.

1. Что тако́е «рецидивная преступность»? Каку́ю статистику по рецидивной преступности приводит автор? Как вы понима́ете фразу «рецидивная карусель»?
2. По мнению автора, почему бывшие заключённые снова попада́ют в колонию?
3. Чем занима́ется Центр социальной адапта́ции в Санкт-Петербурге?
4. Почему, по словам Анны Самодеенко, бывшим заключённым трудно найти работу? Как она реша́ет эту проблему?
5. Как вы понима́ете утвержде́ние Анны Самодеенко, что «можно вывести человека из зоны, но зону из человека убрать трудно»?
6. Каку́ю помощь могут получи́ть бывшие заключённые в Обществе социальной реабилита́ции?
7. По словам Виталия Коваленко, почему бывшие заключённые снова соверша́ют преступле́ния?

Electronic Workbook exercises А, Б

8. Чем занимается Кризисный центр помощи женщинам? Как деятельность Центра отличается от деятельности Центра социальной адаптации и Общества социальной реабилитации?

9. Что вы думаете об утверждении, что женщины переносят колонию тяжелее, чем мужчины? Почему это так?

10. Работу какой из трёх описанных в статье организаций вы считаете наиболее эффективной и полезной? Почему?

ГРАММАТИКА: ВИД ГЛАГОЛА (*ASPECT OF THE RUSSIAN VERB*)

As you know, one of the most interesting features of Russian grammar is the concept of aspect, вид, of the Russian verb. Russian verbs generally come in pairs of imperfective and perfective verbs. The opposition between an imperfective verb and its perfective mate is not an equal balance for all pairs. In some pairs, one verb is used far more frequently than the other. Moreover, the meaning of each verb in a pair may differ. For instance, the imperfective verb поступа́ть means "to apply (for admission to a university or institute)" while its perfective mate, поступи́ть means "to matriculate or enroll (in a university or institute)." Similarly, the imperfective verb сдава́ть (экза́мен) means "to take a test," while its perfective mate, сдать (экза́мен) means "to pass a test."

Our presentation of verbal aspect draws on the work of John Forsyth, a linguist whose book, *A Grammar of Aspect* (first published 1970, digitally republished in 2010), provides a definition of the perfective verb that we have adapted here:

The perfective verb in Russian describes a single event or action in its entirety, with reference to a particular point in space or time, and, in the past tense, whose result is still intact at the moment of speech, or in the past or future where there is an established or implied intention to complete the act.

In accordance with this definition, when you are choosing whether to use the imperfective verb, глаго́л несоверше́нного ви́да, or the perfective verb, глаго́л соверше́нного ви́да, you should ask yourself, "Can I use the perfective here?" If the answer is no, then you should use the imperfective. But your first step should always be determining whether you can use the perfective aspect by asking these questions:

1. Am I referring to a single intentional event or action? (By definition, multiple or recurring events are not single events.)

2. Am I describing an event in its entirety? (By definition, events in the present tense cannot be described in their entirety.)

3. Am I relating this event to a single point in time or space? (By definition, events that occur at multiple times or places are not connected to a single point in time and space.)

4. If in the past, is the result of this event still intact or, in the past or future tense, was there an intention to complete the event?

The sentences below illustrate the differences between the use of perfective and imperfective verbs in Russian:

Criteria	Yes: Perfective Verb	No: Imperfective Verb
Single event summed up in its entirety?	Я напишу́ письмо́ за́втра. *I will write the letter tomorrow.*	За́втра я бу́ду писа́ть пи́сьма весь день. *I'm going to be writing letters all day long tomorrow.*
Intentionality?	Вы прочита́ли стихотворе́ние, за́данное преподава́телем на сего́дня? *Did you read the poem assigned by the teacher for today?*	Вы когда́-нибудь чита́ли рома́н «Преступле́ние и наказа́ние»? *Have you ever read Crime and Punishment?*
Single point in space and time?	На про́шлой неде́ле, когда́ мы с жено́й бы́ли в Ри́ме, у меня́ укра́л кошелёк вор-карма́нник. *Last week, when my wife and I were in Rome, a pickpocket stole my wallet.*	Ка́ждый день в ри́мском метро́ карма́нники краду́т кошельки́. *Every day in the metro in Rome pickpockets steal wallets.*
Result intact?	Она́ откры́ла окно́. *She opened the window (and the window is now open).*	Она́ открыва́ла окно́. *She opened the window (but now the window is closed).*

 Пословицы, поговорки, выражения
Что посе́ешь, то и пожнёшь.
As you sow, so shall you reap.
What goes around, comes around. OR, You've made your bed, now you must lie in it.

Textbook exercises
6—7

Aspect and Adverbs

Some adverbs require a verb of a particular aspect, while other adverbs may be correlated with one or the other aspect. Adverbs indicating the **imperfective** (all of which point to the recurrence or duration of the action) include:

всегда́	always
вре́мя от вре́мени	from time to time
мно́го раз	many times
не раз	more than once
пока́	during, while
постоя́нно	constantly
ча́сто	often
иногда́	sometimes
ре́дко	rarely
до́лго	for a long time
це́лую неде́лю, весь день	all week, all day
всё у́тро, весь ве́чер	all morning, all evening
всю ночь, всю о́сень	all night, all autumn
всю зи́му, весь год	all winter, all year
кру́глый год, кру́глые су́тки и т.п.	year-round, round-the-clock, etc.

When referring to an event occurring a specific number of times within a short time frame, however, generally use the perfective, such as in these examples.

На э́той неде́ле у неё ча́стые при́ступы аллерги́и: за после́дние 5 мину́т она́ чихну́ла 21 раз!
This week she is very bothered by her allergies: in the last five minutes she has sneezed 21 times.

Андре́й о́чень насто́йчивый челове́к. Хотя́ я ему́ говорю́, что пока́ ничего́ не могу́ сказа́ть, он продолжа́ет звони́ть и спра́шивать. За после́дние 2 дня он позвони́л мне 4 ра́за.
Andrey is a very persistent person. Although I tell him that I can't say anything yet, he continues to call and ask. In the last two days he has called me four times.

Adverbs associated with (but not requiring) the **perfective** include:

наконе́ц	finally
вдруг	suddenly
неожи́данно	unexpectedly
пока́ не	until
уже́	already

Verbs of Beginning, Continuing, and Ending (Finishing)

All verbs that mean "to begin," "to continue," "to end," or "to finish" (e.g., начина́ть, конча́ть, зака́нчивать, броса́ть, продолжа́ть, прекраща́ть, перестава́ть, устава́ть, and their perfective mates, among other pairs of verbs) always take an imperfective infinitive, as in these examples:

Мы ско́ро начнём чита́ть рома́н «Преступле́ние и наказа́ние».
We will soon begin to read the novel Crime and Punishment.

Они́ продолжа́ют обсужда́ть вопро́с легализа́ции марихуа́ны.
They continue to discuss the question of legalization of marijuana.

Вы уже́ зако́нчили рабо́тать над прое́ктом по реабилита́ции бы́вших заключённых?
Have you already finished working on the project on rehabilitation of former prisoners?

Verbs of this type include the following:

начина́ть/нача́ть	to begin
стать	to become, to begin
принима́ться/приня́ться	to take to (begin)
учи́ться/научи́ться	to learn to
полюби́ть	to take a liking to
привыка́ть/привы́кнуть	to get used to
зака́нчивать/зако́нчить	to finish, complete
броса́ть/бро́сить	to give up, to quit
перестава́ть/переста́ть	to stop doing something
надоеда́ть/надое́сть	to be fed up with something
отвыка́ть/отвы́кнуть	to become unused to something

раздýмывать/раздýмать	to change one's mind about something
расхотéть	to come to not want something
уставáть/устáть	to get tired of something

Aspect in the Present Tense

In the present tense, we can only use imperfective verbs. Perfective verbs do not have a present tense.

Aspect in the Future Tense

In choosing the correct aspect in the future tense, you need to remember our definition of the perfective verb:

The perfective verb in Russian describes a single event or action in its entirety, with reference to a particular point in space or time, and, in the past tense, whose result is still intact at the moment of speech, or in the past or future where there is an established or implied intention to complete the act.

In the context of the future tense, this leads to several questions:

1. Is this a single event?
2. Is this event summed up in its entirety?
3. Will this event lead to a particular result?
4. Is this event best described as a process that will take place in the future or a background to some other single event?

In order to choose a perfective verb, you must be able to answer "yes" to the first three questions on this list, and "no" to the fourth question.

Criteria	Yes: Perfective Verb	No: Imperfective Verb
Single event summed up in its entirety?	Когдá мы приéдем зáвтра вéчером, мы вам всё расскáжем о поéздке. *When we arrive tomorrow evening, we will tell you everything about our trip.*	В кáждом гóроде мы бýдем расскáзывать об америкáнских фúльмах. *In each city we will be talking about American movies.*
Single point in time and space?	Сегóдня когдá ты пройдёшь мúмо её дóма, посмотрú, не горúт ли свет в окнé. *Today when you go past her house, look and see if there's a light on in the window.*	Кáждый раз, когдá я бýду проходúть мúмо магазúна, где ты рабóтаешь, я бýду дýмать о тебé. *Every time I pass by the store where you work I will be thinking of you.*
Intentionality and focus on result?	Когдá вы допúшете доклáд, пришлúте егó мне. *When you finish the report, send it to me.*	Весь мéсяц, покá я бýду допúсывать диссертáцию, ты бýдешь готóвить ýжин. *All month while I'm finishing up my dissertation, you'll cook dinner.*
Foreground? (as opposed to background)	Я приготóвлю обéд пóсле тогó, как онá напечáтает доклáд. *I will make dinner after she types up her report.*	Покá онá бýдет печáтать доклáд, я приготóвлю обéд. *I will make dinner while she types up her report.*

In addition to the rules governing usage of verbal aspect in the future, there are some verbs that we use in the perfective as part of a rhetorical move while making an argument, as in these examples with the verbs допусти́ть, предположи́ть, сказа́ть:

Допу́стим, вы пра́вы, и Пол Пот—оди́н из са́мых стра́шных престу́пников на́шего вре́мени.
Let's assume that you're right, and that Pol Pot is one of the most terrible criminals of our time.

Предполо́жим, что сме́ртная казнь не предотвраща́ет уби́йства.
Let's suppose that capital punishment is not a deterrent to murder.

Е́сли бы, ска́жем, ты укра́л маши́ну, тебя́ бы посади́ли на пять лет.
If, let's say, you stole a car, you would be put away for five years.

Textbook exercises
9—13

According to the Russian National Corpus (ruscorpora.ru), a large body of written and spoken material upon which linguistic analysis is based, perfective verbs by far outnumber imperfective verbs in the future in the speech and writing of native speakers of Russian. So, when in doubt, use perfective verbs in the future tense!

 Пословицы, поговорки, выражения
Горба́того моги́ла испра́вит.
Only the grave will cure a hunchback.
A leopard cannot change his spots.

Aspect in the Past Tense

In considering aspect in the past tense, we go back to the same questions we've been asking about aspect in the future. Consider these sentences, which demonstrate the different ways in which perfective and imperfective verbs are used in the past tense:

Criteria	Yes: Perfective Verb	No: Imperfective Verb
Single event summed up in its entirety?	Алекса́ндр Солжени́цын одни́м из пе́рвых на́чал боро́ться про́тив сталини́зма.	Кни́ги Солжени́цына постепе́нно начина́ли появля́ться в магази́нах в Росси́и в 90-х года́х.
Single point in time and space?	Алекса́ндр Солжени́цын роди́лся 11 декабря́ 1918 г. в Кисловодске.	По́сле револю́ции в Росси́и рожда́лось о́чень ма́ло дете́й.
Intentionality and focus on result?	Мы прочита́ли рома́н «Кра́сное колесо́» по ва́шей рекоменда́ции.	Мно́гие студе́нты чита́ли расска́з «Оди́н день Ива́на Дени́совича».
Foreground? (as opposed to background)	Солжени́цына вы́гнали из страны́ по́сле того́, как он написа́л рома́н «Архипела́г ГУЛА́Г».	Солжени́цына вы́гнали из страны́ в то вре́мя, когда́ в СССР боро́лись с людьми́, кото́рые говори́ли пра́вду о лагеря́х.

Textbook exercises
14, 15

The linguist Viktor Vinogradov explains that the imperfective past tense verb does not move the action forward; the imperfective past tense verb is descriptive, rather than narrative in nature. It does not emphasize that the sequence of events was in the past, but rather it places those events together in one context that happens to be in the past.

Aspect in the Negated Past Tense

When making the decision as to whether to use an imperfective or perfective verb in a negated sentence in the past tense, we must consider the importance of intentionality carefully. Indeed, a suspect of a crime, asked if he or she committed the crime, should typically use the imperfective to deny complicity because the imperfective aspect positions the suspect further away from the commission of the crime as in this example dialogue with Raskolnikov from Dostoevsky's *Crime and Punishment*.

Это вы убили стару́ху топоро́м?
Was it you who killed the old woman with an axe?

Нет, нет! Я никого́ не убива́л!
No, no! I didn't kill anyone!

The imperfective verb not only denies commission of the crime, but also the possibility that the suspect was anywhere near the place at the time the crime was committed.

Textbook exercise
16

Пословицы, поговорки, выражения
Зна́ет ко́шка, чьё мя́со съе́ла.
The cat knows whose meat it has eaten.
A guilty conscience needs no accuser.

Aspect in the Infinitive

In general, the rules about aspect apply consistently to choosing the aspect of the infinitive in any sentence. For instance, if an event is summarized in its entirety with an expectation of a result, one would use the perfective infinitive, while, for a repeating event or an event that does not have an expectation of a result, one would use an imperfective infinitive, as in these examples:

Мне на́до написа́ть сочине́ние до за́втра.
I have to write an essay before tomorrow.

Мне на́до бо́льше занима́ться.
I need to study more.

That being said, some verbs always take an imperfective infinitive, such as verbs of beginning or continuing to do something, ending or finishing doing something, learning to do something, getting used to or unused to doing something, or liking doing something (see list in "Verbs of Beginning, Continuing, and Ending (Finishing)," above).
Some verbs always take a perfective infinitive:

забы́ть	to forget to do something
уда́ться	to manage to, have time to do something
успе́ть	to have time to do something

In general, the imperfective is preferred in negative constructions, as in these examples:

Татья́на посове́товала мне не поступа́ть на ка́федру фи́зики.
Tatyana advised me not to apply to the physics department.

Де́ти пообеща́ли нам не приходи́ть по́здно.
The kids promised us not to come late.

Как мне не хо́чется сади́ться за рабо́ту!
I really don't want to get to work!

Еле́на Никола́евна сказа́ла, что не сто́ит чита́ть э́ту кни́гу.
Elena Nikolaevna said that it's not worth it to read this book.

These following impersonal constructions, including modal constructions, are also generally used with an imperfective infinitive, as in the examples in which they are embedded:

Здесь опа́сно переходи́ть у́лицу.
It's dangerous to cross the street here.

Как вам не сты́дно выходи́ть на у́лицу в тако́м ви́де?
Aren't you ashamed to go out dressed like that?

Глу́по не ду́мать о своём бу́дущем.
It's foolish not to think about your future.

Неприли́чно сиде́ть в метро́, когда́ ря́дом стоя́т пожилы́е лю́ди.
It's indecent to sit in the subway when right nearby elderly people are standing.

Неве́жливо не уступа́ть ме́сто бере́менным же́нщинам.
It's impolite not to give up your seat to pregnant women.

Не на́до рискова́ть жи́знью.
One shouldn't risk one's life.

Тебе́ не сто́ит смотре́ть э́тот фильм.
It's not worth it for you to see this movie.

After the word нельзя, the imperfective, which is more common, is used to express that something is forbidden, while the perfective is used to express that something is physically impossible:

Нельзя́ + imperfective = forbidden
Нельзя́ + perfective = physically impossible

You can see how this pattern works in these examples:

Нельзя́ открыва́ть э́ту дверь.
You can't open the door (because students in that room are taking an exam).

Нельзя́ откры́ть окно́.
The window can't be opened (it's stuck).

In addition, certain idioms use a specific aspect with нельзя or нельзя не as in the following examples:

Нельзя объя́ть необъя́тное.
A man can do no more than he can..

В одну́ ре́ку нельзя́ войти́ два́жды.
You can't step into the same river twice.

нельзя́ не горди́ться чем
you can't not take pride (in something)

нельзя́ не согласи́ться с кем/чем
you can't not agree

> **Пословицы, поговорки, выражения**
> На воре́ и ша́пка гори́т.
> *On a thief even a hat will burn.*
> An uneasy conscience betrays itself.

Textbook exercises
17–24

УПРАЖНЕНИЯ ПО ГРАММАТИКЕ

6 Глаголы в тексте

Перечитайте текст 1 и найдите 10 разных глаголов. Напишите их в форме инфинитива. Определите и объясните вид каждого глагола.

7 Прочитайте предложения и подчеркните все глаголы.
Определите и объясните вид каждого глагола.

A. В основном будущее время

1. Сейчас приведу себя в порядок. Накрашусь, причешусь. Надену самое лучшее. Ни для кого, для себя! Сяду за фортепьяно и стану играть! Кажется, я просто схожу с ума. (М. Шишкин)
2. Настя приехала домой около двенадцати. Всё, о чём она мечтала, были горячая ванна и сон. Потом она проснётся и подумает, что делать дальше. Скорее всего, подаст заявление на увольнение (*submit her resignation*), а потом постарается найти другую работу. (В. Валеева)
3. Я буду делать всё, что мне скажут и буду очень аккуратно мыть все полы. (А. Геласимов)
4. Она подумала, что будить Ишхана не стоит, лучше подождать, пока проснётся. (Г. Маркосян-Каспер)
5. Я тебя никогда не брошу . . . Мы всегда будем вместе. (В. Токарева)
6. Время, когда люди не будут убивать друг друга и животных, рано или поздно настанет. (А. Чехов)

Б.	В основном прошедшее время

7.	Она много времени проводила со своим котом, постоянно с ним разговаривала. (Газета «Первое сентября»)
8.	Время от времени Таня звонила в Москву, Витальке и отцу. (Л. Улицкая)
9.	Дима не спал. Он пил чай, смотрел в окно и вспоминал, как провожал после посиделок (gathering) у Дениса Ивановича красавицу Эльвиру. (А. Слаповский)
10.	Марио в последние годы жизни долго и тяжело болел. (И. Архипова)
11.	Летом пришла телеграмма, что заболела мать—упала, сломала ногу, просит, чтобы приехал. (В. Быков)
12.	Поднялся на второй этаж, позвонил четыре раза, и Эмма Ашотовна немедленно открыла ему. (Л. Улицкая)

8 Words of starting, continuing, or finishing

Напишите несколько предложений о себе, используя любые пять глаголов из списка ниже. Помните, что после этих глаголов вы должны использовать инфинитивы несовершенного вида.

начинать, кончать, заканчивать, бросать, продолжать, прекращать, уставать

Пример: Я обычно начинаю делать домашнюю работу в 8 часов вечера.

9 Вид в будущем веремени

А.	Спросите партнёра, будет ли он/а

—поступать в аспирантуру.
—путешествовать по России.
—учиться готовить русские блюда.
—голосовать на следующих выборах.
—покупать дом в ближайшее время.
—копить деньги на что-нибудь.
Задайте 1–2 дополнительных вопроса по каждой теме.

Б.	Напишите свои ответы на эти вопросы (2–3 предложения на каждый).

10 Вид в будущем времени

Заполните пропуски.

1.	Когда я приеду домой, я (will see) _____ своих родителей.
2.	Бабушка: Почему ты без шапки в такой холод? Ты же (will die) _____!
3.	Ты мне не (will help) _____ сделать это упражнение?
4.	В детстве я думал, что (will become) _____ судьёй.
5.	Перед поездкой в Россию я (will buy) _____ себе новый чемодан.
6.	Мне кажется, что тебе (will like) _____ этот ресторан.

11 Вид в будущем времени

А. Прочитайте предложения и заполните пропуски глаголами несовершенного или совершенного вида из списка в будущем времени.

> становиться/стать, покупать/купить, делать/сделать, жить/прожить, участвовать/поучаствовать, красть/украсть

1. Я ни за что не _____ гражданином другой страны.
2. Я ни за какие деньги не _____ татуировку.
3. Я никогда не _____ свой собственный дом.
4. Я ни при каких условиях не _____ в Европе.
5. Я ни в коем случае не _____ в реалити-шоу на телевидении.
6. Я ни за что никогда ничего не _____.

Б. С какими из этих утверждений вы согласны? Обсудите с партнёром.

В. Подчеркните (*underline*) разные русские эквиваленты "never" and "under no circumstances." Напишите предложения с этими выражениями.

12 Компьютеры в будущем

Напишите фантастический рассказ о том, как компьютеры изменят жизнь человека через 50 лет. Что люди будут делать с помощью компьютеров? Что они не будут или перестанут делать? Вы можете писать с позиции оптимиста или пессимиста. Используйте глаголы совершенного и несовершенного вида в будущем времени.

13 Становиться/стать

А. Напишите все грамматические формы этих двух глаголов.

Б. Прочитайте предложения и объясните вид глаголов. Переведите предложения на английский язык.

1. Когда человек становится очень богатым, то у государства возникает вопрос: а откуда деньги? («Итоги»)
2. Критиками становятся неудавшиеся (*failed*) режиссёры, сценаристы и телеведущие. («Известия»)
3. Россия и США стали ближайшими союзниками в борьбе с международным терроризмом. («Дипломатический вестник»)
4. Российский рынок стал интересен многим иностранным банкам. («Аргументы и факты»)

Electronic Workbook
exercises
В. Г

В. Напишите 6 предложений о том, как изменилось общество за последние 10–20 лет. Используйте глагол «стать» в каждом предложении, как показано в примере.

Пример: Люди стали меньше общаться друг с другом. Сотовые телефоны стали более «умными».

Г. Напишите 6 предложений о том, как меняется общество сейчас. Используйте глагол «становится» в каждом предложении, как показано в примере.

Пример: Бензин становится дороже. Автомобили становятся более безопаснее.

14 Вы когда-нибудь . . . ?

А. Напишите вопросы с «когда-нибудь» и фразами из списка ниже и задайте их партнёру. Используйте несовершенный вид. Продолжите диалог, используя совершенный и несовершенный вид, как показано в примере.

Пример: встречать знаменитостей

А: Ты когда-нибудь встречал знаменитостей?
Б: Да, встречал. Однажды я встретил Михаила Горбачёва.
А: Неужели? А где ты его встретил?
Б: Я встретил его, когда он приезжал к нам в университет.

- a. встречать знаменитостей
- б. ломать руку/ногу
- в. называть своего парня/свою девушку не тем именем
- г. стричься налысо
- д. есть экзотические блюда

Б. Ответьте на свои вопросы сами.

15 Вид в прошедшем и настоящем времени

Electronic Workbook exercises Д—Ж

А. Выберите известную сказку (например, «Красная шапочка» ["Red Riding Hood"], «Три поросёнка» ["The Three Little Pigs"], «Три медведя», «Гензель и Гретель») и перескажите её на русском языке в прошедшем времени. Используйте глаголы несовершенного и совершенного вида.

Б. Перескажите сказку в настоящем времени, как будто вы репортёр, который говорит о текущих (current) событиях. Используйте несовершенный вид глаголов.

16 Aspect and Negation in the Past

Заполните пропуски и объясните вид глаголов.

1. Отдыхать/отдохнуть

   А. После обеда отец не _____, а садился за письменный стол и 2 часа занимался со мною. (А. Колмогоров)

   Б. Последние восемь лет мы с мужем ни разу не _____. (И. Броневицкая)

2. Предлагать/предложить

   А. Вам никто не _____ садиться. (Ю. Домбровский)

   Б. Алёна принесла с собой коробку конфет, но ей даже не _____ чаю. (А. Терехов)

3. Посылать/послать

    А. Никаких статей в эту газету я не _____. (А. Зиновьев)

    Б. Приглашение на открытие кинофестиваля ему не _____. Забыли! (А. Медведев)

17 Заголовки газет (*Headlines*)

Глаголы совершенного вида часто используются в заголовках газет. Во всех, кроме трёх, заголовках ниже используется совершенный вид. Прочитайте заголовки и заполните пропуски. Затем выберите один заголовок из группы А и один — из группы Б.

А. Будущее время

    1. Ричард Уильямс (становиться/стать) _____ отцом во второй раз.

    2. Редкую рукопись Моцарта (продавать/продать) _____ на Sotheby's.

    3. В России будут (судить/осудить) _____ за сексуальные домогательства.

    4. Самая дорогая в мире пицца (попадать/попасть) _____ в Книгу рекордов Гиннесса.

    5. Украина (платить/заплатить) _____ за российский газ почти вдвое дороже, чем сейчас.

    6. В Лондоне (готовить/приготовить) _____ самый дорогой рождественский пудинг.

Б. Прошедшее время

    7. Американская пара (жениться/пожениться) _____ в больнице.

    8. Принц Гарри (расставаться/расстаться) _____ со своей девушкой.

    9. Компания американцев (смотреть/посмотреть) _____ телевизор 87 часов подряд.

    10. Британский дизайнер (создавать/создать) _____ рекордно дорогие туфли.

    11. Американец случайно (выкидывать/выкинуть) _____ 1.25 миллиона долларов.

    12. Крупный бизнес устал (давать/дать) _____ взятки.

18 Imperfective Verbs in the Infinitive

А. Напишите небольшие заметки о том,

    — чему вы научились в университете (или у своего лучшего друга);

    — что вы привыкли/отвыкли делать за время учёбы в университете;

    — что вам надоело делать и что вы устали делать за время учёбы в университете.

Используйте инфинитив несовершенного вида после глаголов «научиться», «привыкнуть», «отвыкнуть», «надоело» и «устать».

Б. Обсудите с партнёром то, что вы написали.

19 Запретительные надписи (*Prohibitive Signs*)

А. Прочитайте типичные объявления о том, чего нельзя делать. В них используется несовершенный вид. Эти конструкции очень категоричны. Переведите их на английский язык.

1. Машины не парковать!
2. Не мусорить!
3. Не бросайте бумагу в унитаз!
4. Руками не трогать!
5. Не кормите животных!
6. Не фотографировать!

Б. Перепишите предложения, чтобы они были менее категоричны. Например, вместо «Не курить» можно сказать «Спасибо, что не курите» или «Просим вас не курить».

В. Напишите 3–4 подобных объявления (категоричных или не очень), которые вы хотели бы повесить в вашем общежитии или в городе.

20 Нельзя

Выберите правильный глагол. Объясните свой выбор.

1. Сегодня нельзя (возвращать/вернуть) книгу в библиотеку. Она закрыта.
2. Тебе нельзя (возвращаться/вернуться) на родину! Тебя могут посадить в тюрьму.
3. Нельзя (менять/изменить) правила игры во время самой игры. Это нечестно.
4. Уже слишком поздно: ничего нельзя (менять/изменить).
5. В официальных документах ничего нельзя (исправлять/исправить).
6. Нельзя (исправлять/исправить) менталитет людей, которые родились и выросли во время Холодной войны.

21 Нельзя

А. Прочитайте советы, которые часто дают детям. Определите вид глаголов.

1. Нельзя открывать дверь незнакомым людям.
2. Не стоит приглашать домой незнакомых людей.
3. Нужно всегда хорошо закрывать двери и окна, когда уходишь из дома.
4. Не надо носить с собой деньги и дорогие предметы.

Б. Согласны ли вы с этими советами? Измените советы, с которыми вы не согласны. Вместе с партнёром напишите ещё 3–4 совета. Используйте «нельзя», «не стоит», «(не) надо/нужно», «(не) должен/должна».

22 Aspect after Negated Modals

Поговорите с партнёром и посоветуйте ему или ей, как поступать или не поступать в каждой ситуации. Объясните, почему вы так думаете. Используйте несовершенный вид.

1. Чего не стоит делать на первом свидании?
2. Что не обязательно делать на первом свидании?
3. Чего не стоит делать, когда вы находитесь в оперном театре?
4. Чего не нужно делать при воспитании детей?
5. Чего не нужно делать, чтобы быть здоровым?
6. Что не обязательно делать в школе и в университете, чтобы получать хорошие отметки?

23 Видовые пары

А. Заполните таблицу. Note that the perfectives use different roots.

Несовершенный вид	Совершенный вид
брать	
	вернуться
класть	
	лечь
становиться	
	сказать
покупать	

Б. Заполните пропуски глаголами из А.

1. Дочь спросила: «Можно я _____ твою машину сегодня вечером?»
2. Вчера отец _____ спать очень поздно — около двух часов ночи.
3. Если я заработаю много денег, _____ себе новую машину.
4. Умные люди _____ свои деньги в банк.
5. Многие люди после окончания этого университета _____ известными бизнесменами и политиками.
6. Мы надеемся, что люди, которые уехали работать за границу, _____ домой.

Electronic Workbook
exercises
3. К. Л

24 Видовые пары

А. Напишите вопрос с любым глаголом из каждой пары и задайте их вашему партнёру.

Пример: Что тебе часто снится?

Electronic Workbook
exercises
М, Н

сниться — присниться
нравиться — понравиться
забывать — забыть
уставать — устать
встречаться — встретиться

Б. Теперь ответьте на свои вопросы и запишите свои ответы.

ТЕКСТ 2: БЛОГ «СТРАНЫ-УБИЙЦЫ»

Before you read the text, you will engage in a discussion to prepare you for the topic. After reading the text, complete the After Reading exercises to evaluate your comprehension and practice new vocabulary.

Перед чтением

Полезные слова и выражения
Прочитайте русские слова и их перевод:

суди́ть *кого*	to try, judge
суд	court
обвиня́ть/обвини́ть *кого, в чём*	to accuse of, blame for, charge with
обвине́ние	charge, accusation
опра́вдывать/оправда́ть *кого*	to acquit, absolve
защища́ть/защити́ть *кого*	to defend
сме́ртная казнь	death penalty, capital punishment
отменя́ть/отмени́ть сме́ртную казнь	to abolish capital punishment
сме́ртный пригово́р	death/capital sentence
выноси́ть/вы́нести пригово́р	to pronounce a sentence
приводи́ть/привести́ пригово́р в исполне́ние	to carry out, to execute a sentence
защища́ть права́ челове́ка	to defend human rights

А. Соедините русские фразы слева с английскими эквивалентами справа:

1.	опра́вдывающие доказа́тельства	**а.**	prosecutor
2.	верхо́вный суд	**б.**	to remove murder charges
3.	суде́бная систе́ма	**в.**	defense
4.	защи́тник	**г.**	defendant (accused)
5.	прокуро́р	**д.**	conviction
6.	обвиня́емый	**е.**	jurors/jury
7.	судья́	**ё.**	innocence
8.	снять обвине́ние в уби́йстве	**ж.**	exculpatory evidence
9.	обвини́тельный пригово́р	**з.**	defense attorney
10.	невино́вность	**и.**	court system
11.	защи́та	**й.**	supreme court
12.	прися́жные заседа́тели	**к.**	judge

Б. Используя лексику из упражнений выше, напишите, что делают в суде эти люди.

1. Судья . . .
2. Прокурор . . .
3. Защитник . . .
4. Обвиняемый . . .
5. Присяжные заседатели . . .

В. Обсудите в группе: Есть ли такие преступления, за которые судья может или должен вынести преступнику смертный приговор?

Блог «Страны-убийцы»

Прочитайте блог.

В октябре прошлого года в штате Миссури, США, с Реджинальда Гриффина сняли обвинение в убийстве. Более 30 лет назад, в 1983 году ему вынесли смертный приговор за убийство сокамерника[1]. Верховный суд штата Миссури отменил обвинительный приговор в 2011 году, так как ранее власти[2] штата скрыли[3] оправдывающие его доказательства от защиты. Реджинальд Гриффин стал 143-м человеком за последние 40 лет, освобождённым из камеры смертников[4] в США в связи с[5] невиновностью.

Соединённые Штаты Америки — единственная страна на континенте, убивавшая людей в 2013 году. И несмотря на то, что штат Мэриленд стал в прошлом году 18-м штатом, отменившим смертную казнь, в США в 2013 были совершены 39 казней. Более 40% из них — в Техасе.

По данным «Amnesty International», в 2013 году в мире было проведено почти на 100 казней больше, чем в 2014, в основном[6] из-за Ирака и Ирана. Эти цифры не включают Китай. Власти Китая считают смертные казни государственной тайной[7] и установить[8] достоверные[9] цифры невозможно.

На сегодняшний день 140 стран отказались[10] от смертной казни законодательно и на практике. Двадцать лет назад 37 стран активно использовали смертную казнь. С тех пор их количество сократилось[11] наполовину. К сожалению, в 2013 году четыре страны — Индонезия, Кувейт, Нигерия и Вьетнам — возобновили[12] проведение смертной казни.

Если не учитывать[13] Китай, почти 80% всех казней в мире проходят в трёх странах — Иране, Ираке и Саудовской Аравии. В Африке, к югу от Сахары, — в Нигерии, Сомали и Судане, — было проведено более 90% всех зафиксированных казней в регионе. На американском континенте США является единственной страной, использующей свою судебную систему для убийства людей.

Уже сорок лет «Amnesty International» борется[14] за то, чтобы положить конец[15] смертным казням — жестокой[16] и бесчеловечной форме наказания, которое нарушает основное право человека — право на жизнь. Как показывают исследования[17], проведённые в разных странах, нет никаких убедительных[18] доказательств того, что смертная казнь является сдерживающим[19] преступность фактором.

Смéртная казнь никогдá не бýдет эффектѝвным отвéтом, какѝм бы ни было основáние[20] для экзекýций. Мы призывáем[21] влáсти США, Ирáна, Ирáка, Саýдовской Арáвии, Китáя и весь остальнóй мир услы́шать нас и сдéлать так, чтóбы в слéдующем годý статѝстика былá мéнее ужасáющей.

Сергей Никитин

директор российского представительства «Amnesty International»

[1]cellmate, [2]authorities, [3]conceal, [4]death row, [5]in connection with, [6]mainly, [7]state secret, [8]establish, [9]valid, [10]abandon, [11]reduce, [12]resume, [13]consider, count, [14]fight, [15]bring an end, [16]cruel, [17]research, [18]convincing, [19]constraining, [20]basis, [21]appeal

 После чтения

Ответьте на вопросы с партнёром.

1. С какой целью (*purpose*) автор блога написал его?
2. Как вы считаете, почему автор начал свой блог с истории Реджинальда Гриффина?
3. Автор называет смертную казнь «жестокой и бесчеловечной формой наказания, которое нарушает право человека на жизнь»? Согласны ли вы с ним? Почему?

ТЕКСТ 3: Ф. М. ДОСТОЕВСКИЙ. ОТРЫВОК ИЗ РОМАНА «ПРЕСТУПЛЕНИЕ И НАКАЗАНИЕ»

Перед чтением

Прочитайте слова которые вы встретите в тексте, и их перевод.

судопроизвóдство	judicial/court proceedings
подсудѝмый	defendant
показáние	testimony
слéдователь	investigator
явѝться с повѝнной	to give oneself up
чистосердéчное раскáяние	whole-hearted repentance
улѝка	incriminating evidence
подозрéние	suspicion

Ф. М. Достоевский Отрывок из романа «Преступление и наказание»

Прочитайте отрывок из романа Ф. М. Достоевского «Преступление и наказание» (slightly abridged).

ЭПИЛОГ

I

Судопроизводство по делу его прошло без больших затруднений[1]. Преступник точно и ясно поддерживал[2] своё показание. Он рассказал весь процесс убийства: рассказал подробно[3] о том, как взял у убитой ключи; разъяснил[4] загадку[5] об убийстве Лизаветы; рассказал о том, как он, преступник, сбежал потом с лестницы; как он спрятался[6] в пустой[7] квартире, пришёл домой, указал камень[8] на дворе, на Вознесенском проспекте, под воротами[9], под которыми найдены были вещи и кошелёк[10]. Следователи и судьи очень удивлялись тому, что он спрятал кошелёк и вещи под камень, не воспользовавшись[11] ими, что он не только не помнил всех вещей, им похищенных[12], но даже в числе их ошибся[13]. То обстоятельство, что он ни разу не открыл кошелька и не знал даже, сколько в нём лежит денег, показалось невероятным[14]. Долго добивались[15] разузнать: почему подсудимый в одном этом обстоятельстве лжёт[16], тогда как во всём другом сознаётся[17] правдиво? Наконец, некоторые (особенно из психологов) допустили[18] даже возможность того, что он не заглядывал[19] в кошелёк, а потому и не знал, что в нём было, и, не зная, так и снёс[20] под камень, но тут же из этого и заключили[21], что преступление не могло иначе[22] случиться как при временном умопомешательстве[23], так сказать[24], при болезненной мономании убийства и грабежа, без целей и расчётов[25] на выгоду[26]. Всё это сильно способствовало[27] заключению[28], что Раскольников не похож на обыкновенного убийцу и грабителя, но что тут что-то другое. К досаде[29] защищавших это мнение, сам преступник почти не пробовал[30] защищать себя; на вопросы: что именно могло склонить[31] его к смертоубийству и что побудило[32] его совершить грабёж, он отвечал ясно, что причиной всему было его нищета[33] и беспомощность[34]. Решился[35] же он на убийство вследствие[36] своего малодушного[37] характера. На вопросы, что именно побудило его явиться с повинною, прямо отвечал, что чистосердечное раскаяние.

Приговор оказался милостивее[38], чем можно было ожидать, судя[39] по совершённому преступлению, и, может быть, именно потому, что преступник не только не хотел оправдываться, но даже как бы изъявлял[40] желание сам ещё более обвинить себя. Наконец, явка с повинною, в то самое время, когда на преступника не только ясных улик[41], но даже и подозрений почти не имелось[42].

1866

[1]trouble, [2]support, [3]in detail, [4]explain, [5]puzzle, [6]hide, [7]empty, [8]stone, [9]gate, [10]purse, [11]make use of, [12]stolen, [13]be mistaken, [14]inconceivable, [15]try, [16]lie, [17]confess, [18]suppose, [19]look in, [20]put, [21]conclude, [22]otherwise, [23]insanity, [24]so to speak, [25]calculations, [26]profit, [27]contribute, [28]conclusion, [29]disappointment, [30]attempt, [31]induce, [32]prompt, [33]poverty, [34]helplessness, [35]resolve to, [36]as a result of, [37]weak, [38]gracious, [39]judging, [40]express, [41]evidence, [42]be on hand

А. Ответьте на вопросы с партнёром.

1. Какое преступление совершил Раскольников?
2. Как он вёл себя на суде?
3. Как Раскольников рассказывал о своём преступлении?
4. Что он спрятал под камень?
5. Чему удивлялись следователи и судьи? Что казалось им невероятным?
6. Почему Раскольников не был похож на обыкновенного убийцу и грабителя?
7. Как объясняли поведение Раскольникова психологи?
8. Как сам Раскольников объяснил причину своего преступления?
9. Почему приговор суда был менее строгий, чем все ожидали?
10. Как вы думаете, какое наказание должен получить Раскольников за свои преступления?

Б. Перечитайте отрывок романа и перескажите его своими словами.

ПРОДОЛЖАЕМ РАЗГОВОР

Расскажите, что случилось до момента на фотографии и что случится после. Используйте глаголы несовершенного и совершенного вида.

ДАВАЙТЕ ОБСУДИМ

Using what you have learned in this chapter, discuss these topics in groups or with a partner. Try to extend it into a conversation rather than just answering each question.

1. Как вы считаете, какое действие, которое официально не считается преступлением, должно им считаться?

2. Представьте, что вы должны назначить штрафы (*to set fines*) за следующие преступления:

   а. угон велосипеда
   б. агрессивное поведение на улице
   в. курение в больнице
   г. парковка машины на тротуаре
   д. вандализм в лифте

   Какие штрафы вы назначите за эти преступления и почему?

3. Вызывали ли вы когда-нибудь полицию? Расскажите об этом случае подробно.

4. Возможна ли ситуация, когда кто-то совершил преступление, но вы решаете не вызывать полицию? Опишите такую ситуацию.

5. В последнее время в России и в других странах большой популярностью пользуются телесериалы о преступниках и полицейских. Как вы можете объяснить такой интерес?

6. Какие популярные детективные сериалы есть в вашей стране? Какой из них ваш любимый? Обсудите свои любимые детективные сериалы с партнёром.

7. Местные власти предлагают принять следующие законы:

   а. нельзя пользоваться мобильным телефоном за рулём
   б. нельзя играть в видеоигры до 21-го года
   в. нельзя работать больше 32-х часов в неделю
   г. нельзя жениться или выходить замуж более трёх раз в жизни

   Обсудите с партнёром, с какими законами вы согласны и как нужно наказывать их нарушителей.

8. Вместе с партнёром напишите несколько советов, которые помогут людям не становиться жертвами следующих преступлений. Напишите разные советы для разных видов преступлений:

   а. угон машины
   б. кражи
   в. сексуальные домогательства
   г. преступления в интернете

9. Как вы понимаете русскую пословицу «Не пойман — не вор»? Обсудите с партнёром. Можете ли вы привести пример из жизни, который иллюстрирует эту пословицу?

10. В России наказание за употребление наркотиков — штраф. Считаете ли вы, что наказание должно быть более серьёзным? Каким? Почему? Аргументируйте свою позицию.

▶◀ ДАВАЙТЕ ПОГОВОРИМ О КИНО

Вот несколько названий советских и российских фильмов, в которых рассматривается тема главы. Посмотрите один из них (информация в интернете поможет вам выбрать фильм) и подготовьте небольшое выступление, в котором вы: (1) кратко расскажете содержание фильма и (2) покажете, как в этом фильме раскрывается тема главы. Постарайтесь использовать как можно больше активной лексики по теме.

- «Берегись автомобиля», режиссёр Эльдар Рязанов, 1966
- «Вокзал для двоих», режиссёр Эльдар Рязанов, 1982
- «Утомлённые солнцем», режиссёр Никита Михалков, 1994
- «Брат», режиссёр Алексей Балабанов, 1997
- «Вор», режиссёр Павел Чухрай, 1997

ПИСЬМЕННЫЕ ЗАДАНИЯ

Выберите одну из тем и напишите сочинение длиной 500–600 слов.

1. Расскажите о случае, когда вам или вашим знакомым пришлось иметь дело с (*had to deal with*) полицией. Расскажите в деталях, что случилось.
2. Напишите детективный рассказ о загадочном (*mysterious*) преступлении, которое произошло у вас на кампусе или в городе.
3. Напишите письмо, в котором человек признаётся в преступлении, которое он совершил давно. Начните словами: «Я никогда никому об этом не рассказывал(а)».
4. Многие считают, что насилие на телеэкранах провоцирует насилие и агрессию в реальной жизни. Другие считают, что, наоборот, если человек видит насилие на экране, он не будет заниматься им в жизни. Что вы думаете об этом? Напишите эссе для университетского журнала.
5. Некоторые считают, что современные тюрьмы надо изменить, чтобы готовить осуждённых к жизни после освобождения. Они полагают, что в тюрьмах нужно проводить больше программ для интеллектуального и эмоционального развития. Другие считают, что основная роль тюрем — наказание, и что государство не должно тратить средства на образование преступников. Напишите эссе на эту тему.
6. Найдите информацию о реабилитации бывших заключённых в вашей стране. Какие организации занимаются этой деятельностью? Как их работа отличается от работы организаций, описанных в статье Ольги Кузнецовой? Напишите сочинение об эффективных методах реабилитации бывших заключённых.

Electronic Workbook
exercises
O–T

ЛЕКСИКА УРОКА

VERBS

броса́ть (броса́й+ 3)/бро́сить (бро́си+ 8)
гра́бить/огра́бить (гра́би+ 8)
допуска́ть (допуска́й+ 3)/допусти́ть (допусти́й+ 8)
забыва́ть (забыва́й+ 3)/забы́ть (irregular)
зака́нчивать (зака́нчивай+ 3)/зако́нчить (зако́нчи+ 8)

красть/укра́сть (кра́д+ 4)
люби́ть/полюби́ть (люби́й+ 8)
надоеда́ть (надоеда́й+ 3)/надое́сть (irregular)
наруша́ть (наруша́й+ 3)/нару́шить (нару́ши+ 8)
наси́ловать/изнаси́ловать (наси́лова+ 15)

учи́ть(ся)/научи́ть(ся) (учи́й+(ся) 8)

освобожда́ть (освобожда́й+ з)/освободи́ть (освободи́+ 8)

остава́ться (остава́й+ся 2)/оста́ться (оста́н+ся 12)

отвыка́ть (отвыка́й+ з)/отвы́кнуть (отвы́к(ну)+ 13)

перестава́ть (перестава́й+ 2)/переста́ть (переста́н+ 12)

предполага́ть (предполага́й+ з)/предположи́ть (предположи́й+ 8)

привыка́ть (привыка́й+ з)/привы́кнуть (привы́к(ну)+ 13)

принима́ть(ся) (принима́й+ся з)/приня́ть(ся) (прим+ся 10)

разду́мывать (разду́мывай+ з)/разду́мать (разду́май+ з)

расхоте́ть (irregular)

реша́ть (реша́й+ з)/реши́ть (реши́+ 8)

сажа́ть (сажа́й+ з)/посади́ть (посади́+ 8)

сади́ться (сади́+ся 8)/сесть (irregular)

сиде́ть/посиде́ть (сиде́+ 5)

соверша́ть (соверша́й+ з)/соверши́ть (соверши́+ 8)

станови́ться (станови́й+ся 8)/стать (ста́н+ 12)

убива́ть (убива́й+ з)/уби́ть (уби́й+ 9)

удава́ться (удава́й+ся 2)/уда́ться (irregular)

успева́ть (успева́й+ з)/успе́ть (успе́й+ 6)

устава́ть (устава́й+ 2)/уста́ть (уста́н+ 12)

ADVERBS

вдруг

кру́глые су́тки

кру́глый год

не ра́з

нельзя́

неожи́данно

пока́ не

постоя́нно

ре́дко

уже́

ча́сто

NOUNS AND NOUN PHRASES

взя́тка

взя́точник

взя́точничество

во́ля

вор

воровство́

грабёж

грабитель

же́ртва

заключе́ние

зако́н

зо́на

изнаси́лование

коло́ния

кра́жа

наси́льник

преступле́ние

престу́пник

престу́пность

режи́м (стро́гий)

свобо́да

срок

тюрьма́

уби́йство

уби́йца

уго́н

уго́нщик

ADJECTIVES

исправи́тельный

подростко́вый

совершенноле́тний/несовершенноле́тний

стро́гий (режи́м)

тюре́мный

уголо́вный

Урок №4

Здравоохранение

Что вы видите на фотографии? Как вы думаете, кто эти люди, где они и что они делают? Часто ли вы видите такую картину? Как вы реагируете, когда вы видите людей, которые курят? Обсудите с партнёром.

ЛЕКСИЧЕСКАЯ ТЕМА: «ЗДРАВООХРАНЕНИЕ»

In this section you will learn words and phrases that will help you understand texts in this chapter and discuss the topic of public health.

Обсудите с партнёром

1. Слово «здравоохранение» состоит из двух слов: «здоровье» + «охранять» и переводится на английский язык как health protection или healthcare.
Кто и как, по-вашему, охраняет здоровье людей?
2. В этой главе мы обсудим три темы: борьбу с курением, легализацию марихуаны и занятие фитнесом. Какая из них интересует вас больше всего и почему?

Полезные слова и выражения

В таблице—слова по теме «здоровье» из текста №1. Обсудите их значение с партнёром.

Что/кто?	Что делать/сделать?	Какой?
болéзнь больнóй	болéть/заболéть чем	больнóй
курéние курúльщик курúлка	курúть	куря́щий
лекáрство	принимáть/приня́ть лекáрство	лекáрственный
борьбá с кем/чем борéц	борóться с чем/кем (с болéзнью)	—
побéда над кем/чем	побеждáть/победúть кого/что (болéзнь)	—
влия́ние на кого/что	влия́ть/повлия́ть на кого/что (здорóвье)	—
вред	вредúть/повредúть кому/чему (здорóвью)	врéдный
пóльза	приносúть/принестú пóльзу кому/чему (здорóвью)	полéзный
запрéт кого/чего, на что/кого	запрещáть/запретúть кого/что	запрещённый
разрешéние на что	разрешáть/разрешúть кого/что	разрешённый
доступность кого/чего дóступ к кому/чему	дéлать/сдéлать лекáрства доступными	доступный
поддéржка кого/чего	поддéрживать/поддержáть кого/что	—
наркóтик наркомáн наркомáния	употребля́ть наркóтики	наркотúческий
алкогóль алкогóлик алкоголúзм	употребля́ть алкогóль	алкогóльный

1 Вставьте слова из таблицы выше в предложения.

1. Курение _____ здоровью.
2. Мой друг считает, что реклама никак не _____ на курение.
3. Новый спортивный центр предлагает программы, которые помогают _____ здоровье людям, которым за 70.
4. Больные должны иметь _____ к самым лучшим лекарствам.
5. История показывает, что если _____ алкоголь, то появится (*will appear*) алкогольная мафия.
6. Государство _____ табачные компании тем, что не поднимает цены на сигареты.
7. Антон долго _____ с болезнью и в конце концов _____ её. В этой борьбе ему помогли _____ советы врачей.
8. В список самых _____ для здоровья продуктов входят чипсы и сладкие газированные напитки.

2 Переведите слова и выражения на английский язык.

1. употреблять наркотики
2. употребление наркотиков
3. легализовать продажу марихуаны
4. «сидеть» на наркотиках
5. тяжёлые/лёгкие наркотики
6. наркотическая зависимость
7. действие марихуаны на организм
8. противодействие наркомании

3 Соедините слова и выражения слева с их переводом справа.

1. движение		а.	to lose weight
2. вести малоподвижный образ жизни		б.	blood circulation
3. зарабатывать/заработать (себе) болезнь		в.	to go on a diet
4. нарушение обмена веществ		г.	to take care of your health
5. сердечно-сосудистые заболевания		д.	movement
6. сбросить лишний вес		е.	muscular body
7. физические упражнения/нагрузки		ё.	cardiovascular diseases
8. худеть/похудеть		ж.	to lead a sedentary lifestyle
9. садиться/сесть на диету		з.	to get oneself sick
10. заботиться о своём здоровье		и.	metabolic disease
11. кровообращение		й.	physical exercises
12. мускулистое тело		к.	to lose excess weight

Текст 1: Блог «Закон о борьбе с курением—победа табачного лобби»

Before you read the text, you will engage in a discussion that will prepare you for the topic. After reading the text, complete the After Reading exercises to evaluate your comprehension and practice new vocabulary.

Перед чтением

Ответьте на вопросы, используя слова из таблицы выше, и обсудите с партнёром.

1. Считаете ли вы, что государство должно принимать законы о борьбе с курением? Почему?
2. Есть ли в вашей стране, в вашем городе или в вашем университете антитабачный закон? Где и кому запрещено курить по этому закону?

Блог «Закон о борьбе с курением—победа табачного лобби»
Прочитайте блог и <u>подчеркните</u> все слова из таблицы на с. 94.

---

23 февраля Президент подписал так называемый[1] антитабачный закон. Сразу в СМИ и в Интернете начались истерические вопли[2] типа «нарушаются[3] права человека», «геноцид курильщиков» и тому подобные. Но давайте посмотрим, что несёт новый закон нашим гражданам[4] с 1 июня 2013 года.

Запрещено курить в учреждениях[5] культуры, здравоохранения, образования. Так это и раньше запрещалось посетителям[6] этих учреждений. Персоналу этих учреждений, конечно, будет неприятно. Но разве нормально, когда курит врач или педагог? Но вне учреждений им курить не запрещено. Ещё запрещено курить на рабочих местах в закрытых помещениях[7]. Но это тоже раньше не приветствовалось[8]. Да и курилки в таких случаях организуются. А в других местах—дымите на здоровье, точнее, не на здоровье, а на вред себе и окружающим[9].

Многое говорилось о запрете продажи сигарет в киосках. Дескать[10], это нанесёт удар[11] по малому бизнесу. Не нанесёт—эту меру[12] отложили[13] более чем на год, до 1 июня 2014 года. По-прежнему школьники будут покупать сигареты в близлежащем киоске. Ах да, ввели[14] меру, что нельзя продавать сигареты несовершеннолетним[15], а если продавец сомневается в совершеннолетии покупателя, то он согласно закону должен потребовать[16] у него паспорт. А если не сомневается? Тут закон молчит. Так кто же будет сомневаться, когда надо продать товар?

Ещё запрещена реклама[17] сигарет и демонстрация сцен курения без необходимости в российских фильмах. А эти фильмы кто-то смотрит? И как реклама влияет на курение? Не знаете? Узнайте, тогда и запрещайте!

А вот самую радикальную меру—цену на сигареты, закон вообще не затрагивает[18]. Ну разве не удивительно, что в России запрещено продавать табачные изделия по цене выше установленной[19], даже в ресторанах. И на эту «священную корову[20]» закон не покушается[21]. Доступность табака для начинающих курильщиков, по мнению законодателей, должна быть обеспечена[22], чтобы прибыли[23] табачных монополий были гарантированы!

Мо́жно сде́лать вы́вод[24], что при́нятый зако́н совсе́м не антитаба́чный, а напра́влен[25] на дальне́йшую подде́ржку таба́чных компа́ний. Таба́чное ло́бби победи́ло. Сле́дствие[26] э́того зако́на — продолже́ние подде́ржки госуда́рством таба́чной наркома́нии, втя́гивание[27] в куре́ние но́вых поколе́ний[28], деся́тки ты́сяч загу́бленных[29] жи́зней. Так что кури́те да́льше!

Борис Тупицын

[1]so called, [2]cry, [3]violate, [4]citizen, [5]institution, [6]visitor, [7]indoors, [8]invited, [9]people around, [10]they say, [11]blow, [12]measure, [13]postpone, [14]introduce, [15]underage, [16]demand, [17]advertisement, [18]touch, [19]fixed, [20]sacred cow, [21]encroach, [22]secured, [23]profit, [24]conclusion, [25]directed, [26]consequence, [27]draw, [28]generation, [29]ruined

После чтения

А. Ответьте на вопросы с партнёром.

1. Что случилось в России 23 февраля 2013 года?
2. Что автор называет «истерическими воплями»? Как вы понимаете фразу «геноцид курильщиков»?
3. Назовите три основных запрета антитабачного закона. Существуют ли такие запреты в вашей стране, в вашем городе или университете?
4. В каких местах теперь запрещено курить? Считаете ли вы этот запрет справедливым (*fair*)? Почему?
5. Что говорит закон о продаже сигарет несовершеннолетним? Когда продавец сигарет может попросить паспорт у покупателя? Как вы думаете, подростки смогут покупать сигареты после принятия закона? Как?
6. Как вы считаете, реклама сигарет влияет на курение? Почему? А как считает автор блога?
7. Что автор блога называет «самой радикальной мерой»? Что вы узнали из текста о ценах на сигареты в России? Влияет ли антитабачный закон на эти цены?
8. По мнению автора, эффективен ли новый закон в борьбе с курением? Почему автор пишет, что в результате «табачное лобби победило»? Согласны ли вы с мнением автора? Почему?

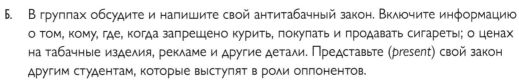

Б. В группах обсудите и напишите свой антитабачный закон. Включите информацию о том, кому, где, когда запрещено курить, покупать и продавать сигареты; о ценах на табачные изделия, рекламе и другие детали. Представьте (*present*) свой закон другим студентам, которые выступят в роли оппонентов.

В. Изучите историю принятия антитабачных законов в разных странах и их последствия (*effects*) и выполните одно из заданий:

1. Напишите об этом статью от лица журналиста российской газеты.
2. Сделайте доклад на эту тему на занятии.
3. Напишите сочинение, в котором вы сравниваете законы об ограничении курения в вашей стране или в США и в России.

Electronic Workbook
exercise
A

Russian has first-, second-, and third-person imperatives, as well as indirect imperatives with the verbs попроси́ть, хоте́ть, and сказа́ть. Since the first- and third-person imperatives are much simpler to form than the second-person imperatives, we will start with those.

First-Person Imperative

In English, the first-person imperative uses the phrase *Let me* or *Let us* with the infinitive. In Russian, the first-person imperative is formed with the phrase «Дава́й(те) я (мы)» with a first-person form of the verb, as in the following examples:

Дава́йте я напишу́ Григорию Анатольевичу.
Let me write Grigorii Anatol'evich.

Дава́йте я не бу́ду писа́ть Григорию Анатольевичу.
Let me not write Grigorii Anatol'evich.

Дава́йте я бу́ду писа́ть Григорию Анатольевичу два раза в неделю.
Let me write Grigorii Anatol'evich twice a week.

Дава́йте напи́шем Ларисе Николаевне.
Let's write Larisa Nikolaevna.

Дава́йте не бу́дем писа́ть Ларисе Николаевне.
Let's not write Larisa Nikolaevna.

Дава́йте я напишу́ об этом для нашей газеты.
Let me write about this for our newspaper.

Дава́йте я не бу́ду писа́ть об этом для нашей газеты.
Let me not write about this for our newspaper.

Дава́йте напи́шем об этом для нашей газеты.
Let's write about this for our newspaper.

Дава́йте не бу́дем писа́ть об этом для нашей газеты.
Let's not write about this for our newspaper.

Дава́йте бу́дем писа́ть такие статьи для нашей газеты три раза в неделю.
Let's write such articles for our newspaper three times a week.

Note that the use of the imperfective or perfective aspect is determined not by the imperative, but by the larger aspectual context. In the first-person imperative, we use either the perfective form, conjugated for the first-person subject, or the imperfective future conjugated for the first-person subject.

Third-Person Imperative

The third-person imperative in English also uses the word *let* but it is followed by a subject pronoun or by a noun phrase, such as "Let him show us the exercise" or "Let Masha try it."

In Russian we use the word «пусть» and the appropriately conjugated verb, as in these examples:

Пусть Вова **пригото́вит** пирог, пока Маша готовит борщ.
Let Vova make the pie, while Masha makes the borshch.

Пусть Вова никогда **не гото́вит** обед. **Пусть** лучше Маша его **гото́вит**.
Let's not ever have Vova make lunch. Better let Masha make it.

Пусть Вова и Маша **пригото́вят** ужин, а мы за это время напишем доклад.
Let Vova and Masha prepare dinner, and we'll write the report in the meantime.

Пусть Зина каждый день **занима́ется** с детьми танцами, а Ксения **пусть занима́ется** с ними пением.
Let Zina teach dance to the kids every day and let Ksenia work with them on singing.

Textbook exercises
5, 6

 Пословицы, поговорки, выражения
Ищи́ ве́тра в по́ле.
Go look for the wind in a meadow.
It's like looking for a needle in a haystack.

Second-Person Imperative

The second person imperative requires the creation of a special form of the verb derived from the stem (see chapter 2) in accordance with the rules explained in this section.

Second Conjugation Verbs

- For creating the imperative in multisyllabic stems ending in -и when stressed, the stem is the second-person singular (informal) imperative and -те is added for the formal imperative, as in these examples:

    Не говори́те громко в библиотеке.
    Don't talk loudly in the library.

    Попроси́те его показать нам новые тренажёры для дома.
    Ask him to show us new exercise machines suitable for home use.

    Приводи́те школьников на детскую площадку каждый день в 10 утра.
    Bring the school children to the playground every day at 10 am.

    Получи́те деньги, пожалуйста.
    Please take the money.

- To create an imperative for multisyllabic stems ending in -и that are not stressed, drop the -и and add -ь(те), as in these examples:

    Не ставь чемодан на кровать.
    Don't put your suitcase on the bed.

    Пригото́вь завтрак, пожалуйста.
    Please make breakfast.

The exception to this rule is verbs with multisyllabic stems ending in -и when the -и is not stressed: these will continue to take the imperative ending -и(те) if the stem features a consonant cluster, as in these examples:

> **По́мни**, пожалуйста, что она больна.
> *Please remember that she is sick.*

> **Вспо́мните**, где вы в последний раз его видели.
> *Recall where you saw him last.*

Verbs that have a mutation in the first-person singular will not have that mutation in the imperative.

- Stems ending in -e
  To create the imperative, the stem-final vowel is removed and и is added, as in these examples:

> Это просто: **лети́те** в Москву и там **переся́дьте** на следующий рейс в Иркутск.
> *It's easy: fly to Moscow and transfer there to the next flight to Irkutsk.*

> **Сиди́те, сиди́те**, я только на минуточку.
> *Please stay seated, I'll only be a minute.*

> **Посмотри́те**, какой чудный ребёнок!
> *Look—what a wonderful child!*

- Stems ending in husher + a
  In this case, the stem-final vowel is removed and и is added to form the imperative, as in these examples:

> **Не кричи́те!**
> *Don't yell!*

> **Молчи́те!**
> *Be quiet!*

> **Подержи́те** мой чай, пока я открою дверь.
> *Hold my tea while I open the door.*

> **Стучи́те** громче: дедушка вас не слышит.
> *Knock more loudly: grandpa doesn't hear you.*

First Conjugation Verbs
- Stems ending in -ай, -яй, -ей
  To create the imperative for these stems, use the stem itself for the second-person singular form and simply add -те for the second-person plural or formal form.

> **Прочита́йте** эту статью сегодня!
> *Read this article today!*

> **Не де́лайте** это упражнение.
> *Don't do this exericse.*

- Stems ending in -a

   There are two groups of imperatives with this stem-type for the purposes of the formation of the imperative. For stems ending in -a in which the first-person singular form (я) of the verb has the stress on the ending, the first group of imperatives in this stem-type, drop the stem-final vowel and add -и(те), but bear in mind that this verb will require mutation not only in the non-past conjugated forms, but also in the imperative, as shown in these examples.

   > **Скажи́те**, пожалуйста, как попасть на Красную площадь?
   > *Please tell me how to get to Red Square.*

   > **Докажи́те**, что Вас не было в Петербурге в день убийства!
   > *Prove you were not in Petersburg on the day of the murder!*

   The second type of imperatives in this stem-type consists of those verbs for which the first-person singular form of the verb has a stress not on the verb's ending. If the ending is *not* stressed in the first-person singular, it will also not be stressed in the imperative. In such cases, drop the stem-final vowel and add -ь(те); bear in mind again that this verb will require mutation in all non-past conjugated forms, including the imperative:

   > **Не плачь**, Мишенька, мама скоро вернётся.
   > *Don't cry, Mishenka, your mom will come back soon.*

- For stems that end in -н, use the stem and add a soft sign, as in the examples:

   > **Вста́ньте** сюда, пожалуйста.
   > *Please stand here.*

   > **Стань** ветеринаром. Это хорошая профессия!
   > *Become a veterinarian. It's a great profession!*

   > **Переста́нь** мне мешать, пожалуйста!
   > *Please stop bothering me!*

- Stems ending in -авай require the addition of й(те) to the stem, as in these examples:

   > **Дава́й** пойдём побыстрее!
   > *Let's go faster!*

   > **Не переставáйте** писать мне!
   > *Don't stop writing to me!*

   > **Не отставáйте**!
   > *Don't lag behind!*

- For stems that end in -ой, the stem actually is the ты form of the imperative:

   > **Откро́йте** окно, пожалуйста!
   > *Please open the window!*

   > **Помо́й** посуду!
   > *Wash the dishes!*

- Stems that end in -д or -з need to have и(те) added to the stem to create the second-person imperative, as in these examples:

> **Ведите** здоровый образ жизни.
> *Live a healthy lifestyle.*

> **Отведите** ребёнка домой, пожалуйста.
> *Please take the child home.*

- Stems that end in -ну simply need to have the final vowel of the stem deleted and -и added, as in these examples:

> **Привыкни** к этой ситуации как можно скорее!
> *Get used to this situation as soon as you can!*

> **Свистни**, чтобы поймать такси.
> *Whistle to catch a cab.*

> **Вернитесь** в гостиницу к 11-и часам.
> *Return to the hotel by 11 o'clock.*

- For stems that end in -м or -н simply add -и to the stem, as in these examples:

> **Возьмите** котлету по-киевски. Здесь её отлично готовят.
> *Order the Chicken Kiev. They cook it just right here.*

> **Начните** изучать итальянский в нашем центре.
> *Begin to study Italian at our center.*

> **Примите** мои соболезнования, пожалуйста.
> *Please accept my condolences.*

> **Снимите** мокрое пальто, а то простудитесь.
> *Take off your wet coat or you'll catch a cold.*

- Stems that end in -ий feature syllabic alternation in the imperative. In the imperative form, the stem ending is dropped and -ей is added, as in these examples:

> **Выпей** это лекарство.
> *Take (drink) this medicine.*

> **Не пей** этого лекарства!
> *Don't take this medicine!*

> **Не бейте** детей!
> *Don't beat the children!*

 Пословицы, поговорки, выражения
Завтрак съешь сам, обед раздели с другом, ужин отдай врагу.
Eat breakfast by yourself, share lunch with a friend, give dinner away to your enemy.
Eat breakfast like a king, lunch like a queen, but dinner like a pauper.

Aspect in the Second-Person Imperative

Typically, positive commands for one-time actions are given with the perfective imperative:

Напиши Светлане Игоревне сегодня.
Write to Svetlana Igor'evna today.

Позвони́те Николаю Валерьевичу на работу.
Call Nikolai Valer'ievich at work.

Positive commands for actions to be carried out more than once or over an extended period are given with the imperfective:

На занятиях **говори́те** только по-русски.
In class speak only in Russian.

Занима́йтесь спортом!
Exercise!

Usually, negative commands are given with the imperfective imperative:

Не кури́те!
Don't smoke!

Не пе́йте!
Don't drink!

Не оставля́йте свои вещи в аудитории во время перерыва.
Don't leave your things in the auditorium during the break.

There are, however, three basic exceptions to these rules:

1. Positive commands that are really polite invitations ("sit down," "have a piece of cake," etc.) are given with the imperfective imperative, as in these examples which, although phrased in the imperative, are still considered quite polite:

   Заходи́те к нам!
   Come see us.

   Проходи́те, пожалуйста, в большую комнату.
   Please proceed this way to the living room.

   Сади́тесь, пожалуйста.
   Sit down, please.

   Пе́йте, пожалуйста, чай.
   Please drink some tea.

   Ешьте, пожалуйста, конфеты!
   Please eat some candy.

2. Negative commands to warn against something that no one would ever want to do are given with the perfective as in these examples:

> Здесь скользко. **Не упади́те!**
> *It's slippery here. Don't fall!*

> **Не потеря́йте** де́ньги!
> *Don't lose your money!*

> **Не забу́дьте** сда́чу!
> *Don't forget your change!*

3. Positive commands that must convey urgency or are repeated before they are implemented are expressed in the imperfective, as in this example:

> Включи́ телеви́зор. Ну, **включа́й** уже́ телеви́зор—Олимпи́йские и́гры уже́ начали́сь.
> *Turn on the TV. Turn the TV on already—the Olympic games have already started.*

> **Посло́вицы, погово́рки, выраже́ния**
> Не рой друго́му я́му, сам в неё попадёшь.
> *Don't dig a ditch for someone else, because you yourself will fall into it.*
> Curses, like chickens, come home to roost. Or, He who mischief hatches, mischief catches.

Irregular Imperative and Verbs with No Imperative

Some Russian verbs have no imperatives, including these verbs:

ви́деть	to see
мочь	to be able
слы́шать	to hear
хоте́ть	to want

Some Russian verbs have irregular imperatives. They are:

Textbook exercises
7—14

дать (дай!)	to give (give!)
есть (ешь!)	to eat (eat!)
е́хать (езжа́й!)	to go by vehicle (drive/ride/go!)

The Imperative in Reported Speech

When reporting someone's requests or commands, we use проси́ть or a similar verb (such as приказа́ть, сове́товать, and so forth) with an infinitive or что́бы with the past tense as in these examples:

> **Он про́сит, что́бы** мы реши́ли э́ту пробле́му сего́дня.
> *He is asking us to take care of this problem today.*

Я посове́товала ей реши́ть э́ту пробле́му сего́дня.
I advised her to take care of this problem today.

Она́ сказа́ла, что́бы я сбро́сил ли́шний вес.
She told me to lose weight.

Она́ хо́чет, что́бы я сбро́сил ли́шний вес.
She wants me to lose weight.

 Посло́вицы, погово́рки, выраже́ния
Береги́ пла́тье сно́ву, а честь смо́лоду.
Take care of your clothes when they are new and take care of your honor when you are young.
An ounce of prevention is worth a pound of cure.

Indirect Speech

In English, the word *would* is used to convey the proper sequence of tenses in indirect speech. We have seen in chapter 3 how the word *would* might require the subjunctive particle бы in certain syntactical contexts in Russian. However, when *would* is used to report speech (in other words, in indirect speech), the subjunctive particle is **not** used in Russian, as in this example:

English Dialogue	Russian Dialogue
Sonya: What time does the movie start?	Со́ня: Когда́ начина́ется фильм?
Steve: It starts at 8.	Стив: В 8 часо́в.
Sonya: Okay, I'll meet you at 7 at the café.	Со́ня: Ла́дно. Встре́тимся в 7 в кафе́.
English Reported Speech	**Russian Reported Speech**
Sonya asked what time the movie **would** start. Steve told her it **would** start at 8, so Sonya said that she **would** meet Steve at 7 at the café.	Со́ня спроси́ла, когда́ **на́чинается** фильм. Стив отве́тил, что фильм **начина́ется** в 8, и Со́ня сказа́ла, что она́ **встре́тит** его́ в 7 в кафе́.

Note that in the Russian reported speech, the verbs are reported precisely in the tense in which they were uttered in the direct speech of the dialogue, preserving that very tense, as in these additional examples:

«Они́ обяза́тельно посмо́трят фильм сего́дня ве́чером», — **сказа́ла Ве́ра**.
"They will definitely watch the film tonight," said Vera.

Ве́ра сказа́ла, что они́ обяза́тельно посмо́трят фильм сего́дня ве́чером.
Vera said that they would definitely watch the film tonight.

«Они́ обяза́тельно посмо́трят э́тот фильм сего́дня ве́чером», — **ска́жет Ве́ра за́втра**.
Tomorrow Vera will say: "They will definitely watch that film tonight."

За́втра Ве́ра ска́жет, что они́ обяза́тельно посмо́трят э́тот фильм сего́дня ве́чером.
Tomorrow Vera will say that they would definitely watch the film tonight.

«Толя расстраивается каждый раз, когда Зоя уезжает в командировку», — **сказа́л Ди́ма вчера́**.

Dima said yesterday, "Tolya gets upset every time that Zoya goes on a work trip."

Ди́ма сказа́л вчера́, что Толя расстраивается каждый раз, когда Зоя уезжает в командировку.

Dima said yesterday that Tolya gets upset every time that Zoya goes on a work trip.

«Толя расстраивается каждый раз, когда Зоя уезжает в командировку», — **ска́жет Ди́ма за́втра**.

Tomorrow Dima will say, "Tolya gets upset every time that Zoya goes on a work trip."

Textbook exercises
15—17

Ди́ма за́втра ска́жет, что Толя расстраивается каждый раз, когда Зоя уезжает в командировку.

Tomorrow Dima will say that Tolya gets upset every time that Zoya goes on a work trip.

Common Phrases with the Imperative

Here is a list of common phrases used with the imperative:

Будь (он/она) нела́ден/нела́дна!	Damn it (him/her)!
Пропади́ (ты/он/она) про́падом!	Damn it (him/her)!
Будь (он/она) про́клят/про́клята!	May it (he/she) be cursed! Damn him/her!
Чёрт возьми́!	Good grief! God damn it!
Дай Бог!	God willing!
Не дай Бог!	God forbid!
Куда́ ни пойди́	No matter where you go
Куда́ ни су́нься	Mo matter where you turn
Как ни стара́йся	No matter how hard you try
Как ни крути́	Like it or not; No matter how you turn (spin) it
Что ни говори́	No matter what you (may) say
Будь здоро́в/здоро́ва, Бу́дьте здоро́вы!	Bless you! (after sneezing) or Goodbye (literally, "be healthy")
Будь добр/добра́, Бу́дьте добры́!	Would you be so kind as to (synonym for пожалуй-ста in requests)

Textbook exercise
18

УПРАЖНЕНИЯ ПО ГРАММАТИКЕ

4 Советы

A. Русские родители обычно дают детям много разных советов. Прочитайте самые типичные из них и обсудите их с партнёром. Дают ли такие советы родители в вашей стране?

1. Не сиди на холодном полу!
2. Не стой на сквозняке (*draft*)!
3. Не пей холодную воду!

4. Не ешь мороженое, если болит горло!

5. Не выходи на улицу без шапки!

6. Не выходи на улицу с мокрыми волосами!

Б. Как вы думаете, что случится, если вы не последуете (follow) этим советам?

Пример: Если выйдешь на улицу без шапки, то обязательно заболеешь.

В. Какие ещё советы вы слышали от русских? А что обычно советуют своим детям американские родители? Напишите пять советов.

5 Вечеринка

А. Вы с друзьями решили устроить большую вечеринку. Напишите список обязанностей для всех организаторов, кроме себя. Используйте «пусть» и глаголы «принести», «купить», «пригласить», «убрать», «заказать» и так далее.

Пример: Пусть Майкл принесёт торт.

 Б. Обсудите с друзьями, что вы будете делать на вечеринке. Используйте «давай/те».

Пример: Давайте устроим дискотеку.

6 Социологическое исследование

А. Вы проводите социологическое исследование и планируете встречу фокус-группы. Прочитайте предложения и переведите их на английский язык.

1. Пусть каждый представится и назовёт свой возраст.

2. Пусть каждый скажет, за кого он голосовал на прошлых выборах.

3. Пусть каждый назовёт свою любимую партию.

4. Пусть каждый выберет любого литературного персонажа и расскажет о нём.

5. Пусть каждый объяснит свой выбор профессии.

Б. Перепишите предложения, чтобы в них был императив, как показано в примере.

Пример: Пусть каждый представится. — Представьтесь, пожалуйста.

7 Пожелания (Wishes)

Когда мы желаем что-то друг другу, например, на день рождения или Новый год, мы используем форму императива.

А. Образуйте формы императива от глаголов ниже и переведите пожелания на английский язык.

Пример: не болеть — Не болейте!

1. не забывать друзей

2. расти большим/большой

3. жить богато

4. быть счастлив(а/ы)
5. любить и быть любим(ым/ой/ыми)
6. оставаться оптимистом

Б. В пожеланиях также часто используются конструкции с «пусть». Прочитайте предложения и переведите их на английский язык. Напишите ещё два примера.

1. Пусть работа приносит вам радость!
2. Пусть вас радуют дети/внуки/студенты!
3. Пусть у вас будет много денег!
4. Пусть всё будет так, как ты хочешь!
5. Пусть у тебя будет отличное здоровье!
6. Пусть твои друзья всегда будут с тобой!

Electronic Workbook
exercises
Б, В

В. Напишите поздравление с днём рождения другу или подруге. Используйте выражения и предложения из А и Б, а также свои собственные пожелания.

8 Ответьте на заявление, используя императив, как показано в примере.

Пример: —Я хочу почитать газету.—Почитай!

1. Я хочу заняться спортом.
2. Я хочу бросить курить.
3. Я хочу отдохнуть в субботу.
4. Мне нужно выпить таблетку.
5. Я хочу сесть на диету.
6. Мне нужно принять лекарство.

9 Пропаганда здоровья

Прочитайте призывы (*slogans*), которые написал для кампании пропаганды здоровья поэт Владимир Маяковский в 1929 году.

А. Вставьте в пропуски глаголы в форме императива.

1. бояться, мыться (ты)
   Воды –
   не _____,
   ежедневно _____.
2. есть (вы)
   Во фруктах и овощах
   питательности масса.
   _____ больше зелени
   и меньше мяса.
3. мыть (вы)
   Товарищи,
   мылом и водой
   _____ руки
   перед едой.

Б. Актуальны ли эти призывы сегодня? Почему?

В. Если бы вам было нужно сделать плакаты, которые пропагандируют здоровый образ жизни, какие призывы вы бы написали? Вместе с партнёром напишите три призыва.

10 Советы Толе

Тимур — девятилетний мальчик, с которым вы сидите несколько часов после школы, пока его родители не придут с работы. Вам нужно выйти на полчаса и вы говорите Тимуру, что он должен сделать, пока вас нет. Напишите ваши инструкции, как показано в примере.

Пример: Съесть печенье — съешь печенье

1. Взять молоко из холодильника
2. Выпить стакан молока
3. Не смотреть телевизор
4. Приготовить уроки на завтра
5. Написать письмо бабушке
6. Покормить собаку
7. Никого не впускать в квартиру
8. Не звонить по телефону
9. Не открывать никому дверь

11 Советы

Что бы вы посоветовали этим людям? Напишите 4 предложения с «будь(те)» + прилагательное/существительное.

Пример: студентам первого курса университета
Я советую студентам первого курса: «Будьте активны на занятиях!»

1. студентам первого курса университета
2. вашим родителям
3. вашим преподавателям
4. людям, которые хотят быть счастливыми

12 Что бы вы посоветовали самому себе?

Напишите 6 предложений с глаголами в форме императива. Сравните свои советы с советами вашего партнёра.

13 Диалоги

Напишите диалог к каждой ситуации. В каждом диалоге должно быть 6–8 строк (lines) и, как минимум, 5 глаголов в форме императива.

1. Звонок в скорую помощь: The caller describes what happened (e.g., a friend broke his or her arm or fainted) and asks the ambulance to come as soon as possible. The operator instructs the caller what to do while the ambulance is on its way.

2. В больнице: The patient describes his or her condition and asks the doctor for help. Doctor asks the patient to show the area with the problem and then informs him or her of proper measures to take (buy medicine, follow certain directions, etc.).

3. В аптеке: The customer asks for a certain medicine. The salesperson asks for the doctor's prescription (*рецепт*), then dispenses the medicine and explains the proper way to take it.

Electronic Workbook
exercises
Г—Ж

14 Как похудеть

В интернете, в журналах и газетах много рекламы способов похудения. В этой рекламе можно встретить такие слоганы: «Худейте с нами!», «Сбросьте 20 килограммов за 7 дней!» и т. д. Какие слоганы на эту тему видели вы? Напишите ещё 6 слоганов, используя императив в каждом.

15 Просьбы

Вы мать или отец 14-летней дочери. Вы уезжаете в командировку и ваша дочь остаётся с бабушкой. Вот, что вы просите подростка делать во время вашего отсутствия.

А. Прочитайте эти вежливые (*polite*) просьбы и <u>подчеркните</u> глаголы.

1. Я хотел бы, чтобы ты звонила нам каждую неделю.
2. Не могла бы ты выносить мусор по понедельникам?
3. Мы бы хотели, чтобы ты была вежлива с бабушкой.
4. Нам бы хотелось, чтобы ты не разбрасывала вещи по комнате.
5. Мы бы хотели, чтобы ты убирала комнату раз в неделю.
6. Не могла бы ты мыть за собой посуду?

Б. В командировке вы узнали, что дочь не выполняет ваши просьбы. Напишите ей текстовое сообщение, в котором вы перефразируете просьбы А в более категоричные в форме императива.

Пример: Я хотел бы, чтобы ты <u>звонила</u> нам каждую неделю. — Звони нам каждую неделю.

В. Ваша дочь посылает вам текстовое сообщение со своими просьбами. Перепишите её просьбы, делая их более вежливыми. Используйте конструкции в А.

1. Пришлите денег.
2. Привезите подарки.
3. Скажите, где пылесос.
4. Позвоните в школу и скажите, что я опоздаю в четверг.

16 Что сказали люди?

А. Замените косвенную речь на прямую (*transform reported speech into direct speech*), как показано в примере.

Пример: Врач посоветовал пить зелёный чай. — Врач посоветовал: «Пейте зелёный чай!»

1. Студенты попросили объяснить правило ещё раз.
2. Нина сказала проверить, закрыто ли окно.
3. Директор приказал делать меньше ксерокопий.
4. Родители посоветовали покупать билеты в турагенстве.
5. Врач порекомендовал больше заниматься спортом.
6. Подруга попросила купить массажёр для спины.

Б. Замените прямую речь на косвенную (*transform direct speech into reported speech*). Используйте глаголы «попросить», «сказать», «приказать», «посоветовать», «порекомендовать».

Пример: Пейте зелёный чай (врач) — Врач посоветовал пить зелёный чай.

1. Подожди меня возле дома (подруга)
2. Позвони в консульство и всё узнай (родители)
3. Напишите сочинение и сдайте его во вторник (преподаватель)
4. Расскажите о цели вашего визита (пограничник)
5. Чаще бывайте на свежем воздухе (врач)
6. Посмотри фильм «Палата №6» (приятель)

Electronic Workbook
exercises
3—И

17 Инструкции членам семьи

Вы уезжаете в командировку на несколько дней и даёте инструкции членам вашей семьи (бабушке, мужу, сыну, дочери) о том, что они должны и не должны делать, пока вас нет. Используйте глаголы несовершенного и совершенного вида.

18 Imperative in Translation

А. Переведите на русский язык высказывания известных людей и пословицы. В каждом предложении используйте как минимум один императив.

1. Be careful about reading health books. You may die of a misprint (*опечатка*). (Mark Twain)
2. Put (*закрыть*) a lid (*крышка*) on what smells bad. (Japanese proverb)
3. If you can't say it, don't eat it.
4. Take care of your body. It's the only place you have to live. (Jim Rohn)

Б. Как вы понимаете высказывания в А? Перефразируйте их. Согласны ли вы с ними?

ТЕКСТ 2: БЛОГ «СБЫЛАСЬ (*COME TRUE*) МЕЧТА НАРКОМАНА?»

Before you read the text, you will engage in a discussion to prepare you for the topic. After reading the text, complete the After Reading exercises to evaluate your comprehension and practice new vocabulary.

 Перед чтением

Согласны ли вы со следующими утверждениями? Почему? Обсудите с партнёром.

1. Наркотическая зависимость от марихуаны невозможна.
2. Марихуана — это лёгкий наркотик.
3. Нужно легализовать марихуану во всех странах.
4. Курение марихуаны не приносит вреда здоровью.
5. Курение марихуаны — это первый шаг к потреблению тяжёлых наркотиков.
6. Обычные сигареты намного вреднее марихуаны.
7. Марихуана приводит к повышению уровня преступности (*increase in the crime rate*).

Блог «Сбылась мечта наркомана?»

Прочитайте блог о легализации марихуаны и комментарии к нему.

Это не шутка и не страшный сон. Действительно[1], с этого года в американском штате Колорадо легализована продажа марихуаны. Выращивание[2] для личных целей[3], хранение[4] и потребление были легализованы в штате ещё год назад. Колорадцы радуются. Таким образом, они пошли дальше голландцев и уругвайцев . . .

Впрочем, хорошо смеётся тот, кто смеётся без наркотического кайфа[5]. Легализация произошла несмотря на протест Американской медицинской ассоциации. Наркотическую зависимость никто не отменял[6].

Да, каннабис послабее других, «тяжёлых» наркотиков, но тем не менее[7] зависимость возможна . . . И потребление марихуаны вредит мозгу . . . И может привести к последующему употреблению тяжёлых наркотиков . . .

На вопрос о том, зачем нужно это нововведение[8], колорадские законодатели[9] отвечают — для того, чтобы противодействовать «чёрному рынку» марихуаны (!). И к тому же, бизнес есть бизнес. Ожидаются большие для штата доходы[10] — не только за счёт[11] продажи марихуаны, но благодаря притоку[12] туристов. Наркотуризм — дело прибыльное[13]. Хотите помочь экономике Колорадо, поезжайте туда за марихуаной.

Но расплата[14] будет тяжёлой. Туристы будут платить собственным здоровьем. А хозяева, принимающие их — здоровьем общественным. Так как легализация наркотиков прокладывает дорогу[15] к криминализации общества. Тот, кто «сидит» на наркотиках и не имеет достаточно денег, чтобы платить за свою зависимость, бывает готов на всё ради[16] очередной[17] дозы.

Так бывает всегда, это закон социальной наркопсихологии — за зависимость одних граждан расплачиваются другие. В конечном счёте[18] — общество в целом. У этого закона нет этнической или государственно-территориальной специфичности и действует он и на территории России. Поэтому я и пишу о событиях[19] географически далёкого от нас Колорадо. Уже горячие российские головы предлагают: «Давайте легализуем марихуану и в нашей стране!»

Поэтому — будьте бдительны[20].

Марк Сандомирский

[1]indeed, [2]growing, [3]for personal use, [4]storage, [5]high/rush, [6]cancel, [7]nevertheless, [8]innovation, [9]lawmaker, [10]profit, [11]due to, [12]influx, [13]profitable, [14]payoff, [15]pave the way, [16]for (the sake of), [17]next, [18]ultimately, [19]event, [20]vigilant

---

Пётр: Хотелось бы услышать о голландском опыте. Много лет назад, когда они легализовали наркотики, то результатом после года или двух стало следующее:
— наркоманов ни прибавилось[1], ни убавилось[2];
— преступность[3] связанная с наркотиками, сократилась[4].
В таком посте как этот, анализ многолетнего опыта Голландии был бы очень уместен[5].

Светлана: Автор пишет: «. . . легализация наркотиков прокладывает дорогу к криминализации общества». Чушь[6]. Запретите табак, и вы получите табачную мафию. Сухой закон[7] отменяли именно из-за невозможности борьбы с нелегальным потреблением. Запрет на любой наркотик делает его дороже и выгоднее[8] для реализации.

Олег: Самый простой способ победить наркомафию — это сделать наркотики доступными, например, для зарегистрированных наркоманов за небольшую цену или вообще бесплатно[9] в медицинских учреждениях. Но если это сделать, то не только наркомафия лишится[10] доходов, но и наркоконтроль и другие структуры, якобы[11] занимающиеся борьбой с наркотиками, надо будет ликвидировать. Поэтому они и сопротивляются[12] легализации любыми способами[13].

Ольга: Я не представляю[14], что будет с детьми в России если в ближайшее время не декриминализируют марихуану. Появившиеся на рынке в свободном доступе её синтетические аналоги, известные как «спайсы», просто убивают детей. Из двух зол[15] нужно выбрать меньшее.

[1]increase, [2]decrease, [3]crime, [4]decline, [5]appropriate, [6]nonsense, [7]prohibition, [8]profitable, [9]free of charge, [10]lose, [11]supposedly, [12]oppose, [13]in every way, [14]imagine, [15]evil

---

После чтения

 Ответьте на вопросы с партнёром.

1. Какое событие обсуждает автор блога? Где и когда оно произошло?
2. По словам автора, как отреагировала на это событие Американская медицинская ассоциация? Чем автор объясняет эту реакцию?
3. По мнению автора, как марихуана влияет на организм? Согласны ли вы с этим?
4. По мнению автора, к чему приведёт легализация продажи марихуаны? А как вы считаете?
5. Как ситуация с легализацией марихуаны в Америке изменилось с момента публикации этого блога?
6. С какими из комментариев на блог вы согласны, а с какими — не согласны? Почему?

Узнайте больше

Напишите свой комментарий на блог «Сбылась мечта наркомана?»

Перед чтением

 Сравните любовь и болезнь. Как вы думаете, чем похожи эти два состояния (*states*)? Есть ли у них общие симптомы? Обсудите с партнёром.

 Я не любви твоей прошу . . .

Прочитайте стихотворение и послушайте его в аудиозаписи.

Я не любви́ твое́й прошу́.
Она́ тепе́рь в надёжном[1] ме́сте.
Пове́рь, что я твое́й неве́сте
Ревни́вых[2] пи́сем не пишу́.

Но му́дрые[3] прими́ сове́ты:
Дай ей чита́ть мои́ стихи́,
Дай ей храни́ть мои́ портре́ты, —
Ведь так любе́зны[4] женихи́!

А э́тим ду́рочкам[5] нужне́й
Созна́нье[6] по́лное побе́ды,
Чем дру́жбы све́тлые бесе́ды[7]
И па́мять пе́рвых не́жных[8] дней . . .

Когда́ же сча́стия гроши́[9]
Ты проживёшь с подру́гой ми́лой
И для пресы́щенной[10] души́
Всё ста́нет сра́зу так посты́ло[11] —

В мою́ торже́ственную[12] ночь
Не приходи́. Тебя́ не зна́ю.
И чем могла́ б тебе́ помо́чь?
От сча́стья я не исцеля́ю[13].

1914

---

[1]secure, [2]jealous, [3]wise, [4]obliging, [5]little fool, [6]perception, [7]conversation, [8]tender, [9]penny, [10]fed up, [11]hateful, [12]triumphant, [13]cure

---

После чтения

 A. Ответьте на вопросы с партнёром.

1. Перечитайте первую строфу. Кто — «я» и кто — «ты»? Как вы думаете, что случилось между ними?

2. Перепишите две последние строки в косвенной речи (*reported speech*).

3. Перечитайте вторую строфу. Когда она говорит «ей», о ком она говорит? Какие советы она даёт ему? О чём она его просит? Перепишите 2-ю и 3-ю строки в косвенной речи.

4. Каким словом она описывает женихов? Что это значит?

5. Перечитайте третью строфу. Кого она называет «дурочками»? Почему? Чем она отличается от «этих дурочек»?

6. Перечитайте четвёртую строфу. Как вы понимаете фразу «счастия гроши»? Что в конце концов случится с женихом и невестой?

7. Перечитайте последнюю строфу. О чём она просит его? Перепишите вторую строку в косвенной речи. Почему она просит его об этом?

8. Как вы понимаете последнюю строку стихотворения? Замените слово «исцелять» синонимом? Что обычно исцеляют? С чем она сравнивает «счастье»? Как вы думаете, почему?

Б. Найдите в стихотворении все глаголы в форме императива. Напишите эти глаголы в форме инфинитива.

ПРОДОЛЖАЕМ РАЗГОВОР

1. Опишите, что вы видите на фотографии. Где она была сделана? Кто эти люди, что они делают и почему?

2. От лица этих людей, посоветуйте москвичам, как можно вести здоровый образ жизни в большом городе. Напишите 7–8 предложений.

ДАВАЙТЕ ОБСУДИМ

Using what you have learned in this chapter, discuss these topics in groups or with a partner. Try to extend it into a conversation rather than just answering each question.

1. Один из вас говорит, что у него нет времени и/или денег на занятия спортом. Другой приводит контраргументы.

2. У русских популярна поговорка «Завтрак съешь сам, обед раздели с другом, ужин отдай врагу». Как вы её понимаете? Согласны ли вы с ней? Обсудите с партнёром.

3. Вместе с партнёром напишите 10 рекомендаций (в форме императива), как нужно правильно отдыхать.

4. Что на ваш взгляд является более эффективным способом борьбы с алкоголизмом и курением: запреты или пропаганда здорового образа жизни? Обсудите с партнёром.

5. Один из депутатов Государственной Думы России предложил запретить продавать сигареты женщинам до 30 лет. Что вы думаете о таком запрете? Обсудите с партнёром.

6. В последнее время стали популярны разные оздоровительные практики: йога, зумба, пилатес и т.д. Занимались ли вы ими? Расскажите партнёру.

 ДАВАЙТЕ ПОГОВОРИМ О КИНО

Вот несколько названий советских и российских фильмов, в которых рассматривается тема главы. Посмотрите один из них (информация в интернете поможет вам выбрать фильм) и подготовьте небольшое выступление, в котором вы: (1) кратко расскажете содержание фильма и (2) покажете, как в этом фильме раскрывается тема главы. Постарайтесь использовать как можно больше активной лексики по теме.

- «Девять дней одного года», режиссёр Михаил Ромм, 1962
- «Морфий», режиссёр Алексей Балабанов, 2008
- «Палата №6», режиссёр Карен Шахназаров, 2009
- «Бедуин», режиссёр Игорь Волошин, 2012
- «Доктор», режиссёр Владимир Панков, 2012

ПИСЬМЕННЫЕ ЗАДАНИЯ

Выберите одну тему и напишите сочинение длиной 500—600 слов.

1. В письме к своему другу из России детально опишите случай, когда вы или ваш знакомый попал и в больницу.

2. Есть ли у вас любимый врач? Напишите ему письмо и поблагодарите его за помощь, которую он вам оказал.

3. Изменился ли ваш образ жизни за последние 5–10 лет? Стал ли он более или менее здоровым? Напишите письмо другу и сравните ваш образ жизни (привычки, занятия спортом и т.д.) сейчас и раньше.

4. В некоторых странах люди не платят за медицинское обслуживание, а в некоторых, например в США — платят. Какие плюсы и минусы есть у каждой из этих систем? Напишите газетную статью «Медицина: платная или бесплатная?»

5. Некоторые считают, что алкоголь и сигареты наносят здоровью человека гораздо больше вреда, чем марихуана, и поэтому нужно или легализовать марихуану, или запретить алкоголь и табак. Какой позиции придерживаетесь вы? Напишите блог на эту тему.

6. Многие считают, что страхование здоровья должно быть обязательным и каждый человек должен быть застрахован либо работодателем, либо государством. Противники этой позиции считают, что каждый человек должен сам отвечать за своё здоровье и сам покупать себе медицинскую страховку. Какую позицию поддерживаете вы? Напишите блог на эту тему.

Electronic Workbook
exercises
K–O

ЛЕКСИКА УРОКА

VERBS

болéть/заболéть (болéй+ 6) чем

борóться (борó-ся) с кем/чем

влиять/повлиять (влияй+ 3) на кого/что

вредить/повредить (вреди+ 8) кому/чему

дéлать/сдéлать (дéлай+ 3) (лекáрства достýпными)

заболевáть (заболевáй+ 3)/заболéть (заболéй+ 6)

забóтиться/позабóтиться (забóти+ся 8) о ком/чём

запрещáть (запрещáй+ 3)/запретить (запрети+ 8) кого/что

избегáть (избегáй+ 3)/избежáть (irregular) кого/чего

курить/покурить (курй+ 8)

питáться (питáй+ся 3) чем

побеждáть (побеждáй+ 3)/победить (побе-ди+ 8) кого/что

повышáть (повышáй+ 3)/повы́сить (повы́си+ 8)

поддéрживать (поддéрживай+ 3)/поддер-жáть (поддержá+ 7) кого/что

принимáть (принимáй+ 3)/принять (прим+ 10) (лекáрство)

приносить (приноси+ 8)/принести (принёс+ 4) пóльзу кому/чему

разрешáть (разрешáй+ 3)/разрешить (разреши+ 8) кого/что

садиться (сади+ся 8)/сесть (irregular) (на диéту)

сбрáсывать (сбрáсывай+ 3)/сбрóсить (сбрóси+ 8) (лишний вес)

снижáть (снижáй+ 3)/снизить (снизи+ 8) что

совéтовать/посовéтовать (совéтова+ 15) что/кому

судить/осудить (суди+ 8) кого/что

употреблять (употребляй+ 3)/употребить (употреби+ 8)

ADVERBS

пусть

NOUNS AND NOUN PHRASES

алкоголизм

алкогóлик

алкого́ль
боле́знь
больно́й
боре́ц
борьба́ *с кем/чем*
ви́рус
влия́ние *на кого/что*
вред
до́ступ *к кому/чему*
досту́пность *кого/чего*
заболева́ние
запре́т *чего/кого на что/кого*
иммуните́т

куре́ние
кури́лка
кури́льщик
лека́рство
наркома́н
наркома́ния
нарко́тик
побе́да *над кем/чем*
подде́ржка *кого/чего*
по́льза
приви́вка *от чего*
просту́да
разреше́ние *на что*

ADJECTIVES

алкого́льный
больно́й
вре́дный
досту́пный
запрещённый
куря́щий

лека́рственный
мускули́стый
наркоти́ческий
поле́зный
разрешённый
серде́чно-сосу́дистый

PHRASES

Будь добр/добра́
Будь здоро́в/здоро́ва
Будь он/а нела́ден/нела́дна
Будь он/а про́клят/про́клята
Дай Бог!
Как ни крути́
Как ни стара́йся

Куда ни пойди́
Куда ни су́нься
Не дай Бог!
Пропади́ (ты/он/она) про́падом
Чёрт возьми́
Что ни говори́

Урок №5

Религия

Что вы видите на фотографии? Как вы думаете, кто этот человек, где он, и что он делает? Обсудите с партнёром.

ЛЕКСИЧЕСКАЯ ТЕМА: «РЕЛИГИЯ»

In this section you will learn words and phrases that will help you understand texts in this chapter and discuss the topic of religion.

Полезные слова и выражения

Прочитайте список основных мировых религий и терминов, связанных с ними.

Религия[a]	Кто	Какой	Священная книга	Где
буддизм	буддист буддистка	буддистский	Трипитака	храм
индуизм	индус индуска	индусский	Веды Упанишады	храм
ислам	мусульманин мусульманка мусульмане	исламский	Коран	мечеть (fem.)
иудаизм	иудей, иудейка еврей, еврейка	иудейский	Тора (Ветхий завет)	синагога
католицизм/ католичество	католик католичка	католический	Библия	церковь (fem.), храм
мормонство	мормон мормонка	мормонский	Книга Мормона	церковь, храм
православие	православный православная православные	православный	Библия	церковь, храм
протестантизм	протестант протестантка	протестантский	Библия	церковь, храм
христианство	христианин христианка христиане	христианский	Библия	церковь, храм, собор

[a]None of the religions are capitalized unless they are the first word in a sentence.

Прочитайте слова и выражения по теме «Религия» и их перевод.

Бог (божественный)	God (divine)
вера *во что/в кого* (в Бога)	faith in (God)
верить/поверить в Бога	to believe in God
верующий	believer in God
неверующий	nonbeliever/atheist
религия (религиозный)	religion (religious, pious)
пророк	prophet
религиозный обряд	religious ceremony/rite
соблюдать обряд	to practice a ritual

после́дователь чего (рели́гии)	follower
сле́довать/сле́дование чему	follow, conform to/observance of
конфе́ссия	confession, religious denomination
принадлежа́ть к конфе́ссии	to belong to a religious denomination
атеи́зм (атеи́ст, атеисти́ческий)	atheism (atheist, atheistic)
це́рковь (церко́вный)	church
фанати́зм (фана́тик, фанати́чный)	fanaticism (fanatic)
грех	sin
сме́ртный грех	deadly sin
пост	fasting
предрассу́док	prejudice

Упражнения по лексике

 1 Поговорите с партнёром.

А. Чита́ли ли вы каки́е-нибудь и́ли одну́ из на́званных в табли́це свяще́нных книг? Каку́ю/каки́е? Когда́ вы её/их чита́ли? Почему́?

Б. Бы́ли ли вы когда́-нибудь в це́ркви, хра́ме, мече́ти и т.д.? Расскажи́те, что вы там ви́дели.

2 Прочита́йте о не́которых ва́жных религио́зных пра́здниках. Подчеркни́те акти́вную ле́ксику из табли́цы и спи́ска вы́ше. Переведи́те текст на англи́йский язы́к.

Пе́сах, евре́йская Па́сха—ва́жный иуде́йский пра́здник. Пе́рвую Па́сху дре́вние иуде́и пра́здновали за 1500 лет до рожде́ния Христа́, когда́ проро́к Моисе́й вы́вел евре́ев из Еги́пта. Ветхозаве́тная[1] Па́сха означа́ла избавле́ние[2] евре́йского наро́да от еги́петского ра́бства[3].

Йом-Киппу́р—«День искупле́ния[4]», на ру́сский язы́к обы́чно перево́дится как «Су́дный[5] день»—важне́йший иуде́йский пра́здник, день поста́, покая́ния[6] и отпуще́ния[7] грехо́в. В э́тот день Бог су́дит дела́ ка́ждого челове́ка и «отпуска́ет» его́ грехи́ и́ли нет.

Па́сха—древне́йший христиа́нский пра́здник, пра́здник Воскресе́ния[8] Иису́са Христа́ на тре́тий день по́сле его́ распя́тия[9].

Рождество́ Христо́во—оди́н из гла́вных христиа́нских пра́здников, устано́вленный в честь[10] рожде́ния Иису́са Христа́ от Де́вы Мари́и. Като́лики и протеста́нты пра́зднуют Рождество́ 25 декабря́. Ру́сская правосла́вная це́рковь пра́зднует Рождество́ 7 января́ по григориа́нскому календарю́.

Курба́н-байра́м и́ли Ид аль-а́дха—исла́мский пра́здник жертвоприноше́ния[11]; кульмина́ция ха́джа в Ме́кку.

Ид аль-Фитр—исла́мский пра́здник разгове́ния[12]; отмеча́ется в честь оконча́ния поста́ в ме́сяц Рамада́н.

[1]Old Testament, [2]deliverance, [3]slavery, [4]atonement, [5]judgment, [6]repentance, [7]absolution, [8]resurrection, [9]crucifixion, [10]in honor, [11]sacrifice, [12]breaking the fast

---

3 Поговорите с партнёром.

1. Какие из праздников, упомянутых в тексте, вы хорошо знаете? Расскажите, как их отмечают.
2. Какие религиозные праздники отмечают ваши друзья и знакомые?
3. Какие из этих праздников являются официальными в вашей стране? Что обычно делают люди в этот день? Что они едят? Дарят ли они подарки?

4 Вставьте слова из списка полезных слов и выражений в нужной форме в предложения.

1. Моя бабушка была _____, ходила в _____ каждый день и соблюдала все _____.
2. Ольга _____ в Бога после смерти родителей, когда ей было 50 лет.
3. Советский режим пропагандировал _____.
4. Все _____ России отмечают Рождество 7-го января.
5. Лев Толстой писал, что настоящая _____—это не _____ обрядов, а личное общение с _____.
6. Православные считают, что уныние, или депрессия—это большой _____.
7. _____ буддизма считают, что, чтобы достичь нирваны, нужно регулярно медитировать.
8. Любая религия хороша без _____.

Текст 1: Религия в жизни россиян

Before you read the text, you will engage in a discussion to prepare you for the topic. After reading the text, complete the After Reading exercises to evaluate your comprehension and practice new vocabulary.

 Перед чтением

Ответьте на вопросы, используя слова и выражения по теме «Религия». Обсудите с партнёром.

1. Занимает (*occupy*) ли религия важное место в жизни людей вашей страны? Объясните.
2. Как вы думаете, что такое религия для большинства людей вашей страны: а) часть национальной традиции, б) моральные нормы, в) часть мировой культуры, г) общение с Богом, д) соблюдение религиозных обрядов или е) предрассудок?
3. Как вы думаете, зависит ли отношение человека к религии от его возраста, пола (*gender*) и образования? Как?

Религия в жизни россиян

Прочитайте статью о результатах опроса (*survey*), который провёл Всероссийский центр изучения общественного мнения (ВЦИОМ) (*All-Russian Center for the Study of Public Opinion*) в 2008 году о месте религии в жизни россиян. Опрос включил 1600 людей из 140 городов и деревень в 42 регионах России.

МОСКВА, 9 ДЕКАБРЯ 2008 г.

Всеросси́йский центр изуче́ния обще́ственного мне́ния (ВЦИОМ) представля́ет[1] да́нные[2] о том, како́е ме́сто занима́ет[3] рели́гия в жи́зни россия́н, после́дователями каки́х рели́гий явля́ются на́ши согра́ждане[4] и каки́е грехи́ они́ счита́ют сме́ртными.

Опро́с показа́л, что для большинства́ россия́н (39%) рели́гия свя́зана[5] с национа́льной тради́цией и ве́рой пре́дков[6] (в 2006 году́ — 43%). Ка́ждый четвёртый (26%) счита́ет, что рели́гия — э́то сле́дование мора́льным и нра́вственным[7] но́рмам (в 2006 году́ так счита́ли 28% россия́н). Для ка́ждого пя́того (21%) рели́гия — э́то часть мирово́й культу́ры и исто́рии (в 2006 году́ — 16%). 17% счита́ют рели́гию ли́чным спасе́нием[8], обще́нием с Бо́гом (в 2006 году́ так счита́ли 22%). Ка́ждый деся́тый (10%) счита́ет, что рели́гия — э́то соблюде́ние религио́зных обря́дов и уча́стие[9] в церко́вной жи́зни. 7% респонде́нтов счита́ют, что рели́гия — э́то предрассу́док[10].

Таки́е фа́кторы как во́зраст и у́ровень образова́ния ока́зывают си́льное влия́ние[11] на отноше́ние к рели́гии. Наприме́р, большинство́ 35–44-ле́тних россия́н говоря́т, что рели́гия явля́ется для них тради́цией и ве́рой пре́дков (42%), для 45–59-ле́тних — это ча́ще всего́ сле́дование мора́льным и нра́вственным но́рмам (26–28%), а для молодёжи (18–34 ле́тних) — э́то часть мирово́й культу́ры и исто́рии. Ча́ще всего́ э́ти то́чки зре́ния[12] на рели́гию разделя́ют[13] лю́ди с вы́сшим и непо́лным вы́сшим образова́нием[14].

Для тех, кому́ 60 лет и бо́льше, а та́кже для россия́н с нача́льным и́ли непо́лным сре́дним[15] образова́нием рели́гия явля́ется ли́чным спасе́нием, обще́нием с Бо́гом (26% и 27% соотве́тственно), а та́кже соблюде́нием религио́зных обря́дов и уча́стием в церко́вной жи́зни (15% и 18% соотве́тственно).

Гла́вным сме́ртным грехо́м россия́не ча́ще всего́ счита́ют уби́йство[16] (43%), ре́же называ́ют воровство́[17] (28%) и прелюбодея́ние[18] (14%). Ка́ждый деся́тый (10%) называ́ет враньё[19], 8% — за́висть[20]. 5% респонде́нтов полага́ют, что к сме́ртным греха́м мо́жно отнести́ горды́ню[21], 4% — обжо́рство[22]. Ре́же всего́ респонде́нты отно́сят к числу́ сме́ртных грехо́в зло́бу[23], не́нависть, неуваже́ние к роди́телям и скверносло́вие[24] (по 1%). Ка́ждый тре́тий (33%) не мо́жет вспо́мнить и назва́ть сме́ртные грехи́.

Большинство́ россия́н (73%) отно́сят себя́[25] к после́дователям правосла́вия. С 2006 го́да э́та ци́фра вы́росла на 10%. Среди́ же́нщин правосла́вных бо́льше, чем среди́ мужчи́н (79% и 66% соотве́тственно). 6% россия́н явля́ются мусульма́нами. 3% респонде́нтов заявля́ют[26], что явля́ются ве́рующими, но не принадлежа́т ни к како́й конкре́тной конфе́ссии (в 2006 году́ таки́х респонде́нтов бы́ло 12%). 11% отно́сят себя́ к неве́рующим (в 2006 таки́х респонде́нтов бы́ло 16%), причём среди́ мужчи́н до́ля неве́рующих вы́ше, чем среди́ же́нщин (17% «про́тив» 7%).

По материалам сайта ВЦИОМ

[1]present, [2]data, [3]occupy (a place), [4]fellow citizen, [5]connected, [6]anscestor, [7]moral/ethical, [8]salvation, [9]participation, [10]superstition, [11]influence, [12]points of view, [13]share, [14]incomplete higher education, [15]secondary, [16]murder, [17]theft, [18]adultery, [19]lying, [20]envy, [21]arrogance/pride, [22]gluttony, [23]anger, [24]foul language, [25]classify oneself as, [26]declare

После чтения

Ответьте на вопросы с партнёром.

1. На какие три вопроса отвечали респонденты опроса?
2. Что значит религия для большинства респондентов? Какое определение религии стоит на втором, на третьем месте?
3. Как по-вашему, если бы люди в вашей стране отвечали на этот вопрос, результат был бы таким же или нет? Объясните.
4. В статье дана статистика ответов на те же вопросы за 2006 год. Как изменилось отношение россиян к религии за два года, с 2006 по 2008 год?
5. Перечитайте третий абзац. Как возраст и уровень образования влияют (*influence*) на отношение россиян к религии?
6. Перечитайте четвёртый абзац. Как относятся к религии россияне старше 60 лет? Как вы думаете, почему?
7. Какие грехи россияне считают самыми серьёзными? Что вы думаете об этом?
8. Согласно опросу, какая религия является основной в России? Изменилась ли ситуация с 2006 по 2008 год?
9. Опрос показал, что в России верующих женщин больше, чем мужчин. Как вы можете это объяснить?
10. По результатам опроса, какие другие религии есть в России?

Узнайте больше

1. Опрос «Религия в жизни россиян» был проведён в 2008 году. Найдите более современные статистические данные о месте религии в России и сравните их с данными 2008. Какие тенденции вы видите?
2. Найдите информацию о роли религии в жизни людей вашей страны и а) напишите об этом доклад на русском языке; б) сделайте доклад на занятии.

Electronic Workbook
exercises
A–B

Пословицы, поговорки, выражения

Пока́ гром не гря́нет, мужи́к не перекре́стится.
A peasant won't cross himself until the thunder booms (until the storm is upon him).
It's no use closing the barn door after the horse has run away.

ГРАММАТИКА: ИМЕНИТЕЛЬНЫЙ ПАДЕЖ (*NOMINATIVE CASE*)

As we discussed in chapter 1, Russian is a highly inflected language. In order to determine which case to use in any given context, you will have to memorize the case requirements of all verbs and prepositions. Russian has particular rules about the cases that govern nouns, adjectives, and pronouns when they are the objects of verbs or prepositions. In this chapter, we will help you remember the rules for the nominative case.

The nominative case, имени́тельный паде́ж, is used for nouns, adjectives, and pronouns that are the subjects of the clauses in which they appear.

Лауреа́т Нобелевской премии по физике **Вита́лий Ги́нзбург** публично выступает против введения преподавания религиозных предметов в школах.

Vitaly Ginzburg, the Nobel Prize Laureate for Physics, speaks out against the teaching of religious subjects in schools.

Еле́на Кудря́вцева сказала, что **социо́логи** исследовали религиозность россиян и выяснили, что **правосла́вные** верят в деньги, государство, президента и иногда — в Бога.

Elena Kudriavtseva said that sociologists studied the religiosity of Russians and determined that the Orthodox believe in money, the state, the president and sometimes in God.

Ске́птики говорят, что **они́** не знают, есть **Бог** или нет.

Sceptics say that they don't know if God exists or not.

—**Кто** приходил?
—Это был **свяще́нник**. **Он** сказал, что **гру́ппа** из церкви придёт к нам в 9 часов.
—*Who dropped by?*
—*It was the priest. He said that the church group would come over at 9 o'clock.*

Ровно в 7 часов к нам постучали в дверь. Это был **свяще́нник** из церкви, **кото́рая** находится неподалёку от нашего дома.

At 7 o'clock there was a knock at the door. It was the priest from the church not far from our home.

В Советское время в церковь обычно ходили только **стару́шки**, и, в самом деле, когда **я** ходил в церковь, **я** видел, что там были **одни́ пожилы́е лю́ди**.

In the Soviet era usually only old women attended church and, when I went to church, I saw that there were only elderly people there.

В каждом православном храме есть **иконоста́с** с иконами.

Every orthodox cathedral has an iconastasis with icons.

The nominative case is also used for a predicate that follows a linking verb быть or есть (stated or implied).

Мой отец — **па́стор** в самой большой церкви нашего города.

My father is the pastor in the biggest church in our town.

When the verb «быть» occurs in the past tense, subject complements are often used in the instrumental case, especially to indicate temporary or even fleeting states rather than permanent conditions. When the verb быть is in the future tense, subject complements are always in the instrumental case. (We will discuss this further in chapter 10.)

Раньше мой дядя был **па́стором**.

My uncle used to be a pastor.

Когда Шошанна закончит семинарию, она будет **равви́ном**.

When Shoshanna finishes the seminary she will be a rabbi.

Before continuing, please review the gender of nouns and how to determine if the stem of a noun is hard or soft, which we discussed in chapter 1.

Singular Endings

Nominative case singular endings for nouns are marked for gender, as explained in chapter 1, and are depicted in the chart below.

	Мужско́й род	Же́нский род	Сре́дний род
Твёрдая осно́ва (*Hard Stem*)	any consonant except those that are always soft	-а	-о
Мя́гкая осно́ва (*Soft Stem*)	-й, -щ, -ч, -ь	-я, -ь	-е, -ё, -мя

The names of male kinship relationships (па́па, дя́дя, де́душка) and male names (Илья́, Ники́та, Ми́ша) are exceptions to the rules laid out in the chart above.

Nominative case singular endings for adjectives are depicted in this chart:

	Мужско́й род	Же́нский род	Сре́дний род
Твёрдая осно́ва	-ый/-ой	-ая	-ое
Мя́гкая осно́ва	-ий	-яя	-ее

There are no exceptions to the adjective endings, but remember that masculine nouns that end in -a or -я are modified by masculine adjectives, such as in the phrases до́брый дя́дя.

Plural Endings

The general pattern for endings for nominative case plural nouns is described in this chart:

	Мужско́й род	Же́нский род	Сре́дний род
Твёрдая осно́ва	-ы	-ы	-а
Мя́гкая осно́ва	-и	-и	-я[a]

[a]Neuter nouns ending in -мя end in -ена in plural: времена, имена.

Some nouns have a stress shift in the nominative plural form. The most common nouns with stress shift are:

жена́—жёны	де́ло—дела́	нога́—но́ги	окно́—о́кна
сестра́—сёстры	сло́во—слова́	рука́—ру́ки	письмо́—пи́сьма

Some nouns have a **fleeting vowel** that drops out before the declension ending is added, as in these cases in the plural (and this is also true for all cases in the singular):

оте́ц—отцы́	пода́рок—пода́рки
украи́нец—украи́нцы	це́рковь—це́ркви

Nominative plural adjectives take these endings:

	Мужско́й, же́нский и сре́дний
Твёрдая осно́ва	-ые
Мя́гкая осно́ва	-ие

Exceptions to the Rules for Creating Nominative Plural Nouns

While there are no exceptions to the adjective rules, there are numerous exceptions to the rules for nominative plural nouns. In general, these exceptions occur in the older nouns in the language, nouns that have been in use for a millennium or more and therefore preserve archaic forms, each of which tells a fascinating story about the language. Here is a list of the most commonly occurring irregularly formed plurals:

мать — ма́тери	муж — мужья́	челове́к — лю́ди
дочь — до́чери	сын — сыновья́	друг — друзья́
брат — бра́тья	ребёнок — де́ти	стул — сту́лья

Many masculine nouns take an ending in -a or -я in the nominative plural. This ending may make a noun seem feminine and singular, but look carefully at its verb and the adjectives modifying it, and it will be clear that the noun is plural. Here is a list of the most common nouns of this group, many of which entered Russian as foreign borrowings:

а́дрес — адреса́	го́лос — голоса́	но́мер — номера́
до́ктор — доктора́	го́род — города́	профе́ссор — профессора́
глаз — глаза́	дом — дома́	учи́тель — учителя́

Masculine nouns ending in -анин or -янин take the plural form -ане or -яне:

англича́нин — англича́не	россия́нин — россия́не
граждани́н — гра́ждане	мусульма́нин — мусульма́не

Substantive adjectives are nouns that are declined as adjectives—they are adjectives that function as nouns. Here is the list of most commonly occurring nouns of this group:

правосла́вный — правосла́вные	взро́слый — взро́слые
ру́сский — ру́сские	столо́вая — столо́вые
знако́мый — знако́мые	живо́тное — живо́тные
учёный — учёные	насеко́мое — насеко́мые
рабо́чий — рабо́чие	

These adjectives, like others referring to professions, are used in the masculine even when describing a female subject, e.g., Мария Алексеевна — прекрасный учёный. Тамара — отличный рабочий.

Many nouns, especially foreign borrowings, are indeclinable. They are not inflected but rather show the same spelling (ending) in the nominative singular as they do in the nominative plural (or the genitive singular or instrumental plural). Some of the most commonly used nouns of this group are the following:

ра́дио	пальто́	ко́фе	такси́	кино́
метро́	кафе́	меню́	бюро́	

Some nouns exist only in the singular, such as ме́бель, оде́жда, посу́да.

Many words denoting disciplines whose names end in -s in English are always singular in Russian:

матема́тика — *mathematics*	фи́зика — *physics*	стати́стика — *statistics*
поли́тика — *politics*	эконо́мика — *economics*	аку́стика — *acoustics*

And some nouns exist only in the plural:

брю́ки	но́жницы	по́хороны	ша́хматы
де́ньги	очки́	щи	духи́

Textbook exercises
7—10

Finally, there are two nouns that change their stems from singular (hard) to plural (soft):

сосе́д — сосе́ди
чёрт — че́рти

Cardinal Numbers (Nouns) and Ordinal Numbers (Adjectives)

Cardinal numbers are nouns (оди́н, два, три, and so forth), while ordinal numbers are adjectives (пе́рвый, второ́й, тре́тий, and so forth). Cardinal numbers are used in the nominative case when they govern a noun or noun phrase that is the subject of the sentence in which it occurs, as in these examples:

В церкви стоя́ла **одна́** же́нщина, кото́рая моли́лась и ти́хо пла́кала.
In the church one woman was standing, who was praying and softly crying.

К ней подошли́ **три** свяще́нника.
Three priests approached her.

Пе́рвый свяще́нник поздоро́вался и за́дал ей вопро́с.
The first priest greeted her and asked her a question.

Второ́й и **тре́тий** свяще́нники внима́тельно слу́шали.
The second and third priests listened attentively.

Note that the noun that is governed by a number is not in the nominative case if the number does not end in 1 (оди́н/одна́/одно́/одни́, два́дцать оди́н, три́дцать одна́, со́рок одно́, and so forth). Nominative case cardinal numbers that do not end in 1 require that the noun they govern be in a form of the genitive; this topic is addressed in Chapter 7.

Ordinal numbers (number adjectives) are used in the expression of the date, as in these examples:

—Какое сегодня число?
—Сегодня—**четвёртое** ноября.
—*What's the date today?*
—*Today is the fourth of November.*

—Какое вчера было число?
—Вчера было **трётье** февраля.
—*What was the date yesterday?*
—*Yesterday was February 3rd.*

Note that in compound ordinal numbers (e.g., *sixty-second* or *ninety-sixth*), only the final digit of the number is declined as an adjective, e.g., шестьдесят вторóй, девянóсто шестáя, and so forth. For the expression of dates on which an event occurred, occurs, or will occur, we use the genitive case for the date, as in this example:

Они поженились седьмого апреля.
They got married on April 7.

Textbook exercises
11, 12

The nominative case forms of both cardinal and ordinal numbers are provided in the appendix.

Пословицы, поговорки, выражения
Бог трóицу лю́бит.
God loves the trinity.
Good things come in threes. OR: The third time's the charm.

One Another/Each Other

In Russian, we use the phrase «друг друга» to convey the meaning of either "each other" or "one another." The first word of these two constructions is always in the nominative case, while the second word is in the case required by the construction in which the phrase occurs (and never in the nominative case). In the chapters that follow, we will consider this construction when it features other forms of the word друг, but for now let's take a moment to look at this construction in action.

Эти священники не согласны **друг с дру́гом** по поводу религиозного воспитания в школах.
These priests disagree with each other about the question of religious education in public schools.

Мы с соседями помогаем **друг дру́гу**: они выгуливают нашу собаку, когда мы в церкви, а мы выгуливаем их собаку, когда они в синагоге.
We and our neighbors help each other out: they walk our dog when we're at church, and we walk their dog while they're in synagogue.

Эти две редакции Библии очень похожи **одна́ на другу́ю**.
These two editions of the Bible are very similar to each other.

Тимофей считает, что Коран и Новый завет сильно отличаются **оди́н от друго́го**.
Timofei thinks that the Koran and the New Testament are very different from one another.

Possessive Pronouns

There are two groups of possessive pronouns in Russian.

1. Third-person possessive pronouns его́, её, их are indeclinable. They are chosen by the gender or number of the antecedent to which they refer, as in these example sentences.

   Это Павел Антонович. А это **его́** сестра, Лариса Антоновна.
   This is Pavel Antonovich. And this is his sister, Larisa Antonovna.

   Это Маша. А это **её** брат, Миша.
   This is Masha. And this is her brother, Misha.

   Это Смирновы — Екатерина Ивановна и Игорь Петрович. А это **их** дочь, Наташа.
   These are the Smirnovs: Yekaterina Ivanovna and Igor' Petrovich. And this is their daughter, Natasha.

2. The first- and second-person possessive pronouns мой, твой, наш, ваш and the interrogative possessive pronoun чей are declined. They agree in gender, number and case with the nouns they modify, as in these example sentences:

   Мой друг ходит в воскресную школу уже три года.
   My friend has been going to Sunday school for three years now.

   На́ша преподавательница часто говорила, что она не доверяет атеистам.
   Our teacher has often said that she doesn't trust atheists.

   Чья это Библия?
   Whose Bible is this?

In this chapter we will practice using the possessive pronouns and interrogative possessive pronoun in the nominative case; in subsequent chapters we will practice using them in other cases.

Possessive Modifiers Formed from Names and Relationships

Russian provides two different ways to express possession. You are probably familiar with the genitive case, as in the phrase Храм Васи́лия Блаже́нного, St. Basil's Cathedral or the Cathedral of St. Basil (literally, *Basil the Blessed*). But there is also a way to express a relationship of possession through endings attached to common Russian names and kinship words, as in these examples:

Это Библия папы. Это **па́пина** Библия.
This is Dad's Bible. (Both Russian sentences have the same English translation.)

Это свадебное платье Оли. Это **Олино** свадебное платье.
This is Olya's wedding dress. (Both Russian sentences have the same English translation.)

Textbook exercises
14, 15

These special possessive forms consist of the first syllable of the name or kinship term and the ending -ин with a grammatical ending corresponding to the gender, number, and case of the noun it modifies. These forms have special declension patterns; see Appendix B for details.

The Emphatic Pronoun сам

The pronoun сам is used (1) to refer back to the subject or object of a verb or (2) to emphasize the fame or significance of that subject or object. The English equivalents of this pronoun include myself, herself, himself, ourselves, yourself, yourselves, and themselves, as in these examples:

Она **сама́** решила, что будет носить хиджаб.
She decided herself that she would wear the hijab.

Сам Президент пошёл на пасхальную службу.
The President himself went to the Easter service.

Родители должны **са́ми** решить, в какой религии воспитывать своих детей.
The parents themselves must decide in which religion to raise their children.

Textbook exercise
16

The emphatic pronoun sometimes precedes and sometimes follows the noun or pronoun it modifies, but it generally follows the noun or pronoun when in nominative case.

The Special Modifiers: э́тот, тот, весь, оди́н

The special modifiers э́тот (*this*), тот (*that*), and весь (*all, entire*) are declined and agree in gender, number, and case with the nouns they modify, as in these example sentences:

Этот молодой священник собирается жениться.
This young priest is planning to get married.

Эта сестра стала буддисткой, а **та** приняла ислам.
This sister became Buddhist, while that one accepted Islam.

Евреи считают, что Бог—**оди́н**.
Jews believe that God is one.

Textbook exercise
17

The declension of these special modifiers is provided in appendix B. We will practice using them in the nominative case in this chapter, and in the other cases in subsequent chapters.

Subordination in Russian: кото́рый, кто, and что

One of the most important characteristics of good speech and writing is the use of complex and compound sentences to connect simple sentences. Consider these two examples in English:

1. My friend Pavel is a rabbi. He works in the synagogue on Lenin Prospect. Pavel likes classical music.

2. My friend Pavel, a rabbi who works in the synagogue on Lenin Prospect, likes classical music.

Example 1 sounds much more primitive to the adult native speaker of English than example 2. This situation is analogous in Russian. The clause in the middle of example Б is called a "subordinate clause." One idea, "works in the synagogue on Lenin Prospect," is subordinated to another, "My friend Pavel likes classical music."

There are many different ways to create subordinate clauses in Russian, but three of the most important use the words который, кто, or что. Который is a relative pronoun that declines like a regular adjective. It means *that, which,* or *who/whom.* It agrees in gender and number with the antecedent to which it refers, but its case is determined by the clause in which it is used, as in these example sentences:

1. Мы говорили с дьяконом нашей церкви, **который** прекрасно поёт и руководит хором.
   We were talking with the deacon of our church who sings beautifully and directs the choir.

2. Завтра мы поедем в синагогу, **которая** находится в центре Москвы.
   Tomorrow we will go to the synagogue that is located in the center of Moscow.

3. На прошлой неделе в буддистской пагоде выступал имам с лекцией о буддистско-мусульманских отношениях, **которые** очень волнуют всех нас.
   Last week at the Buddhist pogoda an imam gave a lecture about Buddhist–Muslim relations that are so troubling to all of us.

In example 1, the word который agrees in gender and number with дьякон. In example 2, the word которая agrees in gender and number with the word синагога. In example 3, the word которые agrees in gender and number with the word отношения.

Note that in these examples, the word который does not appear in the same case as the antecedent to which it refers. The case of the antecedent and the case of the relative pronoun который are determined by the grammatical context of the clause in which they appear. The number and gender of который, however, are determined by the antecedent, which is in a different clause.

Который is used exclusively with antecedents that are nouns. Кто and что are used with antecedents that are pronouns, as in these examples:

Наш водитель знает всех, **кто** ходит в эту церковь.
Our driver knows everyone who goes to that church.

Раиса знала всё, **что** касается пасхальной службы.
Raisa knew everything related to the Easter service.

Ахмед помогает всем, **кто** ходит в эту мечеть.
Akhmed helps everyone who goes to this mosque.

Зоя рассказала обо всём, **что** она увидела в древнем буддистском монастыре.
Zoya told about everything that she saw in the ancient Buddhist monastery.

Кто is used with animate antecedents, while что is used with inanimate antecedents. It's helpful to memorize these phrases:

все, кто = all those who . . .
всё, что = all that which . . . , everything that . . .

Textbook exercises
18, 19

We will practice using который, кто, and что in the nominative case in this chapter and in other cases in subsequent chapters.

" **Пословицы, поговорки, выражения**
Кто ра́но встаёт, тому́ Бог даёт.
God provides for the one who gets up early.
The early bird gets the worm.

УПРАЖНЕНИЯ ПО ГРАММАТИКЕ

5 Subjects

А. Прочитайте предложения и <u>подчеркните</u> субъект в каждом из них.

1. На следующее утро брат сказал Маше одеться и идти в церковь.
2. Ближайшая церковь и православный священник были только в городе Мирный.
3. Эти молитвы опубликовал в своей книге учёный из Новосибирского универстета.
4. Настоящий мусульманин никогда не поднимет руку на женщину, а жену будет чтить как свою мать.
5. В Центре искусств прошёл семинар на тему «Православие сегодня».
6. Во многих религиях мира есть своё священное животное.

Б. Напишите субъекты в форме множественного числа и перепишите предложения из А с этими субъектами.

6 Noun Gender

А. Большинство несклоняемых (*indeclinable*) существительных в русском языке среднего рода, но есть и существительные мужского и женского рода, которые тоже не склоняются.

Он	Она	Оно
кенгуру	цеце	виски
хинди	кольраби	резюме
шимпанзе	салями	меню
бри	авеню	пианино
пони	леди	Монако

Б. Переведите словосочетания на русский язык, используя слова из таблицы.

short resume	old lady	fresh kohlrabi	new menu
french brie	fast kangaroo	old piano	Scottish whiskey

В. Напишите предложения со словосочетаниями из Б.

7 Множественное число

Поставьте словосочетания в форму множественного числа и проставьте ударения (*stress*), как показано в примере.

Пример: росси́йский го́род — росси́йские города́

гро́мкий го́лос	далёкий о́стров	бога́тый лес
правосла́вный свяще́нник	му́дрый има́м	ста́рый равви́н
огро́мный ку́пол	ско́рый по́езд	

8 Существительные множественного числа

Существительные только множественного числа могут быть классифицированы в разные семантические группы. Заполните таблицу словами из списка. Если нужно, используйте словарь.

брюки, шахматы, каникулы, макароны, Альпы, очки, ворота, прятки,
сутки, дрожжи, Карпаты, духи, ножницы, сливки, шашки, Афины

paired objects	
games	
time periods	
substances	
geographic names	

9 Singular and Plural

А. Переведите слова на русский язык. Все русские существительные будут в единственном числе.

beets — свёкла	onions	raspberries	peas	grapes
potatoes	cookies	carrots	cherries	strawberries

Б. Спросите партнёров, едят ли они овощи и фрукты из. А и, если да, то как часто.

В. Ассоциации. Напишите словосочетания (прилагательное + существительное) со словами из А, как показано в примере.

Пример: сладкая свёкла

10 Noun–Verb Agreement

A. Вставьте правильный глагол в предложения. Переведите предложения на английский язык.

1. Все мои деньги (лежит/лежат) _____ в банке.
2. Где (стоит/стоят) _____ санки?
3. Морковь уже (лежит/лежат) _____ на столе.
4. Раньше в советских квартирах всегда на стенах всегда (было/были) _____ обои.
5. (Прошли/прошло) _____ сутки с тех пор, как он уехал в Москву.
6. Когда я был маленьким, печенье в нашем доме всегда (лежало/лежали) _____ в шкафу.

Б. Переведите предложения, используя глаголы «лежать», «стоять», «висеть». Обратите внимание на число русских существительных.

Пример: The pants were hanging in the closet.
Брюки висели в шкафу.

1. The money was in the right front pocket of my jacket.
2. The clothes are (hanging) in the wardrobe.
3. The dishes are on the table.
4. The chess set is in the drawer.
5. The clock used to be on the wall.
6. The perfume is in the bathroom.

11 Опишите

Опишите вашу комнату, дом, аудиторию, университет или город, используя глаголы «стоять», «лежать», «висеть», «находиться» и словосочетания числительное + существительное, как показано в примере.

Пример: На нашем кампусе находятся две библиотеки.

12 Numbers in the nominative case

Complete the sentences writing out the numerals.

1. Рамадан длится (29) _____ или (30)_____ дней.
2. В Торе (5) _____ книг.
3. Валентина Николаевна соблюдает пост уже (sixth) _____ день.
4. Сегодня вечером Абрамовы отмечают (second) _____ вечер еврейской Пасхи.
5. В этом храме служит (7) _____ священников.
6. (Third) _____ монашенка не говорит по-русски.

13 Друг друга

A. Прочитайте предложения и переведите их на английский язык. Объясните падеж «друг друга».

1. [Они] оба одновременно улыбнулись, и я вижу, что это близкие друг другу люди. (Журнал «Даша»)
2. Вероника была в своё время моей однокурсницей, и мы знали друг друга с очень давних времён. (Запись LiveJournal, НКРЯ)
3. Мне кажется, религия и наука особо не противоречат друг другу, просто мы должны каждый заниматься своим делом. (Газета «Труд-7»)
4. Мы не считаем, что религия и политика существуют отдельно друг от друга. (Б. Вахтин. «Гибель Джонстауна»)
5. Эти два соседствующих друг с другом храма—символ мирного сосуществования основных религий России: православия и ислама. (Газета «Труд-7»)
6. В годы гонений на веру приверженцы разных религий нередко помогали друг другу. (Газета «Труд-7»)

Electronic Workbook exercise 14

Б. Напишите три предложения, используя «друг друга» в разных падежах.

14 Заполните таблицу.

существительное	прилагательное
мама	мамин
папа	
дядя	дядин
тётя	
Саша	Сашин
Даша	
Оля	Олин
Коля	
Серёжа	Серёжин
Алёша	

15 Перепишите предложения, как показано в примере.

Пример: Мы отдыхали в доме тёти.—Мы отдыхали в тётином доме.

1. Деньги мамы к зиме закончились, и надо было искать работу. (А. Геласимов. «Жанна»)
2. Гости пили и разговаривали о родственниках Серёжи. (Н. Щербак. «Роман с филфаком»)
3. В семье родителей папы существовал семейный оркестр. (И. Архипова. «Музыка жизни»)

4. Армен внимательно слушал <u>рассказы дяди</u>, запоминал его советы. (А. Грачёв. «Ярый против видеопиратов»)

5. <u>Мать Саши,</u> Людмила Николаевна, работает воспитательницей в детском саду. (Г. Ковальская. «Облава»)

6. <u>Старшая сестра Нади</u> Аня тяжело болела в Ленинграде. (Э. Герштейн. «Лишняя любовь»)

16 Переведите на английский язык.

Переведите на английский язык, обращая внимание (*paying attention*) на перевод слова «сам».

1. Сама икона была найдена в алтаре под крестом. (Газета «Русское слово»)
2. Он меняет всё вокруг, потому что не готов измениться сам. (Журнал «Даша»)
3. Сам Христос говорит, что Он — Сын Божий. (И. Мейендорф. «Православное свидетельство в современном мире»)
4. Вручать премию будет сам Патриарх один раз в два года. (Газета «Труд-7»)
5. Секты очень опасны, но борьба с ними — это дело государства. Сама Церковь не может с ними бороться. (Телеканал «Новый регион 2»)
6. От радикального ислама Русь может спасти только сам ислам. (Газета «Комсомольская правда»)

17 Переведите на русский язык

Переведите на русский язык, обращая внимание на перевод слов *this*, *that*, *all* и *whole*.

1. This church was built last year.
2. The followers of these religions have lived in this town for many years.
3. All atheists believe in evolution.
4. Some people think that all sins are equal.
5. Our whole neighbourhood celebrates Christmas together.
6. This Buddhist temple was bigger than that one.

18 Pronoun «который»

А. Прочитайте предложения и определите (*determine*) род, падеж, и число местоимения «который». Найдите слово, к которому оно относится (*refers to*). Переведите предложения на английский язык.

1. Всему миру этот учёный известен как автор работ по истории иудаизма, которые считаются настоящими научными шедеврами.
2. В России совсем недавно были «реабилитированы» ведущие религиозные конфессии, которые больше не считаются экзотикой.
3. Гаудия-вайшнавы — это одна из религий, которая описывает бога как личность.
4. В редакцию газеты приходят письма от мусульман Дагестана, которые решили совершить паломничество к святым местам в Мекку.

Б. Соедините (*combine*) два предложения, используя *который* в именительном падеже.

Пример: Синагога находилась на этом месте. Синагога была разрушена в 1940-м году. — Синагога, которая находилась на этом месте, была разрушена в 1940-м году.

1. Сейчас восстановили церковь. Церковь была разрушена в 1920-е годы.
2. Любой человек должен прочитать Библию. Библия является частью мировой культуры.
3. Мусульмане являются важной частью населения страны. Мусульмане живут в России.
4. Нельзя одобрять действия антирелигиозных фанатиков. Фанатики разрушают храмы.
5. У современных политиков много предрассудков. Предрассудки мешают нормальному диалогу между людьми.
6. В Даугавпилсе в Латвии находятся храмы четырёх разных конфессий. Храмы стоят друг напротив друга.

Electronic Workbook
exercises
M, H

19 Все, кто

Electronic Workbook
exercise
O

Напишите определения слов, используя «все, кто», как показано в примере.

Пример: Православные — это все, кто исповедует православие.

атеисты	буддисты	мусульмане
верующие	евреи	христиане

ПРОДОЛЖАЕМ РАЗГОВОР

Опишите, что вы видите на фотографии. Используйте слова и выражения из списков слов в лексической теме «Религия».

Before you read the text, you will engage in a discussion to prepare you for the topic. After reading the text, complete the After Reading exercises to evaluate your comprehension and practice new vocabulary.

Перед чтением

 Ответьте на вопросы.

1. Когда вы учились в школе, были ли у вас предметы по религии? Если да, как они назывались? Что вы изучали?
2. Как вы считаете, нужно ли преподавать религию в школе? Почему да или нет? Если да, то в каком классе нужно начинать религиозное образование?

Статья «Преподавание религии в школе»

Прочитайте статью о преподавании религии в школах Росии.

Социологи́ческий опро́с, кото́рый провёл «Лева́да-центр» в 2013 году́, показа́л, что за преподава́ние рели́гий в общеобразова́тельных[1] шко́лах Росси́и выступа́ют то́лько 22% роди́телей. 31% респонде́нтов счита́ет, что преподава́ть э́тот предме́т ну́жно то́лько в специа́льных уче́бных заведе́ниях[2], то есть в медресе́ и́ли в воскре́сных шко́лах. Наконе́ц, 43% роди́телей категори́чески про́тив религио́зного воспита́ния[3] в шко́ле в како́й-либо фо́рме. Они́ утвержда́ют[4], что преподава́ние осно́в[5] религио́зной культу́ры противоре́чит Конститу́ции све́тского[6] госуда́рства, а та́кже создаёт опа́сность[7] разделе́ния[8] ученико́в по религио́зному при́нципу.

По слова́м а́второв опро́са, проти́вники[9] религио́зного воспита́ния в шко́ле—э́то молоды́е образо́ванные лю́ди, кото́рые живу́т в больши́х города́х и име́ют доста́ток[10] сре́дний и вы́ше сре́днего. Среди́ проти́вников та́кже мно́го мусульма́н и представи́телей други́х рели́гий, кото́рые боя́тся, что преподава́ние ку́рса осно́в религио́зной культу́ры приведёт к домини́рованию правосла́вия в шко́льном образова́нии. Одна́ко а́второ́ы инициати́вы успока́ивают роди́телей: преподаю́т предме́т све́тские педаго́ги—учителя́ исто́рии и литерату́ры, кото́рые прошли́ дополни́тельную[11] подгото́вку. Они́ не бу́дут занима́ться миссионе́рской де́ятельностью, а наоборо́т, бу́дут учи́ть дете́й толера́нтности.

Предме́т «Осно́вы религио́зных культу́р и све́тской э́тики» был включён[12] в шко́льную програ́мму 4–5 кла́ссов всех общеобразова́тельных школ Росси́и с о́сени 2012 го́да. Шко́льники и их роди́тели могли́ вы́брать оди́н из шести́ мо́дулей: осно́вы правосла́вной, исла́мской, будди́йской, иуде́йской, мировы́х религио́зных культу́р и све́тской э́тики. По да́нным Министе́рства образова́ния, по Росси́и большинство́ ученико́в (43%) вы́брало осно́вы све́тской э́тики; 31% предпочли́ осно́вы

православной культу́ры. Интере́сно, что в Москве́ 47% ученико́в вы́брали све́т-
скую э́тику, 28% — мировы́е религио́зные культу́ры, и 23% — осно́вы правосла́вной
культу́ры.

Ксения Головлева

[1]general (not specialized), [2]institution, [3]upbringing/education, [4]insist, [5]foundation, [6]secular, [7]danger, [8]segrega-
tion, separation, [9]opponent, [10]income, [11]additional, [12]included

После чтения

 Отве́тьте на вопросы с партнёром.

1. Что изменилось в общероссийской школьной программе осенью 2012 года?
2. Как назывался новый школьный предмет? Этот предмет был обязательным для всех учеников или они могли выбрать из нескольких предметов?
3. Какой предмет выбрало большинство российских школьников? Как Москва в этом вопросе отличается от других регионов России? Как вы думаете, почему?
4. Если бы вам надо было выбрать один из этих шести модулей, какой из них вы бы выбрали? Почему?
5. Поддерживают ли российские родители преподавание религии в школе?
6. Какие группы родителей являются основными противниками религиозного воспитания в школе? Почему они выступают против? Согласны ли вы с их аргументами? Объясните свою позицию.
7. Как авторы инициативы отвечают на аргументы родителей? Что вы думаете об их доводах (*arguments*)?

Ваша реакция?

Один из родителей написал это письмо авторам инициативы. Прочитайте письмо и напишите ответ на него от имени (*on behalf of*) авторов инициативы.

Как мо́жет учи́тель исто́рии и́ли литерату́ры преподава́ть осно́вы правосла́вия,
исла́ма и́ли други́х рели́гий? Дополни́тельной подгото́вки недоста́точно, что́бы
эффекти́вно преподава́ть э́тот предме́т де́тям. Преподава́тель, кото́рый пло́хо зна́ет
предме́т, но до́лжен его́ преподава́ть, мо́жет то́лько навреди́ть, а не помо́чь.

Сергей Насибулин

Перед чтением

Александр Блок написал это стихотворение в августе 1905 года, в конце русско-японской войны, в которой Япония одержала победу (*defeated*) над Россией и уничтожила (*destroyed*) почти весь её флот.

Культурная и грамматическая информация ниже поможет вам лучше понять стихотворение.

- В православной церкви обычно есть хор, который поёт молитвы (*prayers*) во время богослужения (*service*).
- «Царские врата» (*royal doors/gates*) — это главные двери в иконостасе (*iconostasis*, a wooden screen or wall covered with icons) в православной церкви, которые отделяют (*separate*) алтарь (*altar/sanctuary*) от остальной части церкви и символизируют собой ворота в Рай (*gates to Heaven*).
- В этом стихотворении есть причастия (*participles*): ушедший — (*which have gone away*), забывший — (*who have forgotten*), летящий — (*flying*), причастный — (*connected/privy to*).

Девушка пела в церковном хоре

Прочитайте стихотворение и прослушайте его в аудиозаписи.

Девушка пела в церковном хоре
О всех усталых в чужом[1] краю[2],
О всех кораблях[3], ушедших в море,
О всех, забывших радость[4] свою.

Так пел её голос, летящий в купол[5],
И луч[6] сиял[7] на белом плече,
И каждый из мрака[8] смотрел и слушал,
Как белое платье пело в луче.

И всем казалось, что радость будет,
Что в тихой заводи[9] все корабли,
Что на чужбине[10] усталые люди
Светлую жизнь себе обрели[11].

И голос был сладок[12], и луч был тонок[13],
И только высоко, у царских врат,
Причастный тайнам[14], — плакал ребёнок
О том, что никто не придёт назад.

Август 1905

[1]alien/foreign, [2]land, [3]ship, [4]joy, [5]cupola, dome, [6]beam, [7]shine, [8]darkness, [9]safe refuge, [10]foreign/strange land, [11]find, [12]sweet, [13]thin, [14]mystery

После чтения

 Ответьте на вопросы с партнёром.

1. Перечитайте первую строфу. Где находится девушка? Что она поёт?
2. В какой исторический период было написано стихотворение? Кто такие «усталые» люди? Где они? О каких кораблях поёт девушка? Кто находится на этих кораблях?
3. Как вы думаете, что значит «забыть свою радость»? Кто забыл свою радость? Почему?
4. Перечитайте вторую строфу. Как одета девушка? Как вы понимаете фразу «белое платье пело в луче»? Как вы думаете, откуда в церкви луч? С чем или с кем можно сравнить девушку?
5. Как вы понимаете фразу «каждый из мрака смотрел и слушал»? Где находится «каждый»? Почему он во «мраке»? Как вы думаете, что значит «мрак» в контексте стихотворения?
6. Перечитайте третью строфу. Она начинается словами «всем казалось». Как это можно сказать по-другому? Что «казалось» всем людям?
7. Сравните третью строфу с первой. Какие слова поэт повторяет в третьей строфе? Как вы думаете, зачем он это делает?
8. Перечитайте последнюю строфу. Что делал «ребёнок»? Где он? Как вы понимаете фразу «причастный тайнам»? Как вы думаете, кто этот ребёнок?
9. Почему он плакал и что он знал? Переведите фразу «никто не придёт назад». Как вы думаете, откуда и куда «никто не придёт»?
10. Прочитайте стихотворение ещё раз и перескажите его по-русски.

 ДАВАЙТЕ ОБСУДИМ

Using what you have learned in this chapter, discuss these topics in groups or with a partner. Try to extend it into a conversation rather than just answering each question.

1. Принято ли обсуждать религиозные взгляды в вашей культуре? Как вы думаете, почему во многих культурах религия является деликатной темой и люди предпочитают не обсуждать её?
2. Какую роль играет религия в жизни отдельного человека? Для чего человеку нужна религия, вера?
3. Какую функцию выполняет религия в обществе?
4. Карл Маркс писал: «Религия — это сердце бессердечного мира . . . ». Как вы понимаете его слова? Согласны ли вы с ними?
5. Как вы понимаете слова Альбера Камю, который сказал: «Быть язычником для себя, христианином для других — к этому инстинктивно склоняется всякий человек»?
6. Некоторые считают, что верующим необходимо ходить в церковь. Согласны ли в с этим мнением?
7. Что значит «светское» государство? Должно ли государство быть светским? Объясните свою позицию.
8. Некоторые считают, что надо убрать слова «In God We Trust» с американских денежных банкнот. Другие думают, что эти слова должны остаться. Аргументируйте обе точки зрения.

▶◀ ДАВАЙТЕ ПОГОВОРИМ О КИНО

Вот несколько названий советских и российских фильмов, в которых рассматривается тема главы. Посмотрите один из них (информация в интернете поможет вам выбрать фильм) и подготовьте небольшое выступление, в котором вы: (1) кратко расскажете содержание фильма и (2) покажете, как в этом фильме раскрывается тема главы. Постарайтесь использовать как можно больше активной лексики по теме.

- «Андрей Рублёв», режиссёр Андрей Тарковский, 1971
- «Мусульманин», режиссёр Владимир Хотиненко, 1995
- «Остров», режиссёр Павел Лунгин, 2006
- «Чудо», режиссёр Александр Прошкин, 2009
- «Левиафан», режиссёр Андрей Звягинцев, 2014

ПИСЬМЕННЫЕ ЗАДАНИЯ

Выберите одну из тем и напишите сочинение длиной 500–600 слов.

1. Напишите письмо русскому другу и опишите, как отмечается какой-то религиозный праздник в вашей семье или в семье вашего знакомого.
2. Напишите рецензию на фильм, в котором есть тема религии.
3. Напишите небольшую статью в газету на тему «Религия в современной жизни моей страны».
4. В небольшом эссе приведите аргументы «за» и «против» преподавания религии в государственной школе.
5. Многие спорят о том, должны ли родители навязывать (force) свою религию детям. Одни считают, что это нормально, когда родители водят своих детей в церковь, мечеть или синагогу, а другие считают, что дети сами должны выбрать религию, когда вырастут. Напишите небольшую статью в университетскую газету об этом.

Electronic Workbook
exercises
П–Ф

ЛЕКСИКА УРОКА

VERBS

ве́рить/пове́рить (ве́ри+ 8)
принадлежа́ть (принадлежа́+ 7)
сле́довать/после́довать (сле́дова+ 15)

соблюда́ть (соблюда́й+ 3)/соблюсти́
(соблюд+ 4)

NOUNS AND NOUN PHRASES

англича́нин/англича́нка
атеи́зм
Би́блия (Ве́тхий заве́т, Ева́нгелия)
Бог
будди́зм
будди́ст

будди́стка
Ве́ды
ве́ра
взро́слый
граждани́н/гражда́нка
грех

еврей/еврейка

имам

индуизм

индус/индуска

ислам

иудаизм

иудей/иудейка

католик/католичка

католицизм/католичество

Книга Мормона

конфессия

Коран

мечеть (fem.)

мормон/мормонка

мормонство

мусульманин/мусульманка/мусульмане

обряд

пастор

пост

похороны

православие

православный

предрассудок

пророк

протестант/протестантка

протестантизм

рабочий

раввин

религия

россиянин/россиянка/россияне

священник

синагога

смертный грех

собор

Трипитака

Тора (Ветхий завет)

Упанишады

учёный

фанатизм

храм

христианин/христианка/христиане

христианство

церковь (fem.)

чёрт

PRONOUNS
сам/сама

ADJECTIVES
божественный

буддистский

верующий/неверующий

индусский

исламский

иудейский

католический

мормонский

православный

протестантский

религиозный

христианский

церковный

Урок №6

Внешность

Что вы видите на фотографии? Как выглядят эти девушки? Как они одеты? Похожи ли они на девушек в вашем городе?

ЛЕКСИЧЕСКАЯ ТЕМА: «ВНЕШНОСТЬ»

In this section you will learn words and phrases that will help you understand texts in this chapter and discuss the topic of body image.

Полезные слова и выражения

Прочитайте глаголы, которые помогут вам понять текст №1.

носи́ть *что*	to wear (clothing, glasses, jewelry) regularly, not "to have on"
Почему́ ты никогда́ не но́сишь ю́бки?	*Why don't you ever wear skirts?*
But: На ней была́ дли́нная ю́бка.	*She was wearing a long skirt.*
одева́ть/оде́ть *кого, во что*	to dress someone (in something)
Она́ одева́ет свою́ дочь в дорогу́ю оде́жду.	*She dresses her daughter in expensive clothes.*
одева́ться/оде́ться *как*	to dress (oneself), to put on clothes
Он одева́ется недо́рого, но со вку́сом.	*He dresses inexpensively but tastefully.*
Мы бы́стро оде́лись и ушли́.	*We dressed quickly and left.*
надева́ть/наде́ть *что, на кого*	to put something on oneself/someone
Он наде́л очки́ и на́чал чита́ть.	*He put on his glasses and started reading.*
Мать наде́ла на сы́на ша́пку.	*The mother put a hat on her son.*
кра́ситься/накра́ситься	to wear, to put on makeup
Она́ никогда́ не кра́сится.	*She never wears makeup.*
Ле́на так си́льно накра́силась, что мы её не узна́ли.	*Lena put on so much makeup that we didn't recognize her.*
вы́глядеть *как*	to look, to appear
Ты прекра́сно вы́глядишь!	*You look great!*

Упражнения по лексике

1 Вставьте слова из списка «Полезные слова и выражения» в предложения в правильной грамматической форме.

1. В свои 75 лет моя мама _____ очень молодо.
2. Русские преподаватели обычно не _____ шорты на работу.
3. Стиль нельзя купить! Она _____ очень дорого, но _____ ужасно.
4. Зачем ты _____ на собаку мой шарф?
5. В нашей школе старшеклассники не _____ школьную форму и девочки очень сильно _____.
6. Почему ты _____ ребёнка в летнее платье? На улице так холодно!

2 Соедините русские слова и выражения с их переводом.

1. лишний вес
2. проблéмы с вéсом
3. идеáльная фигýра
4. пóлная фигýра
5. стрóйная фигýра
6. эталóн красотý
7. красúвый от прирóды
8. подчёркивать/подчеркнýть красотý
9. глáдкая кóжа
10. белоснéжная улýбка
11. хорóший/плохóй вкус
12. безвкýсный
13. прививáть/привúть вкус в одéжде
14. выбор аксессуáров
15. рвáные джúнсы

а. smooth skin
б. to accentuate beauty
в. good/bad taste
г. choice of accessories
д. snow-white smile
е. extra weight
ё. torn jeans
ж. tasteless
з. problems with weight
и. slender figure
й. naturally beautiful
к. ideal figure
л. standard of beauty
м. to cultivate taste in clothes
н. full figure

3 Вставьте слова из упражнения выше в предложения в правильной грамматической форме. Затем сравните ваши предложения с предложениями партнёра.

1. Несмотря на _____, она пользовалась популярностью, так как была всегда уверена в себе.
2. Том стал известным актёром только благодаря своей _____.
3. Она считает, что даже рваные джинсы отлично смотрятся на её

   _____.
4. Марлон Брандо был красивым от природы, но с возрастом у него возникли серьёзные _____.
5. Эталона красоты нет, есть только _____ и чувство стиля.
6. Никто не заметил, что она была красива: её гладкую кожу портил

   _____ макияж.

4 Игровая ситуация

Вам звонит русская подруга, которая живёт в России и едет в ваш университет учиться. Она хочет знать, что носят американские студенты: как они одеваются, когда идут на занятия, в клубы, на концерты и пользуются ли они косметикой. Составьте диалог, используя слова и выражения по теме «Внешность».

Текст 1: Статья «Вопрос психологу»

Before you read the text, you will engage in a discussion to prepare you for the topic. After reading the text, complete the After Reading exercises to evaluate your comprehension and practice new vocabulary.

Поговорите с партнёром.

1. Как вы одевались, когда вам было 13—16 лет? У вас был какой-то индивидуальный стиль?
2. Важен ли индивидуальный стиль в одежде?
3. В русском языке есть пословица: «Не родись красивой, а родись счастливой». Объясните по-русски, как вы её понимаете. Переведите пословицу на английский язык. Как вы думаете, почему «красивой», а не «красивым»?

Статья «Вопрос психологу»
Прочитайте журнальную статью, в которой психолог отвечает на вопрос.

Вопрос психологу:

Моей до́чери 14 лет. Я заме́тила, что в после́днее вре́мя она́ ста́ла стесня́ться[1] своего́ те́ла и из-за э́того замы́каться[2] в себе́. Когда́ я спроси́ла её, что с ней происхо́дит, она́ сказа́ла, что однокла́ссники дра́знят[3] её из-за ли́шнего ве́са. Посове́туйте, что мне де́лать? Ведь пробле́м с ве́сом и вообще́ с вне́шностью у неё на са́мом де́ле нет. Как научи́ть её быть уве́реннее в себе́?

Ответ:

Во́зраст Ва́шей до́чери — вре́мя, когда́ подро́стки[4] пыта́ются поня́ть сами́х себя́ и своё те́ло. Кто-то начина́ет стесня́ться происходя́щих с ним измене́ний[5], кто-то, наоборо́т, хо́чет вы́делиться[6] из толпы́[7], все́ми спо́собами подчеркну́ть[8] свою́ индивидуа́льность. Появле́ние[9] ко́мплексов — обы́чное явле́ние в обо́их слу́чаях, поэ́тому в э́тот пери́од ва́жно быть осо́бенно чу́ткими[10] к свои́м де́тям. Е́сли Ва́ша дочь гото́ва идти́ с Ва́ми на конта́кт и обсужда́ть э́ту пробле́му — э́то уже́ ма́ленькая побе́да.

В слу́чае Ва́шей до́чери, пробле́ма в том, что она́ сра́внивает[11] себя́ с не́ким этало́ном красоты́ и, ви́дя несоотве́тствие[12], начина́ет ду́мать, что у неё сли́шком по́лная фигу́ра. Это о́чень распространённое[13] явле́ние в её во́зрасте. Си́льное влия́ние[14] на подро́стков ока́зывает ма́ссовая культу́ра. С рекла́мных плака́тов[15] на них смо́трят их куми́ры[16] — стро́йные де́вушки с идеа́льной фигу́рой, гла́дкой ко́жей и белосне́жной улы́бкой. Подро́сток смо́трит в зе́ркало и ви́дит, что он друго́й, он не «идеа́льный». К сожале́нию, он не понима́ет, что э́ти карти́нки не име́ют ничего́ о́бщего[17] с реа́льными людьми́. Ва́ша зада́ча как роди́теля — объясни́ть до́чери, что её красота́ — в её индивидуа́льности и что «этало́нной» красоты́ не существу́ет[18]. Она́ должна́ научи́ться цени́ть[19] свою́ индивидуа́льность и люби́ть себя́ тако́й, кака́я она́ есть, и не боя́ться ли́шний раз смотре́ть на себя́ в зе́ркало.

Могу́ да́же сказа́ть, что Вам повезло́[20]. Ведь есть и друго́й психологи́ческий тип де́вочек-подро́стков. Это те, кото́рые, наоборо́т, стремя́тся[21] подчеркну́ть свою́ индивидуа́льность, но де́лают э́то неуме́ло. Эти де́вушки, что́бы вы́делиться

из толпы[7], мо́гут сде́лать себе́ татуиро́вку и́ли пи́рсинг, побри́ться на́лысо[22], и́ли «уда́риться[23]» в каку́ю-нибудь субкульту́ру. А в подбо́ре оде́жды им ча́сто не хвата́ет вку́са: они́ предпочита́ют ки́тчевую оде́жду — наприме́р, футбо́лки с изображе́нием симво́лики рок-групп и рва́ные[24] джи́нсы. Одна́ко, как пра́вило, э́то то́же сле́дствие[25] ко́мплексов — за э́тим о́бразом они́ скрыва́ют[26] своё но́вое, взросле́ющее те́ло. С таки́ми детьми́ нала́дить конта́кт гора́здо сложне́е. Ведь всё, что говоря́т взро́слые, они́ подверга́ют сомне́нию[27]. Е́сли роди́тель не смо́жет во́время найти́ с ни́ми о́бщий язы́к, приви́ть им вкус в оде́жде, в вы́боре аксессуа́ров, то ситуа́ция мо́жет оберну́ться бо́лее серьёзными ко́мплексами во взро́слой жи́зни. Так что вы мо́жете то́лько пора́доваться, что Ва́ша дочь не отно́сится к числу́ «тру́дных» дете́й, что её психологи́ческое состоя́ние[28] гора́здо про́ще корректи́ровать. А корректи́ровать его́, на мой взгляд, необходи́мо: осозна́ние своего́ вне́шнего и вну́треннего содержа́ния[29] — ва́жный пери́од становле́ния[30] челове́ческой ли́чности[31]. Поэ́тому, как я уже́ говори́ла, мой сове́т — убеди́ть её в том, что она́ краси́ва от приро́ды, и объясни́ть ей, как мо́жно подчеркну́ть э́ту красоту́. Кро́ме того́, попроси́те её ме́ньше внима́ния обраща́ть на насме́шки[32] све́рстников, кото́рые в э́том во́зрасте осо́бенно жесто́ки[33] по отноше́нию друг к дру́гу.

[1]feel self-conscious, [2]withdraw into oneself, [3]tease, [4]teenager, adolescent, [5]change, [6]stand out, [7]crowd, [8]emphasize, [9]appearance, [10]tactful, [11]compare, [12]discrepancy, [13]widespread, [14]influence, [15]advertising poster, [16]idol, [17]in common, [18]exist, [19]value, [20]lucky, [21]aspire, [22]shave one's head, [23]get involved, [24]torn, [25]consequence, [26]hide, [27]question/doubt, [28]state, [29]inner substance, [30]formation, [31]personality, [32]mockery, [33]cruel

---

После чтения

Отве́тьте на вопро́сы с партнёром.

1. Почему́ однокла́ссники дразня́т дочь де́вушки?
2. Как де́вушка реаги́рует на поведе́ние однокла́ссников? По-ва́шему, э́то типи́чная реа́кция?
3. Психо́лог де́лит подро́стков на две гру́ппы. На каки́е? Согла́сны ли вы с психо́логом?
4. Почему́, по мне́нию психо́лога, дочь чита́тельницы ду́мает, что у неё по́лная фигу́ра?
5. Есть ли, по-ва́шему, этало́н красоты́? Что э́то тако́е?
6. Как опи́сывается этало́н красоты́ в те́ксте? Где подро́стки ви́дят его́?
7. По мне́нию психо́лога, что тако́е красота́? Вы согла́сны? Како́го челове́ка вы счита́ете краси́вым?
8. Что вы ду́маете о сове́те: «На́до люби́ть себя́ тако́й, кака́я ты есть»?
9. Како́й тип подро́стков психо́лог счита́ет наибо́лее пробле́мным? Вы согла́сны?
10. К како́му ти́пу подро́стков относи́лись вы? Как вы себя́ вели́ в э́том во́зрасте? Каку́ю оде́жду вы носи́ли?
11. Как психо́лог предлага́ет корректи́ровать психологи́ческое состоя́ние де́вушки? Согла́сны ли вы с э́тим сове́том? Да́йте ей свой сове́т.

Electronic Workbook
exercises
А, Б

The prepositional case is so named because it is the only case that **must** always be used with a preposition, unlike the other cases, which can occur without a preposition. The prepositional case is also sometimes called the Locative Case because it answers the question, In what location? or Где?

The prepositional case is used in the following contexts:

1 to show location:

> Мои родители считают, что самые красивые американцы живут **в Мичигáне.**
> *My parents think the most beautiful Americans live in Michigan.*

2. as the object of either the preposition в or на when movement in a direction is not being expressed:

> Её губная помада лежала **на столé на журнáле** «Космополитан».
> *Her lipstick lay on the table on top of the copy of* Cosmopolitan.

3. as the object of the preposition о/об meaning "about" or "concerning":

> Вчера мы говорили с подругами **о внéшнем вúде** современных мужчин.
> *Yesterday, I was talking with my girlfriends about the appearance of modern men.*

Пословицы, поговорки, выражения
О вкýсах не спóрят.
People shouldn't argue about questions of taste.
Tastes differ.

Textbook exercises
5—10

4. as the object of the preposition при meaning "under the auspices of" or "during the administration of" or "in the presence of":

> **При Горбачёве** начали больше говорить о личной ответственности.
> *Under Gorbachev, people started to talk more about personal responsibility.*

> Я пытаюсь избегать разговоров о внешнем виде **при подрóстках.**
> *I try to avoid conversations about appearance around teenagers.*

5. With the preposition в or на in certain time expressions:

> Боря придёт с лекарством **в половúне** седьмого.
> *Borya will arrive with the medicine at 6:30.*

> У Тани **в январé** родился ребёнок: она ещё не скоро вернётся на работу.
> *Tanya had a baby in January: she won't be returning to work soon.*

> **В прóшлом годý** Алла бросила курить.
> *Last year Alla quit smoking.*

> Виктория Петровна поедет на показ мод **на бýдущей недéле.**
> *Viktoria Petrovna will go to a fashion show next week.*

Textbook exercises
11, 12

6. in constructions with these verbs

сомнева́ться в чём	to doubt something
наста́ивать *на чём*	to insist on something
беспоко́иться *о чём*	to worry about something
мечта́ть *о чём*	to dream about something
упрека́ть *кого в чём*	to rebuke or scold someone for something

7. as the object of either the preposition в, на, or при in certain idiomatic expressions:

(я) тут ни при чём	(I) have nothing to do with this
в слу́чае (того)	in the event (that)
при слу́чае	on occasion
на ка́ждом шагу́	at every step
на мои́х глаза́х	right in front of my eyes
на краю́ све́та	at the ends of the earth
на уме́	on somebody's mind
на душе́	in somebody's heart (soul)
на днях	in a few days, recently

 Пословицы, поговорки, выражения
Быть на седьмо́м не́бе (от сча́стья)
To be in seventh heaven (from happiness)
To be in seventh heaven

8. in certain "connecting phrases":

Во-пе́рвых, во-вторы́х, в-тре́тьих, в-четвёртых	First, second, third, forth
В тако́м слу́чае	In this case
В виду́ того́, что . . .	In view of the fact that . . .
Де́ло/пробле́ма/беда́ в том, что . . .	The point/problem/trouble is that
Речь идёт о том, что . . . (О чём идёт речь?)	We are talking about . . .
Она́ име́ет в виду́, что . . .	She means that . . .
При всём том, что . . .	Despite the fact that . . . , Notwithstanding that . . .

Textbook exercises
13–15

Regular Prepositional Case Endings

Prepositional case endings for adjectives and nouns are presented in the charts below:

Singular nouns	Masculine	Feminine	Neuter
Hard stem	-e	-e	-e
Soft stem	-e, -ии*	-e, -и, -ии*	-e, -ии*

The asterisked forms above show singular nouns that end in -ий, -ия, -ие. These nouns take a prepositional case ending of -ии, as in these example sentences:

Мы говорили о **Дми́трии** и **Анато́лии**.
We were talking about Dmitry and Anatoly.

Мы говорили об этом **упражне́нии**.
We were talking about this exercise.

Here is a table with the singular adjectival endings for the prepositional case.

Singular adjectives	Masculine	Feminine	Neuter
Hard stem	-ом	-ой	-ом
Soft stem	-ем	-ей	-ем

Here is a table depicting the prepositional case endings for plural nouns and adjectives.

Plural nouns and adjectives	Nouns	Adjectives
Hard stem	-ах	-ых
Soft stem	-ях	-их

Remember that nouns with exceptional infixes (-ер-, -ен-), such as мать, дочь, имя, время, will keep their infixes in the prepositional case, as in this example:

Мы говорили о **дочеря́х** Наташи Кузнецовой и об их интересных **имена́х**.
We were talking about Natasha Kuznetsova's daughters and their interesting names.

Remember also that feminine nouns ending in a soft sign take the singular prepositional case ending of -и, whereas masculine nouns ending in a soft sign take the singular prepositional case ending of -е, as in this example with the feminine noun жизнь and the masculine noun Суздаль:

Мы часто вспоминаем о нашей **жи́зни** в **Су́здале**.
We often remember our life in Suzdal.

Exceptions in the Prepositional Case

There is a group of short masculine nouns that take the ending of -у/-ю when they are the object of the prepositions в or на in a context in which they are expressing location. These same words will take regular prepositional case endings (as described above in Regular Prepositional Case Endings) after the preposition о, as demonstrated in these examples.

Максим сейчас в детском **саду́**.
Maxim is in preschool now.

В прошлом **году́** мы ездили в Москву.
Last year, we went to Moscow.

Светлана и Ирина часто собирают грибы в **лесу́**.
Svetlana and Irina often gather mushrooms in the forest.

У них роди́лся ребёнок в прошлом **году́**.
They had a child last year.

Мы нашли любимую игрушку Вани на **полу́**.
We found Vanya's favorite toy on the floor.

Собаки весь день играли в **снегу́**.
The dogs played all day in the snow.

Стакан стоял на **краю́** стола.
The glass stood on the edge of the table.

Свитера лежали в **шкафу́**.
The sweaters were in the closet.

BUT:

Мы говорили о детском **са́де**.
We were talking about preschool.

Василий с нежностью вспоминал о прошлом **го́де**.
Vasily remembered last year fondly.

Пословицы, поговорки, выражения
В здоро́вом те́ле — здоро́вый дух.
A healthy mind is found in a healthy body.
A sound mind in a sound body.

Choosing between в and на

In general, most Russian nouns are associated with either в or на when used to express location. You must memorize the preposition that goes with each noun. Because nouns taking в far outnumber nouns taking на, it is easier to memorize the list of nouns that take на. Here is a list of the most common categories of nouns that take на (with prepositional case endings):

а. open spaces: на у́лице, на вокза́ле, на ста́нции, на стадио́не
б. events or activities: на ма́тче, на конце́рте, на заня́тиях, на рабо́те, на о́пере, на спекта́кле, на сва́дьбе, на заседа́нии, на уро́ке, на войне́
в. certain geographical locations, including: на за́паде, на ю́го-восто́ке, на Камча́тке, на Сахали́не, на Ку́бе, на Яма́йке, на Кавка́зе, на Аля́ске, на Кра́сной пло́щади, на Арба́те
г. others: на пе́рвом (второ́м) этаже́, на втором (тре́тьем) ку́рсе (but в шко́ле в тре́тьем кла́ссе), на моро́зе, на пе́нсии, на све́жем во́здухе, на по́чте, на ку́хне

In addition, there is a group of nouns that may take в or на with different meanings, as illustrated in these contrasting pairs of phrases:

в столе́	in the drawer	на столе́	on the table or desk
в углу́	in the corner	на углу́	on the corner
в уро́ке	in the chapter	на уро́ке	at class
в ле́кции	in the lecture	на ле́кции	at the lecture
в по́чте	in the mail (among the letters)	на по́чте	at the post office (building)
в о́пере	in the opera (the performer)	на о́пере	at the opera (the audience)
в бале́те	in the ballet (the performer)	на бале́те	at the ballet (the audience)
в крова́ти	in bed	на крова́ти	on the bed

 Пословицы, поговорки, выражения
Не в деньга́х сча́стье.
Happiness is not found in money.
Money can't buy happiness.

Subordination in the Prepositional Case

We use the words то, что, кото́рый in the prepositional case to construct complex sentences with subordinate clauses, as in these examples.

Тре́неры обсужда́ли то, **о чём** писа́ли газе́ты.
The coaches were discussing what was written in the newspapers.

Врачи́ наста́ивают **на том**, что́бы он бро́сил кури́ть и пить.
The doctors insist that he quit smoking and drinking.

В 60-е го́ды заговори́ли о свя́зи ме́жду куре́нием и ра́ком, **в кото́рой** мно́гие сомнева́лись.
In the 1960s people started talking about the connection between smoking and cancer, which many doubted.

Numbers and the Prepositional Case

When an ordinal number (e.g., тре́тий, седьмо́й) is used in the prepositional case, it is declined just as any other adjective would be declined. When that number consists of multiple digits, only the last digit is declined. Review these examples:

Мы говори́ли о её **тре́тьем** му́же, кото́рый увлека́ется фи́тнесом.
We were talking about her third husband, who is into fitness training.

Мы лечи́лись в два́дцать **второ́й** поликли́нике.
We were treated in the 22nd clinic.

В **шестидеся́той** городско́й больни́це сейча́с эпиде́мия гри́ппа.
There's a flu epidemic in the 60th city hospital.

When a cardinal number is used in the prepositional case, it is declined in accordance with the rules for declining numbers. See Appendix B for a declension chart of cardinal numbers and consider these examples:

Textbook exercises
19, 20

Мы говорили о **двух** мальчиках, которые говорили, что они больны.
We were talking about the two boys who were saying that they were sick.

Мы забыли о **трёх** молодых врачах, которые работают в этой больнице.
We forgot about three young doctors who work in that hospital.

УПРАЖНЕНИЯ ПО ГРАММАТИКЕ

5 Где живут или жили эти известные деятели?

Владимир Путин	Екатерина II	Мари Кюри
Дональд Трамп	Нельсон Мандела	Уинстон Черчилль
Мартин Лютер Кинг Франциск	Лев Толстой	Мао Цзэ Дун

6 Где вы живёте

Расскажите подробно, где вы живёте: в каком штате, в каком районе, в каком городе, на какой улице, в каком доме, на каком этаже, в какой квартире/комнате и т.д. Где вы жили в детстве? Где вы хотите жить в старости?

7 Обсудите с партнёрами.

1. В каких странах, городах и на каких континентах вы жили? В каких странах, городах и на каких континентах вы хотели бы побывать?
2. В каких штатах, по-вашему, жить интереснее всего? В каких штатах жизнь комфортнее? Дешевле? Дороже?
3. В каких местах у себя в городе вы любите бывать? В каких местах вы никогда не были?

8 Одежда в разных регионах

Расскажите, зависит ли одежда людей от их места жительства? Опишите, как выглядят люди в разных районах вашей страны?

9 В одном своём блоге автор задал читателям вопрос: «О чём думают и мечтают современные молодые люди?»

А. Прочитайте ответы, которые он получил. Поставьте слова в скобках в предложный падеж.

1. О _____ (хорошее образование) и _____ (нормальная работа)

2. Молодые думают только об _____ (отдых), _____ (вечеринки), _____ (девочки) и _____ (мальчики).

3. Молодёжь мечтает о _____ (всё то), о _____ (что) мечтали их сверстники во все времена: о _____ (комфортная жизнь), _____ (путешествия) и _____ (новые впечатления).

4. Они не думают ни о _____ (что серьёзное). Все их мечты лишь о _____ (яхты), _____ (богатая, беззаботная жизнь), _____ (веселье) _____ и _____ (выпивка).

Б. О чём мечтают молодые люди в вашей стране? Какой ответ дали бы ваши друзья?

10 Обсудите с партнёрами.

1. О ком и о чём вы всегда говорите с родителями, друзьями, преподавателями, попутчиками в транспорте. О чём вы никогда не говорите с этими людьми?
2. О чём вы любите вспоминать с друзьями? О чём вы не любите вспоминать?
3. О чём дети обычно никогда не рассказывают родителям? О чём родители, как правило, не рассказывают детям?

11 Когда это было? Дайте полные ответы на вопросы. Расскажите партнёру.

А. В каком году?

1. В каком году вы родились?
2. В каком году родился самый близкий вам человек?
3. В каком году вы пошли в школу? В каком году вы её окончили?
4. В каком году вы поступили в университет? В каком году вы его закончите/ закончили? В каком месяце?

Б. В ближайшем будущем
Расскажите о том, что вас ждёт в ближайшем/недалёком будущем. Что случится в скором времени? Где вы будете жить? Что вы будете делать?

В. На днях
С вами случилось что-нибудь интересное на днях? Где вы были? Что вы делали? С кем и о чём вы разговаривали? О чём вы думали?

12 Исторические события

А. Что случилось при этих правителях или руководителях? Соедините имена слева с историческими событиями справа. Напишите полные предложения, используя предлог при.

Пример: При Борисе Ельцине началась война в Чечне.

Иван Грозный	произошёл Карибский кризис
Пётр Первый	СССР вторгся в Афганистан
Екатерина Вторая	распался Советский Союз
Никита Хрущёв	Казань стала российским городом
Леонид Брежнев	в России появился сильный флот
Михаил Горбачёв	Крым стал частью Российской империи

Electronic Workbook exercises Г, Д

Б. Напишите, что случилось при пяти руководителях вашей страны.

13 Напишите предложения с глаголами «настаивать», «беспокоиться», «мечтать», «сомневаться», «упрекать», как показано в примере.

Electronic Workbook exercise E

Пример: Муж (говорит) жене: Я хочу, чтобы ты сделала себе пластическую операцию. — Муж настаивает на том, чтобы жена сделала пластическую операцию.

1. Брат сестре: Я хочу, чтобы у меня была умная жена, один сын и две дочери.
2. Муж жене: Я хочу, чтобы ты пошла на концерт в белом платье.
3. Клиент продавцу: Никто никогда не отвечает на мои звонки и письма.
4. Врач пациенту: Вам нужна операция, но она очень дорогая.
5. Студент преподавателю: Мне кажется, что я плохо написал контрольную работу.

14 Идиомы

А. Переведите предложения на английский язык. Обратите внимание на идиомы, выделенные жирным шрифтом (*in bold*).

1. Делали всё это не мы. Простите, мы **ни при чём**. Мы ни в чём не виноваты . . . (К. Букша. «Эрнст и Анна»)
2. Оттого, что я решил перед ней извиниться, стало **легко на душе**. (А. Рыбаков. «Тяжёлый песок»)
3. У тебя **на уме** только книжки. (А. Рубанов. «Сажайте, и вырастет»)
4. В Ватикане туристы буквально **на каждом шагу** могут встретить какой-нибудь исторический памятник. (Журнал «Знание—сила»)
5. Дело происходило **на краю света**—в далёкой стране. (Журнал «Домовой»)
6. Я бы не поверил, если бы не **на моих глазах** это происходило. (В. Валеева. «Скорая помощь»)

Б. Заполните пропуски идиомами из А.

1. Всё _____ было—сам участвовал. (Журнал «Боевое искусство планеты»)
2. Голев чувствовал себя виноватым—хотя на самом деле он был абсолютно _____. (А. Матвеева. «Голев и Кастро. Приключения гастарбайтера»)
3. Я всегда убегаю слушать музыку, если _____ нелегко. (И. Ефремов. «Бухта радужных струй»)

4. В ту пору у меня _____ было лишь сдать экзамен — под-
ходило его время, и я не хотел терять ни минуты на рассуждения и споры о
книге. (В. Голяховский. «Русский доктор в Америке»)

5. Всё это страшно далеко, как будто _____. (К. Паустовский.
«Снег»)

6. Наркотики сейчас продают _____. (В. Валеева. «Скорая
помощь»)

15 Connecting Phrases

А. Перепишите предложения. Замените подчёркнутые слова синонимами из списка.
(*Replace underlined words with their synonyms from the list.*)

> Во-первых, во-вторых; в таком случае; ввиду того, что; проблема
> в том, что; речь идёт о том, что; иметь в виду, что

1. Поскольку уровень жизни в США довольно высокий, многие женщины здесь
делают пластические операции.

2. Важно, чтобы родители всё время говорили ребёнку, что он красивый. Тогда у
него будет хорошая самооценка.

3. Современные подростки хотят быть похожими на людей с обложек журналов
мод. Это большая проблема.

4. Говоря о том, что «в человеке всё должно быть прекрасно», Антон Чехов хотел
сказать, что в человеке важен баланс физического и духовного.

5. В новой книге говорится о том, как важно любить своё тело и принимать себя
таким, какой ты есть.

6. Многие люди предпочитают покупать одежду в магазинах «secondhand»: прежде всего, это очень дёшево, а ещё там можно найти оригинальные фасоны и
модели, которые не продаются в магазинах.

Б. Напишите свои предложения с каждой из фраз в А.

16 В или НА?

Выберите нужный предлог и поставьте слова в скобках в правильную форму.

1. Сейчас Инга и Роберт живут (Петербург) _____, и женщина не
собирается возвращаться в Финляндию. (Газета «Комсомольская правда»)

2. По подсчёту одного учёного, шестьдесят миллионов русских погибло (лагеря)
_____ и (война) _____ за последние пять-
десят лет. (Митрополит Антоний (Блум). «День новомучеников и исповедников
Российских»)

3. (Камчатка) _____, (Магадан) _____, (Сахалин)
_____ растёт берёза (*birch*) Эрмана. (Журнал «Homes &
Gardens»)

4. Однажды я был (клуб) _____, сидел и смотрел на танцующих. («Модест и София»)

5. —И по-прежнему на пятый этаж бегом?—Он вздохнул.—Вот что значит родиться (Кавказ) _____, а не (Смоленск) _____ или (Арбат) _____. (Ю. Домбровский. «Факультет ненужных вещей»)

6. Я часто бываю у вас (Москва) _____. (В. Измайлов. «Прекрасная Татьяна, живущая у подошвы Воробьёвых гор»)

7. (свадьба) _____ его сына впервые (наш город) _____ появился автомобиль. (А. Рыбаков. «Тяжёлый песок»)

8. (страна) _____ постоянно растут цены на продукты, услуги, нефть, газ. (Газета «Комсомольская правда»)

Electronic Workbook
exercise
Ж

17 Combining Sentences

А. Вы редактор газеты. Перепишите статью, используя конструкции «то, что»; «то, как» и «который». Используйте также выражения «дело/проблема в том, что»; «речь идёт о том, что»; «(они) имеют в виду, что»; «во-первых»; «во-вторых»; «ввиду того, что».

Б. Согласны ли вы с решением авиакомпании и суда города Дели? Напишите о своей позиции в одном абзаце.

СТЮАРДЕССЫ

1. Стюардессы индийской государственной компании «Эйр Индия» подали в суд на своих работодателей, пытаясь обжаловать (*appeal*) увольнение (*firing*).
2. Девять женщин должны были уволиться с работы из-за лишнего веса.
3. Официально их признали профнепригодными (*unsuitable for their profession*) по медицинским показателям.
4. В компании сообщили, что лишний вес (*overweight*) бортпроводниц (*flight attendant*) составлял от 11 до 32 килограммов.
5. Долгое время их уговаривали похудеть.
6. Ни одна из стюардесс не приложила для этого никаких усилий.
7. В авиакомпании отмечают, что перевес у членов экипажа создаёт угрозу (*threat*) безопасности полёта. Они слишком медлительны. С этим аргументом согласился в прошлом году суд города Дели.
8. Стюардессы подали иск в апелляционный суд.
9. Бортпроводницы уверяют, что это дискриминация. Стюардесса должна быть профессионалом. Она должна знать, как вести себя в кризисной ситуации. А сколько она весит, и похожа ли на фотомодель—это уже вторично, считают они.
10. «Эйр Индия» отказывается принимать людей на работу и по другим показателям—например, из-за плохих зубов или прыщей на лице, что также является дискриминацией.

---

18 Заполните пропуски правильной формой слов *который* или *то*.

1. Это тренер, о _____ говорит вся Москва.
2. Пациенты, о _____ мы пишем статью, страдают редкой болезнью.
3. Прошу вас не говорить при детях о _____, что дедушка болен.
4. В этой статье говорится о министре здравоохранения, при _____ были сделаны важные изменения в клиниках для детей.
5. Учителя настаивают на _____, что в школе нельзя пользоваться косметикой.
6. Мы редко слышим о _____, как работают врачи в этих больницах.

Electronic Workbook exercise Ё

19 Вставьте в пропуски правильные формы порядковых числительных (ordinal numbers).

1. Мы живём на (*2nd*) _____ этаже, а наши друзья живут на (*3rd*) _____.
2. Игорь Олегович настаивает на (*7th*) _____ варианте, другого варианта он просто не примет.
3. Татьяна Владимировна беспокоится о (*4th*) _____ студентке нашей группы, которая уже месяц не ходит на занятия.

Electronic Workbook exercise И

20 Подростки жалуются

Подростки часто не понимают своих родителей, а родители—своих детей-подростков. С партнёром составьте два небольших диалога, в одном из которых подросток жалуется на своих родителей, а в другом родители—на своего ребёнка. Используйте слова: «вспоминать», «забывать», «думать», «помнить», «спорить», «настаивать», «упрекать».

Пример: Мои родители всегда забывают о том, что я уже взрослый человек. Они всегда думают только о себе.

Electronic Workbook exercise З

ТЕКСТ 2: СТАТЬЯ «ЖИВЫЕ КУКЛЫ БАРБИ»

Before you read the text, you will engage in a discussion to prepare you for the topic. After reading the text, complete the After Reading exercises to evaluate your comprehension and practice new vocabulary.

Перед чтением

1. Соедините русские словосочетания с их переводом.

   1. тонкая талия   а. enormous eyes
   2. длинная шея   б. perfect skin
   3. белокурые локоны   в. slender waist
   4. огромные глаза   г. long neck
   5. безупречная кожа   д. blond curls

2. Какие черты из списка выше должны быть в красивом человеке? Напишите свой список атрибутов красивого человека. Обсудите в группе.

3. Ответьте на вопросы с партнёром.

а. Опишите куклу Барби. Какая у неё фигура, лицо, одежда? Можно ли внешность Барби считать идеалом женской красоты?

б. Играли ли вы с куклами Барби и Кеном в детстве? Хотели ли вы быть похожими на Барби или Кена?

в. Что вы думаете о пластических операциях? Почему люди их делают?

Статья «Живые куклы Барби»

Некоторые считают формы куклы Барби универсальным идеалом женской фигуры. Но, как проанализировали учёные, в реальной жизни фигура куклы Барби анатомически невозможна.

Такая «живая» кукла имела бы рост 175 см и вес всего 49 кг. Её голова была бы на 5 см больше, чем голова обычной женщины, а окружность[1] талии в 45 см не оставила бы достаточно места для печени[2] и кишечника[3]. Реальная Барби с огромной головой и грудью имела бы маленькие ступни[4] длиной всего 21 см, и крошечные[5] щиколотки[6], и поэтому не смогла бы нормально ходить. Её длинная и тонкая шея прогнулась[7] бы под весом головы, а ступни и щиколотки не смогли бы поддерживать тело.

Чтобы наглядно[8] показать разницу между пропорциями Барби и реальной девушки, американский художник Николай Ламм с помощью 3D-принтера создал модель обыкновенной 19-летней американской девушки, сохранив[9] при этом все детали образа Барби без изменений: броский макияж[10], белокурые локоны, яркое бикини. Шея у «реальной» Барби получилась в два раза толще, ноги — почти в два раза короче, а голова — гораздо меньше.

Такое сравнение известной куклы с пропорциями реальных женщин было сделано для того, чтобы помочь представительницам прекрасного пола[11] развивать здоровый образ тела[12]. Однако есть девушки, которые радикально изменяют свою внешность, чтобы полностью быть похожими на Барби.

Одесситка Валерия Лукьянова стала известной после того, как её фотографии появились в интернете. Девушка с невозможно тонкой талией, большой грудью, огромными глазами и безупречной кожей заставила многих сомневаться[13] в том, что она реальный человек.

Валерия, которая выглядит точь-в-точь[14] как Барби, использует одежду и макияж, а также увеличивающие[15] контактные линзы, чтобы перевоплотиться[16] в известную куклу. Хотя сама она говорит, что у неё не было пластических операций, специалисты считают, что чтобы добиться такой внешности нужно было пройти не одну хирургическую процедуру, включая операции по увеличению груди и удалению рёбер[17]. Несмотря на вес 45 кг, Валерия сидит на жидкой[18] диете и боится набрать[19] вес.

Оказывается, не только девушки хотят быть похожими на кукол. Американец Джастин Джедлика перенёс почти сто разных пластических операций, чтобы стать похожим на куклу Кена. 32-летний мужчина вставил силиконовые имплантаты в ягодицы[20], живот, бицепсы, трицепсы и другие части тела. Отвечая на вопрос, почему он хочет выглядеть как пластиковая кукла, Джастин сказал, что дети играют с Ба́рби и Ке́ном с са́мого ра́ннего во́зраста и э́ти ку́клы стано́вятся для них воплощénием[21] красоты́.

Перевод: Филипенко Л. В., www.infoniac.ru

[1]circumference, [2]liver, [3]intestines, [4]sole, [5]tiny, [6]ankle, [7]bend, [8]graphically, [9]preserve, [10]garish make-up, [11]the fair sex, [12]body image, [13]doubt, [14]exactly, [15]enlarging, [16]transform self, [17]removal of ribs, [18]liquid, [19]gain, [20]buttocks, [21]embodiment

После чтения

Ответьте на вопросы с партнёром.

1. Почему пропорции фигуры Барби невозможны в реальной жизни?
2. С какой целью учёные сравнивали пропорции куклы Барби с фигурой реальной девушки?
3. Нужно ли развивать «здоровый образ тела» у молодых людей? Как это можно делать?
4. Кто такая Валерия Лукьянова? Найдите её фотографии в интернете. Что вы думаете о её внешности?
5. Почему Валерия хочет быть похожей на Барби?
6. Почему Джастин Джедлик хочет выглядеть как Кен?
7. Согласны ли вы с мнением Джастина, что дети считают Барби и Кена «воплощением красоты»?

ПРОДОЛЖАЕМ РАЗГОВОР

Иван Крамской «Неизвестная»

1. Опишите женщину на картине: её внешность, одежду, стиль. Используйте слова и выражения из упражнений 2, 3 и 4.
2. Почему, по-вашему, художник решил написать портрет именно этой женщины? Почему он назвал картину «Неизвестная»?

Перед чтением

Стихотворение Александра Блока начинается с фразы «Красота страшна». Как вы её понимаете? Почему и какая красота может быть страшна? Обсудите в группе.

 Анне Ахматовой

Читайте и слушайте стихотворение Александра Блока.

«Красота́ страшна́» — Вам ска́жут, —
Вы наки́нете[1] лени́во[2]
Шаль испа́нскую на пле́чи,
Кра́сный ро́зан[3] — в волоса́х.

«Красота́ проста́» — Вам ска́жут, —
Пёстрой[4] ша́лью неуме́ло[5]
Вы укро́ете[6] ребёнка,
Кра́сный ро́зан — на полу́.

Но, рассе́янно[7] внима́я[8]
Всем слова́м, круго́м[9] звуча́щим[10],
Вы заду́маетесь гру́стно
И тверди́те[11] про себя́[12]:

«Не страшна́ и не проста́ я;
Я не так страшна́, чтоб[13] про́сто
Убива́ть; не так проста́ я,
Чтоб не знать, как жизнь страшна́».

16 декабря 1913

[1]slip on, [2]lazily, [3]роза, [4]florid, [5]awkwardly/clumsily, [6]cover, [7]absent-mindedly, [8]listen, [9]all around, [10]sounding, [11]repeat, [12]silently, [13]чтобы

После чтения

 Ответьте на вопросы с партнёром.

1. Прочитайте первую строфу. Как вы думаете, кого автор называет «Вы»? Это он или она? Почему вы так решили?
2. Прочитайте вторую строфу. Как вы думаете, кто говорит «красота проста» и «красота страшна»?
3. Что героиня делает во второй строфе? Где находится роза? Почему она уже не в волосах?

4. Как вы понимаете фразу «красота проста» во второй строфе?
5. Прочитайте третью строфу. Что делает героиня? Кого она слушает?
6. Прочитайте последнюю строфу. Кто говорит это? Кто такой «я»?
7. Переведите последнюю строфу на английский язык. Затем перефразируйте её по-русски.

ДАВАЙТЕ ОБСУДИМ

Using what you have learned in this chapter, discuss these topics in groups or with a partner. Try to extend it into a conversation rather than just answering each question.

1. Один из вас считает, что для того, чтобы добиться успеха в жизни, нужно хорошо выглядеть. Другой считает, что внешность не влияет на карьеру и успех. Обсудите ваши позиции.
2. Вы считаете, что в определённых ситуациях нужен дресс-код. Ваш собеседник считает, что любой дресс-код — это нарушение свободы человека. Аргументируйте ваши позиции.
3. Вы говорите с другом об одежде преподавателей университета. Вы считаете, что преподаватели должны придерживаться определённого стиля в одежде: мужчины не должны носить шорты, а женщины — короткие юбки. Ваш друг говорит, что преподаватели могут носить всё, что хотят. Аргументируйте ваши позиции.
4. Некоторые люди предлагают запретить конкурсы красоты, так как, по их мнению, это унижает женщин. Другие считают, что такие конкурсы дают возможность многим женщинам найти себя и начать карьеру. С какой точкой зрения вы согласны? Почему?
5. Вы хотите убедить свою дочь в справедливости русской пословицы «Не родись красивой, а родись счастливой». Какие аргументы вы приведёте? Какие контраргументы приведёт ваша дочь?

ДАВАЙТЕ ПОГОВОРИМ О КИНО

Вот несколько названий советских и российских фильмов, в которых рассматривается тема главы. Посмотрите один из них (информация в интернете поможет вам выбрать фильм) и подготовьте небольшое выступление, в котором вы: (1) кратко расскажете содержание фильма и (2) покажете, как в этом фильме раскрывается тема главы. Постарайтесь использовать как можно больше активной лексики по теме.

- «Начало», режиссёр Глеб Панфилов, 1970
- «Карнавал», режиссёр Татьяна Лиознова, 1981
- «Чучело», режиссёр Ролан Быков, 1983
- «Служебный роман», режиссёр Эльдар Рязанов, 1997
- «Прогулка», режиссёр Алексей Учитель, 2003

Выберите одну из тем и напишите сочинение длиной 500–600 слов.

1. В пьесе Чехова «Дядя Ваня» герой говорит: «В человеке всё должно быть прекрасно: и лицо, и одежда, и душа, и мысли». Что хотел сказать герой Чехова? Согласны ли вы с его словами?

2. Как вы думаете, кто самый красивый человек в мире? Опишите этого человека и объясните, почему вы его/её выбрали?

3. Если бы вы могли изменить что-то в своей внешности, что бы вы изменили? Как бы это повлияло на вашу жизнь?

4. Фёдор Михайлович Достоевский писал: «Красота спасёт мир», а «некрасивость убьёт». Как вы понимаете его слова? О какой красоте говорит писатель?

5. Некоторые считают, что люди имеют право менять свою внешность с помощью пластических операций. Другие думают, что пластические операции можно делать только в крайнем случае, например, после аварии. Какая позиция вам ближе и почему?

Electronic Workbook
exercises
K–O

VERBS

беспоко́иться/забеспоко́иться (беспоко́и+ся 8)

вы́глядеть (вы́гляде+ 5)

кра́ситься/накра́ситься (кра́си+ся 8)

мечта́ть/помечта́ть (мечта́й+ 3) о чём/ком

надева́ть (надева́й+ 3)/наде́ть (наде́н+ 12)

наста́ивать (наста́ивай+ 3)/настоя́ть (настоя́+ 7) на чём

носи́ть/поноси́ть (носи́й+ 8)

одева́ть(ся) (одева́й+(ся) 3)/оде́ть(ся) (оде́н+ся 12)

подчёркивать (подчёркивай+ 3)/подчеркну́ть (подчеркну́+ 14)

прививать (прививай+ 3)/приви́ть (привий+ 9) (вкус)

сомнева́ться (сомнева́й+ся 3)/усомни́ться (усомни́+ся 8) в ком/чём

упрека́ть (упрека́й+ 3)/упрекну́ть (упрекну́+ 14) кого в чём

NOUNS AND NOUN PHRASES

аксессуа́р

аноре́ксия

були́мия

вес

ко́жа

красота́

приро́да

у́гол

улы́бка

фигу́ра

этало́н

ADJECTIVES

безвку́сный

белосне́жный

гла́дкий

рва́ный

стро́йный

PREPOSITIONS
о(б)
при

CONJUNCTIONS AND CONNECTING PHRASES

беда́ в том, что

в виду́ того́, что

в тако́м слу́чае

во-вторы́х

в-тре́тьих

во-пе́рвых

де́ло в том, что

име́ется в виду́, что

при всём том, что

при слу́чае, если

пробле́ма в том, что

речь идёт о том, что

PHRASES

на днях

на душе́

на ка́ждом шагу́

на краю́ све́та

на мои́х глаза́х

на уме́

ни при чём

Урок №7

Город

Что вы видите на фотографии? Какие типичные признаки города здесь есть? Похож ли этот город на тот, в котором вы сейчас живёте?

In this section you will learn words and phrases that will help you understand texts in this chapter and to discuss the topic of cities.

Полезные слова и выражения

Прочитайте определения слов.

горожа́нин	жи́тель го́рода
двор	ме́сто ме́жду дома́ми, где ча́сто игра́ют де́ти
коренно́й жи́тель	челове́к, кото́рый роди́лся и живёт в како́м-то ме́сте; абориге́н
маршру́тка	коро́ткое назва́ние маршру́тного такси́; ми́ни-авто́бус, кото́рый идёт по определённому маршру́ту
на́бережная	у́лица вдоль бе́рега реки́
пешехо́д	не води́тель, а челове́к, кото́рый идёт пешко́м
про́бка	когда́ на у́лице так мно́го маши́н, что они́ не мо́гут е́хать да́льше
столи́ца	гла́вный го́род страны́ и её администрати́вный центр
тротуа́р	доро́жка на стороне́ у́лицы, по кото́рой иду́т пешехо́ды
час-пик	вре́мя дня, когда́ обы́чно быва́ют про́бки из-за того́, что все е́дут на рабо́ту и́ли с рабо́ты

Упражнения по лексике

1 Переведите слова из списка выше на английский язык.

2 Знаете ли вы эти слова? Переведите их на английский язык.

остано́вка	магистра́ль	трамва́йные пути́	автомобили́ст
ваго́н	парко́вка, паркова́ться	многополо́сное шоссе́	
рекла́ма	ско́рый по́езд	маршру́т	

3 Переведите предложения на русский язык, используя слова из упражнений выше.

1. The traffic jam was so bad that we were late for our plane.
2. Sometimes during traffic jams Russian drivers drive (*ездить*) on the sidewalks.
3. Moscow natives are not happy that there are no more trolleys in the capital.
4. During rush-hour, I prefer to be a pedestrian, not a driver.
5. The two friends often strolled on the embankment of Neva and talked about their plans.
6. When we were little there were no computers, and kids played in the yard until dinner.

В русском языке есть несколько слов для обозначения разных типов улиц. Соедините русские слова слева с их переводом.

1.	улица	а.	boulevard
2.	проспект	б.	highway
3.	аллея	в.	lane
4.	переулок	г.	alley
5.	бульвар	д.	street
6.	шоссе	е.	avenue

Текст 1: Блоги «Города России»

Before you read the text, you will engage in a discussion to prepare you for the topic. After reading the text, complete the After Reading exercises to evaluate your comprehension and practice new vocabulary.

Перед чтением

Поговорите с партнёром.

1. Были ли вы в России или в странах бывшего СССР? В каких городах? Когда вы там были?
2. В какой город России вы хотели бы поехать больше всего? Почему?

Блоги «Города России»

В этих блогах путешественник рассказывает о разных русских городах. Прочитайте блоги и сделайте задания после текста.

МОСКВА

«Осторо́жно[1], две́ри закрыва́ются! Сле́дующая ста́нция . . . », — сказа́л же́нский го́лос, и по́езд тро́нулся[2]. Я се́ла на свобо́дное ме́сто и ста́ла разгля́дывать[3] свои́х попу́тчиков. Кто́-то дрема́л[4], кто́-то сиде́л, уткну́вшись[5] в детекти́вный рома́н. Ка́-жется, я одна́ была́ в хоро́шем настрое́нии. А ра́довалась я тому́, что несмотря́ на[6] все про́бки, уже́ че́рез полчаса́ бу́ду сиде́ть на свое́й пе́рвой ле́кции в Моско́вском университе́те. Всего́ час наза́д я не могла́ на э́то да́же наде́яться. Мой авто́бус застря́л[7] в чудо́вищной про́бке, я могла́ то́лько смотре́ть из окна́ авто́буса на заснеженную Москву́: по тротуа́ру шли лю́ди, ку́таясь[8] в пальто́, води́тели не́рвно сигна́лили. Москва́ — го́род контра́стов, но в про́бке здесь все равны́[9]: и «Бе́нтли», направля́ющееся[10] в делово́й центр Москва́-Си́ти, и ста́рые «Жигули́», води́тель кото́рых подраба́тывает[11] ча́стным извозом[12]. Исключе́ние[13] — маршру́тки: то́лько им каки́м-то о́бразом удаётся преодолева́ть[14] все про́бки. Ка́жется, что в после́дние го́ды они́ вы́теснили[15] друго́й обще́ственный тра́нспорт и ста́ли си́мволом но́вой Москвы́. Трамва́и — си́мвол Москвы́ ста́рой — постепе́нно исчеза́ют[16] с городски́х у́лиц. Наприме́р, знамени́тый трамва́й «Аннушка», упомина́емый в «Ма́стере и Маргари́те» Булга́кова, оста́лся еди́нственной трамва́йной ли́нией внутри́ Садо́вого кольца́. Ду́мая об э́том, я наконе́ц дое́хала до ста́нции метро́ «Университе́т». «Опа́здываю. Как и все в Москве́», — поду́мала я и впервы́е почу́вствовала себя́ «свое́й» в э́том го́роде. С тех пор мы вме́сте.

[1]be careful, [2]start off, [3]examine (by looking closely), [4]doze off, [5]bury oneself in, [6]in spite of, [7]get stuck, [8]wrap oneself in, [9]equal, [10]heading, [11]make money on the side, [12]private cab driving, [13]exception, [14]overcome, [15]displace, [16]vanish

САНКТ-ПЕТЕРБУРГ

Я сиде́ла на подоко́ннике в своём но́мере в гости́нице на Не́вском проспе́кте и наблюда́ла[1] за тем, как по око́нному стеклу́ стека́ют[2] ка́пли дождя́. Силуэ́ты люде́й за окно́м каза́лись размы́тыми[3] и при́зрачными[4], вне вре́мени и вне простра́нства[5]. Я ду́мала о том, что под э́тим же се́рым не́бом броди́л[6] Родио́н Раско́льников и умира́ла от чахо́тки[7] Катери́на Ива́новна. Здесь же развора́чивалась[8] исто́рия «ма́ленького челове́ка» — Ака́кия Ака́киевича Башма́чкина, и траге́дия семьи́ Каре́ниных. В литерату́ре Петербу́рг почти́ всегда́ представа́л злове́щим[9] и су́мрачным[10], одна́ко от э́того у него́ не станови́лось ме́ньше покло́нников[11]. Сюда́ приезжа́ют, чтобы уви́деть «бе́лые но́чи», чтобы поката́ться на ка́тере по бесчи́сленным кана́лам и, в конце́ концо́в, чтобы уви́деть тот са́мый литерату́рный Петербу́рг: кварти́ру на Мо́йке, где Пу́шкин провёл после́дние 4 ме́сяца свое́й жи́зни, дом Достое́вского в Кузне́чном переу́лке, и Ахма́товой на Лите́йном. Одна́ко, Петербу́рг — гора́здо бо́льше, чем культу́рная и литерату́рная столи́ца. И, пре́жде всего́, для сами́х петербу́ржцев. В э́тих переу́лках и двора́х-коло́дцах[12] исто́рия монумента́льного Петербу́рга, со́зданного Петро́м Пе́рвым по образцу́[13] европе́йского го́рода, сплела́сь[14] с исто́рией голо́дного, блока́дного Ленингра́да, где лю́ди умира́ли на у́лицах и где э́хом звучи́т седьма́я симфо́ния Шостако́вича. В ка́ждой семье́ здесь жива́ па́мять о тех 900 днях изнуря́ющей[15] блока́ды и, когда́ о́бразы э́тих траги́ческих дней воскреша́ются[16] в расска́зах коренны́х жи́телей, го́род предстаёт ещё в бо́лее мра́чных[17] кра́сках. Но от э́того он не стано́вится ме́нее прекра́сным.

[1]observe, [2]trickle down, [3]washed out, [4]ghostly, [5]space, [6]wonder, [7]consumption, [8]unfold, [9]ominous, [10]gloomy, [11]admirer, [12]well, [13]model, [14]interlace, [15]exhausting, [16]resurrect, [17]somber

ЯРОСЛАВЛЬ

Настоя́щая Росси́я, как изве́стно, нахо́дится за МКА́Дом[1], где лю́ди стано́вятся про́ще, а жизнь длинне́е. В по́исках[2] настоя́щей Росси́и мы реши́ли пое́хать в Яросла́вль, располо́женный на берега́х могу́чей[3] реки́ Во́лги. Яросла́вль — э́то го́род золоты́х куполо́в[4] и то́лстых монасты́рских стен, утопа́ющих[5] в зе́лени па́рков. Это го́род широ́ких на́бережных и белосне́жных бесе́док[6], необъя́тных[7] площаде́й и ве́ером[8] расходя́щихся бульва́ров. Разма́х[9] э́того го́рода — вот пе́рвое, что ты замеча́ешь, гуля́я по нему́. Здесь, в до́ме на Во́лжской на́бережной, по заду́мке Толсто́го, умира́л Болко́нский, геро́й рома́на «Война́ и мир». И здесь же родила́сь пе́рвая в ми́ре же́нщина-космона́вт Валенти́на Терешко́ва. Лю́ди тут живу́т бедне́е, чем в Москве́ и́ли Петербу́рге, но ка́к-то дружне́е, а с неда́вних пор горожа́н ещё бо́льше сплоти́ла[10] траге́дия. В сентябре́ 2011 го́да самолёт с ме́стной[11] хокке́йной кома́ндой «Локомоти́в» на борту́ разби́лся[12] в не́скольких киломе́трах от Яросла́вля. Прошло́ доста́точно вре́мени, но приходя́ на матч э́той кома́нды, ты вновь и вновь стано́вишься свиде́телем[13] того́, как к сте́нам стадио́на стека́ются то́лпы люде́й, что́бы возложи́ть цветы́. Па́мять о поги́бших[14] бу́дет жить здесь до́лго, ведь с кем-то э́ти мальчи́шки вы́росли в одно́м дворе́, а с кем-то сиде́ли за одно́й па́ртой[15]. И тут ты понима́ешь, что душа́[16] яросла́вца така́я же широ́кая как Во́лга, на берега́х кото́рой он роди́лся.

[1]Московская кольцевая автомобильная дорога — a ring road encircling the city of Moscow, [2]in search of, [3]mighty, [4]dome, [5]drowning, [6]pergola, [7]immense, [8]fan, [9]scope, [10]bring together, [11]local, [12]crash, [13]witness, [14]the perished, [15]school desk, [16]soul

После чтения

Отве́тьте на вопро́сы с партнёром.

1. Блог о како́м го́роде понра́вился вам бо́льше всего́? Почему́? Каки́е фра́зы и́ли предложе́ния показа́лись вам наибо́лее интере́сными?
2. Как а́втор опи́сывает москвиче́й? Каки́е они́?
3. А́втор пи́шет, что в Москве́ все опа́здывают. Почему́, по мне́нию а́втора, э́то происхо́дит?
4. А́втор пи́шет, что Петербу́рг мра́чный го́род. Тогда́ почему́, по мне́нию а́втора, туда́ приезжа́ет так мно́го тури́стов?
5. Что а́втор име́ет в виду́, когда́ пи́шет в бло́ге о Яросла́вле, что «настоя́щая Росси́я нахо́дится за МКА́Дом»?
6. Как вы ду́маете, почему́ в по́исках настоя́щей Росси́и а́втор пое́хал и́менно в Яросла́вль?
7. Е́сли бы вы хоте́ли уви́деть настоя́щую Аме́рику, в како́й америка́нский го́род вы бы пое́хали? Почему́?
8. А́втор называ́ет Москву́ го́родом контра́стов. Что он име́ет в виду́? Како́й америка́нский го́род мо́жно так назва́ть? Почему́?
9. По мне́нию а́втора, Петербу́рг — э́то культу́рная и литерату́рная столи́ца Росси́и. Есть ли тако́й го́род у вас на ро́дине?

Electronic Workbook
exercises
A–Г

ГРАММА́ТИКА: РОДИ́ТЕЛЬНЫЙ ПАДЕ́Ж (*GENITIVE CASE*)

The genitive case is one of the most frequently occurring cases in Russian, because the structures that require it are numerous and high frequency. The most commonly used constructions requiring the genitive are listed below.

1. To express a possessor, as in 's or of constructions, as in this example:

> Чья это машина? Это машина **Николáя Анатóльевича**.
> *Whose car is this? It's Nikolai Anatolievich's car.*

> Анна Васильевна—сестра **мэ́ра нáшего гóрода**.
> *Anna Vasilievna is the sister of the mayor of our city.*

2. To express the relationship of people or things to one another, or parts to a whole, as in these examples:

> Мэр Воркуты никогда не был членом **пáртии** «Единая Россия».
> *The mayor of Vorkuta has never been a member of the Party "United Russia."*

> Нам очень понравилась первая глава **кни́ги Кузнецóвой** о строительстве **э́того гóрода**.
> *We really liked the first chapter of Kuznetsova's book about the construction of this city.*

> Соединённые Штаты **Амéрики** (США)
> *The United States of America*

> Союз **Совéтских Социалисти́ческих Респу́блик** (СССР)
> *The Union of Soviet Socialist Republics*

> Объединённое королевство **Великобритáнии** и **Сéверной Ирлáндии**
> *The United Kingdom of Great Britain and Northern Ireland*

Textbook exercises
5. 6

3. To express measures or quantities after the words сколько, несколько, много, немного, and мало, as in these examples:

> Сколько у этого олигарха **кварти́р** и **дач**?
> *How many apartments and dachas does this oligarch have?*

> У студентов обычно очень мало **дéнег**.
> *Students typically have very little money.*

4. To express lack or negation with the phrases нет, не было, не будет, не существует, не может быть, не хватает, не хватало, and so forth, as in these examples:

> У меня нет, никогда не было и никогда не будет **маши́ны** «Феррари»!
> *I don't have, have never had, and will never have a Ferrari!*

> **Другóго спóсоба** решить проблему парковки не существует.
> *There is no other way to solve the problem of parking.*

> **Такóго вариáнта** просто не может быть!
> *That option is simply impossible!*

> У Сергея не хватало **óпыта и знáний**, поэтому он решил устроиться на стажировку в крупную компанию.
> *Sergei didn't have enough experience or knowledge and therefore he decided to get an internship in a big company.*

5. To express the direct object of a negated verb that otherwise would take the accusative (see chapter 8), as in these examples:

Администрация школы не видит **никаки́х причи́н** для переноса экзаменов.
The school administration sees no reasons for the postponement of exams.

Тако́го шу́ма я никогда не слышал.
I have never heard such a noise (or such noise).

 Пословицы, поговорки и выражения
Нет ху́да без добра́.
There's no bad without good.
Every cloud has a silver lining.

6. To express the date on which something happened. If the date is used with the year, the last ordinal number and the word год is in genitive case, as in this example:

Переворот, после которого к власти пришли большевики, произошёл **два́д-цать пя́того октября́ ты́сяча девятьсо́т семна́дцатого го́да** по старому календарю, то есть **седьмо́го ноября́**.
The coup, after which the Bolsheviks came to power, took place on the twenty-fifth of October in 1917 according to the old-style calendar, or on the seventh of November.

7. Certain verbs take the genitive case:

каса́ться/косну́ться	to be related to some topic or issue, to touch upon a topic or issue
боя́ться	to be afraid of something or someone
опаса́ться	to steer clear of, to be cautious of
пуга́ться/испуга́ться	to be frightened of someone or something
избега́ть/избежа́ть	to avoid something or someone
сторони́ться	to avoid something (literally by sticking to the side of it)
добива́ться/доби́ться	to attain something
стесня́ться	to be ashamed of something
стыди́ться	to be embarrassed of someone or something
лиша́ть(ся)/лиши́ть(ся)	to (be) deprive(d) of someone or something
держа́ться	to hold on to something
приде́рживаться	to adhere to something (typically a philosophical or political position)
ослу́шиваться/ослу́шаться	to disobey someone

Вот несколько предложений с этими глаголами:

Это не касается ни **вас**, ни **ва́ших бра́тьев**.
This concerns neither you, nor your brothers.

Я боюсь **больши́х соба́к**.
I'm afraid of large dogs.

Говорят, Гоголь избегал **Достое́вского**.
They say that Gogol avoided Dostoevsky.

Текст под картинками:

Textbook exercise
7

Textbook exercise
8

In addition, the following verbs take the genitive *when their direct objects are abstract or unspecified objects:*

жела́ть/пожела́ть *кому чего*	to wish someone something
тре́бовать/потре́бовать *у кого чего*	to demand something from someone
иска́ть	to search for something
жда́ть/подожда́ть	to wait for someone or something
ожида́ть	to expect someone or something
проси́ть/попроси́ть *у кого чего*	to ask someone for something
хоте́ть *чего*	to want

If we are talking about an abstract notion or an unspecified object, then we use the genitive case for the direct object:

Все хотят **сча́стья**.
Everyone wants happiness.

Наро́д требует от правительства **повыше́ния** зарплат.
The people are demanding that the government raise salaries.

In contrast, when talking about a specific object, we use the accusative case:

Де́вочка просит у мамы **велосипе́д**.
The little girl is asking her mother for a bicycle.

Textbook exercise
9

8. After certain prepositions: без, вокру́г, вро́де, для, до, из, кро́ме, напро́тив, насчёт, о́коло, от, по́сле, про́тив, с(о), у, во вре́мя, ра́ди, в тече́ние, всле́дствие, ввиду́, and и́з-за.

Я не могу́ жить без **хоро́ших кафе́** и **кни́жных магази́нов**.
I can't live without good cafes and book stores.

Он очень интере́сный челове́к: вокруг **него́** всегда что-то происходит.
He's a very interesting person: there is always something happening around him.

Все пошли купаться кроме **Аллы Бори́совны**.
Everyone went swimming except Alla Borisovna.

Насчёт **вопро́са** о новой кольцевой дороге вы должны обратиться к Олегу Павловичу.
Wtih regard to the question about a new ring road, you must speak with Oleg Pavlovich.

Мы прие́хали в Санкт-Петербург из **Москвы́**.
We arrived in Saint Petersburg from Moscow.

Вчера мы были у **Валенти́ны Ахме́товны**.
Yesterday we were at Valentina Akhmetovna's.

 Пословицы, поговорки и выражения
Язы́к до Ки́ева доведёт.
Your tongue will get you to Kiev.
All you have to do is ask.

Textbook exercises
10, 11

9. The numbers 2–4, 22–24, 32–34, and so on, take a genitive singular noun, while the numbers 5–20, 25–30, 35–40, and so on, take a genitive plural noun.

> В нашей группе **23 студе́нта**.
> *There are 23 students in our group.*

> В го́роде **15 кинотеа́тров**.
> *There are 15 movie theaters in our town.*

After the numbers 2–4, 22–24, 32–34, and so on, with masculine and neuter nouns, we use genitive plural adjectives, but with feminine nouns we use nominative plural adjectives (although genitive plural is also possible).

> Три **тала́нтливых инжене́ра** спроектировали этот прекрасный мост.
> *Three talented engineers designed this terrific bridge.*

> Эти две **ру́сские студе́нтки** говорят не только по-английски, но ещё и по-шведски.
> *These two Russian students not only speak English, but also Swedish.*

10. After collective numerals дво́е, тро́е, че́тверо, пя́теро, ше́стеро, and се́меро we use the genitive plural for both nouns and adjectives. These numerals represent several objects as a group: два студе́нта vs. дво́е студе́нтов. These numerals are mostly used with:

- nouns denoting human males, children, and animal infants: дво́е дете́й, тро́е това́рищей, се́меро козля́т. Note that these numerals are never used with feminine nouns: две же́нщины, три студе́нтки.
- nouns that are always plural: дво́е но́жниц, тро́е су́ток
- personal pronouns: нас ше́стеро, их бы́ло дво́е

11. To express the notion of some (amount or number) of something, we use what is called the partitive genitive.

> Возьми **конфе́т**!
> *Take some candy!*

> Вы́пей, пожалуйста, **молока́**!
> *Please drink some milk!*

> Да́йте мне, пожалуйста, **хле́ба**.
> *Please pass me some bread.*

When talking about the whole object, we use the accusative. Compare:

> Он взял де́нег.
> *He took (some of the) money.*

> Он взял де́ньги.
> *He took (all the) money.*

> Да́йте нам сы́ра.
> *Give us (some) cheese.*

> Да́йте нам сыр.
> *Give us the cheese.*

In this context the following verbs are often used with the partitive genitive: нали́ть, положи́ть, наре́зать, купи́ть, взять, дать, принести́, вы́пить, and съесть.

Some masculine nouns have a special partitive genitive ending in -у/-ю, such as ча́ю, са́хару, лу́ку, мёду, су́пу, сы́ру, табаку́, творогу́, чесноку́, шокола́ду, and наро́ду, among others. Note that these words have the traditional genitive case endings used in non-partitive constructions, as in these examples:

Зино́чка, дай, пожа́луйста, **творогу́.**
Zinochka, please pass the cottage cheese.

Па́па, прости́, но **творога́ нет**.
Papa, I'm sorry, but there is no cottage cheese.

The special partitive genitive form is also used in the following non-partitive idiomatic expressions:

кому не до сме́ху	to not be in the mood for laughter
упусти́ть из ви́ду	to let slip out of one's sight
умере́ть с го́лоду	to die from hunger
сбить *кого* с то́лку	to confuse someone
с гла́зу на глаз	face to face, confidentially

Textbook exercise
12

> **Пословицы, поговорки и выражения**
> Без труда́ не вы́тянешь и ры́бку из пруда́.
> *Without effort, you won't even be able to pluck a little fish from a pond.*
> No pain, no gain.

12. After certain adjectives such as по́лный (по́лон, полна́, полны́), досто́йный (досто́ин, досто́йна, досто́йны), чу́ждый (чужд, чужда́, чу́жды), and лишённый (лишён, лишена́, лишены́) we use the genitive case.

Го́род по́лон **истори́ческих мест**, так и́ли и́наче **свя́занных** с теа́тром. (Журна́л «Театра́льная жизнь»)
The city is full of historic places one way or another connected with the theater. (from the journal Theater Life)

Экспе́рты говори́ли о пробле́мах, досто́йных **внима́ния** администра́ции го́рода.
The experts were talking about problems worth the attention of the administration of the city.

Textbook exercise
13

Серге́й чужд **тщесла́вия** и не стреми́тся стать больши́м нача́льником.
Sergey is not vain and does not aspire to become a big boss.

13. We use the genitive case to express when a place is named after someone, sometimes with the word и́мени, as in these examples:

у́лица **Солжени́цына**
Solzhenitsyn Street

Московский государственный университет **имени Ломоно́сова**
Lomonosov Moscow State University

Textbook exercise
14

Самый известный концертный зал в Москве назван в честь **великого русского композитора Петра Ильича Чайко́вского.**
The best known concert hall in Moscow is named in honor of the great Russian composer Pyotr Ilyich Tchaikovsky.

14. We also use the genitive case to express the object of a comparison without the conjunction чем:

Textbook exercise
15

Говоря́т, что Петрозаводск чище **Му́рманска.**
Говоря́т, что Петрозаводск чище, чем **Му́рманск.**
They say that Petrozavodsk is cleaner than Murmansk.

15. The genitive case is used in these important idiomatic and connecting phrases:

в восто́рге *от чего/того, что . . .*
в отча́янии *от чего/того, что . . .*
начина́ть(ся)/нача́ть(ся) *с чего/того, что . . .*
с одно́й стороны́, с друго́й стороны́
с мое́й то́чки зре́ния, с то́чки зре́ния *кого*
пре́жде всего́
в отли́чие *от кого/чего*
поми́мо *кого/чего*
до того́, как
по́сле того́, как
из-за того́, что
ввиду́ того́, что

Textbook exercise
16

Genitive Case Endings

The genitive case endings in the singular are regular, i.e., without exceptions:

	Еди́нственное число́			Мно́жественное число́
	Мужско́й род	**Же́нский род**	**Сре́дний род**	
Существи́тельные	-а/-я	-ы/-и	-а/-я	Will be explained in detail below
Прилага́тельные	-ого/-его	-ой/-ей	-ого/-его	-ых/-их-

В этом городе только три **больши́х кинотеа́тра.**
This city has only three big movie theaters.

В нашем районе нет **хоро́шей библиоте́ки.**
Our neighborhood doesn't have a good library.

Мой любимый индийский ресторан находится недалеко от **на́бережной реки́.**
My favorite Indian restaurant is located near the embankment of the river.

Now consider these example sentences with the relative pronoun кото́рый, which also illustrate the use of adjectives in the genitive case:

Активи́сты-эко́логи, **кото́рых** избега́ют строи́тели но́вого шоссе́, пикети́ровали зда́ние администра́ции.
The environmental activists, avoided by the construction workers building the new highway, picketed the administration building.

На э́той у́лице живёт банди́т, **кото́рого** бои́тся да́же поли́ция.
On this street there lives a crook whom even the police fear.

Нет **таки́х** рестора́нов, без **кото́рых** нельзя́ обойти́сь.
There are no restaurants without which it would be impossible to get by.

The Genitive Plural of Nouns

The plural endings for nouns in the genitive case have many categories. Before presenting those endings, we want to remind you of the concept of the "zero ending." Masculine nouns that end in a consonant in the nominative case, such as дом and стол (hard stem ending only) are considered to have zero endings. The symbol for the zero ending is Ø. The below table summarizes the gentive case plural endings, and further explanation follows.

Noun Category	Ending	Example
Masculine nouns with zero ending in the nominative singular (nouns ending in -й lose the -й before the ending), except those ending in a husher or soft sign.	-ов/-ев	столо́в, музе́ев, санато́риев
Masculine nouns ending in a husher (ч, ш, щ, ж)	-ей	враче́й, карандаше́й, ноже́й
Masculine nouns ending in -ь in the nominative singular (soft sign is dropped in genitive plural ending)	-ей	словаре́й, учителе́й
Masculine and neuter nouns ending in -ья in the nominative plural	-е́й	друзе́й, сынове́й
Masculine and neuter nouns ending in unstressed -ья in the nominative plural (soft sign from the nominative plural is retained in the genitive plural form)	-ев	бра́тьев, сту́льев
Feminine nouns ending in -ия	-ий	консервато́рий
Neuter nouns ending in -ие	-ий	упражне́ний
Feminine nouns ending in -а or -я (may have filler vowel)	Ø	ко́мнат, пе́сен, ба́бушек
Feminine nouns ending in -ь (soft sign is dropped in genitive plural ending)	-ей	матере́й, площаде́й
Neuter nouns ending in -о or -е (may have a filler vowel)	Ø	око́н, пи́сем

Note: Any genitive plural zero endings resulting in a consonant cluster of two consonants take a filler vowel.

1. Masculine nouns ending in Ø in the nominative singular, except those ending in a husher or the soft sign, add -ов/-ев in the genitive plural. Nouns that end in -й will lose that final consonant before adding the genitive plural ending: теа́тров, за́лов, музе́ев, санато́риев.

2. Masculine nouns ending in hushers (ч, ш, щ, and ж) add -ей in the genitive plural: врачéй, карандашéй, плащéй, ножéй.

3. Masculine nouns ending in the soft sign in the nominative case lose the soft sign and add -ей in the genitive plural: словарéй, учителéй, преподава́телей.

4. Masculine and neuter nouns that end in the exceptional nominative case plural ending of -ья (stressed ending) drop that ending in the genitive plural and end with the stressed ending -éй: мужéй, сыновéй, друзéй.

5. Masculine and neuter nouns that end in the exceptional nominative case plural ending of -ья (unstressed ending) drop that ending in the genitive plural and end with the unstressed ending -ьев in the genitive plural: бра́тьев, сту́льев, пе́рьев, ли́стьев, дере́вьев.

6. Feminine nouns ending in -ия and neuter nouns ending in -ие lose the final vowel and add й: лаборато́рий, консервато́рий, общежи́тий.

7. Feminine nouns ending in -а and -я in the nominative singular have a genitive plural ending in Ø, sometimes with a filler vowel (about which see below): же́нщин, де́вушек, сестёр, книг, газе́т, ма́рок.

8. Feminine nouns ending in the soft sign in the nominative case lose the soft sign and add -ей: матерéй, дочерéй, площадéй, тетра́дей.

9. Neuter nouns ending in -о and -е, in the nominative singular have a genitive plural ending in Ø, sometimes with a filler vowel, about which see below. Neuter nouns ending in -мя will retain their infix of -мён while taking Ø in the genitive plural: око́н, пи́сем, имён.

10. The nouns мать and дочь retain their -ер- infix in the genitive plural: матерéй, дочерéй. Similarly, neuter nouns имя, время retain their -ен- infix, which becomes stressed in the genitive plural: имён, времён.

11. Genitive plural zero endings that result in a consonant cluster of two consonants take a **filler vowel** of -о or -е between the two consonants, depending on whether the preceding consonant is hard-stem or soft-stem, as in these examples: пи́сем, ма́рок, сту́денток, де́вушек, ба́бушек, and сестёр.

12. Note some exceptions to these rules:

   - For some nouns, the genitive plural form is identical to the nominative singular form: солда́т, глаз, боти́нок, носо́к, воло́с, раз.
   - After numerals and the words ско́лько, сто́лько, and не́сколько, we use the word челове́к: два́дцать пять челове́к, не́сколько челове́к.
   - After the words мно́го and немно́го we use the word людéй, not челове́к: На ры́нке бы́ло мно́го людéй.
   - Words that occur only in the plural must be memorized: де́ньги (де́нег), ша́хматы (ша́хмат), по́хороны (похоро́н), щи (щей), о́вощи (овощéй), де́ти (детéй), часы́ (часо́в), очки́ (очко́в), брю́ки (брюк).
   - These nouns, among others, are irregular and must also be memorized: сосéд (сосéдей), мо́ре (морéй), по́ле (полéй), дя́дя (дя́дей), тётя (тётей), чёрт (чертéй), солда́т (солда́т), носо́к (носо́к), грузи́н (грузи́н).

Subordinate Clauses with the Genitive Case

The words то, что, and который are used in the genitive case to create complex sentences as in the examples below:

Лучше не спрашивать дорогу у **того**, у **кого** нет карты!
It's better not to ask directions from someone who doesn't have a map!

Мы были в восторге от **того**, что наши друзья приехали к нам на неделю.
We were delighted by the fact that our friends came for a week.

Собаки, **которых** боятся наши дети, совсем не страшные.
The dogs that our kids are afraid of are not scary at all.

Textbook exercise
17

Это магазин, без **которого** он не может жить.
It is a store that he can't live without.

Ordinal and Cardinal Numbers in the Genitive Case

Ordinal numbers in the genitive case are declined as adjectives; only the final digit of multi-digit numbers is declined. Consider these examples:

Мы спросили дорогу у **первой** попавшейся девушки, но она оказалась нездешней.
We asked directions from the first young woman we ran into, but she turned out not to be a local.

Все автобусы идут в центр кроме **двадцать седьмого**.
All the buses go downtown except for the 27.

Cardinal numbers in the genitive case are declined as illustrated in the chart in Appendix B. Consider these examples:

Мои хорошие друзья живут на улице **Двадцати шести** бакинских комиссаров.
My good friends live on 26 Baku Komissars Street.

Textbook exercise
18

После **трёх** чашек кофе я точно не смогу спать!
After three cups of coffee I surely won't be able to sleep!

> **Пословицы, поговорки и выражения**
> В Москве всё найдёшь, кроме родного отца да матери.
> *One can find everything in Moscow except one's own father and mother.*
> Home is where the heart is.

УПРАЖНЕНИЯ ПО ГРАММАТИКЕ

5 Перечитайте текст 1. Найдите и объясните 10 случаев использования родительного падежа.

6 Выставки

A. Прочитайте три объявления о будущих выставках. Вставьте в предложения слова в скобках в правильной грамматической форме.

1. **Шедевры** _____ **(Шишкин) на выставке в музее** _____ _____ **(изобразительное искусство)**

«Лесные дали» — это название _____ _____ _____ _____ (выставка) (известный русский художник) в музее на улице Тургенева. Академик, профессор, мастер _____ (пейзаж) написал за свою жизнь большое число _____ (картины), 20 из которых представлены на данной выставке. 1 сентября — 20 ноября.

2. **Рисунки** _____ **(поэты)**

Наброски _____, _____, _____ и _____ _____ (Маяковский, Бродский, Хлебников и другие поэты) из собрания _____ _____ (Литературный музей) и _____ _____ (частные архивы). Музей _____ _____ (графика и живопись), 25 сентября — 1 декабря.

3. **Граффити — арт на домах**

В рамках _____ (фестиваль) «Лучший город _____ (Земля)» приглашённые художники разрисуют стены _____ _____ (несколько, дома) на разных улицах _____ (город). Понаблюдать за работой _____ (художники) можно будет каждый вторник _____ _____ (август и сентябрь).

Б. На какую из выставок вы хотели бы пойти? Почему?

Electronic Workbook
exercises
Д, Е

7 Поездка в интересный город

Вы вернулись из поездки в интересный город и очень хотите рассказать о нём.

A. Расскажите о городе, используя родительный падеж, как показано в примере.

Пример: Я никогда не видел таких больших зданий.

видеть — такие огромные торговые центры
слышать — такая красивая музыка на улице
покупать — такие дорогие сувениры
испытывать — такая радость от поездки в метро
ощущать — такая энергия большого города

Electronic Workbook
exercises
Ё, Ж

Б. Напишите похожие предложения о ваших впечатлениях от города, который вам очень понравился или не понравился

8 Когда были основаны эти города?

A. Напишите, когда были основаны эти русские города, как показано в примере. Поставьте дату в родительный падеж.

Пример: Санкт-Петербург — 16.05.1703
Санкт-Петербург был основан шестнадцатого мая тысяча семьсот третьего года.

1. Владивосток — 2.07.1860
2. Петропавловск-Камчатский — 17.10.1740
3. Магадан — 14.07.1939
4. Хабаровск — 31.05.1858
5. Брест — 30.07.991
6. Екатеринбург — 7.11.1723

Electronic Workbook exercise 3

Б. Скажите и напишите, когда был основан город, в котором вы родились? Когда был основан город, в котором вы сейчас живёте?

9 Ответьте на вопросы, используя родительный падеж. Обсудите с партнёром.

A. 1. Кого/чего вы боитесь? Чего боятся молодые люди в вашей стране?
2. Чего нужно избегать, чтобы добиться успеха в жизни?
3. Каких людей вы стараетесь избегать? Почему?
4. Чего стесняются ваши друзья? Чего стесняется типичный подросток/молодой человек/девушка?
5. Чего стыдятся разные люди?
6. Чего обычно опасаются пессимисты?

Б. 7. Должны ли дети всегда слушаться родителей? Почему? Кого вы слушались и не слушались в детстве?
8. Должны ли люди слушаться своих начальников? Почему?
9. Должны ли студенты всегда слушаться своих преподавателей? Почему?

В. 10. Стараетесь ли вы придерживаться одного стиля одежды? Какого? Почему?
11. Должны ли спортсмены и балерины придерживаться диеты? Почему?

Electronic Workbook exercises И–К

Г. 12. Чего вы ожидаете от своих родителей? Чего родители ожидают от вас?
13. Чего преподаватели ожидают от студентов? Чего студенты ожидают от преподавателей?
14. Чего вы ожидаете от своих друзей?

10 Где что находится?

Напишите, где находятся объекты на фотографии. Используйте предлоги «вокруг», «напротив», «около», «у», «недалеко от», «возле», «справа/слева от», а также слова «много/мало/несколько» и числа.

> Пример: Бабушка с внучкой стоят около машины.

11 «Или мы уезжаем в Москву или я . . . . »

А. Замените подчёркнутые слова и предлоги предлогами противоположного значения: «без», «после», «с», «из», «кроме», «далеко от». (*Replace underlined words and prepositions with the ones with the opposite meaning.*) Измените падеж слов после предлогов.

> Все, <u>включая</u> Светлану Сергеевну, собирались поехать на экскурсию по городу. <u>Перед</u> экскурсией, во время обеда в ресторане она сказала, что не хочет сидеть <u>рядом с</u> её новым мужем Эдиком, который <u>с</u> большим интересом читал журнал, сидя в кресле. Когда Эдик услышал это, он встал <u>на</u> кресло и сказал: «Я тоже не могу быть <u>с</u> тобой. Нигде и никогда! Или мы уезжаем <u>в</u> Москву или я . . . »

Electronic Workbook exercises
Л–Н

Б. Напишите 3–4 предложения о том, чем закончилась эта история.

12 Прочитайте отзыв о ресторане и заполните пропуски словами из скобок.

РЕСТОРАН «КОЛОБОК»

Пришли мы сюда однажды отметить день рождения моего друга Пети. Ему исполнилось 42 (год) _____ и у (он) _____ с женой было (*two*) _____

(of kids) _____. Нас было *(a foursome)*
_____: Петя, его жена Соня, наши друзья Валя и Саша.
Пришли, сели, заказали (красное вино) _____, вместо
него официант принёс нам (белое)_____. Мы не стали
жаловаться, но когда мы заказали (хлеб), _____, а вместо
этого нам нарезали (колбаса)_____, мы позвали менед-
жера. Менеджер пришёл и сказал, что официант неопытный и что нам
принесут всё, что мы хотим. В конце концов мы выпили пять (бутылка)
_____ (минеральная вода) _____ и
две (бутылка) (красное вино) _____, поели (рыба)
_____, (мясо) _____, три (большая
порция) _____ (овощи) _____,—съели
пол-меню! Встать из-за стола могли с трудом!

13 Описание людей

Прочитайте описания людей. Затем опишите людей, которых вы знаете, используя подчёркнутые прилагательные и слова из списка.

> надежда, чувство юмора, чувство собственного достоинства,
> оптимизм, уважение, восхищение, недостатки

Вася: Мой отец всегда <u>полон</u> оптимизма. Он надеется только на лучшее.
Ольга: Мой муж Гена начисто <u>лишён</u> чувства юмора.
Марина: Все мужчины в моей семье <u>чужды</u> суетливости.
Олег: Моя бабушка <u>достойна</u> уважения и восхищения: она одна воспитала пятерых детей.

14 Названия улиц в Москве

А. Многие улицы и площади в Москве названы в честь известных людей и событий. Поставьте слова в скобках в родительный падеж и прочитайте названия.

1. Улица _____ _____ (Академик Виноградов)
2. Проспект _____ (Мир)
3. Бульвар _____ _____ (Дмитрий Донской)
4. Площадь _____ (Революция)
5. Шоссе _____ (Энтузиасты)
6. Переулок _____ (Чернышевский)
7. Проезд _____ _____ (Берёзовая роща)
8. Аллея _____ (Космонавты)

Б. Найдите в интернете информацию об этих людях и событиях и напишите предло-жения, как показано в примере.

> **Пример:** Улица Академика Янгеля названа в честь советского конструктора Миха-ила Янгеля.

В. Найдите эти места на карте Москвы.

15 Сравните американские города и штаты, используя прилагательные из списка. Скажите и напишите, почему вы так думаете, используя слова «больше» или «меньше», как показано в примере.

Пример: Чистый: Филадельфия — Питтсбург. Питтсбург чище Филадельфии, потому что в Питтсбурге меньше мусора.

чистый	Вашингтон — Новый Орлеан
либеральный	Вирджиния — Калифорния
консервативный	Колорадо — Южная Каролина
богатый	Сан-Франциско — Де-Мойн
безопасный	Сиэтл — Балтимор
бедный	Детройт — Сан-Диего
интересный	Лос-Анджелес — Атланта
скучный	Мемфис — Бостон

16 Идиомы

Зина и Костя ищут квартиру в Москве. Переведите фразы из их разговора с английского на русский и прочитайте предложения из их разговора.

1. *Let's begin with* разговора о квартирах, которые мы видели в субботу.
2. *On the one hand,* квартира на Ленинском проспекте безумно дорогая.
3. Да, но *on the other hand*, она такая красивая и район хороший.
4. *Most importantly,* мы должны думать о бюджете!
5. *Beside the fact that* твои родители живут на другом конце Москвы и они конечно хотят, чтобы мы жили недалеко от них!
6. Давай признаемся, что мы *were delighted with* квартиры на Сокольниках.
7. *From the point of view of your parents*, это, конечно, был бы идеальный вариант — квартира в двух шагах от них!
8. *In contrast with what* ты говоришь, я готов жить и на Ленинском проспекте.
9. Лучше не решать этот вопрос *before* мы увидим все квартиры.
10. Я согласна. *After* мы посмотрим другие квартиры в следующие выходные, мы окончательно решим, какую снимем.

Electronic Workbook
exercise
P

17 Отзыв о гостинице

A. Прочитайте отзыв о гостинице. Где возможно, соедините простые предложения (*combine simple sentences*), используя «который».

Мне очень понравился этот отель. Вокруг отеля было много ресторанчиков, магазинов, кафе. Отель расположен недалеко от набережной. До набережной можно дойти пешком всего за 7 минут. На «ресепшене» нам сразу выдали карту города. Без карты можно было бы спокойно обойтись, потому что город небольшой и улицы расположены параллельно и перпендикулярно друг другу. Нас поселили на седьмом этаже в прекрасном номере. Из номера открывался замечательный вид на центр города. Мы обязательно сюда вернёмся!

Б. Напишите отзыв о гостинице, в которой вы недавно останавливались. Используйте «который».

18 Прочитайте описание города. Заполните пропуски словами в скобках в правильной грамматической форме.

У _____ (мы) в городе есть всё для комфортной жизни. Во-первых, здесь огромное количество _____ (современные галереи, музеи и торговые центры). Около _____ (они) всегда можно найти уютные кафе и недорогие рестораны. В городе всё рядом—из _____ (любой уголок) до _____ (самый центр города) можно доехать не больше, чем за 20 минут. Мой друг живёт в спальном районе, дорога до _____ (он) у _____ (я) занимает минут 10-15. Возле _____ (его дом) стоит небольшая церковь, напротив _____ (она)—парк, где мы часто гуляем вечерами.

ТЕКСТ 2: БЛОГ «ОТКАЖИСЬ[1] ОТ АВТОМОБИЛЯ!»

Before you read the text, you will engage in a discussion to prepare you for the topic. After reading the text, complete the After Reading exercises to evaluate your comprehension and practice new vocabulary.

Перед чтением

Ответьте на вопросы с партнёром.

1. Чего в современном городе должно быть больше/меньше? Чего не должно быть в городе?
2. Без чего не может существовать современный город?
3. Что вы считаете главной проблемой современного города?

Блог «Откажись[1] от автомобиля!»

Прочитайте блог.

Москва́ ста́ла же́ртвой марке́тинговой поли́тики автопроизводи́телей[2].

Увы́, но э́то так. На ка́ждом углу́ мы ви́дим рекла́му автомоби́лей и так называ́емого «потреби́тельского» о́браза жи́зни[3]: купи́, получи́ ски́дку[4], возьми́ в креди́т, обменя́й ста́рую маши́ну на но́вую . . .

Не зна́ю кому́ как, а мне э́то надое́ло[5]. Ро́вно насто́лько, что́бы пойти́ в «Гугл» и напеча́тать в по́иске[6] «Ста́рая Москва́, обще́ственный тра́нспорт».

И зна́ете что? На чёрно-бе́лых и ре́дких цве́тных фотогра́фиях я уви́дел прекра́сный, све́тлый, чи́стый и просто́рный[7] го́род! Э́то го́род, в кото́ром лю́ди все равны́ ме́жду собо́й, где нет суеты́[8], а есть проста́я жизнь. Да́же е́сли челове́к е́дет в толчее́[9] в ваго́не трамва́я, но он всё-таки е́дет и дово́льно ско́ро прие́дет и вы́йдет на свое́й остано́вке.

Как противове́с[10] обще́ственному тра́нспорту — ежедне́вные про́бки в Москве́ на магистра́лях, на Садо́вом кольце́, на у́зких у́лочках истори́ческого це́нтра . . .

Сейча́с то́лько враг самому́ себе́ и дура́к не согласи́тся с тем, что Москва́ поги́бла[11] под уда́рами[12] автоиндустри́и. Про́бки, непра́вильная парко́вка, про́бки, поте́рянное вре́мя, про́бки, испо́рченные[13] не́рвы, про́бки, вы́брошенное[14] че́рез выхлопну́ю трубу́[15] здоро́вье.

Почему́ в це́нтре Хе́льсинки есть трамва́йные пути́[16], в Берли́не во́зле Алекса́ндр-плац хо́дит трамва́й, а в це́нтре Москвы́ в райо́не Лубя́нки и́ли в райо́не Боло́тной пло́щади — нет? Ведь бы́ло вре́мя, когда́ трамва́и ходи́ли в це́нтре! И да́же на Кра́сной пло́щади был свой трамва́йный маршру́т!

Глу́по, коне́чно, счита́ть, что мы вернём како́й-то там арома́т эпо́хи. Нет, про э́то никто́ и не говори́т. То́лько предста́вьте себе́, что вме́сто ме́дленных и дребезжа́щих[17] ваго́нчиков бу́дут ходи́ть ти́хие скоростны́е трамва́и. Необходи́мо, коне́чно, огради́ть[18] трамва́йные пути́, что́бы пешехо́ды не перебега́ли и что́бы автомобили́сты не выезжа́ли на них. Бы́стрый и удо́бный обще́ственный тра́нспорт в ви́де трамва́ев — э́то спасе́ние[19] для Москвы́.

Е́сли мы не начнём что́-то меня́ть сего́дня, то ско́ро бу́дет по́здно . . . Откажи́сь от автомоби́ля, поезжа́й на метро́ и пройди́ пешко́м. Москва́ — э́то всё ещё краси́вый го́род, а не парко́вка и не многополо́сное[20] шоссе́ для автомоби́лей.

Павел Горбачёв

[1]give up, [2]carmaker, [3]consumer lifestyle, [4]discount, [5]tire of something, [6]search, [7]spacious, [8]fuss, [9]jam/crowd, [10]counterbalance, [11]perish, [12]blow, [13]damaged, [14]thrown away, [15]exhaust pipe, [16]tracks, [17]jingling, [18]fence in, [19]salvation, [20]multilane

После чтения

Напишите один абзац о том, к чему призывает (*urges*) автор блога и почему.

Комментарии на блог «Откажись от автомобиля!»

Прочитайте комментарии на блог.

Иван: В Евро́пе, наприме́р, о́чень жёсткие ограниче́ния[1] по́льзования автомоби́лем. Там нельзя́ паркова́ться на тротуа́рах[2], там нельзя́ паркова́ться на обо́чине[3] весь рабо́чий день, там ограни́ченное коли́чество парко́вок в це́нтре го́рода, там пла́тный въезд в центр, там у трамва́я и пешехо́да огро́мный приорите́т, там бе́шеные[4] нало́ги[5] на автомоби́ль. Э́то в Росси́и для автомобили́стов по́лная свобо́да и они́ мо́гут де́лать, что хотя́т. Го́род до́лжен быть для люде́й, а не для маши́н.

Серге́й: Как бы а́втор ни призыва́л отказа́ться от авто́ и пересе́сть на метро́, как бы ни агити́ровали за трамва́и те, кто живёт в трёх остано́вках от рабо́ты, какие бы штрафы[6] ни вводили, всё останется наивной и глупой утопией. Ни один человек не пересядет из своей машины в трамвай, не поступится[7] своим комфортом.

Ольга: Тот, кто честно деньги зарабатывает, тот ездит на метро, а те, кто стоит в пробках утром, днём и вечером, являются представителями[8] «из грязи в князи[9]». Плюс стояние в пробках это показатель отсутствия[10] интеллекта. Умный в гору не пойдёт[11] и в пробку стоять не поедет.

---

[1]limitation, [2]sidewalk, [3]curb, [4]insane/mad, [5]taxes, [6]fine/penalty, [7]forgo/give up, [8]representative, [9]from rags to riches, [10]absence, [11]A smart man will not go up a mountain.

После чтения: Комментарии

Напишите свой собственный комментарий на блог «Откажись от автомобиля!»

 ТЕКСТ 3: АННА АХМАТОВА «КАК ЛЮБЛЮ, КАК ЛЮБИЛА ГЛЯДЕТЬ Я . . . »

Перед чтением

Это стихотворение Анны Ахматовой о важном для неё городе, в котором она провела много времени. Знаете ли вы, какой это город?

«Как люблю, как любила глядеть я . . . »

Прочитайте стихотворение и прослушайте его в аудиозаписи.

Как люблю, как любила глядеть[1] я
На закованные[2] берега,
На балконы, куда столетья
Не ступала[3] ничья нога.
И воистину[4] ты — столица
Для безумных[5] и светлых нас;
Но когда над Невою длится[6]
Тот особенный[7], чистый час
И проносится[8] ветер майский
Мимо всех надводных колонн,
Ты — как грешник[9], видящий райский[10]
Перед смертью сладчайший сон[11] . . .

1916

---

[1]смотреть, [2]shackled/ironclad, [3]take a step, [4]truly, [5]insane, [6]lasts, [7]special, [8]sweep past, [9]sinner, [10]heavenly, [11]dream

Ответьте на вопросы с партнёром.

1. О каком городе это стихотворение? Почему вы так думаете?
2. Что есть в этом городе?
3. Кому автор говорит «ты»?
4. Любит ли автор этот город? Найдите подтверждение в тексте.
5. С кем автор сравнивает этот город? Почему?
6. Найдите слова и выражения в родительном падеже. Объясните употребление родительного падежа.

 ДАВАЙТЕ ОБСУДИМ

Using what you have learned in this chapter, discuss these topics in small groups. Try to extend it into a conversation rather than just answering each question.

1. Английский писатель Нил Гейман сказал: «Город без книжного магазина и не город вовсе». Согласны ли вы? Без чего вы не можете представить себе города? Почему?
2. Чего не хватает в вашем городе? Что ещё нужно открыть или построить? Зачем? Как это улучшит жизнь горожан?
3. Вы планируете идеальный город. Обсудите, сколько жителей должно быть в идеальном городе, сколько там должно быть школ, детских садов, больниц, кинотеатров, музеев и т.д.
4. Где жить лучше — в пригороде или в городе? Приведите аргументы за и против.
5. Объясните, как вы понимаете выражение «Москва не сразу строилась»? Есть ли похожее выражение в английском или в вашем родном языке?
6. В некоторых городах Европы были повешены плакаты с фотографией Санкт-Петербурга и со слоганом «No bears, just beauty». Как бы вы перевели этот слоган на русский язык? Как вы его понимаете?

 ДАВАЙТЕ ПОГОВОРИМ О КИНО

Вот несколько названий советских и российских фильмов, в которых рассматривается тема главы. Посмотрите один из них (информация в интернете поможет вам выбрать фильм) и подготовьте небольшое выступление, в котором вы: (1) кратко расскажете содержание фильма и (2) покажете, как в этом фильме раскрывается тема главы. Постарайтесь использовать как можно больше активной лексики по теме.

- «Я шагаю по Москве», режиссёр Георгий Данелия, 1963
- «Ирония судьбы, или С лёгким паром!», режиссёр Эльдар Рязанов, 1975
- «Москва слезам не верит», режиссёр Владимир Меньшов, 1979
- «Окно в Париж», режиссёр Юрий Мамин, 1993
- «Питер FM», режиссёр Оксана Бычкова, 2008

Выберите одну из тем и напишите сочинение длиной 500–600 слов.

1. Описание города. Опишите какой-нибудь известный город в стиле туристического вебсайта. Не включайте в описание города его название. На уроке прочитайте описание партнёрам по группе и попросите их угадать название города.

2. Поездка в город. Опишите город, который вы хорошо знаете и любите. Включите в ваше описание ответы на следующие вопросы:
   • Когда вы в первый раз побывали в этом городе? Сколько раз вы там были? Когда вы были там в последний раз?
   • Какое общее впечатление произвёл на вас город? Что вам больше всего запомнилось?
   • Почему вы туда поехали? На каникулы? В отпуск? В командировку? По делам? Вы были там одни или с кем-то?
   • Сколько времени вы там были? Где вы останавливались? Какая в то время была погода?
   • Чем вы занимались в этом городе?
   • Вы поедете туда ещё раз? Почему? Порекомендуете ли вы это место другу?

3. В чём плюсы и минусы воспитания детей в городе (а не в деревне или пригороде)? Напишите небольшую статью в местную газету.

4. Некоторые считают, что в городе должно быть как можно больше видеокамер для обеспечения безопасности граждан и для предотвращения (prevention) преступлений. Другие говорят, что это нарушает право людей на частную жизнь. Напишите эссе, в котором вы выражаете свою точку зрения на этот вопрос.

5. В русском языке есть множество выражений о городах:
   —Москва слезам не верит.
   —Увидеть Париж и умереть.
   —Все дороги ведут в Рим.

   Напишите сочинение об одном из этих выражений, где вы объясняете, как вы его понимаете и приводите ситуации, которые его иллюстрируют.

Electronic Workbook
exercises
У—Ч

VERBS

боя́ться (боя́+ся 7)
води́ть (водйй+ 8)/вести́ (вёд+ 4)
держа́ться (держӑ+ся 7)
добива́ться (добивӑй+ся 3)/доби́ться (добйй+ся 9)
ждать/подожда́ть (ждӑ+ 1)
жела́ть/пожела́ть (желӑй+ 3)
избега́ть (избегӑй+ 3)/избежа́ть (irregular)
иска́ть (искӑ+ 1)

каса́ться (касӑй+ся 3)/косну́ться (коснў+ся 14)
лиша́ть(ся) (лишӑй+(ся) 3)/лиши́ть(ся) (лишй+(ся) 8)
начина́ть (начинӑй+ 3)/нача́ть (нӑч/н+ 11)
ожида́ть (ожидӑй+ 3)
опаса́ться (опасӑй+ся 3)
ослу́шиваться (ослу́шивӑй+ся 3)/ослу́шаться (ослу́шӑй+ся 3)

парковáться /припарковáться/запарко-
    вáться (парк<u>овá</u>+ся 15)
придéрживаться (придéржив<u>ай</u>+ся 3)
просúть/попросúть (прос<u>ú</u>+ 8)
пугáться/испугáться (пуг<u>áй</u>+ся 3)
слýшаться/послýшаться (слýш<u>ай</u>+ся 3)

стесняться/постесняться (стесн<u>яй</u>+ся 3)
сторонúться/посторонúться
    (сторон<u>ú</u>+ся 8)
стыдúться /устыдúться (стыд<u>ú</u>+ся 8)
трéбовать/потрéбовать (трéб<u>ова</u>+ 15)
хотéть/захотéть (irregular)

NOUNS AND NOUN PHRASES

автомобилúст
аллéя
бульвáр
вагóн
востóрг
горожáнин
двор
дорóга
жúтель
магистрáль
маршрýт
маршрýтка
нáбережная
óбщество
останóвка

отчáяние
паркóвка
переýлок
пешехóд
прóбка
проéзд
проспéкт
реклáма
скоростнóй пóезд
столúца
трамвáйный путь
тротуáр
час-пúк
шоссé

ADJECTIVES

водúтельский
кореннóй
мéстный
многополóсный

общéственный
пешехóдный
ýличный

PREPOSITIONS

без
ввидý
во врéмя
вокрýг
врóде
для
до
из
из-за
крóме

напрóтив
насчёт
óколо
от
пóсле
прóтив
рáди
с(о)
у

CONJUNCTIONS AND CONNECTING PHRASES

в отлúчие *от* чего
в течéние чего
ввидý того, что

вслéдствие чего
до тогó, как
из-за тогó, что

поми́мо чего

по́сле того́, как

пре́жде всего́

с одно́й стороны́, с друго́й стороны́

с чьей то́чки зре́ния

COLLECTIVE NUMERALS

дво́е

тро́е

че́тверо

пя́теро

ше́стеро

се́меро

Урок №8

Семья

Что вы видите на фотографии? Кем эти люди приходятся друг другу? Что они делают? Что вы чувствуете, когда смотрите на эту фотографию?

In this section you will learn words and phrases that will help you understand texts in this chapter and discuss the topic of family.

Прочитайте слова в таблице и переведите их на английский язык.

Имя существительное	Имя прилагательное/Причастие	Глагол
замужество	замужняя (замужем)	выходить/выйти замуж за кого
женитьба	женатый (женат/женаты)	жениться на ком
брак	брачный	вступать/вступить в брак с кем
воспитание	воспитательный	воспитывать/воспитать кого
развод	разведённый (разведён/разведена/ разведены)	разводиться/развестись с кем
свадьба	свадебный	—
супруг/супруга/супруги	супружеский	—
рождение	родильный (дом)	рожать/родить кого, родиться
подросток	подростковый	расти/вырасти

Упражнения по лексике

1 Слова и выражения

А. Вставьте слова из таблицы в правильной форме в предложения.

1. Сейчас молодые люди считают, что лучший _____ подарок—это деньги.

2. _____ ребёнка изменило её жизнь намного больше, чем замужество.

3. Моя бабушка говорила: родить ребёнка легко, а _____ —намного труднее.

4. Считаете ли вы, что перед свадьбой надо подписывать _____ контракт?

5. Как вы думаете, _____ ребёнка происходит главным образом в семье или в школе?

6. Моя подруга считает, что главное—_____, а развестись всегда можно. Вы согласны?

7. Вы знаете, в чём секрет _____ счастья?

8. Сейчас _____ период у молодых людей длится очень долго: они и в 20 лет живут дома и берут деньги у родителей.

Б. Выразите свою точку зрения на каждое из высказываний в А.

2 Зна́ете ли вы слова́ в ле́вой коло́нке? Прочита́йте их сино́нимы спра́ва и переведи́те все слова́ и выраже́ния на англи́йский язы́к.

ссо́ра	конфли́кт, разногла́сие
ссо́риться/поссо́риться	конфликтова́ть, спо́рить, руга́ться
член семьи́	бли́зкий ро́дственник
сожи́тель	партнёр/челове́к, с кото́рым кто-то живёт
расти́ть/вы́растить ребёнка	воспи́тывать/воспита́ть ребёнка

Текст 1: Перепи́ска на «Фе́йсбуке»

Before you read the text, you will engage in a discussion to prepare you for the topic. After reading the text, complete the After Reading exercises to evaluate your comprehension and practice new vocabulary.

Перед чте́нием

Как вы ду́маете, обяза́тельно ли лю́дям жени́ться и име́ть дете́й? Е́сли да, то в како́м во́зрасте э́то ну́жно де́лать мужчи́не и же́нщине? Обсуди́те в гру́ппе.

Перепи́ска на «Фе́йсбуке»

Прочита́йте перепи́ску двух подру́г на «Фе́йсбуке».

Мари́я: Приве́т, подру́га! Хочу́ тебе́ пожа́ловаться[1]. Вчера́ е́здила к роди́телям. Они́ опя́ть пристаю́т[2] с вопро́сами о заму́жестве. Говоря́т: «Тебе́ уже́ 27. У нас в твоём во́зрасте уже́ был ребёнок. Пора́ и тебе́ поду́мать о бра́ке и о семье́». Что ты об э́том ду́маешь?

Светла́на: Приве́т, Ма́ша! Роди́тели все одина́ковые. Не успе́ешь[3] вы́йти за́муж, как они́ бу́дут говори́ть тебе́: «Когда́ бу́дут де́ти? Мы хоти́м ня́нчиться[4] с вну́ками». А ты сама́ ра́зве[5] не хо́чешь за́муж?

М: За́муж?! Нет! Меня́ всё устра́ивает[6]. Я занима́юсь свое́й карье́рой, путеше́ствую, — в о́бщем, наслажда́юсь[7] жи́знью. Пусть ста́ршее поколе́ние[8] счита́ет, что я и мои́ незаму́жние подру́ги — ста́рые де́вы. Но я не собира́юсь идти́ на поводу́[9] у чужо́го[10] мне́ния. Заче́м мне выходи́ть за́муж? Что́бы пото́м разводи́ться? Ты зна́ешь стати́стику, что полови́на бра́ков распада́ется[11]? И вообще́, хоро́шее де́ло бра́ком[12] не назову́т.

С: Ты пра́вда так счита́ешь? А я вот всегда́ мечта́ла о сва́дьбе. Я бы да́же хоте́ла обвенча́ться[13]. Э́то же так краси́во и на всю жизнь.

М: Подру́га, да́же не зна́ю, что тебе́ отве́тить. Я и не зна́ла, что у нас таки́е ра́зные то́чки зре́ния[14] на э́тот вопро́с. Мне ка́жется, что ты старомо́дна.

С: Призна́юсь[15]: мне жаль, что сейча́с всё бо́льше молоды́х люде́й приде́рживаются[16] твое́й то́чки зре́ния. Мно́гие про́сто живу́т вме́сте, по́здно выхо́дят за́муж, по́здно рожа́ют дете́й и́ли вообще́ не рожа́ют. Бо́льше полови́ны супру́жеских[17] пар в Росси́и име́ют то́лько одного́ ребёнка. Мы приближа́емся к европе́йской моде́ли семьи́, и е́сли так бу́дет да́льше, то, как я где-то прочитáла, к 2050-ому гóду числó жи́телей Росси́и бýдет всегó 70 миллиóнов. Что ты на э́то скáжешь?

M: Я считáю, что многодéтная семья́ прóсто невозмóжна в нáше врéмя. Как мóжно имéть мнóго детéй, когдá вы живёте в съёмной[18] однокóмнатной кварти́ре и не знáете, что ждать от зáвтрашнего дня. Нам, поколéнию 80—90-х, э́то знакóмо не понаслы́шке[19]. Стаби́льности как нé было, так и нет.

C: Почемý тогдá говоря́т: Бог дал ребёнка, Бог даст и *на* ребёнка?

M: Не будь наи́вной. Сейчáс всё нýжно плани́ровать — в том числé и рождéние детéй. Чтóбы найти́ емý хорóшую ня́ню и отдáть его учи́ться, нужны́ дéньги, и не мáленькие. Именно поэ́тому лю́ди сначáла занимáются своéй карьéрой, а рождéние детéй откла́дывают[20] на потóм.

C: Ня́ню? Я бы хотéла воспи́тывать ребёнка самá. Нас же как-то нáши роди́тели вы́растили. У меня́ в семьé отéц всегдá мнóго рабóтал, а мать занималáсь детьми́. Ты знáешь, что у меня́ есть два стáрших брáта. А когдá мы немнóго подросли́, мáма снóва вы́шла на рабóту, и из шкóлы нас забирáла[21] бáбушка, котóрая жилá с нáми. И все мы жи́ли вмéсте и жи́ли дрýжно. А сейчáс всем нужнá отдéльная кварти́ра, маши́на, и, покá э́того не бýдет, о дéтях дáже не задýмываются.

M: У мои́х детéй обязáтельно бýдет ня́ня. Сидéть дóма и потеря́ть то, к чемý я так дóлго шла? Ну уж нет. Я не исключáю[22], что у меня́ бýдут дéти, но в декрéтном óтпуске[23] я дóлго сидéть не бýду.

C: Для тебя́ вообщé существýет поня́тие[24] семьи́, дóма, очагá[25]?

M: Да, конéчно. Моя́ семья́ — это мои́ роди́тели.

C: Котóрые, ви́димо, не скóро полýчат долгождáнных внýков.

M: А я им э́того никогдá не обещáла[26]. Интерéсная у нас получи́лась перепи́ска. Давáй закóнчим её и нормáльно поговори́м по телефóну. Звони́!

---

[1]compain, [2]bug, [3]to have time, [4]fuss over, [5]really, [6]suit, [7]enjoy, [8]generation, [9]to follow someone's tastes, opinions, [10]other peoples', [11]break apart, [12]here: flaw/defect, [13]have a church wedding, [14]point of view, [15]admit, [16]adhere to, [17]married, [18]rented, [19]by hearsay, [20]postpone, [21]collect, [22]exclude, [23]maternity leave, [24]notion, [25]hearth, [26]promise

---

После чтения

A. Свои́ми словáми напиши́те о взгля́дах на семью́ и воспитáние детéй кáждой из подрýг (по 2–3 предложéния). С какóй из подрýг вы соглáсны и почемý? Обсуди́те с партнёром или в грýппе.

Б. Отвéтьте на вопрóсы с партнёром.

1. Светлáна говори́т, что «все роди́тели одинáковые». Что онá имéет в виду?
2. Почемý Мари́я не хóчет выходи́ть зáмуж? Соглáсны ли вы с её аргумéнтами?
3. Как вы понимáете фрáзу «стáрая дéва»? Переведи́те её на англи́йский язы́к.
4. Почемý Мари́я называ́ет Светлáну старомóдной?
5. Почемý Мари́я утверждáет, что многодéтная семья́ сейчáс невозмóжна? Соглáсны ли вы с э́тим утверждéнием?

6. Кто, по мнению каждой из подруг, должен заниматься воспитанием детей? С каким мнением вы согласны?

7. Как вы думаете, такой разговор мог бы произойти в Америке или в вашей родной стране?

ГРАММАТИКА: ВИНИТЕЛЬНЫЙ ПАДЕЖ (*ACCUSATIVE CASE*)

The accusative case is used quite often in Russian. Here are the most common usages:

1. For the direct objects of all transitive positive verbs (i.e., verbs that are not negated) except those marked as requiring another case (e.g., избегать, верить, настаивать, звонить).

   Ада любит **своего дядю**, но не может терпеть **тётю**.
   Ada loves her uncle, but can't stand her aunt.

   Дима уважает **своих родителей**.
   Dima respects his parents.

   Оля и Вера обожают **своего двоюродного брата**.
   Olya and Vera adore their cousin.

2. For destination (куда?), with verbs of motion (e.g., ходить, идти, ездить, ехать, летать, and лететь) and other verbs (e.g., возвращаться/вернуться, отправляться/отправиться), except in those instances in which the movement is to a person's home, such as Вчера мы ходили к Саше (this is discussed in chapter 9).

   Сергей пошёл **в магазин** за молоком и вернётся только через час.
   Sergey went to the store for milk and will be back only after an hour.

   Лера поехала **в Тулу в командировку**.
   Lera went to Tula on a business trip.

   Мы часто ходим **в эту библиотеку**, потому что она рядом с нашим любимым кафе.
   We often go to this library because it's close to our favorite cafe.

   Кира часто летает **в Польшу**, поскольку родня её мужа живёт в Варшаве.
   Kira often flies to Poland because her husband's relatives live in Warsaw.

3. The accusative case is also used in constructions with the prepositions в, на, за, под, через in the context of placement in a direction answering the question куда, except in those instances when the movement is to a person's home (this is discussed in chapter 9).

   Денис поставил бутылку вина **в холодильник**.
   Denis put the bottle of wine in the refrigerator.

   Галина спрятала подарок **за тумбочку**, чтобы дети не нашли его.
   Galina hid the present behind the nightstand so the children wouldn't find it.

Елена Вартановна часто кладёт свои ключи **на э́тот сто́лик**.
Elena Vartanovna often puts her keys on this coffee table.

Мы спрятали деньги **под матра́с**.
We hid the money under the mattress.

4. With the prepositions в, на, за, через in time expressions, as in these examples:

Боря поедет в Москву **на неде́лю**.
Borya is going to Moscow for a week.

Даша должна приехать **во вто́рник**.
Dasha should arrive on Tuesday.

Я думаю, что Клава появится **че́рез полчаса́**.
I think Klava will appear after a half hour.

Мы вас уверяем, что закончим эту работу **за час**.
We assure you that we'll finish this job in an hour.

5. For time expressions including duration or repetition (often without a preposition, e.g., тысячу раз)

Я **ты́сячу раз** говорила тебе, что так нельзя!
I told you a thousand times you can't do that!

Сара **всю ночь** писала работу.
Sarah wrote her paper all night.

Он **це́лый ве́чер** кашлял.
He coughed all evening.

Они **всю неде́лю** ходили по ресторанам.
They went to restaurants all week.

6. In certain impersonal constructions, for example, *to feel sorry for someone*—кому жаль (жалко) кого; *to feel nauseous*—кого тошнит; *to throw up*—кого рвёт; *to have a chill*—кого знобит; *to have a fever*—кого лихорадит; and *to be sleepy*—кого клонит ко сну.

Конечно, **жаль Лари́су и Руста́ма**.
Of course, I am so sorry for Larisa and Rustam.

Меня́ тошни́т уже второй день.
I'm nauseous for the second day in a row.

Её вы́рвало два раза.
She threw up twice.

Его́ очень **зноби́т**.
He has a great chill.

Мари́ну лихора́дит, ей надо выпить аспирин.
Marina has a fever, she should take aspirin.

Ко́лю кло́нит ко сну, надо его положить спать.
Kolya is sleepy, we should put him to bed.

Пословицы, поговорки, выражения
На свой ум не надейся, а за чужой не держись.
Don't rely on your own sense of reason, but don't count on someone else's either!
[no equivalent]

7. In expressions of cost or measurement with the verbs стоить, весить, etc.

> Билет на автобус из аэропорта в город стóит **тысячу** рублей.
> *The ticket for the shuttle from the airport to the city costs a thousand rubles.*

8. In the following constructions:

играть *в(о) что* (например, в футбол)
жаловаться/пожаловаться *на кого/что*
сердиться/рассердиться *на кого/что*
кричать/накричать *на кого/что*
обижаться/обидеться *на кого/что*
надеяться/понадеяться *на кого/что*
похож/похожа/похожи *на кого/что*
смотреть/посмотреть *на кого/что*
обращать/обратить внимание *на кого/что (на то, что)*

> Света **жáлуется на то**, что Игорь всё время **игрáет в футбóл**, а Игорь **сéр-дится на Свéту**, что она не понимает, что он любит футбол. Она **кричи́т на негó**, а он **обижáется на неё**. Короче говоря, это ужасная ситуация.
> *Sveta complains that Igor always plays soccer, and Igor is angry at Sveta for not understanding that he loves soccer. She yells at him, and he gets upset with her. Overall, it's a terrible situation.*

> Нина во всём **надéется на свою́ сестру́**.
> *Nina relies on her sister for everything.*

9. In important connecting phrases and idiomatic expressions:

несмотря́ *на то, что* . . .
despite the fact that

на вся́кий слу́чай
[just] in case

сломя́ гóлову
lickety split

на широ́кую нóгу
in grand style

брáться/взя́ться за ум
to come to one's senses

в отвéт *на что*
in response to

стáвить/постáвить *кого* на мéсто
to put someone in their place

переворáчивать/перевернýть с ног нá голову
to turn something upside down

на однó лицó
it is/they are all the same

на свой страх и риск
at your own risk

на худóй конéц
in the worst case

на пáмять
as a keepsake

на все сто
at a full 100%

10. In addition, the accusative case is used in these expressions with other cases:

в честь *кого/чего*
in honor of

в пáмять о ком/чём
in memory of (in memorium)

в знак *чего*
as a sign of

в защúту *кого/чего*
in defense of

Пословицы, поговорки, выражения
Рыбáк рыбакá вúдит издалекá.
A fisherman can spot another fisherman from far away.
Birds of a feather flock together.

Accusative Case Endings

In the singular, neuter nouns and inanimate masculine nouns, as well as the adjectives that modify them, are the same as they are in the nominative case, as illustrated in these example sentences.

Я не люблю **это кафé**, потому что оно находится далеко от общежития.
I don't like this cafe because it's located far from the dorm.

К сожалению, их дети часто жалуются на **дéтский сад**.
Unfortunately, their children often complain about preschool.

In the accusative case, feminine nouns ending in -ь also are spelled the same as they are in the nominative case, but the adjectives that modify these nouns take the feminine accusative adjectival ending of -ую or -юю, as illustrated in these example sentences:

После того, как Татьяна переехала в **Москву́**, она поняла, что очень любит **свою́ но́вую жизнь** в большом городе.
After Tatyana moved to Moscow, she understood that she loved her new life in the big city.

Accusative animate masculine nouns take endings identical to the genitive case endings: -а/-я; adjectives modifying these nouns take the genitive case singular adjectival endings: -ого/-его. Accusative feminine nouns, whether inanimate or animate, ending in the nominative case in anything except the soft sign, take accusative case endings of -у or -ю. Names of males and male kinship terms that end in -а/-я will also take the feminine accusative endings for the nouns, but masculine adjectival endings, as illustrated in these examples:

Нина Антоновна часто сердится на **э́того молодо́го преподава́теля**.
Nina Antonovna often gets angry at this young professor.

Не обижайся, пожалуйста, на **своего́ де́душку**!
Please don't be upset with your grandfather!

Вчера на концерте мы видели **Татья́ну Серге́евну** и **Мари́ю Никола́евну**.
At the concert yesterday, we saw Tatyana Sergeevna and Mariya Nikolaevna.

Я думаю, что Ирина Владимировна любит **Михаи́ла Петро́вича**, но я не уверен, что Михаил Петрович любит **Ири́ну Влади́мировну**.
I think Irina Vladimirovna loves Mikhail Petrovich, but I'm not sure Mikhail Petrovich loves Irina Vladimirovna.

Пословицы, поговорки, выражения
Ве́шать лапшу́ на́ уши.
To hang noodles on someone's ears
To deceive someone; to give someone baloney

Here is a summary of the accusative case endings for singular nouns and adjectives:

	Masculine Animate	Masculine Inanimate	Feminine in -a or -я	Feminine in -ь	Neuter
Nouns	-а/-я	same as nom.	-у/-ю	same as nom.	same as nom.
Adjectives	-ого/-его	same as nom.	-ую/-юю	-ую/-юю	same as nom.

In the plural, accusative case endings for inanimate nouns and the adjectives that modify them are the same as the nominative, as illustrated in these examples:

Молодые пары всё чаще и чаще не хотят оформлять **свои отношёния** законным браком.
More and more, young couples don't want to formalize their relationships as legal marriages.

В России молодые люди всё чаще и чаще вступают **в смёшанные брáки**.
In Russia, young people are entering mixed marriages more and more often.

Их родители иногда задают им об этом **трýдные вопрóсы**.
Sometimes, their parents ask difficult questions about this.

Такие вопросы иногда вызывают у ребят **снисходúтельные улы́бки**.
These questions sometimes make the young folk smile condescendingly.

Plural animate accusative nouns take endings identical to those of the genitive case plural endings described in the previous chapter; the accusative case endings for adjectives that modify plural animate nouns are also the same as the adjectival endings in the genitive plural (-ых/-их). The following examples illustrate this paradigm:

Дети, конечно, часто жалуются **на своúх родúтелей**, потому что родители **их** не понимают.
Children, of course, often complain about their parents because their parents don't understand them.

А родители часто сердятся **на своúх детёй**, потому что дети **их** не слушаются.
And parents often get angry at their children because their children don't listen to them.

Екатерина Владиславовна обиделась **на своúх внýчек**, которые забыли про её день рождения.
Ekaterina Vladislavovna got upset at her granddaughters, who forgot about her birthday.

Чавдар надеется **на рýсских преподавáтелей**, которые должны помочь ему с экзаменами.
Chavdar is relying on his Russian professors, who are supposed to help him with the exams.

Наши дети очень похожи **на своúх бáбушек**.
Our children look a lot like their grandmothers.

Константин Дмитриевич обожает **Щербáцких**, но плохо понимает **Облóнских**.
Konstantin Dmitrievich adores the Scherbatsky family, but doesn't understand the Oblonsky family.

Мы очень любим **больши́х собáк**.
We really love big dogs.

Here is a summary of the accusative case plural endings:

	Animate	Inanimate
Nouns	Same as genitive	Same as nominative
Adjectives	Same as genitive	Same as nominative

Personal Pronouns and the Emphatic Pronoun in the Accusative Case

The rules for the declension of the personal pronouns, which are identical in the accusative and genitive case, are provided in this chart:

	Singular		Plural
я	меня	мы	нас
ты	тебя	вы	вас
он/о	его (него)	они	их
она	её (неё)		

Study this chart to learn the emphatic pronoun in the accusative case:

Masculine	Feminine	Neuter	Plural
сам/самого́	саму́	само́	са́ми/сами́х

The distinction between the two forms in the masculine is based on the animacy of the noun. While the inanimate form is, in theory, possible, it rarely occurs.

Subordinate Clauses with the Accusative Case

The relative pronoun который is declined in the accusative case as a regular adjective, as illustrated in these example sentences:

Мы говорили со студентами, **на кото́рых** обиделся Виктор Михайлович.
We spoke to the students with whom Viktor Mikhailovich was upset.

Вчера мы видели преподавательницу, **на кото́рую** сердится Елена Ильинична.
Yesterday, we saw the teacher at whom Elena Ilyinichna is angry.

Завтра мы поговорим с инженером, **в кото́рого** влюбилась Раиса Павловна.
Tomorrow, we'll talk to the engineer with whom Raisa Pavlovna has fallen in love.

The connecting phrases то, что and то, как can also be used with the accusative case as demonstrated in these examples:

Я надеюсь **на то**, **что** ты мне поможешь.
I hope you'll help me.

Она любит **то**, **как** ты за ней ухаживаешь.
She loves the way you court her.

Мы обожаем **то**, **что** она готовит.
We love what she cooks.

Мы ждём **того**, **кто** решит наши проблемы.
We're waiting for the one who will solve our problems.

> **Пословицы, поговорки, выражения**
> Жить душа́ в ду́шу
> *To live soul to soul*
> To live in perfect harmony

"The Wrong One" and "The Same"

In Russian, we use the phrase не тот to convey the idea of "the wrong one," as in these examples:

Я набрал **не тот но́мер**.
I dialed the wrong number.

Она наде́ла **не ту блу́зку**.
She put on the wrong blouse.

When this phrase is in the accusative case, it conforms to the grammar rules described earlier in this chapter, as illustrated in these examples:

Когда мы чита́ли и обсужда́ли этот рома́н, мы всё вре́мя ду́мали, кто уби́л бе́дную Ли́зу? Мы ду́мали, что это был Эра́ст. Но оказа́лось, что мы подозрева́ли **не того́ геро́я**, потому́ что бе́дную Ли́зу уби́ла Ага́фья Серге́евна!
When we were reading and discussing this novel, we were thinking the whole time about who killed poor Liza. We thought it was Erast. But it turned out that we had suspected the wrong character, because it was Agafya Sergeevna who killed poor Liza!

Russian uses the phrase тот же or тако́й же to convey the idea of "the same" and тот же са́мый to convey the idea of "the identical, the very one." These phrases also conform to the rules governing the accusative case, as described earlier in this chapter, and as demonstrated in these examples:

Мы наде́ялись **на тако́е же предложе́ние**, кото́рое получи́ли Росто́вы.
We hope to get the same offer that the Rostovs had received.

Гали́на влюби́лась **в того́ же са́мого молодо́го челове́ка**, в кото́рого влюби́лась Зо́я.
Galina fell in love with the very same young man with whom Zoya fell in love.

Treatment of Last Names

Russian last names ending in -ов/-ев/-ёв or -ын/-ин behave as nouns in the accusative singular (both masculine and feminine) but as adjectives in the plural, as illustrated in these examples:

Мы уважа́ем **Влади́мира Наза́рова**.
We respect Vladimir Nazarov.

Мы уважа́ем **Гали́ну Наза́рову**.
We respect Galina Nazarova.

Мы уважаем **Наза́ровых**.
We respect the Nazarov family.

Мы сердимся **на Па́вла Ри́вкина**.
We're angry at Pavel Rivkin.

Мы сердимся **на А́нну Ри́вкину**.
We're angry at Anna Rivkina.

Мы сердимся **на Ри́вкиных**.
We're angry at the Rivkin family.

The last names of men that end in consonants and of women that end in vowels are declined in accordance with the rules for the declension of nouns. The last names of men that end in the vowel -a decline as feminine nouns, while the last names of men and women that end in any other vowels and the last names of women that end in a consonant are undeclinable. These rules are illustrated in these examples:

Мы наде́емся **на Джо́на Сми́та**.
We're relying on John Smith.

Мы наде́емся **на Джоа́нну Смит**.
We're relying on Joanna Smith.

Мы наде́емся **на Сми́тов**.
We're relying on the Smith family.

Они жа́луются **на Ма́йкла Зингаре́лли**.
They are complaining about Michael Zingarelli.

Они жа́луются **на Дже́ннифер Зингаре́лли**.
They are complaining about Jennifer Zingarelli.

Они жа́луются **на супру́гов Зингаре́лли**.
They are complaining about the Zingarellis.

Мы о́чень уважа́ем **Пи́тера Эспино́зу**.
We sincerely respect Peter Espinosa.

Мы о́чень уважа́ем **Ли́нду Эспино́зу**.
We sincerely respect Linda Espinosa.

Cardinal and Ordinal Numbers in the Accusative Case

Numbers are declined in the accusative case if required by the grammatical context in which they occur, as in these example sentences:

В про́шлом году́ мы е́здили **в пять ра́зных городо́в**.
Last year, we went to five different cities.

Ни́на се́рдится **на трёх ра́зных мужчи́н**!
Nina is angry at three different men!

The accusative forms of both the cardinal and ordinal numbers are either the same as the nominative case form (for inanimate nouns) or the genitive case form (for animate nouns).

Пословицы, поговорки, выражения
Не дом хозя́ина кра́сит, а хозя́ин дом.
It's not the house that makes the owner look good, but the owner who makes the house look good.
It's a good (honorable) host that makes a home hospitable.

УПРАЖНЕНИЯ ПО ГРАММАТИКЕ

3 Перечитайте текст 1; найдите и объясните 8 случаев употребления винительного падежа.

4 Письмо в газету

А. Прочитайте письмо в редакцию газеты «Собеседник». Заполните пропуски словами в скобках в правильной грамматической форме.

Добрый день! В моей семье наступили трудные времена, постоянные ссоры с беременной женой по поводу наших матерей. Я мусульманин, а моя жена христианка. Сначала, когда мы встречались, ездили друг к другу в гости—я живу в Москве, а жена в Казани—всё было замечательно, я обожал (родственники) _____ жены, а она моих, мы любили и уважали (друг друга) _____.

С мамами мы общались как со своими родными. Но после того, как жена переехала жить в мой дом с моими родителями, начались бесконечные упрёки со стороны жены, что (она) _____ тошнит от советов моей мамы и что она не любит (мамина еда) _____.

В тёще, как мне кажется, я ошибался. До свадьбы она казалась мне очень мудрой и доброй женщиной, но после того, как я начал жить с женой, она постоянно советует ей «не давать себя в обиду». От кого она её защищает, я не понимаю. Я люблю (жена) _____, к тому же она беременна.

Через (три) _____ месяца жизни жена поставила мне условие: «Или мы снимаем (квартира) _____, или я уезжаю в (Казань) _____ к маме!» Я пошёл на очень серьёзный шаг, и мы начали снимать (квартира) _____. Но это ничего не решило. Моя жена отказывается в выходные посещать (мои родители) _____. Это очень обижает (они) _____. Я пытаюсь донести это до своей любимой и в какие-то моменты она начинает это понимать, но после разговора со своей мамой, опять всё перерастает в скандал.

Подскажите, пожалуйста, как мне с этим справиться, я очень хочу сохранить (своя семья) _____!

Спасибо.
Джамиль Л.

 Б. Какой совет вы можете дать Джамилю? Обсудите с партнёром.

 5 Ответьте на вопросы от своего лица или от лица человека, которого вы хорошо знаете. Обсудите в группе.

А. 1. На кого в семье вы похожи? Кто похож на вас?
2. Какого члена семьи вы любите больше всего? Почему?
3. Кого в семье вы уважаете больше всех? Почему?

Б. 1. Вы дарите друг другу подарки на праздники? На какие праздники? Что вы обычно дарите? Сколько обычно стоят подарки, которые вы покупаете?
2. Кто из ваших родственников дарит лучшие подарки? Что он/она дарит?
3. Куда вы обычно ездите отдыхать с семьёй? Почему именно туда? Куда вы ездили отдыхать с семьёй в последний раз?
4. Куда в городе вы ходите с семьёй и с друзьями? Куда вы обычно не ходите?

В. 1. Кого из членов семьи вы видите чаще всего? Как часто вы их видите?
2. Кого из членов семьи вы видите реже всего? Как часто вы?
3. Какие качества ваших родителей вы цените больше всего? Почему?
4. За что вы благодарны своим родителям?

Г. 1. Кто воспитывал вас, когда вы были ребёнком?
2. Наказывали ли вас когда-нибудь родители? За что? Как давно это было?

6 Time Expressions

А. Напишите, что случится в вашей жизни в будущем, используя (а) глаголы совершенного и несовершенного вида в будущем времени, (б) предлог «через» и (в) слова «минута», «час», «полчаса день», «сутки», «неделя», «месяц», «год», «некоторое время».

Пример: Через год я поеду в Россию.

Б. Напишите, что, по-вашему, случится в жизни вашего партнёра. Начните предложения фразами «я предполагаю», «судя по всему», «скорее всего», «очень вероятно, что», «всё идёт к тому, что» и так далее. Обсудите ваши предложения с партнёром.

Пример: Скорее всего, через год ты закончишь университет.

 В. Расскажите своему партнёру о том, где вы будете в определённые моменты вашей жизни. Используйте предлог «через». Начните предложения словами «судя по всему», «скорее всего», «всё идёт к тому, что», «очень вероятно, что» и так далее.

Пример: Очень вероятно, что через год я буду в Москве.

Расскажите, что вы делаете каждый час, день, год, каждую неделю, и так далее. Используйте глаголы несовершенного вида, слово «каждый» и эти слова:

минута, час, полчаса, день, сутки, неделя, месяц, год, среда, суббота и т.д.

Пример: Я проверяю электронную почту каждые полчаса.

8 Заполните пропуски словами в скобках в правильной форме.

1. Ты (всё время) _____ играешь, но ведь компьютер не только для этого, правда? (Журнал «Даша»)

2. Я это поняла, когда уволилась: сначала было страшно и неуютно, а потом стало очень радостно. Хочу — сижу (весь день) _____ дома, хочу — часами гуляю по улицам. (Запись LiveJournal, НКРЯ)

3. Мама, которая (вся жизнь) _____ проработала в финансовой системе, несмотря на свою занятость, уделяла нам очень много внимания. (Журнал «Итоги»)

4. (Всё лето) _____ по два часа в день слушал он мои лекции. (Д. Гранин. «Зубр»)

5. В детстве я (все каникулы) _____ проводил на даче. (В. Спектр. «Face Control»)

6. (Вся пятница) _____ 1 мая на ТНТ — популярный молодёжный сериал «Универ». («РИА Новости»)

Electronic Workbook exercises
Е—Ж

9 Безличные конструкции (*Impersonal Constructions*)

A. Прочитайте предложения, в которых использованы безличные конструкции. Переведите предложения на английский язык.

1. Ей становилось всё хуже, в жарко натопленной комнате **её знобило**, на холодной кухне на лбу её вдруг выступал пот. (В. Гроссман. «Жизнь и судьба»)

2. Артём резко вскочил, но голова тут же закружилась, и **его начало тошнить**. (Д. Глуховский. «Метро 2033»)

3. Мы всё время виделись, нам было уютно друг с другом, но **нас друг к другу не тянуло**. (А. Найман. «Любовный интерес»)

4. Мне не было **себя жалко**. Я не жалел себя, не обижался . . . Мне было невыносимо **жалко своих родителей** и всех, кто меня любит или любил. (Е. Гришковец. «Как я съел собаку»)

5. Вскоре я почувствовал, что **меня клонит** ко сну, я встал, хотел идти, но покачнулся и, верно, упал бы, если бы меня под спину не подхватил хозяин. (Ю. Домбровский. «Хранитель древностей»)

6. Щёки горели, алые губы пылали жаром, точно **её лихорадило**. (Ю. Азаров. «Подозреваемый»)

Б. Заполните пропуски словами в скобках в винительном падеже.

1. Отец сел на мою кровать, пощупал мою голову и ласково спросил: —
(ты) _____ не знобит? — Нет, папа... (Д. Мамин-Сибиряк.
«Дурной товарищ»)

2. После того как пациент начал жаловаться на острую боль в желудке, и
(он) _____ начало тошнить, врачи перевели его в хирурги-
ческое отделение. (Газета «Амурский Меридиан»)

3. Ирине стало жаль (своя маленькая внучка) _____, которая
никому не нужна, кроме своей бабки. (В. Токарева. «Своя правда»)

4. Я потерял сон и аппетит, (я) _____ лихорадило, бросало в
пот, пересыхало во рту... (В. Запашный. «Риск. Борьба. Любовь")

5. Согласно законам природы (мужчины и женщины) _____
одинаково сильно тянет друг к другу. (Газета «Известия»)

6. (Все) _____ клонило уже ко сну; все поглядывали с завистью
на кровать. (В. Сологуб. «Метель»)

В. Вставьте в предложения слова из списка: «тянуло», «клонило», «лихорадило», «знобит», «тошнит», «жаль». Переведите предложения на английский язык.

1. От усталости и голода его _____ ко сну, и он сам не заметил,
как задремал. (К. Симонов. «Живые и мёртвые»)

2. Я лежал несколько дней на мокрой земле, меня знобило, _____,
наверное, я бредил, но никто не приходил мне на помощь, и еды у меня не
было. (У. Нова. «Инка»)

3. Радостно было видеть, как детей _____ друг к другу.
(В. Сухомлинский. «Семья Несгибаемых»)

4. Меня отчего-то _____. Солнце еще жжёт сильно, а я никак
не могу согреться. (Г. Бакланов. «Пядь земли»)

5. Алексей, меня _____ от ваших слов, поверьте. (З. Прилепин.
«Санькя»)

6. Мне стало _____ моего бедного дедушку: зрители перего-
варивались, жевали бутерброды, шуршали газетами, а старые люди на сцене
играли вальс. (А. Алексин. «Мой брат играет на кларнете»)

10 Сколько стоит?

Составьте 5–7 предложений о том, сколько стоит типичная поездка на отдых семьи из
четырёх человек. Используйте слово «стоить».

Пример: Семья едет в «Диснейленд». Каждый билет стоит 120 долларов. Сын хочет
купить мороженое. Мороженое...

11 Найдите ответы на эти вопросы в интернете. Запишите ответы полными предложениями.

1. Сколько в среднем должна весить девочка в 11 месяцев?
2. Сколько в среднем весят мальчики в 6 лет?

3. Сколько в среднем весит мозг взрослого мужчины?

4. Сколько весит Статуя свободы?

5. Сколько в среднем весят собаки и кошки?

6. Сколько весит миллион долларов США в однодолларовых купюрах?

 12 Обсудите вопросы с партнёрами.

1. Могут ли люди счастливо прожить в одном браке всю жизнь?

2. Должны ли супруги проводить друг с другом всё своё свободное время?

3. Что делать супругу, если супруга каждый вечер проводит с друзьями?

4. Что делать супруге, если супруг всё время ездит в командировки?

 13 Обсудите в группе.

Electronic Workbook
exercise
Б

1. На что или на кого вы часто жалуетесь? На что или на кого часто жалуются ваши друзья/родители? Почему?

2. На что или на кого вы сердитесь? На что или на кого часто сердится ваш лучший друг или подруга? Почему?

3. На кого вы в последний раз обиделись? Почему?

4. Что или кого вам приходится часто ждать? Как вы реагируете на то, что люди опаздывают?

 14 Поездка

Electronic Workbook
exercises
В–Д

Расскажите партнёру о вашей недавней поездке. Куда вы ездили? С кем? Что вы видели? На сколько времени вы ездили? Сколько стоила эта поездка? Оправдались ли ваши ожидания о поездке? Употребите в своём рассказе следующие выражения: «несмотря на то, что», «на всякий случай», «на широкую ногу», «на свой страх и риск», «в надежде на то, что».

15 Два письма

Прочитайте два письма в редакцию газеты «Собеседник». Заполните пропуски словами в скобках в правильной грамматической форме.

1. Неожиданно для меня появилась такая проблема, как измена мужа по интернету с другой женщиной. После родов я не могу уделять (внимание) _____ мужу, как раньше. Муж не знает, но все эти его чаты записываются на компьютере, он пишет такое, о чём стыдно говорить. Сначала я сердилась и обижалась на (свой муж) _____, но через (какое-то время) _____ поняла, что это бесполезно. Теперь мне просто жаль (он) _____ и (наш ребёнок) _____, который растёт без отца и его внимания.

Я не знаю, как мне поступить, когда измена налицо. Должен ли он жениться на (она) _____, и имею ли я право на (развод) _____? Что делать в такой ситуации?

Раиса

2. В (двадцать два) _____ года я познакомился с девушкой. Умна, воспитана, амбициозна, трудолюбива, в общем, девушка-мечта. Жили душа в (душа) _____, она любила (я) _____ безумно, готова была часами слушать . . . Встречался с ней (год) _____, дело шло к свадьбе, хотя (дети) _____ заводить не планировали, собирались просто жить вместе. Неожиданно понял, что «не нагулялся»: мне всего лишь 23 года, а уже с одной женщиной на (вся жизнь) _____. Расстался. Она тяжело переживала, плакала, звала меня обратно. Сейчас прошло почти 7 лет, она пережила (расставание) _____, теперь нашла (другой парень) _____ и живёт с ним счастливо. Я же за (это время) _____ никого больше не встретил, живу с родителями, завёл (кошка) _____. Изредка попадаются её фотографии на компьютере или в социальных сетях—становится больно, хочется всё вернуть назад. Заводите (семья) _____ и не упустите (та женщина) _____, которая нужна, чтобы потом не стало больно.

Артём

ПРОДОЛЖАЕМ РАЗГОВОР

Расскажите, что вы видите на картине Василия Пукирева «Неравный брак». Как вы думаете, что привело к событию, которое изображено на картине, и что случится после него. Обсудите с партнёром.

Before you read the text, you will complete a vocabulary exercise and engage in a discussion to prepare you for the topic. After reading the text, complete the After Reading exercises to evaluate your comprehension and practice new vocabulary.

Перед чтением

Соедините слова и выражения слева с их переводом справа.

1.	неполная семья	а.	to keep house
2.	рождаться	б.	father's attention
3.	новорождённый ребёнок	в.	children grow
4.	оформлять отношения	г.	mother's love
5.	вести хозяйство	д.	single-parent family
6.	создавать семью	е.	to be born
7.	отцовское внимание	ё.	a newborn
8.	материнская любовь	ж.	formalize the relationship
9.	дети растут	з.	start a family

Обсудите в группе: Что, по-вашему, значит фраза «неполная семья»?

Неполная семья не может быть счастливой?

Прочитайте статью о неполных семьях.

За после́дние лет 10 коли́чество дете́й, кото́рые расту́т и́ли рожда́ются в непо́лной семье́ в Росси́и приблизи́тельно 30%. В США 33% матере́й всех новорождённых—незаму́жние же́нщины, в Исла́ндии 64%, в Шве́ции 54%, в Великобрита́нии 38%, в Финля́ндии 37%. Мно́гие говоря́т о том, что брак потеря́л своё значе́ние[1]. В одно́м из иссле́дований[2], в Росси́и 1/3 опро́шенных не жела́ет оформля́ть отноше́ния. При э́том 71% мужчи́н и 68% же́нщин во всём ми́ре счита́ет, что брак—это неотъе́млемая[3] часть жи́зни. Есте́ственно, матери́нских непо́лных семе́й в Росси́и намно́го бо́льше—94% по не́которым да́нным, и то́лько 6%—э́то оте́ц с детьми́ и́ли ребёнком. Вот два мне́ния об э́той пробле́ме.

Д. ОРЕШКИН: Непо́лная семья́ мо́жет быть сча́стлива, хотя́ её потенциа́л для сча́стья гора́здо ни́же, чем у по́лной. Коне́чно, ма́льчикам нужны́ па́пы, де́вочкам нужны́ па́пы и ма́мы то́же. Па́пы обы́чно прино́сят в семью́ бо́льше де́нег, чем ма́мы. Это всего́ лишь о́бщая тенде́нция, а в ка́ждом конкре́тном слу́чае мо́жет быть друга́я ситуа́ция. По́лная семья́, где па́па алкого́лик и бьёт[4] дете́й, вряд ли[5] бу́дет счастли́вее, чем непо́лная, где ма́ма лю́бит своего́ ребёнка. Пусть да́же у неё ме́ньше де́нег, но ребёнок чу́вствует себя́ счастли́вым. Утвержде́ние[6], что по́лная семья́ — зна́чит счастли́вая, непо́лная — зна́чит несча́стная, это вульга́рное упроще́ние[7] жи́зни. Во мно́гих слу́чаях, непо́лная быва́ет лу́чше, чем по́лная. По стати́стике, наве́рно, в норма́льных усло́виях, где па́па не пьёт, а ма́ма ведёт хозя́йство и лю́бит свои́х дете́й, коне́чно, лу́чше, когда́ семья́ по́лная, ещё и соба́ка есть, ко́шки, и де́ти сча́стливы. Е́сли э́того нет, то э́то не означа́ет, что семья́ несча́стная. Быва́ют счастли́вые се́мьи и без отца́, и без соба́ки, и без ко́шки то́же.

М. ДУНАЕВСКИЙ: Я счита́ю, что непо́лные се́мьи, коне́чно, несча́стливы. Осо́бенно от э́того страда́ют[8] де́ти, потому́ что ребёнок ви́дит, когда́ он хо́дит в шко́лу, когда́ он хо́дит в обще́ственные места́, как улыба́ющиеся па́па с ма́мой де́ржат други́х дете́й за ру́чки. Это, коне́чно, влия́ет[9] на пси́хику ребёнка. Таки́х приме́ров о́чень мно́го. Де́ти начина́ют задава́ть вопро́сы: почему́ у нас не так, как в други́х се́мьях. Я ду́маю, что же́нщины и мужчи́ны должны́ об э́том о́чень серьёзно ду́мать, когда́ они́ создаю́т семью́. Я ду́маю, это огро́мный эгои́зм роди́телей, е́сли они́ позволя́ют[10] себе́ роди́ть ребёнка, а пото́м расста́ться[11] и сде́лать его́ несча́стным. Я до́лжен сказа́ть, что мой ли́чный о́пыт[12] не мо́жет служи́ть здесь приме́ром[13], потому́ что и у меня́ бы́ли де́ти, кото́рые бы́ли лишены́[14] моего́ отцо́вского внима́ния, но там бы́ло счастли́вое везе́ние[15], потому́ что ма́мы бы́стро вы́шли за́муж, у ребёнка в семье́ появи́лся[16] мужчи́на. Но конта́кт со мной не теря́лся[17], а е́сли и теря́лся, то ненадо́лго. У ребёнка в конце́ концо́в бы́ло да́же два па́пы.

«Типичный случай»
Эхо Москвы

---

[1]lose its meaning, [2]study/research, [3]integral, [4]beat, [5]it is unlikely, [6]statement, [7]simplification, [8]suffer, [9]affect, [10]allow, [11]part, [12]personal experience, [13]serve as an example, [14]deprived, [15]luck, [16]appear, [17]be lost

 После чтения

Отве́тьте на вопро́сы с партнёром.

1. Каки́е два мне́ния на пробле́му непо́лных семе́й предста́влены в статье́?
2. По мне́нию Оре́шкина, в каки́х слу́чаях ребёнок в непо́лной семье́ счастли́вее, чем в по́лной?
3. От чего́, по мне́нию Дунае́вского, бо́льше всего́ страда́ют де́ти в непо́лных се́мьях?
4. Сформули́руйте своё мне́ние по вопро́су непо́лных семе́й. Мо́жет ли непо́лная семья́ быть счастли́вой и почему́?

Перед чтением

Ответьте на вопросы.

1. Анна Ахматова родилась в 1889 году. Сколько ей было лет, когда она написала это стихотворение?
2. Прочитайте название стихотворения и переведите его на английский язык. Как вы думаете, о чём это стихотворение?

Сероглазый король

Прочитайте стихотворение и прослушайте его в аудиозаписи.

Сла́ва[1] тебе́, безысхо́дная[2] боль!
Умер вчера́ сероглазый коро́ль.

Ве́чер осе́нний был ду́шен[3] и ал[4],
Муж мой, верну́вшись[5], споко́йно сказа́л:

«Зна́ешь, с охо́ты[6] его́ принесли́,
Те́ло[7] у ста́рого ду́ба[8] нашли́.

Жаль короле́ву. Тако́й молодо́й!..
За́ ночь одну́ она́ ста́ла седо́й[9]».

Тру́бку[10] свою́ на ками́не[11] нашёл
И на рабо́ту ночну́ю ушёл.

До́чку мою́ я сейча́с разбужу́[12],
В се́рые гла́зки её погляжу́[13].

А за окно́м шелестя́т[14] тополя́[15]:
«Нет на земле́[16] твоего́ короля́...»

11 декабря 1911

---

[1]glory, [2]inescapable, [3]sultry, [4]crimson, [5]having returned, [6]hunt, [7]body, [8]oak tree, [9]gray (used only for hair), [10]pipe, [11]mantelpiece, [12]wake someone, [13]посмотрю, [14]rustle, [15]poplar, [16]earth

---

 После чтения

Ответьте на вопросы с партнёром.

1. Прочитайте первую строфу. Что случилось «вчера»? Как автор описывает боль? Скажите другими словами. Кто чувствует эту боль?

2. Прочитайте вторую и третью строфы. Когда муж вернулся домой и что он рассказал? Как он рассказал это? Чувствует ли он боль или нет? Кому он это рассказал?

3. В какое время года это случилось? В какой строфе говорится, как умер король? Где он умер?

4. Прочитайте четвёртую строфу. Кого жалеет муж: короля или королеву? Почему? Он говорит, что королева стала седой. Почему? Когда люди седеют?

5. Прочитайте пятую строфу. Что сделал муж после того, как он рассказал историю?

6. Прочитайте шестую строфу. Что хочет сделать жена после ухода мужа? Зачем она хочет разбудить дочку? Какие у дочки глаза? У кого были такие же глаза? Важно ли это?

7. Прочитайте последнюю строфу стихотворения. Кто говорит: «Нет на земле твоего короля . . . »? Как вы понимаете слово «твоего»?

8. Как по-вашему, о чём это стихотворение? Оно вам понравилось?

9. Найдите в тексте стихотворения все формы винительного падежа и объясните их употребление.

 ## ДАВАЙТЕ ОБСУДИМ

Using what you have learned in this chapter, discuss these topics in groups or with a partner. Try to extend it into a conversation rather than just answering each question.

1. В России несколько поколений людей часто живут в одной квартире. Бывает, что под одной крышей живут родители, дети и внуки. Какие плюсы и минусы вы видите в этом?

2. В последнее время всё больше родителей наблюдают за своими детьми с помощью видеокамер, приложений для телефонов и т.д. Некоторые родители следят за тем, какие вебсайты посещают их дети. Как вы относитесь к такому контролю? В чём его плюсы и минусы?

3. В русском языке есть поговорка «Муж и жена — одна сатана». Как вы её понимаете? Придумайте ситуацию, к которой она бы подошла.

4. Поэт Владимир Маяковский писал: «Любовная лодка разбилась о быт». Как вы понимаете это предложение? Согласны ли вы с Маяковским, что такое может произойти?

5. Сочините и разыграйте диалог с партнёром, в котором один из вас считает, что дети не могут быть счастливы в неполных семьях, а другой не соглашается с этим.

6. Разыграйте диалог между родителями и их взрослым ребёнком после того, как он или она сказал/а родителям, что женится/выходит замуж за человека, который им не нравится.

 ## ДАВАЙТЕ ПОГОВОРИМ О КИНО

Вот несколько названий русских фильмов, в которых рассматривается тема главы. Посмотрите один из них (информация в интернете поможет вам выбрать фильм) и подготовьте небольшое выступление, в котором вы: (1) кратко расскажете содержание фильма и

(2) покажете, как в этом фильме раскрывается тема главы. Постарайтесь использовать как можно больше активной лексики по теме.

- «Осенний марафон», режиссёр Георгий Данелия, 1979
- «Родня», режиссёр Никита Михалков, 1983
- «Свадьба», режиссёр Павел Лунгин, 2000
- «Кукушка», режиссёр Александр Рогожкин, 2003
- «Елена», режиссёр Андрей Звягинцев, 2011

ПИСЬМЕННЫЕ ЗАДАНИЯ

Выберите одну из тем и напишите сочинение длиной 500—600 слов.

1. Напишите, о чём думает жених или невеста в день свадьбы.
2. Представьте себе, что вы бабушка или дедушка большой семьи. Вы наконец решили раскрыть своим детям и внукам некоторые семейные секреты, которые вы скрывали от них всю жизнь. Напишите им письмо.
3. Подробно напишите вашу любимую историю из жизни вашей семьи.
4. Считаете ли вы, что брак — это необходимый институт современного общества.
5. Известный американский актёр и комик Граучо Маркс сказал, "Marriage is a wonderful institution, but who wants to live in an institution?" Переведите эту цитату на русский язык. Объясните, как вы её понимаете. Согласны ли вы с автором?

Electronic Workbook
exercises
Р—Ф

ЛЕКСИКА УРОКА

VERBS

ве́сить (ве́с<u>и</u>+ 8)
воспи́тывать (воспи́тыв<u>ай</u>+ 3)/воспита́ть (воспит<u>ай</u>+ 3)
вступа́ть (вступ<u>ай</u>+ 3)/вступи́ть (вступ<u>и́</u>+ 8)
выходи́ть (выход<u>и́</u>+ 3)/вы́йти (irregular)
жа́ловаться/пожа́ловаться (жа́лова+ся 15) на что/кого
ждать/подожда́ть (ждӑ-1) кого/что
жени́ться/пожени́ться (жен<u>и́</u>+ся 8) на ком
зноби́ть (зноб<u>и́</u>+ 8)
игра́ть/поигра́ть (игр<u>ай</u>+ 3)
клони́ть (клон<u>и́</u>+ 8)
конфликтова́ть (конфликт<u>ова́</u>+ 15)
крича́ть (крич<u>а́</u>+ 7)/кри́кнуть (кри́<u>кну</u>+ 14)
лихора́дить (лихора́д<u>и</u>+ 8)
наде́яться/понаде́яться (над<u>е́й</u>+ся 6) на кого/что

обижа́ться (обижа́<u>й</u>+ся 3)/оби́деться (оби́де+ся 5) на что/кого
обраща́ть (обраща́<u>й</u>+ 3)/обрати́ть (обрат<u>и́</u>+ 8) на что/кого
перевора́чивать (перевора́чив<u>ай</u>+ 3)/переверну́ть (переверн<u>у́</u>+ 14) с ног на го́лову
разводи́ться (развод<u>и́</u>+ся 8)/развести́сь (развёд+ 4) с кем
расти́/вы́расти (irregular)
расти́ть (раст<u>и́</u>+ 8)/вы́растить (вы́раст<u>и</u>+ 8) что/кого
рвать (рв<u>ӑ</u>+ 1)/вы́рвать (вы́рв<u>а</u>+ 1)
рожа́ть(ся) (рожа́<u>й</u>+(ся) 3)/роди́ть(ся) (род<u>и́</u>+(ся) 8)
руга́ться/поруга́ться (руга́<u>й</u>+ся 3) с кем
серди́ться/рассерди́ться (серд<u>и́</u>+ся 8) на что/кого

спо́рить/поспо́рить (спо́ри+ 8) с кем о чём
ссо́риться/поссо́риться (ссо́ри+ся 8) с кем
    из-за чего

ста́вить/поста́вить (ста́ви+ 8) на ме́сто
сто́ить (сто́и+ 8)
тошни́ть/затошни́ть (тошни́+ 8)

ADVERBS AND ADVERBIAL EXPRESSIONS

весь ве́чер
весь день
всё у́тро
всю неде́лю

всю ночь
жаль
за́муж
ты́сячу раз

NOUNS AND NOUN PHRASES

брак
воспита́ние
жени́тьба
заму́жество
конфли́кт
подро́сток
разво́д
разногла́сие

ро́дственник
рожде́ние
сва́дьба
сожи́тель
ссо́ра
супру́г/супру́га
член семьи́

ADJECTIVES

бра́чный
воспита́тельный
жена́тый
заму́жняя
подростко́вый

похо́жий
разведённый
сва́дебный
супру́жеский
це́лый

PREPOSITIONS

за
несмотря́

под
че́рез

PHRASES

бра́ться за ум
в защи́ту *кого*
в знак *того*
в отве́т *на что*
в па́мять *кому*
в честь *кого*
на все сто
на вся́кий слу́чай

на одно́ лицо́
на па́мять
на свой страх и риск
на худо́й коне́ц
на широ́кую но́гу
не тот
сломя́ го́лову

Урок №9

Диалог культур

Что вы видите на фотографии? Кто эти люди и где они находятся? Почему они здесь? Что случилось до этого? Что будет потом?

In this section you will learn words and phrases that will help you understand texts in this chapter and discuss the topic of multicultural contact.

Полезные слова и выражения

Прочитайте слова, их перевод и примеры.

приéзжий   *newcomer, someone who is not local*
В Москве очень много <u>приезжих</u>.

населéние   *population*
И местное <u>население</u>, и туристы с удовольствием ходят в наш ресторан.

наплы́в   *influx*
С каждым годом <u>наплыв</u> мигрантов в Москву увеличивается.

престу́пник/престу́пность   *criminal/criminality, crime*
Многие считают, что с наплывом мигрантов в городах возрастает <u>преступность</u>.

чужóй   *somebody else's, alien, foreign*
Она не хотела жить в <u>чужой</u> стране и поэтому не поехала с мужем в Россию.

чу́жд(ый)   *alien to, extraneous*
В новой стране ей было <u>чуждо</u> всё, что происходило вокруг.

чужáк (colloq.)   *stranger, alien*
<u>Чужаков</u> в деревне не любили и даже боялись.

цвет кóжи   *skin color*
Смуглый <u>цвет кожи</u>, чёрные волосы и огромные глаза делали её похожей на цыганку.

мéстный жи́тель   *local resident*
Многие <u>местные жители</u> сдают приезжим квартиры.

граждани́н   *citizen*
Каждый <u>гражданин</u> имеет право знать, на что государство тратит деньги.

согрáждане   *fellow citizens*
Мэр считает, что наши новые <u>сограждане</u> должны выучить русский язык.

Упражнения по лексике

1 Переведите примеры из списка полезных слов и выражений на английский язык.

2 Прочитайте слова в левой колонке, их синонимы/определения в средней колонке и напишите перевод в правой колонке.

Слово	Синоним	Перевод
труд	рабóта	
рóдина	отéчество	
соотéчественник	вы́ходец из той же страны́	
зарабáтывать	получáть дéньги за рабóту	
(поéхать) на зáработки	чтóбы зарабóтать дéньги	

3 Соедините слова и выражения слева с их переводом справа.

1. сводúть концы́ с концáми
2. éздить/éхать на зáработки
3. нуждá
4. лю́ди вторóго сóрта
5. мáло кто
6. жить на зарплáту

а. *second-class citizens*
б. *to live on salary*
в. *very few people*
г. *to make ends meet*
д. *to leave home to earn some money*
е. *scarcity, hardship*

4 Заполните пропуски словами и выражениями из упражнения
3 в правильной грамматической форме.

1. Жили они бедно, кое-как _____. (С. Седов)
2. Тетерин знал, что в современной России нельзя _____, но как на неё не жить, ему было неизвестно. (А. Геласимов)
3. Ощущение неуверенности, постоянная денежная _____ были привычны ему с детских лет. (В. Гроссман)
4. О том, что куртка принадлежала Фернану Леже, знали немногие. _____ я об этом рассказывал. (С. Довлатов)
5. Обычно они _____ в Москву из деревень. (И. Архипова)
6. Почему в России музыканты всегда считают себя людьми _____? (В. Молчанов)

Текст 1: Статья «История Мондагул»

Before you read the text, you will engage in a discussion to prepare you for the topic. After reading the text, complete the After Reading exercises to evaluate your comprehension and practice new vocabulary.

Перед чтением
Обсудите с партнёром.

1. Есть ли у вас в стране трудовые мигранты? Из каких они стран?
2. Какую работу обычно выполняют трудовые мигранты в вашей стране?

Прочитайте текст.

Я встречала её каждый раз, когда выходила утром из подъезда[1] своего дома. Зимой она молча расчищала снег или колола[2] лёд во дворе, осенью — мела листья . . . У неё было красивое, гордое[3] имя Мондагул, но жильцы нашего дома называли её на русский манер — Надя. На родине, в солнечном Таджикистане, Мондагул была учительницей младших классов. Но зарплата была такая маленькая, что они с мужем, который тоже работал в школе, едва сводили концы с концами[4].

В конце концов они последовали примеру[5] многих своих соотечественников и поехали в Россию на заработки. Они хорошо знали, что здесь их никто не ждёт, что таких как они здесь сотни тысяч и что жить придётся в нечеловеческих условиях[6]. Но нужда[7] не оставляла им другого выбора, и Мондагул с мужем пополнили[8] огромную армию трудовых мигрантов (строителей, продавцов, разнорабочих, грузчиков[9]) из Таджикистана. В России в 2015 году их было около миллиона человек, в основном, в крупных городах, в том числе в Москве.

Как это ни печально[10], но к таким как они, таджикам, работавшим на стройках, рынках и во дворах, многие русские относились как к людям второго сорта[11]. А между тем среди них были бывшие учителя, музыканты, журналисты и даже кандидаты наук. Их оскорбляли[12], говоря им в лицо, что «Россия — для русских» и «Москва не резиновая[13]». Их обманывали[14], вымогали[15] взятки[16] за легализацию документов, им недоплачивали[17] за сделанную работу. Москва была для них одновременно и городом возможностей, и городом унижений[18].

В то же время их боялись. Боялись их многочисленности, боялись, что они будут публично демонстрировать свою религиозную принадлежность[19], резать баранов[20] на московских площадях во время мусульманских праздников. Но главный парадокс — в них нуждались[21]. Мало кто из москвичей пошёл бы работать за ту мизерную зарплату, которую платили дворникам или грузчикам. А выходцы из Таджикистана не только как-то жили на эту зарплату, но и посылали деньги своим близким на родину.

Они не пытались[22] ассимилироваться, а жили надеждой на то, что через год-другой заработают достаточно денег, чтобы вернуться на родину, построить дом с видом на горы, купить овец[23] и жить в кругу семьи на своей родной земле. На Москву большинство из них смотрели как на что-то временное, мало кто хотел остаться здесь навсегда, стать частью российского общества. Вели[24] они себя тихо, лишний[25] раз не выходили на улицу, чтобы не отобрали[26] документы. Это были люди-тени[27], которые хотели заработать денег, а не демонстрировать свои национальные традиции. И только пёстрый[28] халат[29] молчаливой Мондагул напоминал о том, откуда она приехала.

Ксения Головлева

---

[1]entrance, [2]split, [3]proud, [4]make ends meet, [5]follow the example, [6]condition, [7]need, [8]replenish, [9]loader, [10]sad, [11]second-class, [12]insult, [13]rubber, [14]deceive, [15]extort, [16]bribe, [17]underpay, [18]humiliation, [19]affiliation, [20]slaughter sheep, [21]need, [22]try, [23]sheep, [24]behave, [25]extra, [26]take away, [27]shadow, [28]many-colored, [29]robe

После чтения

А. Ответьте на вопросы с партнёром.

1. Кто такая Мондагул? Откуда она? Кто она по профессии?
2. Почему она приехала в Россию? Кем она там работает?
3. Автор пишет, что трудовые мигранты живут в «нечеловеческих условиях»? Как вы это понимаете?
4. Из какой страны, по словам автора, приезжает в Россию большинство трудовых мигрантов? Где и кем они обычно работают?
5. Что имеет в виду автор, когда пишет, что русские часто относятся к трудовым мигрантам как к людям «второго сорта»?
6. Как вы понимаете выражение «Москва — не резиновая»?
7. Почему, по мнению автора, москвичи боятся трудовых мигрантов?
8. Как автор объясняет то, что в Москве «нуждаются» в трудовых мигрантах?
9. По мнению автора, хотят ли выходцы из Таджикистана ассимилироваться — стать частью российского общества и остаться жить в России? Почему?
10. Как вы понимаете слова автора, что трудовые мигранты — это «люди-тени»?

Б. Переведите предложения, используя слова и выражения из текста 1.

1. The immigrants did not want to work for a tiny salary, but they had no choice.
2. My friends recently emigrated from the Far East to Israel in search of new opportunities.
3. Young people from Ukraine often travel to Italy to make some money.
4. The poet Anna Akhmatova did not leave her motherland, while many of her friends emigrated from Russia.
5. The migrants lived in terrible conditions but hoped to earn enough money to return to their native land, buy a house, and get married.

Пословицы, поговорки, выражения
Что ру́сскому хорошо́, то не́мцу смерть.
What's good for a Russian is death for a German.
One man's meat is another man's poison.

Electronic Workbook
exercise
A

ГРАММАТИКА: ДАТЕЛЬНЫЙ ПАДЕЖ (*DATIVE CASE*)

The dative case (да́тельный паде́ж — кому́? чему́?) is used most frequently for words that serve as the indirect object in a sentence. It is also used in modal expressions and impersonal constructions, as explained below.

1. For indirect objects, as in these examples:

   Чеченские жители писали **Президе́нту** о . . .
   The residents of Chechnya wrote the President about . . .

   Президент ответил **им**, что . . .
   The President answered them that . . .

Textbook exercises
5, 6

2. To express age:

Сколько **ему́** лет?
How old is he?

Ему́ будет 20 лет в марте.
He'll be 20 in March.

А я была уверена, что **ему́** уже исполнился 21 год.
And I was sure he had already turned 21.

Textbook exercises
7, 8

3. To indicate the subject in impersonal constructions:

Тамаре было **ску́чно** на лекции об этнических конфликтах.
Tamara was bored at the lecture about ethnic conflicts.

Нам было **интере́сно** узнать о новых законах относительно миграции из Таджикистана.
It was interesting for us to learn about new laws concerning migration from Tajikistan.

Когда мы ходили по городу, нам очень **захоте́лось** пить и мы вернулись домой.
When we were walking around the city, we got really thirsty and came back home.

Тебе очень **повезло́**, что у меня нет сил ругаться с тобой.
You are really lucky that I don't have the energy to quarrel with you.

The reflexive verbs хоте́ться/захоте́ться are used with dative case subjects and an infinitive to express the meaning "to feel like doing something," as in the example above. The verbs listed below all form impersonal constructions with the logical subject in the dative case:

каза́ться/показа́ться	приходи́ться/прийти́сь	хвата́ть/хвати́ть
надоеда́ть/надое́сть	удава́ться/уда́ться	
нра́виться/понра́виться	недостава́ть	

In addition, impersonal constructions may be formed with these adverbs: ве́село, гру́стно, жа́рко, хо́лодно, тепло́, прохла́дно, лу́чше, and ху́же, among others.

4. In modal expressions:

Мне **на́до** написать доклад об отношении русских к выходцам с Кавказа.
I have to write a report on the attitude of Russians toward people from the Caucasus.

В Советское время украинцам **нельзя́** было говорить о независимости.
In the Soviet era Ukrainians were not allowed to talk about independence.

Мигрантам из Северной Кореи очень **нужны́** были деньги.
The migrants from North Korea really needed money.

Я надеюсь, что эстонцам и русским **уда́стся** решить эти сложные вопросы.
I hope that the Estonians and Russians manage to solve these complicated questions.

Русскоязычным жителям Эстонии **надое́ли** законы об эстонском языке.
Russian residents of Estonia are sick and tired of laws about the Estonian language.

Note that **нужный** agrees in gender or number with the noun of the thing that is *needed*, while the person or people who need are in the dative case. **Надоедать** agrees in gender or number with the thing that people are fed up with, while the people who are fed up are in the dative case. For example:

Некоторым местным жителям **надоели** мигранты, потому что им всё время **нужна́** помощь.
Some locals are fed up with the migrants because they always need help.

5. With negative pronouns that mean to have nothing to or there is nothing to etc., such as:

Мигрантам **нечего** делать.
There's nothing for the migrants to do.

Этому трудовому мигранту **не́ с кем** было общаться на русском языке.
This labor migrant did not have anyone to talk with in Russian.

Этой старушке **не́куда** будет ходить.
This old woman won't have anywhere to go.

6. As the logical subject of a verb in the infinitive or with pronominal constructions (see chapter 12):

Что **де́лать** армянам, которые живут в Нагорном Карабахе?
What can the Armenians who live in Nagorny Karabakh do?

Я боюсь, что армянам, которые живут в Нагорном Карабахе, **не́ к кому** обратиться за помощью.
I'm afraid that the Armenians who live in Nagorny Karabakh have no one to turn to for help.

Таджикским мигрантам **не́куда** было ехать.
The Tajik migrants had nowhere to go.

Textbook exercises
9—11

7. With certain verbs:

помога́ть/помо́чь	расска́зывать/рассказа́ть	сообща́ть/сообщи́ть
нра́виться/понра́виться	говори́ть/сказа́ть	удивля́ться/удиви́ться
учи́ть(ся)/научи́ть(ся)	звони́ть/позвони́ть	

В 19-ом веке русские пытались **помога́ть** своим братьям славянам в борьбе против турков.
In the 19ᵗʰ century Russians tried to help their brother Slavs in the battle against the Turks.

Нам очень **понра́вилось** предложение о перемирии между этими народами.
We really liked the proposal for peace between these nations.

Они **у́чатся** решению конфликтов.
They are learning how to resolve conflicts.

Софья Андреевна **рассказа́ла** студентам о том, что случилось в её городе в 1991-ом году.
Sof'ia Andreevna told the students about what happened in her town in 1991.

Равшан Петрович **сказа́л** нам, что это очень старый конфликт.
Ravshan Petrovich told us that it was an ancient conflict.

Мы **позвони́ли** Вере на работу, чтобы **сообщи́ть** ей о последних известиях из Беларуси.
We called Vera at work to tell her about the latest news from Belarus.

Она очень **удиви́лась** новостям из Грузии.
She was very surprised at the news from Georgia.

Note that with нравиться, the thing that is liked is in the nominative case, while the person who likes it is in the dative case.

In addition to verbs used in impersonal constructions described earlier, the following verbs that take the dative case may be classified in the following categories.

i. Verbs that indicate assistance, permission or prohibition etc. to the object of the verb:

вреди́ть/повреди́ть	меша́ть/помеша́ть	сове́товать/посове́товать
запреща́ть/запрети́ть	помога́ть/помо́чь	
изменя́ть/измени́ть	разреша́ть/разреши́ть	

ii. Verbs indicating attitude towards the object:

ве́рить/пове́рить	сочу́вствовать/посочу́вствовать
зави́довать/позави́довать	удивля́ться/удиви́ться
ра́доваться/обра́доваться	

iii. Miscellaneous verbs:

звони́ть/позвони́ть	прика́зывать/приказа́ть
льсти́ть/польсти́ть	учи́ть/научи́ть

Textbook exercises
12, 13

 Пословицы, поговорки, выражения
Всему́ своё вре́мя.
Everything has its appropriate time.
Everything has its season.

8. With the prepositions **к** and **по**:

Мы сейчас идём **к** Галине Михайловне.
We're going to Galina Mikhailovna's.

В этом многонациональном районе мигранты уже привыкли друг **к** другу.
In this multiethnic neighborhood migrants have gotten used to one another.

Завтра **по** телевизору покажут важный фильм о Казахстане.
Tomorrow on television there will be an important film about Kazakhstan.

Завтра у меня будет экзамен **по** истории народов Кавказа.
Tomorrow I have a test on the history of the peoples of the Caucasus.

9. With the noun **па́мятник**

> Это **па́мятник** Пушкину, а там стоит **па́мятник** Юрию Долгорукому.
> *This is the monument to Pushkin, and over there is the monument to Iurii Dolgorukii.*

10. With certain adjectives such as подо́бный, благода́рный, ве́рный, изве́стный, рад

> Эта книга о конфликте между русскими и украинцами **подо́бна** той, которую я читала в прошлом году.
> *This book about the conflict between Russians and Ukrainians is similar to the one that I read last year.*

> Мы очень **благода́рны** руководителю группы «Врачи без границ», который помог нам решить эти вопросы.
> *We're very grateful to the leader of the group "Doctors without Borders," who has helped us resolve these questions.*

Textbook exercises
14–16

> Она была **ра́да** тому, что этот конфликт наконец разрешился.
> *She was happy that the conflict was finally resolved.*

> Этот врач **изве́стен** всему миру как борец за права человека.
> *This doctor is well known throughout the world as a human rights activist.*

11. In these idiomatic expressions:

Сла́ва Бо́гу!	Thank God!
(кому) не до шу́ток	(who is) not in the mood for jokes
(кому) по душе́	(who) likes (something)/(who) is happy (to do something)
(кому) по плечу́	(who) can do something, can manage to do something
Иди́ к чёрту!	Go to hell!

Textbook exercise
17

12. In certain connecting phrases:

по ме́ре того́, как	as (in the sense of "while in the process of")
по су́ти	in essence
су́дя по тому́, что	judging by the fact that
су́дя по всему́	considering everything (most likely)
по всей вероя́тности	most likely
по сле́дующим причи́нам	according to the following reasons
благодаря́ тому́, что	due (thanks) to the fact that

Textbook exercises
18

Пословицы, поговорки, выражения
Дарёному коню́ в зу́бы не смо́трят.
Don't look a gift horse in the mouth.

Dative Case Endings

The dative case has very regular endings, as depicted in this table:

	Единственное число		Мно́жественное число
	Мужско́й род, Сре́дний род	**Же́нский род**	
Существи́тельные	-у/-ю	-е with two exceptions (-ии, -и) noted below	-ам/-ям
Прилага́тельные	-ому/-ему	-ой/-ей	-ым/-им

There are two exceptions, as mentioned, to the dative case endings for feminine nouns. First, feminine nouns ending in -ия take the dative case ending of -ии, as in this example:

> Она́ уже́ привы́кла к **Фра́нции**.
> *She's already used to France.*

And second, feminine nouns ending in -ь take the dative case ending of -и, as in this example:

> Мой сын уже́ привы́к к **жи́зни** в общежи́тии.
> *My son is already used to the life in the dorm.*

Personal Pronouns and the Emphatic Pronoun in the Dative Case

The declension of the personal pronouns in the dative case is provided in this chart:

Еди́нственное число		Мно́жественное число	
я	мне	мы	нам
ты	тебе́	вы	вам
он/о́ онá	ему́ (нему́) ей (ней)	они́	им

Subordinate Clauses with the Dative Case

The relative pronoun кото́рый is declined in the dative case as a regular adjective, as illustrated in these example sentences:

> Мы говори́ли со студе́нтами, к **кото́рым** прие́хали роди́тели.
> *We spoke with the students who were visited by their parents.*

> Нам бы́ло жаль актри́су, **кото́рой** не подари́ли цветы́.
> *We felt sorry for the actress who was not given flowers.*

> За́втра мы поговори́м с инжене́ром, **кото́рому** помога́ет на́ша фи́рма.
> *Tomorrow we'll talk with the engineer whom our firm is helping out.*

The connecting phrases то, что and то, как can also be used with the dative case, as demonstrated in these examples:

Я не верю **тому́**, что говорит Павел Андреевич.
I don't believe what Pavel Andreevich is saying.

Она завидует **тем**, кто свободно говорит по-русски.
She's envious of those who speak Russian fluently.

Мария Константиновна радуется **тому́**, что её сын получил американское гражданство.
Maria Konstantinovna is very happy that her son received American citizenship.

Textbook exercise
19

 Пословицы, поговорки, выражения
Чему́ быть, тому́ не минова́ть.
You cannot evade your own destiny.
What will be, will be.

Cardinal and Ordinal Numbers in the Dative Case

Numbers are declined in the dative case if required by the grammatical context in which they occur, as in these example sentences:

Министерство иностранных дел России запретило въезд в страну **трём америка́нским диплома́там**.
The Ministry of Foreign Affairs of Russia has forbidden three American diplomats entry to the country.

Textbook exercises
20, 21

Всю свою жизнь мой отец учил меня **пяти́ просты́м пра́вилам**.
All his life my father taught me five simple rules.

Неудивительно, что Жанна Васильевна поставила **четвёртому студе́нту** двойку.
It's not surprising that Zhanna Vasil'ievna has given the fourth student an F.

УПРАЖНЕНИЯ ПО ГРАММАТИКЕ

5 Найдите и объясните 10 случаев использования дательного падежа в тексте 1.

6 Дательный падеж

А. Заполните пропуски словами в скобках в дательном падеже.

1. _____ (что) взрослые должны учить детей?
2. Должны ли мужчины льстить _____ (женщины)?
3. _____ (кто) вы звоните чаще всего, когда вам грустно?
4. Нужно ли завидовать _____ (те), у кого много денег?
5. _____ (какие известные люди) верят американцы?
6. _____ (какой подарок) вы обрадуетесь больше всего?

Б. Напишите ответы на вопросы и обсудите их с партнёром.

7 Дательный падеж

А. Заполните пропуски словами в скобках в дательном падеже.

1. Сколько лет было _____ (твой друг), когда он получил водительские права?
2. Сколько лет было _____ (ты), когда ты начал(а) изучать русский язык.
3. Сколько лет было _____ (твой сосед или твоя соседка), когда они научились читать?
4. Сколько лет было _____ (твой преподаватель русского языка), когда он/она начал(а) преподавать?

Б. Узнайте ответы на эти вопросы и запишите их полными предложениями.

8 Эмигранты

Кого из известных эмигрантов из России вы знаете? Прочитайте список известных эмигрантов. Напишите предложения о том, сколько им было лет, когда они эмигрировали.

Пример: Иосифу Бродскому было тридцать два года, когда он эмигрировал в США.

Фамилия и годы жизни	Год и страна эмиграции
Александр Алёхин (1892–1946)	1921 (Франция)
Сергей Брин (род. 1973)	1979 (США)
Владимир Зворыкин (1889–1982)	1919 (США)
Мила Йовович (род. 1975)	1980 (США)
Владимир Набоков (1899–1977)	1919 (Германия)
Сергей Рахманинов (1873–1943)	1918 (США)
Айн Рэнд (Алиса Розенбаум) (1905–1982)	1926 (США)

Electronic Workbook exercise Б

9 Жизнь студентов

Работая в группах, опишите жизнь студентов в вашем университете. Во-первых, расскажите о том, что студентам и преподавателям необходимо делать. Потом скажите, чего им нельзя/не разрешается/не рекомендуется делать. И наконец, расскажите о том, что студентам и преподавателям хочется делать.

10 Разрешать и запрещать

А. Прочитайте заметку. Подчеркните слова в дательном падеже. Объясните употребление дательного падежа.

По данным газеты «Комсомольская правда», мигрантам, которые приезжают в Россию, будет сложнее найти работу. Премьер-министр России Дмитрий Медведев подписал постановление, которое запрещает иностранцам работать в торговле в палатках на рынках, вне магазинов, а также в аптеках.

Б. Что, по-вашему, нужно разрешить/запретить мигрантам? Почему?

11 Разрешать и запрещать

Electronic Workbook
exercises
Б—Е

А. Составьте пять предложений о том, кто кому что запрещает или не разрешает делать в семье, на работе, в обществе.

Пример: Родители не разрешают детям приходить домой поздно.

Б. Обсудите ваши предложения с партнёром. Согласны ли вы с этими запретами? Что, по вашему мнению, не нужно запрещать?

12 Dative Case with Verbs

Ответьте на вопросы, используя дательный падеж. Обсудите ответы с партнёрами.

А. 1. Чему и кому вы обычно радуетесь?
2. Чему вы удивляетесь? Чему вы удивлялись раньше, но не удивляетесь теперь?
3. Кому вы всегда верите? Кому вы никогда не верите?
4. Верят ли люди в вашей стране:

- президенту?
- правительству?
- писателям?
- журналистам? Почему?

Б. 1. Кому вы подражаете?
2. Кому подражают ваши друзья и знакомые?
3. Кому вы подражали в детстве?

В. 1. Кому вы дарите подарки на день рождения, Рождество, Новый год и на какой-либо другой праздник? Что вы обычно дарите?
2. Кому вы редко дарите подарки?
3. Кому вы никогда не дарите подарки?

Г. 1. Что вы делаете, когда вам грустно/весело/одиноко?
2. Что делают ваши друзья?

Д. 1. Что вам некогда делать?
2. Что некогда делать другим студентам/вашим родителям/друзьям?

Е. Что можно и нельзя делать в разных культурах женщинам/мужчинам/детям/преподавателям/студентам/гостям/хозяевам?

13 Книги и фильмы

Кому вы посоветуете прочитать эти книги и посмотреть эти фильмы?

Пример: Я советую прочитать книгу «Над пропастью во ржи» всем подросткам, которым одиноко и грустно.

1. «Над пропастью во ржи»
2. «Анна Каренина»

3. «Преступление и наказание»
4. «Звёздные войны»
5. «Великий Гэтсби»
6. «Маленький принц»
7. «Библия»
8. «Моби Дик»
9. «Ромео и Джульетта»
10. «Аватар»

14 По

The preposition по (*according to*) is often used in reporting. It is followed by a noun or a noun phrase in dative case.

А. Работая с партнёром, напишите слова ниже с предлогом «по». В результате получатся выражения, которые часто используются в языке газет.

Пример: по словам

слова	мнение	заявление	статистика
информация	сообщение	данные	версия

Б. Переведите фразы в А на английский язык.

В. Напишите предложения с каждой из этих фраз.

15 Each Other

А. Заполните пропуски фразами «друг другу», «друг к другу» или «друг по другу».

Пример: Они все хотят _____ нравиться. (Л. Улицкая)
Они все хотят друг другу нравиться.

1. Они посмотрели _____ в глаза—это была любовь с первого взгляда! (С. Седов)
2. Когда он уезжал на месячную стажировку в Америку, мы _____ соскучились. (Э. Савкина)
3. Я хочу, чтобы люди верили _____ и жили правдиво, хотя это и нелегко в наше время. (С. Ткачёва)
4. С Екатериной Михайловной они теперь большие подруги и часто ходят _____ в гости смотреть телевизор. (А. Геласимов)
5. Они стоят очень близко _____. (М. Палей)
6. Мы с ним долго не виделись, чуть не полгода, и очень соскучились _____. (Я. Харон)
7. Им важно было обо всём _____ рассказать. (Л. Улицкая)
8. Я рада, что мы это _____ сказали. (И. Грекова)

Electronic Workbook
exercise
Ё

Б. Переведите предложения на английский язык.

В. Напишите свои предложения с «друг другу», «друг к другу» и «друг по другу» (по два предложения с каждой фразой).

16 Родину в чемодане не увезёшь

A. Герой одного советского фильма говорит: «Родину в чемодане не увезёшь». Как вы понимаете это выражение? Обсудите его с партнёром.

Б. Нарисуйте чемодан и напишите на нём всё то, чего вам будет не хватать, если вы эмигрируете в другую страну.

В. Обсудите свой чемодан с партнёром. Используйте слова «недоставать», «не хватать», «скучать».

Пример: Если я перееду в Хабаровск, мне будет не хватать мексиканских ресторанов. *If I move to Khabarovsk, I will miss Mexican restaurants.*

Г. Напишите несколько предложений о том, чего будет недоставать вашему партнёру.

Electronic Workbook exercises Ж–Й

17 Идиомы

Electronic Workbook exercise K

Напишите предложения о себе или о людях, которых вы хорошо знаете, используя фразы: «(не) по душе», «не до шуток», «слава Богу», «благодаря». Обсудите предложения с партнёром.

18 Identifying the Dative Case

A. Прочитайте предложения из газет. Обратите особое внимание на слова и выражения, отмеченные жирным шрифтом. *Pay special attention to the phrases in bold.* Подчеркните слова и фразы в дательном падеже. Переведите предложения на английский язык.

1. **По мере того как** стабилизируется экономика, меняется и набор самых острых проблем россиян. («Новые известия»)

2. Мигранты, в том числе нелегальные, имеют доступ ко многим социальным услугам в России, за которые сегодня **по сути** не платят. («Российская газета»)

3. **Судя по** официальной информации Министерства труда, миграции и молодёжи, на сегодняшний день в России находятся 495 тысяч мигрантов из Киргизии. («Gezitter.org»)

4. Коэффициент интегрированности таджикских мигрантов в российское общество с каждым годом снижается **по следующим причинам**: 1) с каждым годом у новых мигрантов ухудшается знание русского языка; 2) нарастают антимигрантские настроения в обществе. («Fergananews.com»)

5. Сегодня экономика Таджикистана во многом держится только **благодаря** тем доходам, которые получают трудовые мигранты. («Биржевой лидер»)

Electronic Workbook exercise Л

Б. Напишите свои предложения со словами, отмеченными жирным шрифтом (*in bold*) в A.

19 Тот, кто

Вставьте в пропуски «тот/те, кто»; «то, что» или «который» в дательном падеже.

1. Дина была благодарна _____ её поддержал в трудный момент.
2. Отец научил меня _____ знал.
3. Мой брат, _____ всего три года, уже умеет читать.
4. Он радуется _____ скоро поедет во Францию.
5. Мы должны сочувствовать _____плохо.
6. Человек, _____ я позвонил вчера, предложил встретиться в кафе.
7. Не стоит всегда верить _____пишут в газетах.
8. Судя по _____ на небе много звёзд, завтра будет хорошая погода.

20 Полицейские рейды

А. Прочитайте статью. Напишите все числительные словами.

ПОЛИЦЕЙСКИЕ РЕЙДЫ

За прошéдший мéсяц в Тóмской óбласти бы́ло проведенó óколо сорокá провéрок ры́нков, магази́нов, оптóвых баз. 750 иностра́нным гра́жданам бы́ли предъя́влены обвинéния в нарушéнии миграци́онного законода́тельства. 340 мигра́нтам пришлóсь заплати́ть штраф, а 230 бы́ло запрещенó рабóтать в Росси́и в течéние двух мéсяцев. 57 гра́жданам пришлóсь уéхать из Росси́и. 35 мигра́нтам удалóсь сбежа́ть от полицéйских.

Б. Переведите статью на английский язык.

21 История одной мигрантки

А. Прочитайте статью и заполните пропуски словами в скобках в дательном падеже.

1. 6 ноября врачи роддома №1 не разрешили рожать _____ (женщина). По _____ (сообщения) СМИ, врачи отказали в помощи _____ (гражданка) Узбекистана, так как у неё не было нужных документов. Люди вызвали полицию, и через некоторое время полицейские внесли женщину в роддом, где она через несколько минут родила.

2. Через день после родов гражданка Узбекистана сбежала из роддома, однако в пятницу _____ (полицейские) удалось найти её. Она пряталась в подвале. С ней был только что родившийся ребёнок, а также двое детей, _____ (которые) было пять и шесть лет. Несмотря на то, что многие люди сочувствовали _____ (эта женщина) и _____ (её дети), суд вынес решение о выдворении мигрантки из России.

Б. Обсудите статью с партнёром. Согласны ли вы с решением врачей? Согласны ли вы с решением суда? Почему? Придумайте заголовок для этой статьи.

Before you read the text, you will engage in a discussion to prepare you for the topic. After reading the text, complete the After Reading exercises to evaluate your comprehension and practice new vocabulary.

 Перед чтением

Обсудите с партнёром.

1. Как вы понимаете понятия «расизм» и «ксенофобия»?
2. Прочитайте и обсудите определения этих понятий ниже. Согласны ли вы с ними?

Расизм — антинаучная теория о физическом и интеллектуальном превосходстве (*superiority*) одной расы над другой, дискриминация людей по расовому признаку (*characteristic*).

Ксенофобия — страх или ненависть (*hatred*) к кому-либо или чему-либо чужому, незнакомому.

Расизм — стыдно, ксенофобия — нормально!

Прочитайте блог.

Мне всегда казалось подлогом[1] утверждение, что нелюбовь к приезжим — это неинтеллигентно, немодно и некрасиво.

Какова населению польза[2] от наплыва мигрантов? Имею в виду[3] пользу, которая бы перевешивала[4] негатив.

Мы имеем привозную[5] преступность, привозные болезни, навязанный[6] конфликт культур . . . Однако говорить об этом вслух почему-то стыдно. А я говорю, что это нормально. У человека есть право не терпеть[7] в доме того, кто ему неприятен, чужд, страшен. Того, кто на ужине крадёт[8] ложки, мучает[9] хозяйскую кошку . . .

Не приглашать таких гостей — нормально! И пока с мигрантами расплачиваются[10] нефтяными[11] деньгами, пока мы делим[12] с ними социальную инфраструктуру, у нас есть право решать, хотим мы их видеть у себя в доме или нет.

Не любить таджиков за цвет кожи — это расизм, не желать их видеть в стране за дурное[13] поведение, низкий уровень культуры — это совсем другое. Это ксенофобия, на которую каждый житель имеет право. Каждый вправе заявить, хочет он видеть чужаков или нет.

Мне всё равно, какой цвет кожи и какой язык у привозной преступности и коррупции. Но я, как житель, не хочу терпеть импортируемые проблемы ради[14] чьей-то выгоды[15]. В 2006–2010 годах я практически постоянно жила в Лондоне. И я видела, как затягивалась[16] на шее английского общества миграционная удавка[17]. Когда я уезжала, в публичных туалетах Лондона за муниципальный счёт[18] устана́вливали биде́ и ста́вили кувши́ны[19], а в восто́чном Ло́ндоне це́лый[20] райо́н вы́вели под юрисди́кцию шариа́та[21]; в шко́лах А́нглии ста́ли уси́ленно изуча́ть исто́рию По́льши (там о́чень мно́го поля́ков) в уще́рб[22] мирово́й и национа́льной исто́рии. Нра́вится ли э́то ме́стным жи́телям? Не ду́маю. Мо́гут ли они́ вы́ступить про́тив? Нет! Не мо́гут, потому́ что за раси́зм в Брита́нии сажа́ют[23], а любы́е разгово́ры о пра́ве на ксенофо́бию пресека́ются[24].

Вла́сти[25], би́знесу нужны́ безропо́тные[26] мигра́нты. А я хочу́ жить среди́ чи́стых, образо́ванных гра́ждан, кото́рые не наси́луют[27], не убива́ют, не смею́тся вслед[28] на незнако́мом языке́, не отправля́ют нелега́льно зарабо́танные де́ньги в чужи́е стра́ны.

Я не бою́сь чужако́в. Я не борю́сь[29] за сохране́ние[30] ру́сской культу́ры. Но к нам приезжа́ют са́мые необразо́ванные представи́тели са́мых отста́лых[31] стран ми́ра. С э́тими миллио́нами но́вых согра́ждан на́ше о́бщество пойдёт наза́д, а не вперёд. И пусть они́ трудолюби́вы, пусть они́ не пьют, пусть не все они́ престу́пники, пусть среди́ них есть культу́рные и воспи́танные лю́ди . . .

Никаки́е аргуме́нты ро́ли не игра́ют: пока́[32] я в свое́й стране́ и содержу́[33] её на свои́ труды́, я не жела́ю, ра́ди вы́годы толстосу́мов[34], импорти́ровать себе́ на го́лову но́вые пробле́мы. Я не хочу́! И не говори́те мне, что не хоте́ть мигра́нтов в своём до́ме неприли́чно[35]! Вполне́ прили́чно!

Анастасия Миронова

[1]forgery, [2]benefit, [3]mean, [4]outweigh, [5]imported, [6]imposed, [7]tolerate, [8]steal, [9]torture, [10]pay off, [11]oil, [12]share, [13]bad, [14]for the sake of, [15]gain, [16]tighten, [17]knot, [18]account, [19]pitcher, [20]whole, [21]sharia law, [22]to the detriment of, [23]put in jail, [24]cut short, [25]authority, [26]meek, [27]rape, [28]behind, [29]fight, [30]preservation, [31]underdeveloped, [32]as long as, [33]support, [34]money-bag, [35]improper

---

 Посл чтения

Ответьте на вопросы с партнёром.

1. Какие проблемы, по мнению автора, привозят с собой мигранты?
2. Что автору не нравится в поведении мигрантов?
3. Автор пишет, что «бизнесу нужны безропотные мигранты»? Что она имеет в виду?
3. Есть ли, по мнению автора, в мигрантах какие-то положительные качества? Какие?
4. Выразите основную мысль автора блога своими словами. Согласны ли вы с ней?

Комментарии на блог

Прочитайте комментарии других блогеров на блог Анастасии Мироновой. Затем напишите свой собственный комментарий на блог.

Валентин: Большинство́ европе́йцев ксенофо́бию давно́ переросли́[1], а большинство́ жи́телей Росси́и — нет. Отсю́да и непонима́ние, что в Евро́пе отноше́ние к мигра́нтам совсе́м друго́е. Поэ́тому а́втор э́того бло́га ви́дит в изуче́нии исто́рии По́льши несча́стье для Брита́нии, а са́ми брита́нцы — нет. Автор не понима́ет сего́дняшнего европе́йского менталите́та и уве́рена, наприме́р, что европе́йцы страда́ют[2] от кувши́нов в туале́тах, хотя́ е́сли бы э́то бы́ло так, их давно́ поразбива́ли[3] бы, но э́того не происхо́дит. Вопро́сы мигра́нтов в цивилизо́ванном ми́ре давно́ реша́ются так — люде́й су́дят[4] по зако́ну[5], а не по национа́льности. Если лю́ди не наруша́ют[6] зако́н, то и прете́нзий[7] к ним нет.

Ирина: Если у нас есть пробле́мы с прие́зжими, то э́то У НАС не всё в поря́дке, э́то мы не мо́жем спра́виться[8] с престу́пностью (этни́ческой в том числе́), с бытовы́м[9] ха́мством[10], неадеква́тным поведе́нием. Если предста́вить, что все «чужаки́» уе́хали — всё сра́зу ста́нет хорошо́ и пра́вильно?

Нина: Земля́ — наш о́бщий дом. Мигра́ция — э́то обы́чное явле́ние во все времена́. Здесь существу́ют свои́ зако́ны, и, е́сли к нам е́дут представи́тели таки́х национа́льностей и профе́ссий, а не други́х, то ну́жно поинтересова́ться — почему́. Я бы сказа́ла так: хоти́те други́х мигра́нтов — меня́йтесь[11] са́ми и меня́йте свою́ страну́. Су́дя[12] по статье́, други́х вы не заслу́живаете[13].

[1]outgrow, [2]suffer, [3]break, [4]judge, [5]law, [6]violate, [7]complaint, [8]handle, [9]everyday, [10]rudeness, [11]change, [12]judging, [13]deserve

---

 ## ТЕКСТ 3: М. Ю. ЛЕРМОНТОВ «ВАЛЕРИК» (ОТРЫВКИ)

В этом стихотворении Михаил Юрьевич Лермонтов писал о битве (*battle*) у реки Валери́к, которая произошла в июле 1840 года между российским Чеченским отрядом (*detachment*) и восставшими (*insurgent*) северокавказскими горцами (горец — житель гор).

Перед чтением

Обсудите в группе: Есть ли у вас в стране горцы? Как они выглядят? Если нет, то как вы представляете себе жителей гор? Какой у них характер?

Валери́к

Прочитайте стихотворение и прослушайте его в аудиозаписи.

И ви́жу я неподалёку
У ре́чки, сле́дуя[1] проро́ку[2],
Мирно́й[3] тата́рин свой нама́з[4]
Твори́т, не подыма́я[5] глаз;
А вот кружко́м[6] сидя́т други́е.
Люблю́ я цвет их жёлтых лиц,
Подо́бный[7] цве́ту нагови́ц[8],
Их ша́пки, рукава́[9] худы́е,
Их тёмный и лука́вый[10] взор[11]
И их горта́нный[12] разгово́р.

***

А там вдали́ грядо́й[13] нестро́йной[14],
Но ве́чно[15] го́рдой и споко́йной,
Тяну́лись[16] го́ры — и Казбе́к[17]
Сверка́л[18] главо́й островоне́чной[19].
И с гру́стью та́йной[20] и серде́чной
Я ду́мал: жа́лкий[21] челове́к.
Чего́ он хо́чет!..не́бо я́сно,
Под не́бом ме́ста мно́го всем,
Но беспреста́нно[22] и напра́сно[23]
Оди́н вражду́ет[24] он — заче́м?

1840

[1]following, [2]prophet, [3]nonmilitary/civilian, [4]prayer in Islam, [5]not raising, [6]circle, [7]similar, [8]leather stockings, [9]sleeves, [10]sly, [11]gaze, [12]guttural, [13]ridge, [14]uneven, [15]eternally, [16]stretch, [17]Mount Kazbek, [18]sparkle, [19]pointed, [20]secret, [21]pitiful, [22]incessantly, [23]in vain, [24]fight

 После чтения

Ответьте на вопросы с партнёром или в группе.

1. Кого описывает поэт в первой части стихотворения?
2. Что они делают? Как они выглядят?
3. Какими словами автор описывает горы во второй части стихотворения?
4. Лирический герой с грустью думает о людях: «жалкий человек». Почему?
5. Какой вопрос задаёт герой в конце стихотворения? Задайте этот вопрос своими словами и ответьте на него.

Using what you have learned in this chapter, discuss these topics in groups or with a partner. Try to extend it into a conversation rather than just answering each question.

1. Русский поэт Фёдор Тютчев писал: «Другому как понять тебя? Поймёт ли он, чем ты живёшь»? Как вы понимаете эти слова? Можно ли понять людей другой культуры?

2. Многие считают, что понятие «национальный характер» устарело и не является актуальным в современном мире. Что вы думаете об этом?

3. Говоря об иммигрантах, русские иногда приводят пословицу «в чужой монастырь со своим уставом не ходят». Как вы её понимаете? Могут ли иммигранты жить в другой стране по своим правилам поведения?

4. В 2010 году Канцлер Германии Ангела Меркель сказала: «Те, кто хочет стать частью нашего общества, должны не только соблюдать наши законы, но и говорить на нашем языке». Согласны ли вы с позицией Меркель?

5. Как вы понимаете русскую пословицу «Где родился, там и сгодился»?

ПРОДОЛЖАЕМ РАЗГОВОР

Скажите, что вы видите на фотографии и обсудите её с партнёром. В какой ситуации была сделана эта фотография? Кто эти люди, где они находятся и что они делают?

 ДАВАЙТЕ ПОГОВОРИМ О КИНО

Вот несколько названий советских и российских фильмов, в которых рассматривается тема главы. Посмотрите один из них (информация в интернете поможет вам выбрать фильм) и подготовьте небольшое выступление, в котором вы: (1) кратко расскажете содержание фильма и (2) покажете, как в этом фильме раскрывается тема главы. Постарайтесь использовать как можно больше активной лексики по теме.

- «Белое солнце пустыни», режиссёр Владимир Мотыль, 1969
- «Ностальгия», режиссёр Андрей Тарковский, 1983
- «Мусульманин», режиссёр Владимир Хотиненко, 1995
- «Кавказский пленник», режиссёр Сергей Бодров, 1996
- «Она», режиссёр Лариса Садилова, 2013

ПИСЬМЕННЫЕ ЗАДАНИЯ

Выберите одну из тем и напишите сочинение длиной 500–600 слов.

1. Напишите статью об известном иммигранте. Расскажите, куда и в какой ситуации он/она иммигрировал/а, как он/она ассимилировался/лась в новую культуру, что ему/её нравилось или не нравилось в этой культуре и обществе.

2. Напишите журнальную статью о последствиях иммиграции в вашу страну или в Россию. Обсудите плюсы и минусы.

3. Напишите доклад, в котором вы приводите аргументы за или против того, чтобы иммигранты изучали язык, историю и культуру своей новой страны и сдавали экзамен на знание этого материала.

4. Выберите вопрос по теме иммиграции в вашей стране, по которому есть разные мнения в обществе, и представьте вашу позицию по этому вопросу в форме блога.

Electronic Workbook
exercises
O–T

ЛЕКСИКА УРОКА

VERBS

ве́рить/пове́рить (ве́ри+ 8) кому, во что

вреди́ть/повреди́ть (вреди́+ 8) кому

говори́ть (говори́+ 8)/сказа́ть (сказӑ+ 1) кому, о чём

зави́довать/позави́довать (зави́дова+ 15) кому

запреща́ть (запреща́й+ 3)/запрети́ть (запрети́+ 8) кому делать что

зараба́тывать (зараба́тыва+ 3)/зарабо́тать (зарабо́тай+ 3) что, на что

звони́ть/позвони́ть (звони́+ 8) кому, куда

изменя́ть (изменя́й+ 3)/измени́ть (изменй+ 8) кому

каза́ться/показа́ться (казӑ+ся 1) каким/какой/ какими, кому

льсти́ть/польсти́ть (льсти́+ 8) кому

меша́ть/помеша́ть (меша́й+ 3) кому делать что

надоеда́ть (надоеда́й+ 3)/надое́сть (irregular) кому

недостава́ть (недостава́й+ 2) чего

нра́виться/понра́виться (нра́ви+ся 8) кому

везти́/повезти́ (вёз+ 4) (повезло́) кому

помога́ть (помога́й+ 3)/помо́чь (irregular) кому (с)делать что

прика́зывать (прика́зыва й+ 3)/приказа́ть (приказӑ+ 1) кому делать что

приходи́ться (приходи́+ся 8)/прийти́сь (irregular) кому (с)делать что

ра́довать(ся)/обра́довать(ся) (ра́дова+(ся) 15) кому/чему

разреша́ть (разреша́й+ 3)/разреши́ть (разреши́+ 8) кому делать что

расска́зывать (расска́зыва й+ 3)/рассказа́ть (рассказӑ+ 1) кому, что

своди́ть (сводй+ 8)/свести́ (свёд+ 4) концы́ с конца́ми

сове́товать/посове́товать (сове́това+ 15) кому делать что

сообща́ть (сообща́й+ 3)/сообщи́ть (сообщи́+ 8) кому о чём

сочу́вствовать/посочу́вствовать (сочу́в-
    ствова+ 15) кому
удава́ться (удава́й-ся)/уда́ться (irregular)
    кому
удивля́ться (удивля́й+ся 3)/удиви́ться (уди-
    ви́+ся 8) чему

учи́ть(ся)/научи́ть(ся) (учи́+(ся) 8) кого чему
    делать что, чему
хвата́ть (хвата́й+ 3)/хвати́ть (хвати́+ 8) чего
    кому
хоте́ться/захоте́ться (irregular)
кому делать что

NOUNS AND NOUN PHRASES

вы́ходец
граждани́н/гражда́нка
за́работок
ме́стный жи́тель
наплы́в
населе́ние
нужда́
оте́чество
па́мятник кому

престу́пник
престу́пность
прие́зжий
ро́дина
согра́ждане
соотéчественник
труд
цвет ко́жи
чужа́к

ADJECTIVES

благода́рный
изве́стный
подо́бный

рад
чу́ждый
чужо́й

PREPOSITIONS

к
по

CONJUNCTIONS AND CONNECTING PHRASES

благодаря́ тому́, что
по всей вероя́тности
по мере́ того́, как
по сле́дующим причи́нам

по су́ти
су́дя по всему́
су́дя по тому́

PHRASES

иди́ к чёрту
не до шу́ток
не́ с кем
не́ у кого
не́где
не́куда

не́чего
не́чем
по душе́
по плечу́
Сла́ва бо́гу!

Урок №10

Гендерные отношения

Что вы видите на фотографии? Кем приходятся друг другу эти люди? Что они делают? Кто сделал фотографию и почему?

In this section you will learn words and phrases that will help you understand texts in this chapter and discuss the topic of gender.

Полезные слова и выражения

В русском языке есть несколько слов, которые значат *male*, *masculine* и *manly*, а также *female*, *feminine* и *womanly*. Прочитайте слова слева и их перевод и определения справа.

мужчи́на — мужско́й — му́жественный

мужчи́на	*a man, a male*
мужско́й	1. *designated, made for men; men's:* мужская одежда, мужской туалет, мужское пальто, мужские ботинки, мужской парикмахер, мужской монастырь
	2. *characteristic of a mature man, masculine, manly:* мужской разговор (man-to-man talk), мужской характер, мужская дружба, мужская логика
му́жественный	*courageous, steadfast, brave, manly:* мужественный человек, мужественная женщина, мужественный характер, мужественный вид

же́нщина — же́нский — же́нственный

же́нщина	*a woman, a female*
же́нский	1. *designated, made for women, women's:* женский костюм, женские брюки, женские часы, женская школа, женская больница
	2. *characteristic of a female, womanlike, feminine:* женская логика, женская солидарность
же́нственный	*exhibiting feminine qualities, graceful, elegant, refined:* женственная натура, женственная внешность, женственная походка

Note that you should use мужчина or женщина when translating phrases like "male hairdresser" or "female doctor" (мужчина-парикмахер, женщина-врач).

Упражнения по лексике

1 Переведите предложения.

1. This journalist writes articles on women's tennis in his blog.
2. Our teacher has a very feminine voice—soft and calm.
3. Rosa Otunbaeva was the first female President of Kyrgyzstan.
4. Where can we buy men's shoes in this mall?
5. Is Erin a female or male name?
6. Nowadays there are few male teachers in American schools.

2 Работая в парах, объясните, как вы понимаете эти выражения. Переведите их на английский язык.

1. мужественное поведение
2. мужская логика
3. мужское занятие (дело)
4. женское занятие (дело)
5. женская солидарность
6. женственная внешность

3 Черты характера

A. Работая с партнёром, распределите черты характера на стереотипные «мужские» и «женские». Сравните списки с другими парами.

нежный, самостоятельный, доверчивый, упрямый, решительный, чувствительный, заботливый, бесстрашный, ранимый, независимый, терпеливый

Мужские	Женские

Б. Обсудите эти стереотипы.

Текст 1: Статья «Высокая цена мужественности»

Before you read the text, you will engage in a discussion to prepare you for the topic. After reading the text, complete the After Reading exercises to evaluate your comprehension and practice new vocabulary.

 Перед чтением

Прочитайте мнения по гендерным вопросам. Отметьте каждое утверждение цифрой от 1 до 4. Сравните и обсудите результаты в маленькой группе.

1 = совершенно согласен (согласна)   3 = не согласен (не согласна)

2 = согласен (согласна)   4 = совершенно не согласен (не согласна)

1. Неправильно думать, что есть чисто мужские и чисто женские психологические качества.
2. Настоящий мужчина должен быть сильным и уверенным в себе.
3. Современные средства массовой информации (СМИ) пропагандируют гендерные стереотипы.

4. Настоящий мужчина хочет доминировать в любой ситуации.
5. В семье отец должен дисциплинировать детей, а мать — заботиться о них.
6. Мужчины и женщины больше похожи, чем непохожи друг на друга.

Высокая цена мужественности

Прочитайте статью «Высокая цена мужественности» и подчеркните главное предложение в каждом абзаце.

Как тру́дно быть мужчи́ной! Тру́дно быть круты́м па́рнем[1], ведь и́менно так мы представля́ем себе́ настоя́щего мужчи́ну. Круто́й па́рень — вот, что для нас этало́н му́жественности. Но, е́сли поду́мать, э́то представле́ние о му́жественности вре́дно как для мужчи́н, так и для же́нщин. Так дава́йте отка́жемся от него́! Пора́ отказа́ться от вре́дной иде́и, что определённые психологи́ческие ка́чества прису́щи[2] то́лько мужчи́нам и́ли то́лько же́нщинам. Е́сли мы забу́дем об э́том, нам всем бу́дет ле́гче жить.

Что тако́е для нас настоя́щий мужчи́на? Спроси́те любо́го, и вы услы́шите в отве́т: си́льный, агресси́вный, уве́ренный в себе́. Тако́й мужчи́на хо́чет боро́ться, побежда́ть, контроли́ровать. Он смо́трит на мир глаза́ми завоева́теля[3]: е́сли он ви́дит то, что он хо́чет, он берёт э́то любо́й цено́й. Е́сли же он не мо́жет и́ли не хо́чет э́того де́лать, то его́ называ́ют бесхара́ктерным, тря́пкой[4], ба́бой[5]. «Будь мужчи́ной!» — говори́м мы мужчи́не, кото́рый пока́зывает свою́ сла́бость. «Ты ведёшь себя́ как ба́ба! Как тебе́ не сты́дно!» — упрека́ем мы мужчи́ну, кото́рый пла́чет. Несмотря́ на то, что нам нра́вится, когда́ в определённых ситуа́циях мужчи́на проявля́ет ка́чества, кото́рые традицио́нно припи́сывают же́нщинам — забо́ту, не́жность, сочу́вствие — мы счита́ем, что э́ти ка́чества в мужчи́не не основны́е, что не они́ де́лают мужчи́ну «настоя́щим».

Тако́е поня́тие о мужчи́не пропаганди́руется везде́ — в би́знесе, спо́рте, кино́. Посмотри́те на экра́ны телеви́зоров. Геро́й-мужчи́на — э́то тот, кто берёт инициати́ву в свои́ ру́ки, завоёвывает власть, прибега́ет к наси́лию для достиже́ния свои́х це́лей. Же́нщины, бу́дьте осторо́жны! Тако́е поня́тие о настоя́щем мужчи́не не то́лько вре́дно, но и опа́сно для вас! Ведь э́ти мужчи́ны хотя́т контроли́ровать «свои́х» же́нщин, принима́ть за них реше́ния, а э́то ча́сто приво́дит к наси́лию, психологи́ческому и физи́ческому.

Одна́ко не сто́ит ду́мать, что тако́е поня́тие «му́жественности» поле́зно для мужчи́н. Наоборо́т, оно́ отравля́ет[6] им жизнь! Е́сли зада́ча мужчи́ны — домини́ровать, то мужчи́ны всегда́ бу́дут боро́ться друг с дру́гом за власть, за «ца́рство[7]». Так как в ца́рстве не мо́жет быть двух царе́й, все остальны́е мужчи́ны должны́ подчиня́ться одному́ царю́. Но и сам царь не мо́жет наслажда́ться[8] свое́й вла́стью. Он живёт в стра́хе, что придёт кто-то сильне́е и умне́е и отни́мет его́ ца́рство. Жизнь настоя́щего мужчи́ны — э́то постоя́нная борьба́ и страх. Така́я жизнь кале́чит[9] мужчи́н, лиша́ет[10] их спосо́бности[11] име́ть бли́зкие, довери́тельные[12] отноше́ния с же́нщинами, детьми́, друзья́ми и колле́гами.

С де́тства нам объясня́ют, что тако́е настоя́щая же́нщина и настоя́щий мужчи́на. Неда́вно моя́ восьмиле́тняя до́чка сказа́ла мне: «Мне ка́жется, что ты для меня́ ма́ма, а ма́ма — и па́па, и ма́ма. Нам в шко́ле пока́зывали фильм, где объясняли, что ма́ма должна́ утеша́ть[13], а па́па — подба́дривать[14]. Так вот, ты меня́ то́лько утеша́ешь, а ма́ма и подба́дривает, и утеша́ет». Я попыта́лся объясни́ть, что ни ма́ма, ни па́па ничего́ не «должны́», всё зави́сит от их хара́ктера. Про́сто у меня́ хара́ктер мя́гкий . . . Ну заче́м же вда́лбливать[15] де́тям ге́ндерные стереоти́пы?! Я зна́ю, что на За́паде сейча́с впада́ют[16] в другу́ю кра́йность[17]. Что́бы размы́ть грани́цы[18] ме́жду пола́ми в эксперимента́льных де́тских сада́х США ма́льчиков у́чат игра́ть в ку́клы и вяза́ть[19], а де́вочек — игра́ть в америка́нский футбо́л.

Никто́ не спо́рит с тем, что ме́жду мужчи́нами и же́нщинами есть очеви́дные физи́ческие разли́чия — рост и вес, гормо́ны, половы́е о́рганы. Да, же́нщина мо́жет рожа́ть дете́й, а мужчи́на нет. Но ве́рно и то, что мужчи́ны и же́нщины бо́льше похо́жи друг на дру́га, чем разли́чны. Поэ́тому наста́ло вре́мя переста́ть говори́ть о мужски́х и же́нских ка́чествах и нача́ть говори́ть о ка́чествах челове́ческих.

[1]cool guy, [2]inherent in, [3]conqueror, [4]softy, [5]sissy, [6]poisons, [7]kingdom, [8]enjoy, [9]cripple, [10]deprives, [11]ability, [12]trusting, [13]comfort, [14]invigorate, [15]ram into, [16]fall into, [17]extreme, [18]erase the lines, [19]knit

После чтения

А. Заполните пропуски в таблице словами из текста.

Существительные	Прилагательные	Глаголы
	слабый	—
сила		
	заботливый	заботиться
	нежный	—
	—	сочувствовать
агрессия		—
уверенность		—
мягкость		—
	—	бороться

Б. Ответьте на вопросы с партнёром.

1. Как автор статьи описывает стереотип «настоящего мужчины»?
2. По мнению автора, такое представление о том, каким должен быть мужчина, вредно или полезно для самих мужчин? Почему?
3. Автор пишет, что представление о «герое-мужчине» опасно для женщин. Как он объясняет свою позицию?
4. Что автор имеет в виду, когда пишет, что «на Западе сейчас впадают в другую крайность» и размывают «границы между полами»?
5. Какое предложение вы подчеркнули в каждом абзаце? Сравните и обсудите с партнёром.
6. Как вы понимаете основную мысль статьи? Сформулируйте своими словами и сравните с партнёром. Согласны ли вы с автором?

The instrumental case is used in a wide variety of contexts, some of which are quite idiomatic, as described below.

1. The means or instrument (notice that there is **no** preposition in the Russian).

   Наш преподаватель исправляет ошибки **зелёной ручкой**.
   Our teacher corrects mistakes with a green pen.

Textbook exercises
4–6

    Пословицы, поговорки, выражения
   Вилами на воде писано.
   It's written with a pitchfork on the water.
   It's up in the air.

2. The manner in which something is, was, or will be done (and again, **no** preposition in the Russian).

   Она шла **быстрым шагом**.
   She was walking at a rapid pace.

   Всё будет сделано **наилучшим образом**.
   Everything will be done in the best possible way.

Textbook exercise
7

    Пословицы, поговорки, выражения
   Первый блин комом.
   The first pancake is always a failure.
   Practice makes perfect.

3. In time expressions, **without a preposition** in the Russian, expressing: (a) at a time of day, (b) in a season of the year, or (c) repeated durations of time.

   Вечером, когда мы ещё на работе, ужин будет готовить Виктор.
   In the evening, while we're still at work, Victor will make dinner.

   Он такой заботливый муж: **ранним утром** варит кофе и выгуливает собаку, пока жена ещё спит.
   He's such a considerate husband: in the early morning, he makes coffee and walks the dog while his wife is still sleeping.

   Этой зимой Валентин будет учиться в итальянском кулинарном институте.
   This winter, Valentin will be a student in an Italian culinary institute.

   В детском саду мальчики **целыми днями** играют с «Lego», а девочки делают платья для кукол из бумаги.
   In kindergarten the boys play with Legos for days at a time, while the girls make paper dresses for their dolls.

   Сара и Сандра такие романтики! Они любят гулять **закатными часами** на пляже.
   Sarah and Sandra are such romantics! They love to stroll on the beach in the twilight hours.

Instrumental Case and the Times of Day

The instrumental case forms of the times of day are used to express particular parts of each day, and are combined freely with the words yesterday, today, and tomorrow, to form expressions like "tomorrow evening" or "yesterday afternoon" as follows:

(вчéра, сегóдня, зáвтра) ýтром 6:00–11:59
(вчéра, сегóдня, зáвтра) днём 12:00–17:59
(вчéра, сегóдня, зáвтра) вéчером 18:00–23:59
(вчéра, сегóдня, зáвтра) нóчью 24:00–5:59

The instrumental case forms of the times of day are never used after a specific clock time. In that context, the genitive is used:

Она приедет **днём**.
She will arrive in the afternoon.
Она приедет в **4 часá дня**.
She will arrive at 4 in the afternoon.

Они приехали очень поздно **ночью**.
They arrived very late at night.
Они приехали в **3 часá ночи**.
They arrived at 3 in the morning.

Textbook exercises
8. 9

4. The agent in a passive construction (again, **no** preposition in the Russian)

Некоторые думают, что гендерные различия заложены **прирóдой**.
Some people think that gender differences are embedded in us by nature.

Instrumental Case and Verbs

The instrumental case is used after many verbs, including the following, which are used most often: рабóтать, считáть(ся), окáзываться/оказáться, наслаждáться/насладúться, руководúть, интересовáться, казáться/показáться, гордúться, занимáться, пóльзоваться/воспóльзоваться, and пáхнуть.

—**Кем рабóтает** Анастасия?
—Она **рабóтает аптéкарем**.
What does Anastasia do for a living?
She is a pharmacist.

То, что в СССР было много женщин-врачей, **считáлось доказáтельством** равноправия между полами.
The fact that in the USSR there were many female doctors was evidence of equality between the sexes.

Он **казáлся слáбым мужчúной**, а она **казáлась сúльной жéнщиной**.
He seemed to be a weak man, while she seemed to be a strong woman.

Стив работает в булочнойи: от него всё время **пáхнет свéжим хлéбом**.
Steve works in a bakery and he always smells of fresh bread.

Note these set expressions with пóльзоваться, in which the verb is used with a meaning similar to "to enjoy," as in "enjoys popularity, success, authority":

Этот профессор **пóльзуется больши́м авторите́том** среди коллег.
This professor is considered a great authority among colleagues.

Её книги **пóльзуются огрóмным успéхом**.
Her books are enormously successful.

Textbook exercises
10—15

Курс по философии феминизма **пóльзуется большóй популя́рностью** у студенток.
The class in the philosophy of feminism is very popular among the female students.

With verbs of being, such as быть, стать, явля́ться, счита́ться, остáться, and служи́ть, the instrumental case is also used. Note that only the nominal part of the predicate is in the instrumental case. The subject remains in the nominative.

Ольга **бýдет мáтерью**. (матерью is part of the predicate)
Olga will be a mother.

But: У Ольги **бýдут дéти**. (дети is the subject)
Olga will have children.

Георгий **стал медбрáтом**.
George became a nurse.

Нежелание мужа участвовать в воспитании детей **слýжит пóводом** для домашних ссор.
The husband's unwillingness to take part in the children's upbringing leads to domestic quarrels.

Чáстой причи́ной разводов **явля́ется** разногласие между супругами по поводу денег.
A frequent cause of divorce is disagreement between spouses about money.

In some instances, the instrumental case after быть is used to convey a temporary state, while the use of the nominative suggests a more permanent state.

Вера Николаевна **былá** очень **весёлой**, пока не вышла замуж.
Vera Nikolaevna was very fun-loving until she got married.

Когда мы **бы́ли мáленькими**, я хотел стать космонавтом, а сестра хотела стать балериной.
When we were little, I wanted to become a cosmonaut, and my sister wanted to be a ballerina.

Будь **настоя́щим мужчи́ной**!
Be a real man!

Compare examples above with this one conveying permanent state. In this sentence, the subject complement is in the nominative case.

Моя бабушка **была́ ру́сская**.
My grandmother was Russian. (She died last year, but she is still Russian.)

As noted above, the word order with some of these verbs, e.g., явля́ться and служи́ть, may be the reverse of what might be expected in English.

1. subject complement in the instrumental case
2. verb
3. subject in the nominative case

Here is an example of this construction, featuring a word order that is the reverse of what might be expected in English:

Textbook exercise
16

Важне́йшим фа́ктором воспита́ния **явля́ется игра́** дете́й с рове́сниками.
Children's play with their peers is an important factor in their upbringing.

The instrumental case also is used to describe the movement of body parts, as in these examples:

Соба́ка **ма́шет хвосто́м**!
The dog is wagging its tail!

Когда́ ба́бушка говори́т по телефо́ну, она́ всегда́ **кача́ет голово́й**.
When grandma is talking on the phone, she always nods her head.

Я спроси́л ребя́т, кто разби́л стари́нную ва́зу, но они́ молча́ли и то́лько **пожима́ли плеча́ми**.
I asked the kids who broke the antique vase, but they were silent and just shrugged their shoulders.

Когда́ Айда́р не зна́ет, как отве́тить на вопро́с, он всегда́ **разво́дит рука́ми**.
When Aidar doesn't know how to answer a question, he always throws his hands up (at a complete loss for words).

Ири́на рассерди́лась, **то́пнула ного́й** и ушла́.
Irina got angry, stomped her foot, and left.

Here are some verbs that are used with body part words:

кача́ть/покача́ть голово́й, ного́й
маха́ть/махну́ть руко́й, хвосто́м
пожима́ть/пожа́ть плеча́ми
то́пать/то́пнуть ного́й
разводи́ть/развести́ рука́ми

Textbook exercise
17

Пословицы, поговорки, выражения
По́сле дра́ки кулака́ми не ма́шут.
You don't throw punches after a fight.
There's no use crying over spilt milk.

Instrumental Case with Adjectives and Prepositions

The instrumental case is used after the following adjectives: (не)дово́льный, изве́стный, знамени́тый, обеспоко́енный, and бога́тый, mostly in their short forms.

Textbook exercises
18, 19

Арт-группа «Война» **знамени́та свои́ми сканда́льными а́кциями** в городах России.
The art-group "War" is famous for its scandalous events in Russian cities.

Россия **бога́та нéфтью, га́зом** и **други́ми приро́дными ресу́рсами**.
Russia is rich in oil, gas, and other natural resources.

Six prepositions require objects in the instrumental case: с (when it means "with"), мéжду, над, под, пéред, and за.

Нельзя спорить **с тем**, что гендерные вопросы играют большую роль в современной культуре.
You can't argue with the fact that gender questions play a big role in modern culture.

Я думаю, что **мéжду пола́ми** нет никаких различий.
I think that there are no differences between the sexes.

Книга Бетти Фридан «Загадка женственности» лежала у Анны на столе **под послéдним но́мером** журнала «Космополитен».
Betty Friedan's book The Feminine Mystique *was on Anna's table, under the latest issue of the magazine* Cosmopolitan.

В Америке часто говорят, что **за ка́ждым успéшным мужчи́ной** стоит женщина. Интересно, стоит ли мужчина **за ка́ждой успéшной жéнщиной**.
In America it is often said that there is a woman behind every successful man. It would be interesting to know whether there is a man standing behind every successful woman.

The preposition с is often used with certain phrases to indicate the emotional context in which an event occurred, as in these examples:

Textbook exercise
20

с ра́достью	with joy
с го́рдостью	with pride
с огро́мным интерéсом	with enormous interest
с трудо́м	with difficulty
с больши́м внима́нием	with great attention
с удово́льствием	with pleasure
с удивлéнием	with surprise
с (глубо́ким) уважéнием	with (profound) respect
с наилу́чшими пожела́ниями	with best wishes
с глубо́кими соболéзнованиями	with deep sympathy

Пословицы, поговорки, выражения

За двумя зайцами погонишься, ни одного не поймаешь.

If you go hunting for two rabbits, you won't catch even one.

A bird in hand is worth two in the bush.

Textbook exercise

21

"So-and-so and I"

The English construction *So-and-so and I* is translated into Russian as мы с кем.

Мы с Ларисой

Larissa and I

Мы с родителями

My parents and I

Instrumental Case and Verbal Collocations

The instrumental case is also used in verbal collocations with these prepositions:

Мы продолжаем **бороться с гендерными стереотипами**.

We continue to fight gender stereotypes.

В нашей школе **смеются над мальчиками**, которые плачут.

In our school kids laugh at boys who cry.

Мы должны **понаблюдать за поведением** наших детей!

We have to watch our children's behavior!

Учителя тоже должны **работать над этой проблемой**.

Schoolteachers must also work on this problem.

In addition, the instrumental case is used in phrases conveying congratulations: (Я вас) поздравляю с . . .

Textbook exercises

22, 23

Новым годом!	Happy New Year!
днём рождения!	Happy birthday!
праздником!	Happy holiday(s)!
новосельем!	Congratulations on your new home!
окончанием университета!	Congratulations on your graduation!
победой!	Congratulations on your victory!

Idiomatic Phrases

Certain idiomatic constructions also take the instrumental case.

Мы это сделаем **любой ценой.**

We will do this at any cost.

Таким образом мальчики учатся отвечать за свои поступки.

In this way boys learn to be responsible for their actions.

Является ли сексизм большой проблемой? **Одни́м сло́вом**, да!
Is sexism a big problem? In a word, yes!

Други́ми (ины́ми) слова́ми, сексизм до сих пор осложняет жизнь американских женщин как на работе, так и дома.
*In other words, sexism continues to complicate the lives of American women, both at work and at
home.*

Case Endings in the Instrumental Case

Masculine and neuter singular nouns in the singular end in -ом/-ем (-ём), while most feminine
singular nouns end in -ой/-ей (-ёй). Feminine nouns that end in soft sign in the nominative
singular end in -ью in the instrumental case. Masculine and neuter singular adjectives end in
-ым/-им, while feminine singular adjectives end in -ой/-ей. Review these example noun phrases:
занима́ться ру́сским языко́м, вы́сшей матема́тикой.

Plural nouns in the instrumental case end in -ами/-ями, while plural adjectives end in -ыми/
-ими. Review these example noun phrases: занима́ться полити́ческими нау́ками, междунаро́д-
ными отноше́ниями.

There are some key exceptions to the rule about plural nouns in the instrumental case:
memorize these exceptional forms: де́ти/детьми́, лю́ди/людьми́, две́ри/дверьми́, ло́шади/
лошадьми́.

Instrumental Case and Connecting Phrases

The instrumental case is used in connecting phrases such as those that appear in these example
sentences:

Нельзя́ спо́рить с тем, что мальчики более агрессивны, чем девочки.
You can't argue with the fact that boys are more aggressive than girls.

Согла́сны ли вы с тем, что девочки заботятся о других больше, чем мальчики?
Do you agree with the idea that girls are more caring with others than are boys?

Нельзя **шути́ть над те́ми, у кого́** нет чувства юмора.
You shouldn't make fun of those who have no sense of humor.

По сравне́нию с тем, как ведут себя современные подростки, их мамы и
папы — настоящие ангелы.
In comparison with how modern adolescents behave, their moms and dads are genuine angels.

В связи́ с тем, что много юношей в этой стране служит в армии, в вузах намного
больше студенток, чем студентов.
*In connection with the fact that many young men in this country are in the army, colleges and
universities here have many more female than male students.*

Subordination and Instrumental Case

The words то, что, and кото́рый are used to connect clauses into complex sentences with the
instrumental case, as in these examples:

Мы говорили о журналистах, **с кото́рыми** спорила Арбатова.
We were talking about the journalists with whom Arbatova argued.

Мы не согласны **с те́ми**, кто выступает против однополых браков.
We are opposed to those who speak out against same-sex marriage.

Моих родителей не интересует то, **чем** занимаются так называемые борцы за права мужчин.
My parents are uninterested in the work of the so-called fighters for men's rights.

Numbers in the Instrumental Case

Ordinal numbers in the instrumental case are adjectives declined regularly. Two-digit numbers are declined only in the final digit. Review these examples:

Мы ходили в цирк со **вторы́м** ребёнком Веры Павловны.
We went to the circus with Vera Pavlovna's second child.

Ольга довольна своей **два́дцать тре́тьей** картиной.
Olga is satisfied with her twenty-third painting.

Cardinal numbers in the instrumental case are declined as nouns. Review the chart in Appendix B to see the declension of cardinal numbers and consider these examples:

На лекции мы сидели рядом с **двумя́** уважаемыми специалистами по гендерным вопросам.
At the lecture, we sat next to two respected specialists on gender issues.

В университете я дружил с **четырьмя́** русскими студентами.
I was friends with four Russian students at the university.

УПРАЖНЕНИЯ ПО ГРАММАТИКЕ

4 Перечитайте текст 1. Найдите и объясните 10 случаев употребления творительного падежа.

5 Прочитайте предложения. Напишите С над подчёркнутыми словами (*above the underlined words*), если это субъекты, или П, если это предикаты.

1. В Москве будет военный <u>парад</u> 9 мая.
2. <u>Участниками</u> парада будут <u>ветераны</u> войны из разных стран.
3. У вас будет <u>возможность</u> поговорить с деканом лично.
4. Два года назад Света была платиновой <u>блондинкой</u>, а сейчас стала <u>брюнеткой</u>.
5. Я включу плеер и заиграет <u>музыка</u>.
6. Все знают, что Владимир Путин был <u>работником</u> КГБ до того, как стал <u>Президентом</u> России.

6 Узнайте у своих партнёров:

- чем они (не) любят писать.
- чем они обычно едят десерт.
- какой рукой они пишут/рисуют/едят.
- чем они моют посуду.
- чем они украшают свою комнату.

7 Что можно делать таким образом? Напишите три предложения с каждым выражением.

быстрым шагом	бегом
шёпотом	громким голосом

8 Расскажите о том, что типичный американский студент делает в разные времена года. Используйте эти слова в творительном падеже: «зима», «осень», «весна», «лето».

Electronic Workbook
exercises
Б—Г

9 Расскажите о том, что типичный американский студент делает в разное время суток. Используйте эти слова в творительном падеже: «раннее утро», «день», «вечер», «поздняя ночь».

10 Кто из ваших знакомых интересуется этими предметами?

А. Напишите предложения об интересах ваших знакомых, используя информацию ниже. Если у вас нет знакомых, которые интересуются этими предметами, начните предложение с «никто не».

Пример: Василий интересуется современной музыкой.

[имя/имена или никто]	[не] интересуется интересуются	современная музыка
		научная фантастика
		фильмы в стиле «нуар»»
		русская литература
		немецкое искусство
		французская живопись
		детская психология
		китайская история
		древняя философия
		американский джаз
		новые фильмы
		летние виды спорта
		зимние виды спорта
		ничего

Б. Расскажите партнёру об интересах ваших знакомых. Почему они интересуются этими предметами? Как давно? Как вы думаете, кем они станут?

11 Выберите один вопрос из каждой группы вопросов, ответьте на него и обсудите с партнёром.

А. 1. Кем/чем вы гордитесь? Почему?
2. Кем/чем мы все должны гордиться? Почему?
3. Кем/чем обычно гордятся американцы? Почему?
4. Как вы думаете, кем/чем гордятся русские?

Б. 1. Как вы думаете, кем хотел стать Лев Толстой, когда был маленьким?
2. Кем хотят стать маленькие дети в вашей стране сейчас? Кем дети хотели стать 25 лет назад?
3. Кем вы хотели стать, когда вы были маленьким (маленькой)?
4. Кем вы хотите стать сейчас?

В. 1. С кем или чем борется сейчас американское правительство? С кем или чем борется полиция города, в котором вы живёте? С кем или чем должна бороться администрация вашего университета?
2. Дети часто смеются над теми, кто отличается от них. Когда вы учились в школе, смеялись ли ваши одноклассники над другими людьми? Над кем они смеялись?
3. Над какими аспектами русского языка вам нужно ещё работать? Над чем вы будете работать в этом семестре? Над чем вы работаете больше всего в этом курсе русского языка?

12 Домашние дела

А. Кто чем должен заниматься? Напишите предложения о том, какие домашние дела должны делать муж и жена. Сравните ваши предложения с предложениями партнёра.

Пример: ремонт — Жена должна заниматься ремонтом.

1. дети
2. уборка дома
3. готовка
4. домашние животные
5. покупка продуктов
6. налоги
7. машина
8. стирка
9. сад и огород
10. счета

Б. А что было раньше? Скажите, чем всегда занимались мужчины, а чем — только женщины 100 лет назад.

13 Перепишите вопросы, заменяя подчёркнутые слова фразами с «пользоваться», как показано в примере. Задайте эти вопросы своему партнёру.

Пример: Кто из профессоров в вашем университете <u>наиболее авторитетный</u>?

Кто из профессоров в вашем университете пользуется самым большим авторитетом?

1. Какие музыкальные группы <u>самые популярные</u> у студентов?
2. Кто из политиков в США <u>наиболее уважаемый</u>?
3. Какие книги <u>самые популярные</u> у студентов сейчас?
4. Какие новостные веб-сайты <u>самые успешные</u>?

14 Семейные обязанности

Прочитайте текст и напишите абзац о том, что вы думаете о распределении (*distribution*) работы в семье.

Мне кажется, что в каждой семье обязанности распределены по-разному. Я считаю, что не нужно придерживаться традиционного взгляда, что есть чисто женские и чисто мужские обязанности. Например, я плохо готовлю и не люблю этого делать, а мой муж с удовольствием занимается готовкой. Зато я интересуюсь машинами и могу легко заменить колесо или поменять масло. Однако, я считаю, что детьми (особенно маленькими) должна заниматься жена и проводить с ними много времени. А зарабатывать деньги и заниматься счетами и налогами должен муж и давать жене столько денег, сколько ей нужно.

15 Учёба в университете

Как вас изменило обучение в университете (или какой-то другой важный опыт: поездка и т.д.)? Каким вы стали человеком? Какие черты характера вы приобрели (*acquire*), а какие потеряли? Прочитайте рассказ Дмитрия о том, как он изменился за время учёбы в американском университете. Обсудите в группе и расскажите похожую историю о себе.

Учёба в США помогла мне стать более уверенным в себе и целеустремлённым. Я научился находить общий язык с совершенно разными людьми, общаться на любые темы. Я стал более открытым. Америка научила меня смотреть на мир по-другому: с оптимизмом и верой в собственные силы. Я стал менее агрессивным и более толерантным к особенностям (физическим и психологическим) других людей.

16 Вставьте слова в скобках в предложения в правильном падеже (творительном или именительном).

1. Его дедушка был _____ (русский).
2. Моя прабабушка была _____ (врач).

3. После окончания университета наши родители стали _____ (психологи).
4. Его бабушка была _____ (итальянка).
5. Её прадедушка был _____ (солдат) в Первой мировой войне.
6. Хотя по специальности они были _____ (инженеры), в эмиграции они стали _____ (учителя).
7. В России мой дедушка был _____ (бухгалтер), а в США он стал_ _____ (таксист).
8. А моя бабушка тоже была _____ (бухгалтер), а здесь она стала _____ (портниха).

Electronic Workbook exercises А–Ё

17 Жесты и телодвижения

А. Поставьте слова в скобках в творительный падеж. Переведите фразы на английский язык.

1. махать/махнуть (рука) _____
2. качать/покачать (голова) _____
3. пожимать/пожать (плечи) _____
4. топать/топнуть (нога) _____
5. разводить/развести (руки) _____

Electronic Workbook exercises Ж, З

Б. Покажите жесты из А партнёру и попросите его назвать их.

В. Расскажите, в каких ситуациях вы используете жесты и телодвижения в А.

18 Что вы знаете об этих странах?

А. Расскажите о них по модели, используя слова в правой колонке.

Пример: Я думаю, что Россия богата газом и лесом.

Южная Африка		нефть
Узбекистан		алмаз
Израиль		киви
Мексика	богат	бананы
Норвегия	богата	рыба
Соединённые Штаты Америки	богаты	газ
Саудовская Аравия		тюльпаны
Россия		шоколад
Куба		фьорды

Б. Скажите, чем богата ваша страна и ваш штат?

19 Известные американцы

Вы учитесь в России и хотите сделать презентацию об известных американцах для своих русских сокурсников.

А.   Объясните, чем они известны, как показано в примере.

Пример: Эмили Дикинсон известна что она . . .

1. Нил Деграсс Тайсон
2. Сезар Чавез
3. Майя Лин
4. Уилл Смит
5. Сара Маклахлан
6. Соледад Обрайен
7. Харви Милк
8. Уильям Карлос Уильямс
9. Майя Анджелоу
10. Стивен Спилберг

Electronic Workbook
exercises
И, Й

Б.   Жизнью и делами кого из этих людей вы интересуетесь и почему?

20 Выражения

А.   Вставьте в предложения фразы «с радостью», «с гордостью», «с огромным интересом», «с трудом», «с большим вниманием», «с удовольствием», «с удивлением».

1. Мать _____ рассказывала о своём сыне, который получил Нобелевскую премию.
2. Девушка _____ приняла его предложение.
3. Студенты слушают лекции этого профессора _____.
4. Утром Пётр _____ открыл глаза и посмотрел вокруг.
5. Когда я говорила ему, кто я, он смотрел на меня _____.
6. Ирина _____ согласилась встретиться с Виктором.
7. Мы _____ посмотрели фильм Звягинцева «Елена».

Electronic Workbook
exercise
К

Б.   Напишите свои предложения с выражениями из А.

21 С кем?

Расскажите партнёру, с кем вы занимаетесь разными делами: ходите в спортзал, обедаете в столовой, танцуете на дискотеках и т.д. Используйте конструкцию *мы с кем.* Добавьте интересные детали.

Пример: Мы с подругой Наташей гуляем с собакой.

22 Поздравления

В каких ситуациях и кому вы скажете эти фразы?

1. С новосельем!
2. С юбилеем!
3. С окончанием университета!
4. С пятёркой по химии!
5. С Международным женским днём!
6. С рождением ребёнка!
7. С приездом!

23 Поздравительные открытки

Вы работаете в российском офисе компании «Hallmark». Напишите тексты, которые заканчиваются фразами из упражнения 22 (3–4 предложения в каждом).

24 Соедините части предложения.

1. Нельзя спорить с тем, кто	**а.** с которыми Бетти Фридан встречалась в Париже.
2. В соответствии с тем, что	**б.** сексизм до сих пор имеет место как в России, так и в Америке.
3. По сравнению с тем, что	**в.** в российском правительстве мало депутатов-женщин, там мало заботятся о проблемах женщин в России.
4. Вы должны согласиться с тем, что	**г.** в человеке заложены и женские, и мужские качества, ребёнка нельзя заставлять вести себя только «как мальчик» или «как девочка».
5. В связи с тем, что	**д.** думает, что феминизм — просто модное современное течение.
6. Мы говорили о феминистах,	**е.** происходит в США, ситуация с равноправием полов в России намного сложнее.

25 Ответьте на вопросы, используя числительные в творительном падеже.

Electronic Workbook exercises
А–Н

1. Со сколькими людьми вы переписываетесь по электронной почте или на «Фейсбуке»?
2. Со сколькими людьми вы общаетесь каждый день?
3. Сколькими видами спорта вы занимаетесь? Сколькими вы бы хотели заниматься?
4. Со сколькими людьми вы познакомились в этом году?
5. Сколькими иностранными языками вы владеете (*speak, know*)?

А.   Что вы видите на этой фотографии? Кто эти люди и почему они здесь? Объясните, что означают слова на плакате.

Б.   Опишите фотографию, используя творительный падеж.

Before you read the text, you will engage in a discussion to prepare you for the topic. After reading the text, complete the After Reading exercises to evaluate your comprehension and practice new vocabulary.

 Перед чтением

Обсудите с партнёром: должны ли родители покупать мальчикам игрушки «для мальчиков», а девочкам—«для девочек»? Почему?

Эксперимент по гендерному воспитанию

Прочитайте статью и ответьте на вопросы.

Воспитáтели нéскольких дéтских садóв гóрода Читы́ реши́ли учи́ть детéй, как быть настоя́щими мужчи́нами и жéнщинами. Эксперимéнт проводя́т по инициати́ве психóлогов, котóрые обеспокóены[1] тем, что дéтям сегóдня трýдно поня́ть, что такóе си́льный пол, а что такóе слáбый, и им необходи́мо помóчь разобрáться[2] в э́том.

Воспитáтели внимáтельно наблюдáют[3] за поведéнием детéй. Если мáльчику нрáвится игрáть в кýклы[4] и рисовáть цветы́, а дéвочка игрáет в маши́нки и рисýет пистолéт, то педагóги срáзу корректи́руют их поведéние. Чтóбы дéти прáвильно понимáли распределéние[5] ролéй в семьé, они́ игрáют в специáльные и́гры. Напримéр, в игрé «дрýжная семья́» дóбрая мáма готóвит обéд на кýхне, а си́льный пáпа ремонти́рует маши́ну в гаражé. Когдá четырёхлетний Ми́ша пошёл с дéвочками на кýхню, воспитáтели срáзу подсказáли емý, что настоя́щий мужчи́на мóжет помогáть жéнщине, но егó мéсто не на кýхне, а с пáпой в гаражé.

Психóлоги убежденны́, что исправля́ть[6] поведéние бýдущих мам и пап нýжно с сáмого рáннего вóзраста. Именно тогдá в ребёнке заклáдываются оснóвы мужскóй и жéнской индивидуáльности. К сожалéнию, совремéнная семья́ не даёт ребёнку возмóжности развивáть[7] прáвильные гéндерные кáчества. Ведь чáсто роди́тели модели́руют перевёрнутые[8] социáльные рóли: жéнщины жéртвуют[9] семьёй рáди карьéры, а мужчи́ны перестаю́т[10] быть ли́дерами в семьé. От э́того и распадáются[11] 50% брáков. Дéти копи́руют роди́тельское отношéние к ми́ру. По мнéнию психóлогов, éсли в ситуáцию не вмешáться[12] сейчáс, то скóро нéкому бýдет создавáть сéмьи и рожáть детéй.

[1]worried, [2]figure out, [3]look after, [4]play with dolls, [5]division, [6]correct, [7]develop, [8]reverse, [9]sacrifice, [10]stop, [11]fall apart, [12]intervene

Ответьте на вопросы с партнёром.

1. Какой эксперимент проводят воспитатели детских садов в Чите? С какой целью?
2. Как вы понимаете выражения «сильный пол» и «слабый пол»? Что вы о них думаете?
3. Как и зачем дети играют в игру «дружная семья»? Чем, по мнению воспитателей, должна заниматься в семье мама, а чем — папа? Согласны ли вы с этим?
4. Почему, по мнению автора, современная семья не воспитывает в ребёнке правильные гендерные качества? Что значит «перевёрнутые гендерные роли»?
5. Какой прогноз на будущее дают психологи, если не корректировать «неправильное» гендерное поведение детей? Согласны ли вы с этим прогнозом?
6. Что вы думаете об эксперименте, описанном в статье?
7. Как вы думаете, должна ли школа заниматься гендерным воспитанием детей?
8. Были ли вы свидетелями (witness) гендерного воспитания? Где и когда?

ТЕКСТ №3: МАРИНА ЦВЕТАЕВА «МНЕ НРАВИТСЯ, ЧТО ВЫ БОЛЬНЫ НЕ МНОЙ . . . »

Перед чтением

Что, по-вашему, значит фраза «Вы больны не мной»? Как вы думаете, о ком и о чём это стихотворение?

Мне нравится, что Вы больны не мной . . .

Прочитайте стихотворение и прослушайте его в аудиозаписи.

Мне нра́вится, что Вы больны́ не мной[1],
Мне нра́вится, что я больна́ не Ва́ми,
Что никогда́ тяжёлый шар земно́й[2]
Не уплывёт[3] под на́шими нога́ми.
Мне нра́вится, что мо́жно быть смешно́й —
Распу́щенной[4] — и не игра́ть слова́ми,
И не красне́ть уду́шливой волно́й[5],
Слегка́ соприкосну́вшись рукава́ми[6].

Мне нра́вится ещё, что Вы при мне[7]
Споко́йно обнима́ете другу́ю,
Не про́чите мне в а́довом огне́[8]
Горе́ть[9] за то, что я не Вас целу́ю.
Что и́мя не́жное моё, мой не́жный, не
Упомина́ете[10] ни днём, ни но́чью — всу́е[11]...
Что никогда́ в церко́вной тишине́[12]
Не пропою́т[13] над на́ми: аллилу́йя!

Спаси́бо Вам и се́рдцем и руко́й
За то, что Вы меня́ — не зна́я са́ми[14]! —
Так лю́бите: за мой ночно́й поко́й[15],
За ре́дкость встреч зака́тными часа́ми[16],
За на́ши не-гуля́нья под луно́й,
За со́лнце, не у нас над голова́ми, —
За то, что Вы больны́ — увы́[17]! — не мной,
За то, что я больна́ — увы́! — не Ва́ми!

1915

[1]not crazy for me, [2]globe, [3]slip away, [4]undisciplined, [5]suffocating wave, [6]sleeves, [7]beside me, [8]hellish fire, [9]burn, [10]mention, [11]in vain, [12]silence, [13]sing, [14]ourselves not knowing, [15]calm, [16]hours of sunset, [17]alas

 После чтения

A. Ответьте на вопросы с партнёром.

1. Кто лири́ческий герой (я) стихотворения — женщина или мужчина? Почему вы так думаете?
2. Кому адресовано стихотворение — женщине или мужчине?
3. Любит ли лирический герой или героиня человека, которому он/а говорит Вы? Почему вы так решили?

4. Есть ли в стихотворении стереотипы мужского или женского романтического поведения?

5. Что значит фраза «играть словами»? Когда люди играют словами?

6. Перечитайте последнюю часть стихотворения. За что он/а говорит спасибо адресату?

Б. Найдите в стихотворении все слова и выражения в творительном падеже и объясните их употребление.

ДАВАЙТЕ ОБСУДИМ

Using what you have learned in this chapter, discuss these topics in small groups. Try to extend it into a conversation rather than just answering each question.

1. Ваша подруга считает, что в современном мире существует дискриминация по половому признаку на рабочем месте. Вы не согласны. Приведите аргументы против.

2. Вы — руководитель фирмы. Вам нужно принять на работу начальника отдела маркетинга. Вы рассматриваете две кандидатуры — мужчину и женщину. Они оба имеют высшее образование и одинаковый стаж работы. Кого вы возьмёте на работу? Почему?

3. Ваш партнёр считает, что сына нужно отдать в детский сад, где детей учат быть настоящими мужчинами и женщинами, но вы не согласны. Приведите аргументы против.

4. Напишите и разыграйте с партнёром диалог, в котором один из супругов хочет отдать дочь в школу (колледж) только для девочек, а другой выступает против.

5. Какие гендерные табу есть в современном обществе?

6. Вспомните и расскажите о ситуации, когда вы были свидетелем дискриминации по половой принадлежности.

▶◀ ДАВАЙТЕ ПОГОВОРИМ О КИНО

Вот несколько названий советских и российских фильмов, в которых рассматривается тема главы. Посмотрите один из них (информация в интернете поможет вам выбрать фильм) и подготовьте небольшое выступление, в котором вы: (1) кратко расскажете содержание фильма и (2) покажете, как в этом фильме раскрывается тема главы. Постарайтесь использовать как можно больше активной лексики по теме.

• «Короткие встречи», режиссёр Кира Муратова, 1967
• «Пять вечеров», режиссёр Никита Михалков, 1978
• «Москва слезам не верит», режиссёр Владимир Меньшов, 1979
• «Ребро Адама», режиссёр Вячеслав Криштофович, 1994
• «Возвращение», режиссёр Андрей Звягинцев, 2003

ПИСЬМЕННЫЕ ЗАДАНИЯ

Выберите одну из тем и напишите сочинение длиной 500–600 слов.

1. Напишите статью в университетскую газету, в которой вы описываете гендерную проблему в вашем университете и предлагаете пути её решения.
2. Напишите доклад о женщине, которая первой работала в традиционно мужской профессии.
3. Напишите журнальную статью об отцах, которые сидят с детьми дома, в то время, как их жёны занимаются карьерой.
4. Напишите доклад на тему «Гендерное воспитание: за и против».
5. Напишите статью на тему «Мужчины не плачут, или гендерные табу в современном обществе».

Electronic Workbook
exercises
O–T

ЛЕКСИКА УРОКА

VERBS

боро́ться (боро̌-ся) с кем/чем
горди́ться/возгорди́ться (горди́+ся 8) кем/чем
забо́титься (забо́ти+ся 8) о ком/чём
интересова́ться/заинтересова́ться (интере-со<u>ва́</u>+ся 15) кем/чем
каза́ться/показа́ться (каза̌+ся 1) кем, каким
кача́ть/покача́ть (кача́й+ 3) чем
маха́ть (маха̌+ 1)/махну́ть (махну́+ 14) чем
наблюда́ть/понаблюда́ть (наблюда́й+ 3) за кем/чем
ока́зываться (ока́зывай+ся 3)/оказа́ться (оказа̌+ся 1) кем, каким/какой/какими
па́хнуть (па́х(<u>ну</u>)+ 13) чем
пожима́ть (пожима́й+ 3)/пожа́ть (пож/м+ 11) чем
поздравля́ть (поздравля́й+ 3)/поздра́вить (поздра́ви+ 8) с чем

по́льзоваться/воспо́льзоваться (по́льзо-<u>ва</u>+ся 15) чем
рабо́тать (рабо́тай+ 3) чем
разводи́ться (разводи̌+ся 8)/развести́сь (развёд+ 4)
расслабля́ться (расслабля́й+ся 3)/рассла́биться (рассла́би+ся 8)
смея́ться/засмея́ться (смея+ся 1) над кем/чем
соглаша́ться (соглаша́й+ся 3)/согласи́ться (согласи́+ся 8) с кем/чем
сочу́вствовать/посочу́вствовать (сочу́в-ствова+ 15) кому
станови́ться (станови̌+ся 8)/стать (ста́н+ 12) кем, каким
счита́ться (счита́й+ся 3) кем, каким
то́пать (то́пай+ 3)/то́пнуть (то́пну+ 14) чем
шути́ть/пошути́ть (шути̌+ 8) над кем, чем
явля́ться (явля́й+ся 3)/яви́ться (яви̌+ся 8) кем, каким

NOUNS AND NOUN PHRASES

агре́ссия
борьба́
же́нственность
же́нщина
забо́та
му́жественность
мужчи́на

мя́гкость
не́жность
си́ла
сла́бость
уве́ренность
чу́вство

ADJECTIVES AND PARTICIPLES

агресси́вный

бога́тый

дово́льный

же́нский

же́нственный

забо́тливый

знамени́тый

изве́стный

му́жественный

мужско́й

мя́гкий

не́жный

обеспоко́енный

си́льный

сла́бый

уве́ренный

чу́вственный

PREPOSITIONS

за

ме́жду

над

пе́ред

под

с

CONJUNCTIONS AND CONNECTING PHRASES

в связи́ с

други́ми слова́ми

ины́ми слова́ми

любо́й цено́й

одни́м сло́вом

по сравне́нию с

таки́м о́бразом

тру́дно спо́рить с (*тем, что*)

ADVERBS

бего́м

бы́стрым ша́гом

весно́й

ве́чером

гро́мким го́лосом

днём

зимо́й

ле́том

но́чью

о́сенью

у́тром

шёпотом

PHRASES

С днём рожде́ния!

С Но́вым го́дом!

С пра́здником!

Урок №11

Богатые и бедные

НАЧИНАЕМ РАЗГОВОР

Что вы видите на фотографии?
Как вы думаете, кто этот человек,
где он, и что он делает? Можно ли
ему позавидовать? Почему?

ЛЕКСИЧЕСКАЯ ТЕМА: «БОГАТЫЕ И БЕДНЫЕ»

In this section you will learn words and phrases that will help you understand texts in this chapter and discuss the topic of wealth and poverty.

Упражнения по лексике

1 Прочитайте слова в таблице и переведите предложения на русский язык.

Кто/какой?	Что?	Что делать/сделать?
богáтый *rich*	богáтство	богатéть/разбогатéть
бéдный *poor*	бéдность	беднéть/обеднéть
нúщий *destitute*	нищетá	нищáть/обнищáть

1. Today many young people don't think much about the choice of profession, they just want to get rich fast.
2. He grew up in terrible poverty, and even now that he is rich, he never takes a taxi.
3. One Russian proverb says that true wealth is not in money but in friends.
4. When the young photographer saw destitute homeless people on the streets, she started crying and could not take any pictures.
5. Rich people are getting richer and the poor are becoming more destitute.

2 Полезные выражения

А. Соедините русские выражения с их переводом.

1. перебивáться с хлéба нá воду	**а.** the only income
2. делúться послéдним *с кем*	**б.** to live from hand to mouth
3. жéртвовать дéньги *на что*	**в.** to earn a living
4. едúнственный зáработок	**г.** charitable foundation
5. зарабáтывать себé на жизнь	**д.** to give away the shirt off your own back
6. благотворúтельный фонд	**е.** to donate money

Б. Вставьте слова из А в предложения.

1. Моя подруга до декрета не работала, родственников, которые могли бы ей помочь, нет. С двумя детьми _____. (Газета «Комсомольская правда»)
2. Я уважаю любую религию и с пониманием отношусь к людям всех вероисповеданий. Поэтому я _____ как в синагоги, так и в православные храмы, и в мечети. (А. Розенбаум. «Бультерьер»)

3. Я стираю бельё соседей, и это пока наш _____. (Р. Штиль-марк. «Наследник из Калькутты»)

4. В 1995 году создан Детский _____ Роналда Макдоналда, который в течение пяти лет оказывал поддержку детским программам. (Журнал «Рекламный мир»)

3 Прочитайте предложения и догадайтесь (*guess*), что значат слова. Переведите эти слова на английский язык.

1. **жа́дный**

   Ми́ша хоро́ший челове́к, но о́чень **жа́дный**: он никогда́ не пла́тит за меня́ в рестора́не, да́же когда́ сам приглаша́ет на у́жин.

2. **пла́тный, беспла́тный**

   Пла́тный туале́т — это обще́ственный туале́т, за по́льзование кото́рым на́до плати́ть де́ньги.

   В Сове́тском Сою́зе образова́ние бы́ло **беспла́тным**. Студе́нтам, кото́рые хорошо́ учи́лись, да́же плати́ли стипе́ндию.

3. **выжива́ть**

   На свою́ микроскопи́ческую зарпла́ту медсестры́ она́ не живёт, а **выжива́ет** — не мо́жет да́же вы́пить ко́фе в кафе́.

4. **дохо́ды**

   На **дохо́ды** от своего́ би́знеса Анна и Серге́й могли́ не то́лько комфо́ртно жить, но и посла́ть сы́на учи́ться в прести́жную шко́лу-интерна́т в Швейца́рии.

5. **нало́ги**

   К 15 апре́ля все гра́ждане США должны́ заяви́ть о свои́х **дохо́дах** и пода́ть **нало́говую** деклара́цию за про́шлый год. Мно́гие миллионе́ры пото́м ду́мают — плати́ть и́ли не плати́ть **нало́ги**.

4 Расскажите партнёру о жизни одного очень богатого и одного очень бедного человека, используя слова из заданий 1–3.

Текст 1: Блог «Сострадание»

Before you read the text, you will engage in a discussion to prepare you for the topic. After reading the text, complete the After Reading exercises to evaluate your comprehension and practice new vocabulary.

 Перед чтением

Блог, который вы будете читать, называется «Сострадание» (*compassion*). Что для вас значит это слово? Как вы думаете, о чём пишет автор блога? В своём ответе используйте фразы: относиться с состраданием/испытывать сострадание к кому (*to feel compassion for somebody*).

На днях я стал участником[1] одного сюжета[2]. Встречал у метро друга, который почему-то задержался[3]. Неподалёку от станции бродила[4] женщина с табличкой «адресная справка[5]» на груди. Она подошла ко мне и спросила: «Вам подсказать — куда пройти?» Я поблагодарил[6] и сказал, что и сам могу кому угодно[7] подсказать, так как живу в этом районе.

Вскоре из метро вышел молодой парень с сумкой доставщика[8] пиццы. Он подошёл к женщине с табличкой, спросил у неё что-то, она показала, куда ему идти. А ко мне подошла пожилая[9] женщина и спросила как ей попасть . . . и назвала адрес. Я ей подробно[10] всё объяснил и она, поблагодарив, ушла. И тут ко мне снова подошла женщина с табличкой «адресная справка». И у нас завязался диалог:

— Вы, наверное, москвич?

— Не совсем, но я живу здесь недалеко.

— У меня к вам просьба[11] — не давайте людям справки, пусть они ко мне подойдут. Это мой единственный заработок. Ведь даже те, кто спрашивает дорогу у меня, редко платят. Если из десяти заплатят два человека — это уже хорошо.

— Так вы им говорите, что услуга платная.

— Я им говорю, но кто-то платит, кто-то нет. Я вас прошу — не давайте справки. ПРОЯВИТЕ[12] СОСТРАДАНИЕ.

Последняя фраза меня просто сразила[13]. Как давно я не слышал этого красивого, доброго русского слова «сострадание».

Тут есть над чем подумать. Ведь я эту женщину видел и раньше — на метро езжу регулярно, а она почти всегда здесь — на работе, как выяснилось[14]. Видел, но никогда не задумывался о том, как она выживает в нашем огромном и совсем не сострадательном городе. На моих глазах парень с пиццей спросил у неё дорогу и ограничился[15] «спасибо». Он тоже — развозя пиццу — еле[16] перебивается с хлеба на воду. Нищие должны как-то перераспределить[17] свои доходы, чтобы помочь такому же нищему. А у тех, кто побогаче, есть айфоны с загруженными[18] в них картами, и им не надо подходить к кому-то у метро за адресной справкой.

Мир, в котором живёт доставщик пиццы и женщина у метро, параллелен моему. Я с ним пересёкся[19] лишь случайно[20]. Мир, в котором живу я, параллелен миру, в котором вращаются[21] люди, у которых дети учатся в частных швейцарских школах. И наши миры тоже не пересекаются. А есть и небожители, чьи сферы вообще никогда и ни с кем не пересекаются. Вроде бы это то же самое, что и в любой развитой[22] стране. Билл Гейтс вряд ли[23] ездит на метро. И всё же там не совсем так, как у нас. В странах с нормальными социальными отношениями, богатые люди — национальное достояние[24]. Их налогов достаточно, чтобы в стране не было нищих. Бедные есть и во Франции, и в Германии. Но там нет нищих. Кроме, разумеется, тех, кто проживает в этих странах незаконно[25].

Почему в России так много благотворительных организаций, помогающих больным детям? Да потому что государство не выполняет[26] своей главной социальной функции. Вот и приходится — через первый канал телевидения, через фонд

Хама́товой, че́рез эфи́р ра́дио «Эхо Москвы́» собира́ть де́ньги на очередну́ю[27] опера́цию очередно́му ребёнку. И кто основно́й до́нор? Обы́чные лю́ди, кото́рые са́ми е́ле выжива́ют. Они́-то и де́лятся после́дним. Моя́ тёща (ей 85 лет) из свое́й пе́нсии отпра́вила де́ньги пострада́вшим[28] от наводне́ния[29] на Да́льнем Восто́ке. А мне интере́сно, ско́лько вы́делили[30] на э́то на́ши олига́рхи?

Борис Синявский
Журналист

[1]participant, [2]plot, [3]be delayed, [4]wander, [5]reference, [6]thank, [7]anybody, [8]delivery person, [9]elderly, [10]in detail, [11]request, [12]show, [13]strike down, [14]turn out, [15]not go beyond, [16]barely, [17]redistribute, [18]uploaded, [19]intersect, [20] by chance, [21]circulate, [22]developed, [23]unlikely, [24]property, [25]unlawfully, [26]fulfill, [27]next/regular, [28]victim, [29]flood, [30]allot

---

 После чтения

Отве́тьте на вопро́сы и обсуди́те с партнёром.

1. Почему́ у же́нщины висе́ла на груди́ табли́чка «адресная спра́вка»? Что она́ де́лала у метро́?
2. Что де́лал у метро́ а́втор бло́га?
3. В како́м го́роде произошёл э́тот слу́чай?
4. Как же́нщина зараба́тывает себе́ на жизнь? О чём она́ попроси́ла а́втора бло́га? Почему́?
5. Почему́ а́втор называ́ет Москву́ несострада́тельным го́родом?
6. Почему́, по мне́нию а́втора, доста́вщик пи́ццы не заплати́л же́нщине за адре́сную информа́цию?
7. Почему́ «бога́тым лю́дям» не нужны́ услу́ги (*services*) э́той же́нщины?
8. Прочита́йте пе́рвое предложе́ние предпосле́днего абза́ца. Как вы его́ понима́ете? Переведи́те его́ на англи́йский язы́к.
9. Каки́е четы́ре паралле́льных ми́ра называ́ет а́втор? Каки́е лю́ди живу́т в э́тих мира́х? Согла́сны ли вы, что э́ти миры́ никогда́ не пересека́ются? Почему́?
10. А́втор пи́шет, что в Евро́пе есть бе́дные, но нет ни́щих. Как вы э́то понима́ете? Согла́сны ли вы с э́тим мне́нием?
11. Перечита́йте после́дний абза́ц бло́га. По како́му при́нципу а́втор сра́внивает обы́чных люде́й и олига́рхов в Росси́и? Кто из них бо́льше помога́ет други́м? Почему́?

Коммента́рий на блог

Прочита́йте коммента́рий на блог «Сострада́ние». Согла́сны ли вы с ним?

КОММЕНТА́РИЙ:

Ни́щие есть и на За́паде. Весь Детро́йт, наприме́р, — сплошна́я[1] нищета́. А́втор здесь не прав. Пра́вда, ни́щие всё же не составля́ют[2] че́тверти населе́ния[3] ни в одно́й ра́звитой стране́, но э́то дета́ли.

А вот насчёт благотвори́тельных фо́ндов — ещё интере́снее. Их там гора́здо бо́льше, чем у нас. Но осно́ваны[4] и соде́ржатся[5] они́ в основно́м бога́тыми и о́чень

богáтыми людьмú. Билл Гейтс ушёл из «Майкросóфта» и сейчáс управлáет[6] фóн-
дом, «Хúлтон» отдаёт бóльше половúны свойх дохóдов на благотворúтельность,
как и «Дэлл», «Гугл», «Макдóнальдс». В Азии, кстáти, тóже прúнято[7] богáтым
лю́дям жéртвовать дéньги на благотворúтельные прогрáммы.

У нас же сáмые богáтые всегдá сáмые жáдные.

[1]solid, [2]comprise, [3]population, [4]founded, [5]support, [6]run, [7]accepted

После чтения

A. Напишите свой комментáрий на блог «Сострадáние». Какóе мéсто занимáет
сострадáние в вáшей жúзни и в жúзни людéй вокрýг вас?

Б. Переведúте предложéния на рýсский язык, испóльзуя лéксику из тéкста и упражнений 1, 2 и 3.

1. How do waiters survive on their tiny salaries?
2. Her only income came from translations, so for a while she was living from hand to mouth.
3. Even living in poverty, he was always ready to share his last piece of bread with a friend.
4. Do you really believe that the worlds of the poor and the rich never intersect?
5. When we traveled to India, we saw terrible destitution, as well as unbelievable wealth.
6. Most Russians are not used to donating money to charity. Many of them do not even pay taxes.
7. The company's income grew last year as it started charging for its internet materials.

Electronic Workbook
exercises
A–B

ГРАММАТИКА: МЕСТОИМÉНИЯ, ЧАСТÚЦЫ, ВЫРАЖÉНИЯ УСТУ́ПКИ (*ADVERBIAL AND PRONOMINAL EXPRESSIONS, PARTICLES, AND CONCESSIVE CONSTRUCTIONS*)

Adverbial and pronominal expressions in Russian are very similar in their construction and usage; accordingly, we are addressing them together.

Adverbial and Pronominal Expressions

You are already familiar with adverbial expressions, such as когда/никогда, где/нигде, and куда/никуда. It is important to remember that verbs used with negative adverbial expressions никогда, нигде, никуда must also be negated, as in these examples:

—**Где** живут эти бедные люди?
Where do these poor people live?
—Они **нигдé не** живут. Они бездомные.
They don't live anywhere. They are homeless.

—**Кудá** идут эти бездомные люди?
Where are these homeless people going?
—Они **никудá не** идут, а просто ходят по городу.
They aren't going anywhere; they're just walking around town.

—О **чём** они говорят?
What are they talking about?
—Они **ни о чём не** говорят.
They're not talking about anything.

The particle ни is used in numerous idiomatic expressions, including these:

ни жив ни мёртв	neither dead nor alive (terrified)
ни к чёрту	useless
ни копейки (за душой)	not a penny (to his or her name)
ни с места	not budging; don't move! (imperative)
ни в коем случае	in no case
ничто иное как	nothing other than
ничего общего	nothing in common
ни для кого не секрет	not a secret for anybody
ни при чём	having nothing to do with

Пословицы, поговорки, выражения
Ничего не поделаешь.
There's nothing to be done.

Textbook exercises
5–9

Because the double negative is not allowed in English, the English equivalents of these expressions are words like *anyone, anywhere,* and *anything.* Russian uses the special negative particle ни together with the negative adverbial or expression (никогда, ни о чём).

Russian pronominal adverbs and related constructions include the following. Note the stress on the first syllable and the use of the prefix не rather than ни as in the adverbial constructions.

некогда + infinitive	no time + infinitive, e.g., no time to do something
нечего + infinitive	nothing + infinitive
некому + infinitive	no one + infinitive
некуда + infinitive	nowhere + infinitive
негде + infinitive	nowhere + infinitive
незачем + infinitive	for no reason + infinitive
не о чем + infinitive	about nothing + infinitive
нечему + infinitive	nothing + infinitive
не у кого + infinitive	to no one + infinitive

These pronominal constructions mean *to have no time to do something, nothing to fear, no one to write, nowhere to stay, nothing to dream about* and *no reason to do something, no one from whom to borrow money,* and *nothing to be surprised at,* as illustrated in the examples below.

Нам **некогда** помогать детям, потому что мы очень заняты.
We have no time to help the children because we are very busy.

Вам **нечего** бояться здесь.
You have nothing to fear here.

Владимиру Михайловичу **нéкому** писать об этой проблеме.
Vladimir Mikhailovich has no one to write about this problem.

В нашем маленьком городе молодым людям совсем **нéкуда** пойти вечером.
In our small town young people have no place to go at night.

Нам **нéгде** остановиться, потому что в городе большая конференция и все гостиницы заняты.
We have nowhere to stay because there is a big conference in the city and all the hotels are full.

Богатым **нéзачем** думать об этом.
The wealthy don't have any reason to think about it.

Ему **нé о чем** мечтать—у него и так всё есть.
He has nothing to dream about—he already has everything.

Нéчему удивляться: всё это можно было предвидеть.
There is nothing to be surprised at—all of this could have been foreseen.

Все наши друзья разъехались и теперь нам **нé у кого** брать деньги в взаймы.
All our friends left and now we have no one from whom to borrow money.

 Пословицы, поговорки, выражения
Хоть есть нéчего, затó жить вéсело.
Even though there's nothing to eat, we can still have fun.
Poor but happy

Textbook exercises
10—12

Indefinite Particles

The two most commonly used indefinite particles are -то and -нибудь. They are usually translated with the English prefixes *some-* and *any-*, as illustrated in these examples:

—**Ктó-нибудь** звонил, когда я была в банке?
Did anyone call while I was at the bank?
—Да, **ктó-то** звонил и просил денег на поликлинику для бедных.
Yes, someone called and asked for money for a clinic for the poor.

—Ты **когó-нибудь** из знакомых видела на митинге?
Did you see any of our acquaintances at the demonstration?
—Да, я **когó-то** видела, но не помню, кого.
Yes, I saw someone, but don't remember whom.

 Пословицы, поговорки, выражения
Богáто не жúли, нéчего и начинáть.
You've never lived like a rich person, so there is no point to start now.

Before translating English indefinite expressions with the prefixes *some-* or *any-* into Russian, consider the rules governing the particles -то and -нибудь. In fact, Russian is much more systematic in the use of these particles than English is in its use of the analogous prefixes. When choosing between -то and -нибудь, you must use the following rules **in this order**:

1. If there is negation in the sentence, you may not be able to use either -то or -нибудь even if the English uses *some-* or *any-*; you may have to use a negative pronominal or adverbial expression, such as ничего́, никогда́, не́чего, не́ за чем, and so forth.

   Богатые москвичи **никогда́ не е́здят** на дешёвых автомобилях.
   Rich Muscovites never drive cheap cars.

   Мои родственники **нигде́ не** работают.
   My relatives don't work anywhere.

2. If the particle is part of a question, use -нибудь.
3. If the particle is in a declarative sentence in any tense with a time expression conveying frequency (часто, редко, каждый раз, and so forth), use -нибудь.
4. If the particle is in a declarative sentence in the past tense, use -то.
5. If the particle is in a declarative sentence or question in the future tense or in an imperative, use -нибудь.

Consider the use of the particles in these examples:

Мне **кто́-нибудь** звонил вчера вечером?
Did anyone call me last night?

Когда мама ездит **куда́-нибудь** в командировку, она всегда покупает мне **како́й-нибудь** сувенир.
Whenever mom goes somewhere on a work trip, she always buys me some kind of souvenir.

Когда вас не было дома, **кто́-то** звонил.
When you weren't home, someone called.

Когда ты будешь в Петрозаводске, купи мне **како́й-нибудь** подарок.
When you're in Petrozavodsk, buy me a gift.

A third particle, -либо, is used only for the most indefinite of constructions, such as dictionary definitions. For example, *to call someone on the phone* is звони́ть кому́-либо по телефо́ну or *to worry about something* is беспоко́иться о чём-либо.

Another construction, with the word уго́дно, is used to convey the idea of *anything or anyone you like*, as in these examples:

Спроси́те **кого́ уго́дно**, все скажут, что самые богатые россияне имеют дома за границей.
Ask anyone you like, they all will say that the richest citizens of Russia have houses abroad.

Берите **что уго́дно**: вот торт, вот пирог, вот печенье.
Help yourself to whatever you like: here's cake, here's pie, and here are cookies.

Often, when we translate sentences that have *anything, anyone, anywhere,* etc., we cannot use -то or -нибудь. We must use угодно instead. Pay attention to the phrases in bold in the following examples.

Я абсолютно свободна и могу делать всё, **что угóдно**. (запись в "LiveJournal")
I'm completely free and can do anything I want.

Мы проболтали почти три часа и говорили **о чём угóдно**, но не о работе. (Журнал «Даша»)
We chatted for almost three hours and talked about everything other than work.

—Кто мог слышать наш разговор?—**Кто угóдно**! (В. Белоуосова)
—*Who could have heard our conversation?*—*Anyone!*

—Ты будешь здесь жить?—Я могу жить **где угóдно**. (А. Рыбаков)
—*Are you going to live here?*—*I can live anywhere.*

—Пойдём отсюда,—шепнула Софи.—Куда?—спросил филолог.—**Кудá угóдно**. Лишь бы вместе. (С. Довлатов)
"Let's go from here," whispered Sophie. "Where?" asked the philologist. "Anywhere. As long as we're together."

. . . [в городе] музыку живую послушать негде: просто посидеть пива выпить—**скóлько угóдно**, а концертов нет, или это очень дорого . . . (Журнал «Русский репортёр»)
. . . there's nowhere to listen to live music in the city: to just sit and have a beer—there's any number of places, but there are no concerts, or it's very expensive . . .

 Пословицы, поговорки, выражения
Что посéешь, то и пожнёшь.
What you sow is what you will reap.
As ye sow, so shall ye reap.

Textbook exercises
13–15

Concessive Constructions

Russian uses a simple construction to convey meanings equivalent to the English words *whenever, whatever, wherever,* and so forth. The construction in Russian uses the particle бы, the particle ни, and the past tense of the relevant verb, as illustrated in these examples:

С кем бы вы ни говорúли, вы всё равно не решите эту проблему сегодня.
No matter who you talk with, you still will not be able to solve this problem today.

Где бы онá ни искáла, она всё равно не найдёт более приемлемые условия.
Wherever she searches, she will not find more acceptable terms.

Textbook exercises
16–22

Мы должны открыть новую поликлинику для бедных **во что бы то ни стáло**.
No matter what, we must open a new clinic for the poor.

5 Заполните пропуски словами из списка: «нигде», «ничего» (х2), «ни у кого», «никогда», «ничем», «никому», «ничему».

1. Леонид _____ не работает, _____ не делает, лежит на диване и читает историю французского искусства. (Б. Пильняк. «Три брата»)

2. Он неплохо зарабатывал и практически _____ не боялся. (Е. Попов. «Тётя Муся и дядя Лёва»)

3. Мы жили в период «перестройки», когда _____ не только денег не было, но, даже если они и были, купить на них было нечего. (Ю. Башмет. «Вокзал мечты»)

4. Дэвид не хотел зависеть от отца, поэтому _____ не звонил и не просил о помощи, самостоятельно зарабатывая себе на жизнь. (Р. Нахапетов. «Влюблённый»)

5. —Я—человек без средств, бедный человек, _____ не могу помочь, _____ и _____! (М. Горький. «Жизнь Клима Самгина»)

6 Переведите предложения на русский язык.

1. Nobody came.
2. Nobody knew about the concert tomorrow.
3. I don't want to offend anyone.
4. Olga didn't find anything in the store.
5. Nothing is going to help them in this situation.
6. No one in our family went to college.

7 Переведите предложения на английский язык.

1. Динка сидела **ни жива ни мертва** от страха. (В. Осеева. «Динка»)

2. Умение носить одежду даётся от рождения, это особый талант. Социальный статус и образование тут **ни при чём**. (Д. Донцова. «Доллары царя Гороха»)

3. Китайцам не остаётся **ничего иного, как** после выхода на пенсию (мужчины в 55 лет, женщины в 50) вновь искать работу. (Газета «Труд-7»)

4. Этот новый проект Билла Гейтса с благотворительностью **не имеет ничего** общего, это чистый бизнес. (Газета «Известия»)

5. Если вы решили экономить, то **ни в коем случае** не следует ходить в супермаркеты! (Газета «Комсомольская правда»)

6. **Ни для кого не секрет,** что Объединённые Арабские Эмираты уже давно строят всё самое большое, высокое и красивое. (Журнал «Вестник авиации и космонавтики»)

7. Он поднял палку над головой и крикнул: «Ну, подходи!» А они боятся—**ни с места**! (В. Железников. «Чучело»)

8. Девушка горько плакала, а когда Мария спросила её, в чём дело, рассказала, что её обокрали, что у неё нет **ни копейки** денег, ни души знакомых, негде ночевать . . . (И. Грекова. «Знакомые люди»)

8 Заполните пропуски идиомами из упражнения 7.

1. Я _____ не буду с человеком, который поставит мне ультиматум: я или карьера. (Газета «Комсомольская правда»)
2. США не остаётся _____ закрыть границы, чтобы воспрепятствовать (*prevent*) наплыву беженцев (*influx of refugees*) из Мексики и стран Карибского бассейна. (Журнал «Зарубежное военное обозрение»)
3. Так генерал и простоял _____. (Журнал «Трамвай»)
4. Командую: — Стой, _____! Стрелять буду! (И. Стаднюк. «Максим Перепелица»)
5. Российская коррупция _____ с классической не имеет. (Агенство «РИА Новости»)
6. Дело в том, что у меня как раз не было _____ денег и я очень рассчитывал на эти две тысячи. (М. Булгаков. «Театральный роман»)

Electronic Workbook exercises Г–Ё

9 Ни в чём себе не отказывать

А. В русском языке есть выражения «во всём себе отказывать» и «ни в чём себе не отказывать». Прочитайте два предложения с этими выражениями. Переведите предложения на английский язык.

1. У меня старые родители, живущие на нищенскую пенсию, — они помогли мне закончить аспирантуру, а ведь аспирантская стипендия меньше тысячи рублей! Они **во всём себе отказывали**, лишь бы их сынок стал хорошим врачом. («Независимая газета»)
2. Я очень щедрый человек, никогда не жалеющий денег. Я могу позволить **ни в чём себе не отказывать** и потратить на друзей и близких мне людей любые суммы. (Газета «Комсомольская правда»)

Б. Поговорите с партнёром:
— Были ли у вас ситуации в жизни, когда вы должны были во всём себе отказывать?
— Были ли у вас ситуации в жизни, когда вы могли ни в чём себе не отказывать?
— Должны ли родители во всём себе отказывать, чтобы дать своему ребёнку хорошее образование?

10 Заполните пропуски словами: «некогда», «нечего», «некому», «негде», «незачем», «не у кого», «некуда».

1. В будущем я планирую ходить в бассейн каждый день, но пока мне _____.
2. Не надо в этот город ездить, там совершенно _____ смотреть.
3. В городе очень мало места — совсем _____ парковаться.
4. Мне так нужны деньги, но занять их _____!
5. В нашей стране _____ помогать больным детям — ни государству, ни бизнесменам нет до них дела.
6. Нам _____ ехать в магазин — всё уже купили.

11 Заполните пропуски словами: «некогда», «некуда», «незачем», «негде», «нечего».

1. Я до сорока лет дожил, а в Москве так ни разу и не побывал, _____: всё необходимое для жизни в родном городе покупал. (Газета «Труд-7»)

2. Если у тебя есть работа и, соответственно, деньги, то тебе _____ их потратить — весь твой жизненный цикл завязан на офис. (Журнал «Частный корреспондент»)

3. Я не работаю уже больше 6 месяцев, и денег брать больше _____, продать тоже _____. (Форум в интернете, НКРЯ)

4. Зарабатываю много. Деньги _____ девать! Вот сегодня сто франков получил. (Е. Нагродская. «Гнев Диониса»)

12 Выражения и идиомы

А. Переведите предложения на английский язык.

1. Ты знаешь первый закон искусства? Если тебе **нечего сказать** — молчи! Если тебе есть что сказать — скажи и не лги! (Е. Исаева)

2. **От нечего делать** я раскрыл книгу на том месте, где был задан урок, и стал прочитывать его. (Л. Толстой)

3. Нам **нечего терять** — у нас ничего нет. (А. Шаров)

4. Я, конечно, могу спросить, — сказал он, — мне это **ничего не стоит**. Но я думаю, что твой вариант принят не будет. (В. Войнович)

5. Фильм просто потрясающий, **ничего подобного** в своей жизни я ещё не смотрела... (сообщение на интернет-форуме, НКРЯ)

Б. Вставьте в пропуски выражения, выделенные жирным шрифтом (*in bold*) из А.

1. Я сижу дома и от _____ смотрю какую-то ерунду по телевизору. (В. Козлов)

2. Нынешний кризис — он у богатых, а бедным _____. (Журнал «Русский репортёр»)

3. Вы просто мне симпатичны, и я рад вам помочь. Мне это _____. Деньги эти я всё равно использовать не могу. (В. Бережков)

4. _____ никто до нас не делал. (Журнал «Наука и жизнь»)

5. Он слишком долго думает, прежде чем ответить, поэтому кажется, что ему совсем _____. (Т. Устинова)

13 Вставьте в пропуски частицы -то или -нибудь.

1. Человеку всё кажется, что где-_____ людям живётся лучше. (И. Петрусенко)

2. Имеется ли ещё где-_____ хоть один экземпляр [этой книги]? (Ю. Домбровский)

3. А я подумываю: может, пойти на какие-_____ курсы, освоить компьютер, тогда будет специальность, может, наконец найду работу. (Е. Павлова)

4. Мою бабушку Ольгой звали — в честь какой-_____ тургеневской девушки. (А. Карабаш)

5. Если кого-_____ любишь — будь рядом с любимым. (О. Романцова)

6. На вопрос, хочет ли она кому-_____ позвонить, она ответила: «Не знаю». (С. Спивакова)

 14 Согласны ли вы с этими утверждениями? Почему? Обсудите с партнёром.

1. Богатые могут делать всё, что угодно.

2. Бедные люди должны соглашаться на какую угодно работу.

3. В США кто угодно может стать богатым и успешным.

4. Можно сколько угодно работать, но нельзя стать богатым без везения.

15 Напишите вопросы к ответам.

Пример: Что угодно. — Что тебе привезти из Питера?

1. Кто угодно.

2. Где угодно.

3. О чём угодно.

4. Куда угодно.

5. Сколько угодно.

6. С чем угодно.

16 Переведите предложения на английский язык.

1. **Где бы я ни был**, если вам или вашему ребёнку что-нибудь понадобится, то знайте — я всё для вас сделаю. (Г. Щербакова. «Три любви Маши Передреевой»)

2. **Каким бы я ни пришёл домой** — раздражённым, злым — он мне всегда рад. (Газета «Комсомольская правда»)

3. Я буду покупать книги в любом случае. **Сколько бы они ни стоили.** (А. Рубанов. «Сажайте, и вырастет»)

4. **О чём бы человек ни вспоминал**, он начнёт всегда с того, что вспомнит самого себя. (А. Герцен. «Сорока-воровка»)

5. **Какие бы вы ни выбрали цветы** и **как бы их ни вручили**, главное — любовь, забота и тепло, которые вы вложите в подарок. (Газета «Комсомольская правда»)

6. Он говорил очень тихо, но **сколько бы ни было людей** в гостиной — его все слушали. (А. Пятигорский. «Вспомнишь странного человека»)

7. Я всегда беру с собой ребёнка, **куда бы ни поехала.** (Газета «Труд-7»)

8. **Где бы я ни была, что бы я ни делала**, я всегда помню и люблю этого светлого чудесного человека. (Журнал «Звезда»)

 17 Можете ли вы сказать это о себе? Обсудите с партнёром.

1. Что бы я ни делал/делала, у меня никогда не получается одеваться стильно.

2. Какая бы ни стояла погода, я всегда хожу гулять.

3. Куда бы я ни пошёл/пошла, я всегда беру с собой мобильный телефон.
4. Куда бы я ни ездил/ездила, я всегда посылаю открытки друзьям.
5. Что бы ни говорили мои родители, я всегда всё делаю по-своему.
6. Где бы я ни был/была, я занимаюсь бегом каждый день.

18 Переведите фразы на русский язык (используйте глаголы несовершенного вида в прошедшем времени) и продолжите предложения. Обсудите с партнёром.

1. Whoever calls . . .
2. Whatever you buy . . .
3. Wherever you travel . . .
4. Whatever it costs . . .
5. No matter how much you try (*стараться*) . . .

19 Глобализация

Куда бы вы ни поехали, сейчас вы увидите те же рестораны и магазины, услышите ту же музыку. Напишите 4 предложения о глобализации. Используйте конструкции с «куда бы . . . ни», «где бы . . . ни», «что бы . . . ни», «в каком (какой) бы . . . ни». Обсудите ваши предложения с партнёром.

Пример: Куда бы ты ни поехал, везде есть кафе «Старбакс».

20 Перепишите предложения, используя конструкции с «бы».

Пример: Неважно, кто придёт, — не открывай дверь! — Кто бы ни пришёл, не открывай дверь!

1. Каждый раз, когда я путешествую, мне всегда хочется вернуться домой.
2. Неважно, сколько ты зарабатываешь, ты всегда должен экономить.
3. Неважно, что говорят по телевизору — в России практически нет среднего класса.
4. Даже если благотворительные фонды будут перечислять деньги больным детям, без поддержки государства ситуацию нельзя исправить.
5. Неважно, что ты делаешь, — я всё равно буду тебя любить.
6. Даже если эта машина будет очень дорого стоить, я всё равно хочу её купить.

21 Согласны ли вы с этими утверждениями? Обсудите с партнёром.

1. В мире нет ничего, чего нельзя было бы купить.
2. Сколько бы денег человек ни зарабатывал, ему всё равно будет мало.
3. Лучше иметь какую-нибудь, пусть даже самую грязную работу, чем просить денег у других.
4. В каких-то кризисных ситуациях богатые люди должны отдавать свои деньги, чтобы помочь стране, в которой они живут.
5. Настоящий бизнесмен может зарабатывать деньги где угодно и как угодно.
6. Кто-то всегда будет бедным, а кто-то всегда — богатым.

22 Прочитайте маленький отрывок из рассказа Ивана Бунина «Лёгкое дыхание».

А. Подчеркните все местоимения. Переведите отрывок на английский язык.

> Никто не танцевал так на балах, как Оля Мещерская, никто не бегал так на коньках, как она, ни за кем на балах не ухаживали столько, сколько за ней, и почему-то никого не любили так младшие классы, как её.

Б. Напишите абзац о человеке, который пользуется или пользовался популярностью в вашей школе или вашем университете. Используйте синтаксические конструкции из отрывка в А.

ПРОДОЛЖАЕМ РАЗГОВОР

Обсудите с партнёром сцену, которую вы видите на фотографии. Как вы думаете, где эта фотография была сделана? Почему?

ТЕКСТ 2: ИНТЕРВЬЮ «НЕ В ДЕНЬГАХ СЧАСТЬЕ»

Before you read the text, you will engage in a discussion to prepare you for the topic. After reading the text, complete the After Reading exercises to evaluate your comprehension and practice new vocabulary.

 Перед чтением

1. Обсудите с партнёром.

   a. Как вы понимаете выражение «Не в деньгах счастье»? Согласны ли вы с ним?

   б. Как вы думаете, может ли человек быть счастливым без денег?

2. Переведите выражения, которые вы встретите в тексте, на английский язык.

  а. ба́нковский счёт
  б. кру́глая су́мма
  в. нужда́ться в чём-то
  г. золота́я молодёжь
  д. огро́мные долги́
  е. не́ на что корми́ть семью́
  ж. мизе́рная зарпла́та
  з. потеря́ть рабо́ту
  и. е́ле своди́ть концы́ с конца́ми
  к. нажива́ться на ком-то
  л. ворова́ть де́ньги
  м. переводи́ть де́ньги на офшо́рные счета́
  н. прожига́ть жизнь

Не в деньгах счастье

Прочитайте текст и ответьте на вопросы.

Рассказывает мужчина, 27 лет

Ещё неда́вно я был бога́тым челове́ком. У меня́ был дом в закры́том посёлке, в гараже́ стоя́ла спорти́вная маши́на, а на ба́нковском счету́ лежа́ла кру́глая су́мма де́нег. Обо мне говори́ли, что я роди́лся под счастли́вой звездо́й, ведь я никогда́ ни в чём не нужда́лся. Оте́ц, разбогате́вший в 90-е го́ды, откры́в сеть[1] ночны́х клу́бов и рестора́нов, о́тдал меня́ учи́ться снача́ла в ча́стную шко́лу-интерна́т в США, зате́м в брита́нский ко́лледж. Я был одни́м из тех, кого́ называ́ют «золота́я молодёжь»: моя́ жизнь состоя́ла из дороги́х вечери́нок, на кото́рых я появля́лся[2] в окруже́нии[3] моде́лей и телохрани́телей[4], и пое́здок к «друзья́м», живу́щим в ра́зных города́х Евро́пы. Я не заду́мывался о том, как я живу́ и споко́йно принима́л тот факт, что мир де́лится[5] на бога́тых и бе́дных, и мне про́сто доста́лась[6] роль бога́того.

Но жизнь пригото́вила мне уро́к, заста́вив[7] в оди́н день осозна́ть[8], что суще-ствова́ние моё пу́сто[9] и бессмы́сленно[10] и что сча́стье отню́дь[11] не в деньга́х. А тем бо́лее не в тех, что зарабо́тал не ты сам. Несча́стный слу́чай[12] унёс из жи́зни мои́х роди́телей. И никаки́е де́ньги их не спасли́[13]. Моя́ пре́жняя[14] жизнь зако́нчилась. Ма́ло того́, что я лиши́лся[15] двух са́мых бли́зких люде́й, но ещё и оказа́лся[16] у руля́[17] импе́рии, находи́вшейся, как вы́яснилось, в огро́мных долга́х. Я не знал, что де́лать. Мне хоте́лось убежа́ть от всего́. И я реши́л сде́лать и́менно э́то.

Я переда́л управле́ние[18] дела́ми юри́стам и собра́лся е́хать в Тибе́т, что́бы нача́ть но́вую жизнь, ниче́м не похо́жую на пре́жнюю. Но пе́ред са́мым отъе́з-дом, я по́нял, что я про́сто бою́сь и поэ́тому бегу́ от себя́, бегу́ от настоя́щей жи́зни, бегу́ от приня́тия реше́ний. И тут меня́ осени́ло[19]: что́бы узна́ть, как жить и рабо́тать да́льше, я до́лжен уви́деть не далёкий Тибе́т, а то, что нахо́дится за забо́ром[20] моего́ до́ма, уви́деть ту Росси́ю, кото́рую я не зна́ю. И я пое́хал путеше́-ствовать по стране́.

Теперь на обед у меня вместо мраморной говядины[21] было не очень свежее мясо в придорожных шашлычных, а вместо спортивного автомобиля—полка[22] в плацкартном вагоне. Но это было именно то, что было мне нужно. Путешествуя по стране, я многое увидел: мать, которой не на что кормить своих детей из-за мизерной зарплаты медсестры; инженеров и рабочих, потерявших работу из-за того, что закрылся единственный в городе завод; крестьян[23], которые еле-еле сводят концы с концами[24] из-за плохого урожая[25]. Я видел много людского горя[26], нищеты, протекающих[27] крыш и неотапливаемых[28], но жилых комнат.

В то же время я видел и тех, кто наживался на бедности других: строил дома, в которых невозможно жить, воровал деньги из городского бюджета и переводил их на офшорные счета. Всё это сначала приводило меня в шок, а потом заставило действовать[29].

Вернувшись в Москву, я продал оставшиеся активы отцовской компании и поехал в деревню, где когда-то жила моя бабушка и где я ребёнком проводил летние месяцы. Я хотел организовать рабочие места для тех, кто потерял возможность жить достойно и кормить свои семьи. Ведь если в крупных городах жители как-то могут заработать себе на жизнь, то в сельской местности[30] это практически невозможно. Так у меня появилось новое дело: я восстановил[31] из руин несколько ферм, где мы стали производить[32] био-продукты. Сейчас, когда каждый день меня ждут реальные дела, люди и проблемы, я не могу представить себе, как ещё совсем недавно прожигал свою жизнь на звёздных вечеринках в столице.

¹chain, ²appear, ³surrounded, ⁴bodyguard, ⁵be divided, ⁶fall to one's lot, ⁷force, ⁸realize, ⁹empty, ¹⁰meaningless, ¹¹by no means, ¹²accident, ¹³save, ¹⁴former, ¹⁵lose, ¹⁶find self, ¹⁷steering wheel, ¹⁸management, ¹⁹dawn upon, ²⁰fence, ²¹marbled beef, ²²berth, bed, ²³peasant, ²⁴make ends meet, ²⁵harvest, ²⁶grief, ²⁷leaking, ²⁸unheated, ²⁹act, ³⁰countryside, ³¹restore, ³²produce

 После чтения

Ответьте на вопросы с партнёром.

1. Как жил герой до смерти родителей?
2. Какие атрибуты богатой жизни он называет в первом абзаце?
3. Как, по словам героя, живёт русская «золотая молодёжь»?
4. Откуда у него были деньги на такую жизнь?
5. Как и почему закончилась его прежняя жизнь?
6. Куда и зачем он поехал после смерти родителей?
7. Каких людей он встретил во время путешествия по России? Что он узнал о них?
8. Что сделал герой, когда вернулся в Москву? Зачем он это сделал?
9. Считаете ли вы историю героя правдоподобной (plausible)?
10. Что бы вы делали, если бы у вас было столько денег, что вам никогда не надо было бы работать?

Before you read the text, you will engage in a discussion to prepare you for the topic. After reading the text, complete the After Reading exercises to evaluate your comprehension and practice new vocabulary.

Перед чтением

Как вы думаете, о чём может идти речь в стихотворении под названием «Фабрика», написанном в самом начале 20-го века?

Фабрика

Александр Блок написал стихотворение «Фабрика» в 1903 году. С него начинается социальная тема в творчестве поэта. Читайте стихотворение и слушайте его в аудиозаписи.

В сосе́днем до́ме о́кна жо́лты.
По вечера́м — по вечера́м
Скрипя́т[1] заду́мчивые[2] бо́лты,[3]
Подхо́дят лю́ди к воро́там.[4]

И глу́хо[5] за́перты[6] воро́та,
А на стене́ — а на стене́
Недви́жный[7] кто́-то, чёрный кто́-то
Люде́й счита́ет[8] в тишине́.

Я слы́шу всё с мое́й верши́ны.[9]
Он ме́дным[10] го́лосом зовёт
Согну́ть[11] изму́ченные[12] спи́ны
Внизу́ собра́вшийся[13] наро́д.

Они́ войду́т и разбреду́тся,[14]
Нава́лят[15] на́ спины кули́.[16]
И в жо́лтых о́кнах засмею́тся,
Что э́тих ни́щих провели́.[17]

1903

[1]creak, [2]pensive, [3]screw, [4]gates, [5]tightly, [6]locked, [7]motionless, [8]count, [9]peak, [10]copper, [11]bend, [12]tired, [13]gathered, [14]scatter, [15]heap, [16]sack, [17]trick

После чтения

Ответьте на вопросы и обсудите с партнёром.

1. Перечитайте первую строфу. Что такое «соседний дом»? Что там находится? Почему там жёлтые окна? Какие люди подходят к дому по вечерам? Зачем?

2. Перечитайте вторую строфу. Кто считает людей? Где он? Какой он? Зачем он считает людей?

3. Перечитайте третью строфу. Кто здесь «я»? Почему он на вершине? На какой он вершине?

4. Какой голос у «чёрного кого-то»? Какие у вас ассоциации со словом «медный»? Почему у него такой голос?

5. Что он говорит людям у дома? Какие у них спины? Почему? Как вы думаете, сколько их?

6. Перечитайте последнюю строфу. Что будут делать люди, когда войдут в дом? Как поэт называет их в последней строке? Кто будет над ними смеяться? Почему?

7. О каких двух мира́х пишет Блок в этом стихотворении?

ДАВАЙТЕ ОБСУДИМ

Using what you have learned in this chapter, discuss these topics in groups or with a partner. Try to extend it into a conversation rather than just answering each question.

1. В каждой стране есть свой дизайн денежных купюр. В США на деньгах изображены президенты страны, в России — достопримечательности разных городов. Что или кого изобразили бы вы на денежных купюрах? Почему? Обсудите с партнёром.

2. Какую из этих книг вы бы хотели прочитать? Почему? Какую из них вы бы порекомендовали своему другу? Почему? Обсудите с партнёром.

   • «Что нужно знать бедному, чтобы стать богатым?»
   • «Хорошие девушки не становятся богатыми. 75 финансовых ошибок, которые обычно совершают женщины»
   • «Руководство богатого папы по инвестированию»
   • «Как стать здоровым, богатым и счастливым»

3. Какие советы вы можете дать людям, которые хотят:

   • учиться в университете, но не платить за образование много денег?
   • недорого путешествовать?
   • начать зарабатывать большие деньги как можно скорее?

4. Российский бизнесмен и миллиардер Михаил Фридман сказал: «Искусство быть богатым — это искусство знания человеческой природы. А её знание проявляется в общении». Как вы понимаете его слова? Согласны ли вы с ними?

5. Журналист Леонид Радзиховский считает, что в России есть две группы людей, которые нигде и никогда не пересекаются друг с другом: «Ни в доме. Ни в больнице. Ни на родительском собрании. Ни на отдыхе. Ни в самолёте. Ни в ресторане. Ни на кладбище». Как вы думаете, какие группы он имеет в виду? Объясните.

Вот несколько названий советских и российских фильмов, в которых рассматривается тема главы. Посмотрите один из них (информация в интернете поможет вам выбрать фильм) и подготовьте небольшое выступление, в котором вы: (1) кратко расскажете содержание фильма и (2) покажете, как в этом фильме раскрывается тема главы. Постарайтесь использовать как можно больше активной лексики по теме.

- «Олигарх», режиссёр Павел Лунгин, 2002
- «Бабло», режиссёр Константин Буслов, 2011
- «ПираМММида», режиссёр Эльдар Салаватов, 2011
- «Духless», режиссёр Роман Прыгунов, 2012
- «Кококо», режиссёр Авдотья Смирнова, 2012

ПИСЬМЕННЫЕ ЗАДАНИЯ

Выберите одну из тем и напишите сочинение длиной 500–600 слов.

1. Сорили ли вы когда-нибудь деньгами?[1] Опишите эту ситуацию.
2. Что значит «жить не по средствам»? Знаете ли вы человека, который живёт не по средствам? В деталях опишите его жизнь и привычки.
3. Напишите сочинение на тему «Деньги не пахнут».
4. Многие считают, что только богатые люди должны заниматься благотворительностью и отдавать часть своих средств бедным, больным и т.д. Другие считают, что благотворительность — это дело каждого человека — и все, и богатые и бедные — должны так или иначе помогать другим людям. Какая точка зрения вам ближе?
5. Выберите какой-нибудь благотворительный фонд и напишите официальное письмо какому-нибудь богатому русскому, в котором вы убедительно просите его или её дать деньги этому фонду.
6. Некоторые утверждают, что в каждой стране должен быть определённый минимальный доход и что граждане не могут иметь доход ниже минимального. Другие же говорят, что такой подход лишает бедных людей мотивации работать. Как считаете вы? Напишите статью в газету, в которой вы выступаете за или против идеи минимального дохода.

[1]Have you ever spent too much money on unnecessary things?

Electronic Workbook
exercises
O–T

ЛЕКСИКА УРОКА

VERBS

беднеть/обеднеть (бедне́й+ 3)
богатеть/разбогатеть (богате́й+ 3)
выжива́ть (выжива́й+ 3)/вы́жить (вы́жив+) в чём (в автокатастро́фе)
дели́ться/подели́ться (дели́+ся 8) чем, с кем/чем

жертвовать/пожертвовать (же́ртвова+ 15) кем/чем
зараба́тывать (зараба́тывай+ 3)/зарабо́тать (зарабо́тай+ 3)
нища́ть/обнища́ть (ниша́й+ 3)

NOUNS AND NOUN PHRASES

бе́дность

бога́тство

дохо́ды

жа́дность

за́работок

нало́ги

нищета́

сострада́ние

благотвори́тельный фонд

ADJECTIVES

бе́дный

бога́тый

жа́дный

нало́говый

ни́щий

пла́тный/беспла́тный

INDEFINITE PARTICLES

-ли́бо

-нибу́дь

-то

-уго́дно

CONJUNCTIONS AND CONNECTING PHRASES

ни в ко́ем слу́чае

ни для кого́ не секре́т

ни при чём

ничего́ о́бщего

ничего́ подо́бного

ничто́ ино́е как

PRONOUNS AND PHRASES

не́где

не́когда

не́кого

не́кому

не́куда

не́чего

ни жив ни мёртв

ни к чёрту

ни копе́йки

ни с ме́ста

нигде́

никогда́

никого́

никому́

никуда́

ничего́

Урок №12

Творчество

«Чёрный квадрат» — самая известная работа Казимира Малевича и одна из самых обсуждаемых картин в мировом искусстве. Считаете ли вы, что эта картина — настоящее произведение искусства?

In this section you will learn words and phrases that will help you understand texts in this chapter and discuss the topic of the arts.

Есть разные типы искусства.

Виды искусства	Примеры
пространственные (*spatial*)	изобразительное искусство (*visual art*): живопись (*painting*), графика, рисунок, скульптура архитектура фотография граффити декоративно-прикладное искусство (*crafts*)
временны́е (*temporal*) или динами́ческие	литература му́зыка
простра́нственно-временны́е или зре́лищные (*performance*)	теа́тр о́пера бале́т кинемато́граф цирк та́нец перфо́рманс (акциони́зм)

Используя лексику из таблицы, обсудите с партнёром:

- Есть ли виды искусства, которые не представлены (*not represented*) в таблице? Какие? Впишите их в нужную колонку.
- Занимаетесь или занимались ли вы каким-нибудь видом искусства? Каким? Расскажите об этом партнёру: когда вы начали заниматься, почему, где вы занимаетесь или занимались? Если вы перестали заниматься этим видом искусства, почему?

Изобразительное искусство

Переведите на английский и объясните по-русски, что, по-вашему, значат эти типы искусства. Приведите примеры.

	Перевод	Примеры
совреме́нное иску́сство		
высо́кое иску́сство		
провокаци́онное иску́сство		
интеракти́вное иску́сство		

Полезные слова и выражения

Прочитайте слова и выражения по теме «искусство» и их перевод.

произведе́ние иску́сства/худо́жественное произведе́ние	work of art
зада́ча иску́сства	mission of art
цель иску́сства	goal of art
цени́ть/оцени́ть (тала́нт, произведе́ние)	to appreciate (talent, work of art)
худо́жественное воплоще́ние	realization, embodiment through art
воплоща́ть/воплоти́ть (за́мысел)	to realize (an idea)
выража́ть/вы́разить чу́вства	to express feelings
худо́жественные досто́инства	artistic merit
жи́вопись	painting (as type of art)
карти́на	painting, picture
рисова́ть/нарисова́ть	to draw
рису́нок	drawing
изобража́ть/изобрази́ть	to depict, to portray
изображе́ние	portrayal, picture
выставля́ть/вы́ставить	to exhibit, to display
создава́ть/созда́ть	to create
сла́ва	fame

4.

Упражнения по лексике

Искусства

1 Соедините слова и выражения слева с их переводом справа.

1. худо́жник/худо́жница		a.	creator
2. худо́жественная галере́я		b.	exhibition
3. вы́ставочный зал		c.	to organize, to stage an action
4. акаде́мия худо́жеств		d.	to make a drawing
5. вы́ставка		e.	art gallery
6. писа́ть/написа́ть карти́ну		f.	artist, painter
7. де́лать/сде́лать рису́нок		g.	connoisseur of art
8. цени́тель иску́сства		h.	exhibition hall
9. проводи́ть/провести́ а́кцию		i.	Academy of Arts
10. созда́тель		j.	to paint a picture

2 Вставьте слова из списка полезных слов и выражений и упражнения 1 в предложения в правильной грамматической форме.

1. Павел был не только прекрасным педагогом, но и тонким _____ _____: всю жизнь собирал картины и знал многих художников.
2. Люди не могут согласиться, в чём _____ искусства.
3. В 9 лет Пикассо _____ свой первый законченный _____, который он назвал «Пикадор».
4. Статуя Давида—художественное _____ понятия идеальной красоты.

5. Настоящее _____ искусства не может оставить человека равнодушным (*indifferent*).

6. Третьяковская _____ в Москве была основана в 1856 году купцом (*merchant*) Павлом Третьяковым, у которого была самая большая в мире коллекция русской _____.

7. Пикассо _____ _____ «Герника» в 1937 году по заказу правительства Испанской Республики для испанского павильона на Всемирной _____ в Париже.

8. Мой друг-художник _____ коллажи из материалов, которые он находит на пляже.

Литература

3 **Литературные профессии**

А. Соедините литературные профессии с их определениями.

1. писа́тель/ литера́тор/ а́втор	а. редактирует: составляет (*compiles*), проверяет (*checks*) и исправляет (*corrects*) содержание издания (книги, журнала, газеты и т.п.).
2. изда́тель	б. занимается литературной критикой: т.е., интерпретирует и оценивает современные произведения, новые явления (*phenomena*) и тенденции в художественной литературе.
3. реда́ктор	в. создаёт словесные произведения для массового читателя, а не для отдельного адресата; получает доход (*income*) от написания произведений в виде гонораров и грантов.
4. кри́тик	г. имеет медиа-компанию, которая издаёт литературные произведения: печатает (*prints*) и распространяет (*distributes*) их.

Б. Хотели ли бы вы работать по одной из этих специальностей? Почему? Обсудите с партнёром.

4 **Каким может быть писатель или художник?**

А. Найдите синонимы к словам слева и переведите все прилагательные на английский язык.

genius	1. гениа́льный	а) известный, популярный
Ability	2. спосо́бный	б) живущий в провинции, наивный, простой
person who lives in capital	3. столи́чный	в) натуральный, истинный, реальный
mastery	4. масти́тый	г) много читающий, хорошо знакомый с литературой
Talentless	5. безда́рный	д) много пишущий, рисующий
Famous	6. знамени́тый	е) одарённый, талантливый
prolific	7. плодови́тый	ж) великий, феноменальный, высокоталантливый
	8. настоя́щий	з) живущий в столице, привилегированный
	9. начи́танный	и) неспособный, неталантливый
	10. провинциа́льный	й) известный, уважаемый, старый

Б.   Опишите какого-нибудь писателя или художника, используя как можно больше прилагательных из этого упражнения. Используйте краткие прилагательные, где возможно.

5   Соедините фразы с их переводом.

1. огро́мный гонора́р   а.   light (entertaining) reading
2. ма́ссовый чита́тель   б.   manuscript of the novel
3. литерату́рный вкус   в.   idol of the intelligentsia
4. рома́н в пи́сьмах   г.   bestseller
5. куми́р интеллиге́нции   д.   huge royalties
6. развлека́тельное чти́во   е.   general reader
7. ру́копись рома́на   ж.   literary taste
8. ли́дер прода́ж   з.   epistolary novel

Кино

6   Профессии в мире кино

А.   Кто эти люди? Соедините слова слева с их определениями. Переведите слова слева на английский язык.

1. звезда́   а.   снимает фильм, руководит (*direct*) созданием фильма

2. продю́сер   б.   играет/исполняет роль в фильме
3. режиссёр   в.   пишет сценарий (*script*) для фильма
4. актёр/актри́са   г.   снимает фильм на кинокамеру
5. покло́нник/покло́нница д.   очень популярный/ая актёр или актриса
6. сцена́рист   е.   очень любит чьё-то творчество
7. опера́тор   ж.   даёт деньги на создание фильма; «раскручивает» (*promote*) какой-то фильм, актёра или режиссёра

   Б.   Можете ли вы назвать себя поклонником/поклонницей какого-либо актёра или режиссёра? Обсудите с партнёром.

7   Соедините слова слева с их синонимами и определениями.

1. фильм   а.   сюжет; то, что происходит в фильме
2. собы́тия фи́льма   б.   там, где происходят события фильма
3. ме́сто де́йствия фи́льма в.   картина

Текст 1: Блог «Что же такое искусство?»

Before you read the text, you will engage in a discussion to prepare you for the topic. After reading the text, complete the After Reading exercises to evaluate your comprehension and practice new vocabulary.

А. Выберите с партнёром одно произведение искусства (картину, фильм, рассказ и т.д.), с которым вы оба хорошо знакомы. Прочитайте предложения и решите, какие из них относятся к этому произведению искусства, и объясните, почему.

1. Это произведение искусства привлекает внимание (*draw attention*) людей к серьёзным проблемам общества.

2. Это произведение искусства воспитывает (*educate*) людей: показывает им, что хорошо, а что плохо.

3. Это произведение искусства дарит людям красоту и делает их счастливыми.

4. Это произведение искусства — средство общения автора с людьми, с помощью которого он говорит о том, что его волнует и интересует.

5. Это произведение искусства отражает (*reflect*) реальную жизнь людей со всеми её проблемами и радостями.

6. Это произведение искусства шокирует общество и побуждает людей на политическую активность.

Б. Какая из этих функций является, по-вашему, главной для произведения искусства?

Что же такое искусство?
Прочитайте блог.

Признаюсь[1]: ответа не знаю. И чем дальше, тем больше я его не знаю. Некоторое время назад моё внимание к современному искусству привлекла выставляющая себя в «Tate Modern*» британская художница, которая жила там неделю в привезённой в выставочный зал кровати, курила и разбрасывала[2] окурки[3]. Я удивилась и снова призналась себе, что ничего не понимаю в современном искусстве и про неё забыла . . .

До тех пор пока[4] не прочла в новостях, что эту художницу сделали академиком Британской академии художеств. Тут я расстроилась[5] совсем и решила про современное искусство больше не думать. И мне это почти удалось[6] ··· И тут группа «Война» нарисовала член[7] на Литейном мосту** и устроила[8] «дворцовый переворот» милицейских машин***. То есть повредила[9] собственность[10], созданную на деньги налогоплательщиков[11].

Я, конечно, за максимализм и оппозиционирование власти[12]. Но я так и не поняла, почему если нахулиганить и назвать это искусством, то можно, а если просто нахулиганить, то надо отвечать по закону[13]. У меня появилась[14] возможность задать этот вопрос одному хорошему современному художнику и я спросила: «А почему переворачивание[15] машин является искусством?»

Вопреки[16] моим ожиданиям[17] ответ был простым и доброжелательным[18]: «Если человек, делая что-то, называет это искусством, то это искусство». Определение мне очень понравилось. Но возник[19] вопрос: а где граница искусства? А если ударить[20] человека по лицу и объявить[21] синяки[22] искусством? Казалось бы, очевидная[23] чушь[24]. Да. Так почему же повреждение собственности (государственной или частной) — это искусство? И кто должен заплатить за ремонт[25] искусно повреждённой собственности? Но кульминация этой истории — член на Литейном мосту

включи́ли в спи́сок[26] номина́нтов VI Всеросси́йского ко́нкурса совреме́нного иску́с-
ства «Иннова́ция».

Коро́че[27], я в совреме́нном иску́сстве понима́ю всё ме́ньше и ме́ньше, и скоре́е
всего́[28] уже́ никогда́ в нём ничего́ не пойму́. А вы?

Лена Де Винне
писатель, телеведущая

[1]admit, [2]throw about, [3]cigarette butts, [4]until, [5]become upset, [6]manage, [7]penis, [8]organize, [9]damage, [10]prop-
erty, [11]taxpayer, [12]power, [13]according to the law, [14]arise, [15]overturning, [16]contrary to, [17]expectation, [18]friendly,
[19]emerge, [20]hit, [21]declare, [22]bruise, [23]obvious, [24]nonsense, [25]repairs, [26]include in the list, [27]in short, [28]most likely
*Лондонская галерея модернистского и современного искусства.

**14 июня 2010 года активисты группы «Война» нарисовали гигантский 65-метровый половой орган
(*sexual organ*) на Литейном мосту. Когда мост ночью развели (*raised*), фаллос поднялся напротив зда-
ния ФСБ (*Federal Security Service*). Активисты назвали свою акцию «Член в плену (*captured*) у ФСБ».

***В акции под названием «Дворцовый переворот» (*Palace Coup*) участники арт-группы «Война»
перевернули (*overturn*) три полицейские машины в Петербурге.

*Новость: Государственная премия[1] в области[2] современного искусства
«Инновация» присуждена[3] арт-группе «Война» за акцию «Член в плену у ФСБ»*

Акаде́мик Всеросси́йской акаде́мии худо́жеств Алекса́ндр Ши́лов осужда́ет[4] присуж-
де́ние пре́мии арт-гру́ппе «Война́» за рису́нок фа́ллоса на мосту́ напро́тив зда́ния
ФСБ в Петербу́рге и сам факт проведе́ния э́той а́кции. Худо́жник назва́л де́ятель-
ность[5] «Войны́» «развра́том[6]». По его́ мне́нию, «иску́сство должно́ служи́ть[7] очище́-
нию[8] челове́ческой души́[9]». «Худо́жник до́лжен заявля́ть о себе́[10] то́лько высо́ким
иску́сством, а активи́сты „Войны́" иду́т на эпата́ж, потому́ что ничего́ не уме́ют. Э́ти
лю́ди создаю́т вокру́г себя́ сканда́л для того́, что́бы их и́мя ста́ло изве́стным, а пото́м
по́льзуются э́той сла́вой, что́бы прода́ть своё неуме́ние[11]», — заяви́л[12] худо́жник.

Рису́нок фа́ллоса на мосту́ Петербу́рга, сде́ланный арт-гру́ппой «Война́», — э́то
худо́жественное воплоще́ние обще́ственного проте́ста про́тив строи́тельства[13]
«Охта-це́нтра*» — рассказа́л член[14] жюри́ пре́мии «Иннова́ция» Андре́й Ерофе́ев.
«Э́то не про́сто хулига́нский жест, э́то воплоще́ние обще́ственного проте́ста
про́тив строи́тельства Газпро́мовского небоскрёба. Э́тот рису́нок стал анони́мным
го́лосом[15] у́лицы», — сказа́л он. Ерофе́ев подчеркну́л[16], что при приня́тии реше́ния[17]
о присужде́нии пре́мии «Иннова́ция» арт-гру́ппе «Война́» жюри́ оце́нивало и
проте́ст, и худо́жественные досто́инства произведе́ния: «Худо́жественные досто́ин-
ства здесь безусло́вны[18]. Э́то интере́сная фо́рмула, кото́рую испо́льзует стрит-арт,
то есть иску́сство у́личного де́йствия[19]».

[1]prize, [2]category, [3]award, [4]condemn, [5]activity, [6]debauchery, [7]serve, [8]cleansing, [9]soul, [10]make oneself known,
[11]lack of skill, [12]declare, [13]construction, [14]member, [15]voice, [16]emphasize, [17]decision making, [18]indisputable, [19]action
*Охта-центр (до марта 2007 — Газпром-сити) — нереализованный проект делового квартала в
Санкт-Петербурге, небоскрёб (*skyscraper*) высотой 396 метров. Из-за протеста жителей города и
специалистов проект был отменён.

После чтения

Ответьте на вопросы и обсудите с партнёром.

1. Какое искусство не понимает автор блога?
2. Что делала в галерее «Tate Modern» британская художница? Видели ли вы такие перформансы? Что вы о них думаете?
3. Какие акции группы «Война» заставили (*forced*) её снова задуматься о современном искусстве?
4. Считаете ли вы акции группы «Война» искусством?
5. Какое определение искусства дал автору блога «один хороший современный художник»? Что вы думаете о таком понимании искусства?
6. Что такое «Инновация» и за что арт-группа «Война» получила эту награду (*reward*)?
7. Что художник Александр Шилов думает об акциях группы «Война»? Как он их называет? Согласны ли вы с ним?
8. Как Шилов понимает задачу искусства? Разделяете (*share*) ли вы это мнение?
9. По мнению Шилова, зачем активистам «Войны» нужен скандал и эпатаж?
10. Кто такой Андрей Ерофеев и как он объясняет акцию на Литейном мосту?
11. Что, по словам Ерофеева, значит «стрит-арт»?
12. Какая позиция вам ближе: Александра Шилова или Андрея Ерофеева?

Комментарии на блог

Прочитайте комментарии на блог «Что же такое искусство?» и затем напишите свой комментарий.

GOLOS: «я в совреме́нном иску́сстве так ничего́ и не поняла́»
Увы́, э́то ви́дно. Иску́сство отража́ет жизнь. Худо́жники, свои́ми а́кциями ты́кают нас но́сом в абсу́рд происходя́щего, а эпата́жем привлека́ют внима́ние населе́ния.

Алексей Варсопко: В том и провокацио́нно, и сло́жно для понима́ния совреме́нное иску́сство, что одна́ из его́ це́лей «прове́рка грани́ц»—что есть иску́сство, а что нет? Совреме́нные худо́жники раскача́тывают любы́е устоя́вшиеся определе́ния иску́сства . . . За счёт конфли́кта ме́жду тради́цией и аванга́рдом происхо́дит разви́тие, иску́сство не даёт успоко́иться . . .

художник: Если бы они́ за свой счёт постро́или мост, нарисова́ли на нём член, закры́ли бы его́ от наро́да совсе́м, и продемонстри́ровали на како́й-либо закры́той вы́ставке, специа́льно для цени́телей радика́льной культу́ры, я бы с э́тим согласи́лся. Ну, экспериме́нт. Заба́вно—мост-член. Но а когда́ э́то в це́нтре го́рода, где живу́т соверше́нно ра́зные лю́ди, с ра́зными культу́рами и т.д. и т.п. Я э́того не понима́ю.

DED_PIKHTO: Зада́ча иску́сства, тем бо́лее интеракти́вного: диало́г че́рез эмо́цию—траги́ческую, лири́ческую, или фа́рсовую, смехову́ю . . .

После чтения

Переведите предложения, используя активную лексику из текста:

Electronic Workbook exercises А, Б

1. This year, the theme of the Night of Museums in Saint-Petersburg will be "light and color." Artists from many countries will exhibit their works or art in museums, exhibition halls, and art galleries.
2. "Voina" is a Russian street-art group known for their provocative and politically charged works of performance art.
3. Art expresses the artist's feelings and conveys them to his audience, but it is not a mere expression of feelings, like a scream or a cry.
4. When they see Kazimir Malevich's painting "Black Square," many art history students exclaim, "Why is this art? I could have done it in kindergarten!"
5. In 1997 the Moscow mayor Yuriy Luzhkov opened the Moscow State Art Gallery of Alexander Shilov right next to the Moscow Kremlin. The gallery exhibits only Shilov's work.
6. "What is a portrait? You need to express the inner world of the particular person you are painting," said Aleksandr Shilov.

ГРАММАТИКА: ПРИЛАГАТЕЛЬНЫЕ И НАРЕЧИЯ (*ADJECTIVES AND ADVERBS*)

Adjectives are declined for case and number or gender; in certain contexts (nominative case only), they can be used in what we call a "short form" (which by definition cannot have a case ending). In addition, adjectives occur in positive (for example, *big*), comparative (*bigger*), and superlative degree (*biggest*). Adverbs, such as the words *quickly* and *very* in English, modify verbs or adjectives. They also occur in positive (for example, *quickly*), comparative (*more quickly*), and superlative degrees (*most quickly*).

Кра́ткие фо́рмы прилага́тельных (*Short-Form Adjectives*)

Short-form adjectives are adjectives used in a predicative rather than an attributive position. In other words, they are adjectives used as subject complements after a verb of existence, most often the verb быть, such as in these examples:

Их дом был **прекра́сен**.
Their house was beautiful.

Эта песня очень **грустна́**.
This song is very sad.

Мои дети очень **счáстливы**.
My children are very happy.

Short-form adjectives generally convey the same meaning as their long-form counterparts, although there are some exceptions to the rule.

Long-form adjectives generally precede the nouns they modify, whereas short-form adjectives generally follow the nouns they modify. Long-form adjectives may be used in any case, but short-form adjectives are always in the nominative case, with the rare exception of a few idiomatic expressions such as среди́ бе́ла дня and лить крокоди́ловы слёзы. In other words, short-form adjectives can be considered to be one side of a mathematical statement of equality, such as this song = sad or my students = very smart.

Some adjectives are commonly used or almost exclusively used in the short form, such as ну́жен (нужна́, ну́жно, нужны́) and a few others, listed here, with stress on the first syllable unless marked otherwise:

Мужско́й род	Же́нский род	Сре́дний род	Мно́жественное число́
бо́лен	больна́	больно́	больны́
винова́т	винова́та	винова́то	винова́ты
гото́в	гото́ва	гото́во	гото́вы
до́лжен	должна́	должно́	должны́
како́в	какова́	каково́	каковы́
ну́жен	нужна́	ну́жно	нужны́
похо́ж	похо́жа	похо́же	похо́жи
прав	права́	пра́во	пра́вы
рад	ра́да	ра́до	ра́ды
согла́сен	согла́сна	согла́сно	согла́сны
серди́т	серди́та	серди́то	серди́ты
тако́в	такова́	таково́	таковы́

When short-form adjectives have a different meaning than their long-form counterparts, it is typically because the short-form adjectives convey a sense of transitoriness or the impermanent nature of the quality. For instance, a person can be бо́лен for a few days, but someone who is больно́й is chronically ill or sickly. Indeed, the word больно́й also means a patient in a hospital.

A few short-form adjectives have a meaning that is very different from the meaning of their long-form counterparts. The most important of these are those used to describe the fit (or lack of fit) of clothing items. The long-form adjectives большо́й and ма́ленький are related to the short-form adjectives вели́к and мал, but the short-form adjectives mean "too big" or "too small," as illustrated in these examples.

Эта рубашка ему **велика́**, а та—**мала́**. А вот эта рубашка ему как раз.
This shirt is too big for him, but that one is too small. But this one fits just right.

Эти брюки мне **малы́**, а те—**велики́**. А вот эти брюки мне как раз.
These pants are too small for me, but those are too big. But these pants fit me just right.

 Пословицы, поговорки, выражения
Мир те́сен.
The world is small.
It's a small world.

Textbook exercises
8–11

Formation of Short-Form Adjectives

Short-form adjectives are typically created by dropping the adjectival endings (-ый, -ая, -ое, -ые, for example), and, if not masculine, adding the feminine marker -a or -я, neuter marker -o or -e, plural marker -ы or -и, depending on the spelling rules. (Masculine short-form adjectives have a ∅ ending.) The formation of the short-form adjectives is illustrated in the table:

	Пóлные прилагáтельные	Крáткие прилагáтельные
Мужскóй род	красúвый	красúв
Срéдний род	красúвое	красúво
Жéнский род	красúвая	красúва
Мнóжественное числó	красúвые	красúвы

Not every adjective has a short-form counterpart. Generally speaking, adjectives ending in -ский, -шний, -янный, and -анный do not have a short form. Adjectives that denote inherent characteristics, such as color or nationality, as well as those which denote substances (e.g., стальнóй) do not have short forms. Adjectives that denote time or place (e.g., сегóдняшний, тамóшний) and ordinal numerals (e.g., пéрвый, вторóй) also do not have short-form adjectives.

Two frequently used adjectives, большóй and мáленький, have special short-form counterparts, велúк and мал, respectively, as described in earlier examples.

Stress shifts in the short-form adjective are unpredictable, but come in just a few types:

- Stable stress (as illustrated in the table with the adjective красúв)
- End stress in the feminine, neuter, and plural (e.g., должнá, должнó, должны́)
- End stress in the feminine only (e.g., прáва)
- End stress in the feminine and plural (e.g., слы́шен, слышнá, слы́шно, слышны́)

Short-Form Adjectives in Set Expressions

A few short-form adjectives are used in set expressions:

По бéлу свéту = по всемý мúру
throughout the world, all over the world

На бóсу нóгу = без óбуви/носкóв
barefoot

От мáла до велúка = все лю́ди, мáленькие и взрóслые
everyone

Средь (средú) бéла дня = днём, откры́то
in broad daylight

Ни жив ни мёртв = сúльно испýган
scared to death

Consider these examples incorporating some of these expressions:

Перед тем как написать роман, автор долго скитался **по белу свету**.
Before writing his novel, the author wandered about the world for a long time.

Дирижёр пришёл на концерт в ботинках **на босу ногу**!
The conductor came to the concert wearing shoes without socks!

Все **от мала до велика** в восторге от новой выставки.
Everyone, young and old, is delighted with the new exhibit.

Художников-диссидентов арестовали **средь бела дня**.
The dissident artists were arrested in broad daylight.

Textbook exercises
12—16

Когда мы смотрели фильм ужасов, Аня сидела **ни жива ни мертва** от страха.
When we were watching the horror film, Anya was terrified.

Comparative and Superlative Adjectives and Adverbs

Adjectives and adverbs have three degrees of comparison: the positive degree, the comparative degree, and the superlative degree. The positive degree of an adjective or adverb is used when there is no comparison. The comparative degree is used when one or more people or objects are compared with another individual or group. The superlative degree is used to express the superiority of one or more people or objects to all others in the given quality. You can see this illustrated in the table below.

	Прилагательное *Adjective*	Наречие *Adverb*
Обычная форма *Positive Degree*	скучный *boring*	скучно *boringly*
Сравнительная степень *Comparative Degree*	скучнее *more boring*	скучнее *more boringly*
Превосходная *Superlative Degree*	самый скучный *most boring*	наиболее скучно скучнее всего *most boringly*

Comparative Adjectives

In English, some adjectives form a simple comparative form with the suffix -er (e.g., *cleaner, safer, happier*), while other adjectives have only a compound comparative (e.g., *more interesting*). Still other adjectives have highly exceptional comparative forms, such as *good/better, bad/worse*. Similarly, some English adjectives form a simple superlative with the suffix -est (e.g., *cleanest, safest, happiest*), while others have only a compound superlative (e.g., *most interesting*). Again, some adjectives have highly exceptional superlative forms such as *good/best, bad/worst*. The same patterns hold in Russian.

Some Russian adjectives and adverbs have only a compound comparative form, using the word более or менее, to indicate *more or less*. Adjectives and adverbs of this type are more than four syllables in the positive degree form not including the adjectival ending (e.g., замечательный, жизнеопасный), have no short form, feature the suffix -ов-, or have stems ending in -к, -г, -х, -д, or -т before the final adjectival endings. Adjectives and adverbs ending in -ский or

-ски, such as экологи́ческий, are also of this type. In order to make comparatives with these adjectives and adverbs, you must use either бо́лее or ме́нее together with the given adjective or adverb as in these examples:

Сталин, очеви́дно, счита́л поэ́зию Мандельшта́ма намно́го **бо́лее враждéбной**, чем поэ́зию Ахма́товой.
Stalin most likely considered the poetry of Mandel'shtam far more hostile than the poetry of Akhmatova.

После премье́ры Седьмо́й симфо́нии Шостако́вича, полити́ческий кли́мат стал **ме́нее опа́сным** для компози́тора.
After the premiere of Shostakovich's seventh symphony, the political climate became less danger-ous for him.

In addition, whenever a Russian comparative adjective is used in the attributive position, a compound comparative must be used, even if the relevant simple comparative adjective exists, as illustrated in these examples:

В нача́ле 30-х годо́в сове́тские нача́льники проводи́ли значи́тельно **ме́нее откры́тую** культу́рную поли́тику.
In the early 1930s Soviet authorities established a far less open cultural policy.

Тру́дно приду́мать **бо́лее интере́сный** материа́л для фи́льма, чем биогра́фия Ю́рия Гага́рина.
It is difficult to come up with a more interesting material for a film than Yuri Gagarin's biography.

 Посло́вицы, погово́рки, выраже́ния
У́тро ве́чера мудренée.
The morning is wiser than the evening.
Let's sleep on it.

Most commonly used Russian adjectives and adverbs have simple comparative forms that must be used whenever the comparative expressions are predicative (i.e., they are separated from the noun they modify by a verb of existence, such as быть). Most simple comparative adjectives and adverbs have one form (i.e., the comparative adjective and comparative adverb are the same) that ends in -ee (or its conversational alternative -ей), as illustrated in this list:

Прилага́тельное *Positive Adjective*	Наре́чие *Positive Adverb*	Сравни́тельная сте́пень *Simple Comparative*
бы́стрый	бы́стро	быстрée
ме́дленный	ме́дленно	ме́дленнее
интере́сный	интере́сно	интере́снее
ску́чный	ску́чно	скучне́е
тёплый	тепло́	теплée
холо́дный	хо́лодно	холодне́е
ми́лый	ми́ло	миле́е

Most comparative forms derived from adjectives with three or fewer syllables have a stress shift to the ending; notable exceptions include «краси́вее» and «спосо́бнее». However, as you can see from the above chart, the stress patterns in these forms are unpredictable and must simply be memorized.

Six commonly used adjectives have special comparative forms for the predicative comparative adjective or adverb, on the one hand, and the attributive comparative adjective, on the other, as illustrated in this table:

Прилага́тельное (Adjective in the Positive Degree)	Предикати́вная сравни́тельная сте́пень (Predicative Comparative/ Comparative Adverb)	Ка́чественная сравни́тельная сте́пень (Attributive Comparative)
большо́й	бо́льше	бо́льший
ма́ленький	ме́ньше	ме́ньший
хоро́ший	лу́чше	лу́чший
плохо́й	ху́же	ху́дший
ста́рый	ста́рше	ста́рший
молодо́й	моло́же	мла́дший

Ста́рший and мла́дший are also used to describe one's older or younger siblings or children. In some common comparatives whose stems end in -г, -д, -т, -к, -ст, or -х, the comparative form features a consonantal mutation similar to those observed in verb conjugations described earlier in this book. The most common of these are listed in this table:

Прилага́тельное и́ли наре́чие (Positive Degree of Adjective or Adverb)	Проста́я сравни́тельная сте́пень (Simple Comparative Degree Form)
мя́гкий, мя́гко	мя́гче
твёрдый, твёрдо	твёрже
чи́стый, чи́сто	чи́ще
дешёвый, дёшево	дешёвле
дорого́й, до́рого	доро́же
далёкий, далеко́	да́льше
бли́зкий, бли́зко	бли́же
широ́кий, широко́	ши́ре
у́зкий, у́зко	у́же[1]
коро́ткий, ко́ротко	коро́че
высо́кий, высоко́	вы́ше
ни́зкий, ни́зко	ни́же
ти́хий, ти́хо	ти́ше

Прилага́тельное или наре́чие (Positive Degree of Adjective or Adverb)	Проста́я сравни́тельная сте́пень (Simple Comparative Degree Form)
до́лгий, до́лго	до́льше
ре́дкий, ре́дко	ре́же
ча́стый, ча́сто	ча́ще
я́ркий, я́рко	я́рче
бога́тый, бога́то	бога́че
стро́гий, стро́го	стро́же
гро́мкий, гро́мко	гро́мче
молодо́й, мо́лодо	моло́же
ста́рый	ста́рше for people старе́е for things
лёгкий, легко́	ле́гче
просто́й, про́сто	про́ще
по́здний, по́здно	по́зже
глубо́кий, глубоко́	глу́бже
ро́бкий, ро́бко	ро́бче
ра́нний, ра́но	ра́ньше
сла́дкий, сла́дко	сла́ще
жа́ркий, жа́рко	жа́рче
ре́зкий, ре́зко	ре́зче
густо́й, гу́сто	гу́ще
то́лстый	то́лще
круто́й, кру́то	кру́че
сухо́й, су́хо	су́ше

[1]Be careful to distinguish у́же (narrower) from уже́ (already).

Textbook exercises

17–20

> **Пословицы, поговорки, выражения**
> Хрен ре́дьки не сла́ще.
> *Horseradish is not sweeter than turnips.*
> It's a choice between the devil and the deep blue sea.

Comparative forms are often used with an object of comparison, either with the genitive case or with the conjunction чем, as illustrated in these examples:

Маши́на «При́ус» лу́чше маши́ны «Инса́йт».
Маши́на «При́ус» лу́чше, чем маши́на «Инса́йт».
The Prius is better than the Insight.

When the difference between the things or people being compared is quantified, there are a few different ways to express this quantification, as demonstrated in these examples:

Я старше своего брата **на 3 го́да**.
I am three years older than my brother.

Она **в два ра́за** умнее его.
She is twice as smart as him.

> ### Пословицы, поговорки, выражения
> Ти́ше е́дешь, да́льше бу́дешь.
> *The quieter you go, the further you'll be.*
> Slow and steady wins the race.

Special Comparative Constructions

Comparative forms are used in four important constructions, illustrated in the examples below, that you must memorize.

Textbook exercises
21—23

1. *Much faster* = намно́го быстре́е or гора́здо быстре́е
2. *Faster and faster all the time* = всё быстре́е or всё быстре́е и быстре́е
3. *As fast (quickly) as possible* = как мо́жно быстре́е
4. *The faster, the better* = чем быстре́е, тем лу́чше

Superlative Adjectives

Superlative adjectives are often a compound with the word са́мый, as illustrated in these examples:

В са́мых интере́сных сове́тских фи́льмах Брежневской эпохи можно видеть тонкую критику советского общества.
In the most interesting Soviet films of the Brezhnev era we can observe nuanced critiques of Soviet society.

Многие считают «Анну Каренину» **са́мым соверше́нным рома́ном** во всей мировой литературе.
Anna Karenina is widely considered the most perfect novel in all of world literature.

Simple superlatives may be formed with the suffix -ейший or -айший for certain adjectives to convey the meaning of "the most" or "a most," as in these examples:

У меня **нет ни мале́йшего сомне́ния** в том, что в 21-ом веке русская поэзия войдёт в стадию возрождения.
I don't have the slightest doubt that Russian poetry will experience a renaissance in the 21st century.

Нам нужно узнать, где находится **ближа́йшая биле́тная ка́сса**, чтобы купить билеты на сегодняшний спектакль.
We need to find out where the nearest theater ticket kiosk is so we can buy tickets in time for tonight's performance.

Фёдор Шаляпин—**оди́н из велича́йших о́перных певцо́в** всех времён.
Fiodor Chaliapin is one of the greatest opera singers of all time.

The -айший ending is used for adjectives with stems ending in -г, -к, or -х, while -ейший is used in most others.

In addition, the phrase наилу́чшие пожела́ния is used formulaically in many greetings, both formal and informal:

Прими́те (Переда́йте), пожа́луйста, наши **наилу́чшие пожела́ния**.
Please accept (convey) our best wishes.

Some superlative adjectives are used in set expressions:

в ближа́йшее вре́мя/в ближа́йшие дни = *in the nearest time/in the coming days*
в кратча́йший срок = *as soon as possible*
не име́ть ни мале́йшего представле́ния/поня́тия = *to have not the slightest idea*
в мельча́йших подро́бностях = *in great detail*
не обраща́ть ни мале́йшего внима́ния = *not to pay the slightest attention*
нет ни мале́йшего сомне́ния = *not the slightest doubt*

Consider the following examples with these expressions:

В ближа́йшие дни состоится премьера нового фильма Сокурова.
In the coming days Sokurov's new film will have its premiere.

Критики должны будут сдать свои отзывы **в кратча́йший срок** после премьеры.
The critics will have to file their reviews as soon as possible after the premiere.

Я **не име́ю ни мале́йшего представле́ния**, где достать билеты на премьеру.
I haven't the slightest idea where to get tickets to the premiere.

Не советую читать отзывы Оксаны Кузнецовой—она обычно пишет о фильмах **в таки́х мельча́йших подро́бностях**, что читателю незачем смотреть кино!
I don't recommend reading reviews by Oksana Kuznetsova because she usually writes about films in such great detail that the reader has no reason to see the movies!

Textbook exercises
24–27

УПРАЖНЕНИЯ ПО ГРАММАТИКЕ

8 Перепишите предложения, заменяя (*replacing*) краткие формы прилагательных полными.

Приме́р: Язык Достоевского сложен.—Многие считают язык Достоевского сложным. (Или: Язык Достоевского считается сложным. Или: Многие полагают, что у Достоевского сложный язык.)

1. Юмор Гоголя неподражаем.
2. Картины природы у Тургенева гениальны.
3. Анализ истории у Толстого глубок.
4. Психологизм рассказов Чехова необычайно тонок.
5. Описание событий жизни Иисуса у Булгакова очень реалистично.
6. Судьбы героев романов Улицкой сложны.

9 Перепишите предложения, заменяя полные формы прилагательных краткими.

1. Многие считают героинь романа «Преступление и наказание» особенно интересными.
2. Некоторые литературоведы считают философские размышления Толстого в романе «Воскресение» противоречивыми.
3. Некоторые современные читатели считают трилогию Аксёнова «Московская сага» похожей на «Войну и мир».
4. Система образов в романе «Мёртвые души» считается очень сложной.
5. В последней книге Татьяны Толстой «Лёгкие миры» очень остроумные эссе.
6. Детективы Александры Марининой очень популярные.

 10 В каких ситуациях вы это говорите? Обсудите с партнёром.

– Как я рад(а)!
– Всегда готов(а)!
– Будь здоров(а)!
– Я не прав(á).
– Никто не виноват.
– Я зáнят(á).

11 Выражения

А. Вставьте в предложения краткие формы этих прилагательных: «белый», «босой», «живой», «малый», «великий», «мёртвый».

1. Его ограбили средь _____ дня.
2. Приглашаем всех, от _____ до _____ на выставку картин!
3. Наташа часто носила сапоги на _____ ногу.
4. Забыв документы дома, я стоял перед пограничником _____ ни _____.
5. Гриша круглый год путешествует по _____ свету.

Б. Подберите к выражениям с краткими прилагательными из А. синонимы из списка: «по всему миру», «без носков», «все (люди)», «днём», «сильно испуган».

В. Составьте свои предложения с выражениями из А.

12 Есть мнение, что «художник должен быть голодным».

А. Как вы это понимаете? Обсудите с партнёром.
Б. Составьте пять предложений на эту тему. Используйте «должен» в каждом предложении.

Пример: Художник должен быть бедным.

13 Мнение о книге или о фильме

Опишите А) плохой и Б) хороший фильм или книгу, используя пригательные ниже в краткой форме.

Пример: Фильм действительно ужасен, скучен, предсказуем до безобразия. Или: Сюжет фильма течёт плавно и неторопливо, но фильм совсем не скучен, даже интересен.

А. Неинтересный, скучный, неоригинальный, предсказуемый, ужасный
Б. Поучительный, правдивый, достоверный, остроумный, оригинальный

14 А. Вставьте в пропуски краткие формы прилагательных из списка: «согласный», «понятный», «готовый», «близкий», «довольный», «должный». Затем задайте эти вопросы партнёру.

1. _____ ли вы с тем, что художник может делать всё, что он хочет?
2. _____ ли, по-вашему, государство контролировать искусство?
3. _____ ли вы тем, что в Америке нет цензуры?
4. Считаете ли вы, что искусство должно в первую очередь быть _____ людям?
5. _____ ли вы отказаться от свободы слова, чтобы защитить детей от порнографии и нецензурной лексики на телевидении?
6. Считаете ли вы, что настоящий художник не должен быть _____ к власти?

15 Животные

Людей часто сравнивают с животными. Соедините прилагательные слева с животными, которых они описывают, справа.

1. неуклюжий, как   а. заяц
2. толстый, как   б. собака
3. здоровый, как   в. медведь
4. хитрый, как   г. бык
5. трусливый, как   д. лиса
6. верный, как   е. корова

16 Краткие прилагательные

Вставьте в пропуски прилагательные в краткой форме, образованные от этих полных прилагательных: неуклюжий, толстый, здоровый, хитрый, трусливый, верный.

1. Я был высок, _____, неграциозен и косноязычен на многих буквах. (К. Станиславский)
2. Мой дед был умен и _____, как змея. (Г. Газданов)
3. Я _____, боюсь, что меня выгонят вон из конторы Владикавказской железной дороги, где я теперь служу. (Н. Берберова)

4. Хаттаб на девушек не глядел, был _____ своей жене.
   (Г. Садулаев)

5. Наш космонавт _____, но в космос не выйдет. (Газета «Известия»)

6. Он был _____, и шея у него сливалась с подбородком.
   (А. Куприн)

17 Заполните пропуски прилагательными или наречиями в сравнительной степени. Затем обсудите с партнёром, согласны ли вы с этими высказываниями.

1. Литература должна быть (близкий) _____ к людям.

2. Жизнь всегда (богатый) _____ воображения любого писателя.

3. Сейчас художнику (легко) _____ создавать свои произведения, чем раньше.

4. Новых идей в кино и в литературе становится всё (мало) _____ и (мало) _____.

5. Социальные сети делают связь писателя с читателем (простой) _____.

6. С годами круг поклонников его творчества становится всё (узкий) _____.

18 Сравнительная степень

Как бы вы сравнили следующее? Составьте предложения, используя прилагательные в сравнительной степени. Используйте также слова «гораздо», «намного», «значительно», «несравненно». Обсудите ваши предложения с партнёром.

Пример: кино/театр — Кино намного популярнее театра.

1. современное искусство/искусство 19-го века
2. российский кинематограф/кинематограф США
3. абстракционизм/реализм
4. панк-рок/джаз
5. театр кукол/драматический театр
6. фотография/живопись

19 Сравнительная степень

А. Обсудите утверждения с партнёром.

1. Сделать хорошую фотографию гораздо проще, чем написать хорошую картину.

2. Снять документальный фильм намного быстрее, чем художественный.

3. Написать симфонию значительно труднее, чем песню, которая станет хитом.

4. Писать стихи несравненно выгоднее, чем рассказы.

Б. Составьте 2—3 подобных утверждения и обсудите их с партнёром.

20 Ответьте на вопросы и обсудите с партнёром.

1. Какой фильм нужно смотреть как можно чаще?
2. Какую книгу нужно читать как можно внимательнее?
3. Какую картину нужно анализировать как можно глубже?
4. Какое музыкальное произведение нужно слушать как можно громче/тише?
5. Какие стихи нужно читать как можно быстрее?
6. _____ (ваш вопрос)

21 "Much more," "more and more," "as much as possible," and "the more the better"

А. Сравните двух актёров или артистов, используя конструкцию «гораздо/намного Х чем . . . », как показано в примере. Затем обсудите с партнёром.

Пример: Жанна Бичевская поёт гораздо лучше, чем Алла Пугачёва.

Б. Составьте предложения о разных аспектах культуры, используя глагол «становиться» и конструкцию «всё Х и Х». Затем обсудите ваши предложения с партнёром.

Пример: Фильмы становятся всё длинее и длинее.

В. Составьте предложения о фильмах или передачах по телевизору, которые вам больше всего нравятся, используя «как можно Х», как показано в примере. Затем обсудите ваши предложения с партнёром.

Пример: Я люблю фильмы, в которых как можно больше известных актёров.

Г. Составьте предложения о музеях, которые вам нравятся, используя конструкцию «чем Х, тем лучше», как показано в примере. Затем обсудите ваши предложения с партнёром.

Пример: Чем больше там картин импрессионистов, тем больше мне нравится музей.

22 Изменились ли фильмы за последние 20–30 лет?

Напишите абзац, в котором вы сравниваете сегодняшние фильмы с фильмами, сделанными 20–30 лет назад. Используйте как минимум пять прилагательных в сравнительной степени.

23 Книга и фильм

Electronic Workbook
exercises
E–Л

Некоторые люди считают, что читать книгу и смотреть фильм, поставленный по ней, — одно и то же. Напишите абзац, в котором вы приводите аргументы против этого мнения. Используйте как минимум пять прилагательных в сравнительной степени. Обсудите с партнёром.

24 Superlatives

Кого вы считаете самым талантливым музыкантом, самым привлекательным актёром, самой красивой актрисой, самым успешным режиссёром, самым интересным поэтом и т.д.? Составьте 10 предложений с 10 различными прилагательными в превосходной степени. Обсудите их с партнёром.

 25 Каких людей вы описали бы этими фразами? Обсудите в группе.

- величайший русский поэт
- талантливейший фильм последних 2—3 лет
- крупнейший художник 20 века
- ярчайший режиссёр современности
- популярнейший бродвейский мюзикл

 26 Важнейшее искусство

А. Владимир Ильич Ленин в 1922 году сказал: «Из всех искусств для нас важнейшим является кино». Как вы думаете, почему он так сказал? Обсудите с партнёром. Используйте синонимы и антонимы слова «важный»: синонимы — значительный, существенный, основной; антонимы — неважный, незначительный, второстепенный.

Б. Какой вид искусства вы назвали бы важнейшим сейчас? Почему?

27 Phrases with the Superlative Form

А. Переведите предложения на английский язык.

1. В городе существует клуб, работает библиотека, в которой накануне концертов фестиваля проходят встречи с теми исполнителями, которые будут выступать **в ближайшие дни**. (И. Архипова)
2. Зверев должен был **в кратчайший срок** сделать большое количество работ для персональной выставки в Париже. (З. Плавинская)
3. Когда я приехал, у меня **не было ни малейшего представления** о том, что меня ждёт. (Журнал «Русский репортёр»)
4. У меня **не было ни малейшего сомнения,** что произошло случайное совпадение. (В. Бережков. «Рядом со Сталиным»)
5. Второй раз за последний месяц мне снится **в мельчайших подробностях** концерт Manson. (В. Спектр)
6. На Ваню по-прежнему она **не обращала ни малейшего внимания**, будто он был не человек, а растение. (Ю. Петкевич. «Возвращение на родину»)

Б. Заполните пропуски выражениями из А.

1. Фильм ещё не видела, но обязательно в _____ схожу.
2. По произведениям Чехова можно было восстановить картину русского быта в конце XIX века в _____. (Д. С. Мережковский)

3. Мэр дал поручение в _____ навести порядок на рынках столицы.

4. Я не имел _____ о том, как создаются стихи. (Ю. Олеша)

5. Никто не обратил на меня _____ (А. Арканов. «Скорая помощь. Юмор»)

6. У меня никогда не было _____ в том, что я родился писателем. (В. Катаев. «Алмазный мой венец»)

ИСКУССТВО ИЛИ ПРОПАГАНДА

Художник Эль Лисицкий создал этот плакат в 1920 году. Напишите абзац об этом плакате. Какую функцию он выполняет? Можно ли назвать его произведением искусства? Почему?

ТЕКСТ 2: БЛОГ «ЛИТЕРАТУРНЫЙ ПРОЦЕСС»

Before you read the text, you will engage in a discussion to prepare you for the topic. After reading the text, complete the After Reading exercises to evaluate your comprehension and practice new vocabulary.

Перед чтением

С каким из этих мнений вы согласны? Обсудите в группе.

1. Литература—элитарна и аристократична. Литературная элита, т.е. образованные люди с хорошим литературным вкусом, должна развивать (develop) литературу: открывать новые таланты, отбирать (select) лучшие произведения для публикации.

2. Литература должна быть массовой. Только широкая публика определяет, хороший писатель или плохой, покупая или не покупая его/её книги.

Прочитайте блог и ответьте на вопросы после текста.

Современный литературный процесс (и современная литература) совсем не такой, как литературный процесс советских времён. Раньше писатели считались[1] элитой, у них были огромные гонорары, прекраснейшие дома отдыха и пр. Писали, конечно, в соответствии[2] с социальным заказом. Но деятельность[3] эта была престижной и уважаемой. Поэтому в литературу лезло[4] много разной швали[5], но были и талантливые, настоящие писатели.

Литература — как и всё искусство — аристократична, то есть основана[6] на отборе лучшего. Отбирать могут только люди, с хорошим литературным вкусом (часто они сами писатели), которые заинтересованы в развитии[7] литературы, в том, чтобы отобрать самые интересные произведения, и которые способны отличить[8] талантливое произведение от бездарного.

Так это и было в России в XIX века, когда родилась великая русская литература. Приведу[9] здесь один интересный эпизод. Молодой автор приносит маститому столичному литератору и редактору Николаю Некрасову свою рукопись. Это роман в письмах с банальным названием «Бедные люди». Некрасов так увлёкся[10] рукописью, что дочитывал её уже ночью. Рано утром пришёл к знаменитейшему критику Белинскому и разбудил[11] его криками: «Новый Гоголь явился[12]!»

Белинский заметил на это: «У вас Гоголи как грибы после дождя растут!» Но рукопись взял и в тот же день начал читать. Прочёл и пришёл в сильнейший восторг[13] — и вот так появился в русской литературе писатель Фёдор Достоевский.

Как видим, нужны люди, которые будут открывать новые таланты, отбирать лучшее. В этом и есть здоровый литературный процесс. Сейчас этот литературный процесс прервался[14]. Редакторы перестали читать рукописи, так как в этом больше нет никакой необходимости[15]. У них теперь есть определённый круг[16] своих авторов, и они их печатают, независимо[17] от того, что они написали. Эти авторы обычно плодовиты, и другие авторы редакторам не нужны.

Но настоящий писатель не может печь[18] один текст за другим, как блины. Произведение должно созреть[19]. Поэтому в условиях[20] рыночного[21] литературного процесса настоящие писатели менее конкурентоспособны[22].

На Западе ситуация с настоящей литературой ещё хуже, чем в России. И достигнуто[23] это с помощью двух факторов:

1. самым лучшим считается самое продаваемое произведение,
2. поэтому отбор осуществляют[24] не отдельные[25] люди с хорошим вкусом — а рынок, т.е. масса.

Это сделано не специально, не для разрушения[26] литературы. Это перенесение[27] в область искусства основного принципа рыночной экономики — хорошо то, что хорошо продаётся. Однако продаваемость и способность нравиться массам — признак[28] дешёвки[29] в искусстве. Настоящее искусство не угождает[30] читателям, а воспитывает их, хотя прямо и не стремится[31] к этому.

Мало кто понимает, что в условиях такого литературного «абсцесса» сверху плавает всякий литературный мусор[32]. Например, кумир российских читателей Борис Акунин — человек совсем без литературного таланта. У него хорошие филологические способности, живой и подвижный[33] ум, он интеллектуально активен, начитан, но при этом он поверхностный[34] и равнодушный[35]. Это собиратель исторических анекдотов и создатель многочисленных детективов — развлекательного чтива.

Людмила Улицкая — ещё один «лидер продаж» — бездарнейшая, но умная, энергичная, умеющая уловить[36] тенденции рынка. Так писать, как она, может любой интеллигентный человек. Настоящие же таланты пробиться[37] в большую литературу не могут и уходят в другие сферы.

Вадим Слуцкий
педагог, писатель

[1]be considered, [2]in accordance, [3]activity, [4]clamber, [5]worthless people, [6]to be based, [7]development, [8]distinguish, [9]cite as an example, [10]be carried away, [11]awake, [12]appear, [13]be enraptured, [14]be interrupted, [15]necessity, [16]circle, [17]regardless, [18]bake, [19]ripen, [20]condition, [21]market, [22]competitive, [23]achieved, [24]carry out, [25]special, [26]destruction, [27]transferral, [28]sign, [29]junk, [30]please, [31]strive, [32]garbage, [33]agile, [34]superficial, [35]indifferent, [36]catch, [37]push through

 ## После чтения

Ответьте на вопросы и обсудите с партнёром.

1. Как автор описывает литературную ситуацию в советское время?
2. Что имеет в виду автор, когда пишет, что «литература аристократична»?
3. Что автор называет «здоровым литературным процессом»?
4. Почему, по мнению автора, настоящие писатели сейчас неконкурентноспособны?
5. Как автор описывает ситуацию с литературой на Западе?
6. Что, по мнению автора, должна делать настоящая литература?

Комментарии на блог

Прочитайте комментарии на блог «Литературный процесс» и напишите свой комментарий.

Григорий Сомов: Автор с такой лёгкостью[1] раздаёт[2] определения — кто талантлив, а кто бездарен. Вряд ли[3] талантливый человек будет так примитивно говорить о коллегах.

Но в одном автор прав: литература, искусство стали товаром[4] для масс. Настоящее искусство элитарно везде и всегда. Уверен: большая часть людей отдаёт предпочтение[5] попсовой музыке, а не произведениям Моцарта или Баха. Так и в литературе.

S_SAVENKOV: Под отбором лучшего вы, очевидно[6] подразумеваете[7] ваши субъективные предпочтения. Но какой-нибудь другой «педагог и писатель» может иметь абсолютно другую точку зрения[8]. Литература — это нормальное коммерческое занятие и читатель имеет право[9] выбирать то, что ему нравится.

[1]ease, readiness, [2]hand out, assign, [3]it's unlikely, [4]goods, [5]preference, [6]apparently, [7]imply, [8]point of view, [9]have the right

 ## ТЕКСТ 3: БОРИС ПАСТЕРНАК «ГАМЛЕТ»

Перед чтением

Стихотворение «Гамлет», написанное Борисом Пастернаком в 1946 году, открывает поэтический цикл в его романе «Доктор Живаго» (1957). В романе «автором» стихов является его главный герой, врач Юрий Живаго — представитель русской интеллигенции в России во время революции 1917 года и первой мировой войны. Читали ли вы этот роман? Смотрели ли вы американский фильм «Доктор Живаго» режиссёра Дэвида Линна, снятый в 1965 году?

Гамлет

Прочитайте стихотворение и прослушайте его в аудиозаписи.

Гул[1] затих. Я вышел на подмостки[2].
Прислонясь[3] к дверному косяку[4],
Я ловлю[5] в далёком отголоске[6],
Что случится на моём веку.

На меня наставлен[7] сумрак[8] ночи
Тысячью биноклей на оси[9].
Если только можно, Авва Отче[10],
Чашу[11] эту мимо пронеси.

Я люблю Твой замысел[12] упрямый[13]
И играть согласен эту роль.
Но сейчас идёт другая драма,
И на этот раз меня уволь[14].

Но продуман[15] распорядок действий[16],
И неотвратим[17] конец пути.
Я один, всё тонет[18] в фарисействе[19].
Жизнь прожить — не поле[20] перейти.

1946

[1]hum, [2]stage, [3]lean, [4]door-post, [5]catch, [6]echo, [7]aim at, [8]darkness, [9]axis, [10]Father, [11]cup (of life)/ordeal (fig.), [12]design/plan, [13]stubborn, [14]relieve, [15]thought through, [16]act, [17]inevitable, [18]drown, [19]Pharisaism/hypocrisy (fig.), [20]field

Ответьте на вопросы и обсудите с партнёром.

1. Перечитайте первую строфу. Кто здесь «я»? Где он? Как вы думаете, какую роль он играет?

2. Перечитайте вторую строфу. Кого герой называет Авва Отче? О чём герой просит у Него? Как вы думаете, что значит «чаша»? Как вы думаете, кто настоящий герой в этой строфе?

3. Перечитайте третью строфу. С кем говорит герой? Кого он называет «Ты»? Что имеет в виду герой, когда говорит, что «сейчас идёт другая драма»? Говорит ли он о театре?

4. Перечитайте последнюю строфу. Как вы думаете, о чём герой говорит в первой и второй строках: о театре или о жизни?

5. Герой говорит, что он один. Где он? Почему он один? Как вы думаете, кто он в этой строфе?

6. Как вы понимаете последнюю строку стихотворения? Перефразируйте её одним предложением.

7. Как, по-вашему, стихотворение «Гамлет» связано с темой «искусство»? Кто лирический герой стихотворения? Какие роли он играет в жизни?

ДАВАЙТЕ ОБСУДИМ

Using what you have learned in this chapter, discuss these topics in groups or with a partner. Try to extend it into a conversation rather than just answering each question.

1. Есть мнение, что «великим» можно назвать только художника, который уже ушёл из жизни. Согласны ли в с этим мнением?

2. Как вы относитесь к римейкам фильмов? Это искусство или способ заработать деньги? Почему?

3. Лев Толстой сказал: «Искусство есть одно из средств общения людей между собой». Согласны ли вы с писателем?

4. Расскажите партнёру об одном вашем посещении художественного музея или галереи. Расскажите в деталях о том, когда это было, с кем вы ходили, что вы видели, и какое впечатление на вас произвёл этот музей.

5. Если бы у вас было неограниченное количество денег, какое известное произведение искусства вы бы купили? Обсудите с партнёром.

ДАВАЙТЕ ПОГОВОРИМ О КИНО

Вот несколько названий советских и российских фильмов, в которых рассматривается тема главы. Посмотрите один из них (информация в интернете поможет вам выбрать фильм) и подготовьте небольшое выступление, в котором вы: (1) кратко расскажете содержание фильма и (2) покажете, как в этом фильме раскрывается тема главы. Постарайтесь использовать как можно больше активной лексики по теме.

- «Цвет граната», режиссёр Сергей Параджанов, 1968
- «Гори, гори, моя звезда», режиссёр Александр Митта, 1969
- «Дневник его жены», режиссёр Алексей Учитель, 2000
- «Ветка сирени», режиссёр Павел Лунгин, 2002
- «Дирижёр», режиссёр Павел Лунгин, 2012

ПИСЬМЕННЫЕ ЗАДАНИЯ

Выберите одну из тем и напишите сочинение длиной 500–600 слов.

1. Напишите отзыв о фильме, который вы недавно посмотрели. В первом абзаце перескажите сюжет фильма, а во втором — поделитесь своим мнением о фильме.
2. Напишите письмо своему другу, в котором вы подробно рассказываете об образовании в области искусств, которое вы получили в школе и дома.
3. Некоторые люди считают, что экранизация классической литературы побуждает детей к чтению. Другие утверждают, что после просмотра «Анны Карениной» и «Великого Гэтсби» дети и подростки не станут читать эти книги. Напишите блог, в котором вы поддерживаете одну из этих точек зрения.
4. Напишите статью в газету о том, как определённое произведение искусства помогает читателям или зрителям понять культуру этнической группы, к которой вы принадлежите. Подробно опишите это произведение искусства и объясните, как оно отражает культуру и мировоззрение вашей этнической группы.
5. Должно ли правительство финансово поддерживать деятелей искусства? Каких и при каких обстоятельствах? Напишите доклад.

Electronic Workbook
exercises
П—У

ЛЕКСИКА УРОКА

VERBS

воплощать (воплощай+ 3)/воплотить
 (воплоти+ 8)
выражать (выражай+ 3)/выразить
 (вырази+ 8)
делать/сделать (делай+ 3)
изображать (изображай+ 3)/изобразить
 (изобрази+ 8)

писать/написать (писӑ+ 1)
проводить (проводй+ 8)/провести (про-
 вёд+ 4)
создавать (создавай+ 2)/создать (irregular)
ценить/оценить (ценй+ 8)

NOUNS AND NOUN PHRASES

автор
академия художеств
актёр
актриса
акционизм
архитектура
балет

выставка
выставочный зал
графика
граффити
декоративно-прикладное искусство
достоинство
живопись

задача
звезда
издатель
изображение
изобразительное искусство
картина
кинематограф
критик
кумир
литератор
литература
место действия
музыка
опера
оператор
перформанс
писатель
поклонник/поклонница
продюсер
произведение

редактор
режиссёр
рисунок
рукопись
скульптура
слава
событие
создание
создатель
сценарист
танец
театр
фотография
художественная галерея
художественное воплощение
художественное произведение
художник/художница
цель
цирк
чувство

ADJECTIVES (POSITIVE DEGREE)

бездарный (бездарен)
больной (болен)
великий (велик)
виноватый (виноват)
высокий (высок)
гениальный (гениален)
готовый (готов)
грустный (грустен)
должный (должен)
знаменитый (знаменит)
интерактивный
каковой (каков)
малый (мал)
массовый
маститый
настоящий
начитанный (начитан)

нужный (нужен)
огромный (огромен)
плодовитый (плодовит)
похожий (похож)
правый (прав)
прекрасный (прекрасен)
провинциальный
провокационный
радостный (рад)
развлекательный
сердитый (сердит)
современный
согласный (согласен)
способный (способен)
столичный
таковой (таков)
умный (умён)

ADJECTIVES (COMPARATIVE DEGREE)

ближе
богаче
более
больше
выше

глубже
громче
гуще
дальше
дешевле

до́льше	ре́зче
жа́рче	сла́ще
коро́че	ста́рше
кру́че	стро́же
ле́гче	су́ше
лу́чше	твёрже
ме́нее	ти́ше
ме́ньше	то́лще
моло́же	у́же
мя́гче	ху́же
ни́же	ча́ще
по́зже	чи́ще
про́ще	ши́ре
ра́ньше	я́рче
ре́же	

ADJECTIVES (SUPERLATIVE DEGREE)

ближа́йший	мале́йший
бо́льший	мла́дший, ста́рший
велича́йший	ху́дший
ме́ньший	

PHRASES

как раз	от ма́ла до вели́ка
лить крокоди́ловы слёзы	по бе́лу све́ту
на бо́су но́гу	среди́ (средь) бе́ла дня
ни жив ни мёртв	

Урок №13

Окружающая среда

Что вы видите на фотографии? Как вы думаете, где эти люди и что они делают? Видите ли вы такие сцены на улице у себя в городе? Почему?

In this section you will learn words and phrases that will help you understand the texts in this chapter and discuss the topic of the environment.

Термин «окружающая среда» переводится на английский язык как «environment». Что, по-вашему, входит в окружающую среду? Что для вас означает термин «экология»? Дайте определение «экологии», используя термин «окружающая среда».

Полезные слова и выражения

Прочитайте слова по теме «окружающая среда» в таблице.

Перевод	Глагол	Что/кого?	Существительное
to pollute	загрязня́ть/ загрязни́ть	• окружа́ющую среду́ • атмосфе́ру • во́ду • во́здух • ре́ки	загрязне́ние
to destroy, to extinguish	уничтожа́ть/ уничто́жить	• ви́ды (*species*) живо́тных • лес • приро́ду • приро́дные ресу́рсы	уничтоже́ние
to destruct, to damage, to demolish	разруша́ть/ разру́шить	• озо́новый слой (*layer*) • го́ры • пля́жи • приро́ду • экосисте́му	разруше́ние
to improve	улучша́ть/ улу́чшить	• состоя́ние (*state*) окружа́ю-щей среды́ • экологи́ческую ситуа́цию	улучше́ние
to save	спаса́ть/ спасти́	• приро́ду • ви́ды живо́тных • плане́ту	спасе́ние
to preserve, to protect	охраня́ть	• окружа́ющую среду́ • приро́ду • во́дные ресу́рсы • атмосфе́ру • леса́	охра́на
to protect, to defend	защища́ть/ защити́ть	• приро́ду • живо́тных • лес	защи́та
to conserve, to preserve, to retain	сохраня́ть/ сохрани́ть	• леса́ • ви́ды живо́тных и расте́ний	сохране́ние

Используйте лексику в таблице, чтобы назвать и описать несколько экологических про-блем. Работайте с партнёром.

1 Вставьте в пропуски слова из списка полезных слов и выражений.
Переведите предложения на английский язык.

1. Только 20 процентов россиян считают, что своими акциями «Гринпис» хочет (to save) _____ природу.
2. Всемирный день охраны (of the environment) _____ отмечается ежегодно 5 мая.
3. (Water pollution) _____ представляет собой серьёзную проблему для экологии земли.
4. При помощи спутников учёные изучают (natural resources) _____ из космоса.
5. Строительство олимпийских объектов приводит к (destruction) _____ редких видов животных и растений.
6. По данным «Зоологического общества Лондона», каждый год человек (extinguishes) _____ около 1 процента всех животных.
7. В Забайкальском крае каждый год проводится региональная экологическая акция «(To preserve nature) _____ значит любить Родину».
8. Сегодня мы прочитали в газете, что вчерашний шторм (destroyed) _____ наш любимый пляж в Одессе.

2 Прочитайте слова по теме «Окружающая среда» и их перевод.

вымира́ть/вы́мереть	to become extinct
выхлопны́е га́зы	exhaust
приро́дный газ	natural gas
вы́бросы в атмосфе́ру	air emissions
кисло́тные дожди́	acid rain
озо́новая дыра́	ozone hole
измене́ние кли́мата	climate change
глоба́льное потепле́ние	global warming
наноси́ть/нанести́ непоправи́мый вред	to cause irreparable harm
экологи́чески вре́дное предприя́тие	environmentally harmful enterprise
вре́дные хими́ческие вещества́	harmful chemicals
отхо́ды произво́дства	industrial waste
разли́чные ви́ды то́плива	different types of fuel
альтернати́вные ви́ды эне́ргии	alternative energies
добыва́ть поле́зные ископа́емые	to extract minerals
добы́ча не́фти/га́за (нефтедобы́ча/газодобы́ча)	oil/gas production
дыша́ть све́жим во́здухом	to breathe fresh air
боро́ться за защи́ту окружа́ющей среды́	to fight for environmental protection

3 Вставьте слова из раздела «Лексическая тема» в предложения в нужной форме. Переведите предложения на английский язык.

1. Главная цель «Гринпис» — борьба против (climate change) _____, токсического (pollution) _____, и за (preservation) _____ леса на планете.
2. Многие считают, что (global warming) _____ — это миф и что экологи только мешают прогрессу.
3. Уже сейчас в Нидерландах около 50% автомобилей работают на (natural gas) _____.
4. В Великобритании действует специальная программа перехода автомобилей на (alternative energies) _____.
5. Нитраты, пестициды и другие (harmful chemicals) _____ можно найти во всех овощах и фруктах, которые продаются в обычных магазинах.
6. Автор блога считает, что животные (become extinct) _____ не по вине человека и поэтому их не нужно (to save) _____.
7. Чтобы (to breath fresh air) _____, всем людям нужно пересесть на велосипеды.
8. Экологи считают, что стиральные машины наносят (irreparable harm) _____ экологии планеты.

Electronic Workbook
exercises
А, Б

Текст 1: Блог «Экология и/или комфорт?»

Before you read the text, you will engage in a discussion to prepare you for the topic. After reading the text, complete the After Reading exercises to evaluate your comprehension and practice new vocabulary.

Перед чтением
Что для вас важнее: экология или комфорт? Какими удобствами (*conveniences*) вы готовы пожертвовать (*sacrifice*), чтобы улучшить экологическую ситуацию в вашем городе?

Экология и/или комфорт?
Прочитайте блог.

«30 лет назад в Германии появилась первая бензоколонка[1], которая предлагала неэтилированный бензин[2]. В 1980-е годы по ФРГ прошла волна[3] страха[4] перед уничтожением лесов. Картинки с лесами, вымирающими даже вдалеке от индустриальных центров и загазованных трасс, волновали сознание[5] немцев. Вина возлагалась[6] на автомобили: диоксиды серы[7] и углерода[8] от выхлопных газов приводили[9] к возникновению[10] кислотных дождей, которые наносили непоправимый вред лесам.

7 ноября 1983 г. Фридрих Циммерман открыл первую во всей Европе бензоколонку, на которой продавалось горючее[11], в котором не было свинца[12]. Однако этот бензин не получил большой популярности: он производился[13] в небольших количествах и стоил на 7 центов дороже обычного» (Die Zeit, Outsidepress).

Проблёмы экологии всегда актуальны и не зависят от того, обострилась[14] ли какая-либо тёма в состоянии окружающей среды или нет. И эти проблёмы не надуманы[15]. Озоновый слой скоро будет не сильно отличаться от дуршлага[16], купаться будем только в домашних ваннах с хлоркой[17], а респираторы будут необходимой[18] частью гардероба[19]. Множество организаций в разных странах борются за улучшёние экологии, да и общество признаёт[20] проблёму: компании экспериментируют с различными видами топлива, разрабатывают[21] химические барьеры на экологически вредных предприятиях, правительства принимают законы[22], которые должны улучшить ситуацию с загрязнёниями и т.д.

Однако не надо бросаться в крайности[23]. Мёры[24] по улучшёнию окружающей среды, конёчно, нужны, но, на мой взгляд, необходимо взвёшенно[25] подходить ко всему. Многие экологи скажут, что в планетарном масштабе[26] загрязнёние окружающей среды выбросами в атмосфёру в индустриальных зонах в нёсколько раз выше выбросов при извержёнии[27] вулканов, но что мы за это получаем: тепло и комфорт. Те же «зелёные» после митингов идут домой, включают свет, зажигают[28] газ и пользуются другими благами[29] цивилизации. И трудно не согласиться. Человёчество[30] потратило тысячи лет, чтобы выйти из лёса и жить в комфорте. Я считаю, что всё, что даёт природа, нужно использовать. Есть леса—их нужно пилить[31] и строить дома, дамбы, мосты и максимально использовать в строительных материалах; есть ископаемые—нужно добывать и пользоваться, ёсли это необходимо для развития[32]. Мы все приезжаем домой на автомобиле, включаем свет, ложимся в тёплую ванну, ходим по улице в тёплых меховых[33] шубах. И это нормально. Да, пока за это платим большую экологическую цёну, но это тоже процёсс—процёсс «комфортообеспечёния[34]». Со врёменем и эти проблёмы будут решены. На автомобиле нужно ёздить; коров доить[35], выращивать и пускать на мясо, а природными ресурсами нужно пользоваться.

Но тут, конёчно, важно—природой нужно пользоваться, а не губить[36]. В естёственные[37] процёссы не нужно вмёшиваться[38] и стараться их изменить. Рискну даже сказать, что вымирающие естёственным способом[39], не по винё человёка, виды[40] не нужно спасать. Я хочу сказать, что мёры по улучшёнию окружающей среды, конёчно, нужны: мы должны оставить[41] нашим потомкам[42] возможность дышать свёжим воздухом. Но мы также должны оставить им высокоразвитую[43] цивилизацию. Не надо забывать, что развитие человёчества—это тоже естёственный процёсс.

Игорь Вылегжанин
Главный редактор интернет-портала outsidepress.com

[1]gas station, [2]unleaded gasoline, [3]wave, [4]fear, [5]consciousness, [6]assign, [7]sulfur, [8]carbon, [9]lead to, [10]origination, [11]fuel, [12]lead, [13]produce, [14]worsen, [15]invented, [16]colander, [17]bleach, [18]necessary, [19]wardrobe, [20]recognize, [21]design, [22]law, [23]go to extremes, [24]measure, [25]in a balanced way, [26]scale, [27]eruption, [28]turn on, [29]benefit, [30]humankind, [31]saw, [32]development, [33]fur, [34]comfort-provision, [35]milk, [36]destroy, [37]natural, [38]interfere, [39]manner, [40]species, [41]leave, [42]descendant, [43]highly developed

---

 После чтения

Ответьте на вопросы и обсудите с партнёром.

1. Автор начинает свой блог с цитаты (*quote*). Откуда она? Сформулируйте её основную мысль.

2. Какие экологические проблемы называет автор в третьем абзаце? Что он имеет в виду, когда пишет, что:

   а. «озоновый слой похож на дуршлаг»,
   б. «скоро мы будем купаться только в ванных»,
   в. «респираторы станут частью гардероба»?

3. По словам автора, как различные организации и общество реагируют на эти проблемы?

4. Как вы понимаете заявление автора, что «не надо бросаться в крайности»? Перефразируйте это предложение.

5. Кто такие «зелёные», о которых пишет автор? Какие митинги они организуют?

6. Найдите в предпоследнем абзаце предложение, которое выражает основную мысль автора. По словам автора, что и как нужно использовать? Какие примеры он приводит?

7. Согласны ли вы с позицией автора? Объясните.

8. Что, по мнению автора, является основной целью (*goal*) человечества?

9. Как вы считаете, возможно ли пользоваться природой, но не губить её? Как?

10. Что для автора важнее: дышать свежим воздухом или иметь высокоразвитую цивилизацию? А для вас? Почему?

Комментарии на блог

Прочитайте комментарии на блог «Экология и/или комфорт?». С какими идеями этих комментариев вы согласны, а с какими — не согласны? Приведите свои аргументы. Затем напишите свой комментарий (6–8 предложений) на блог, в котором вы выражаете свою позицию по вопросу «экология или комфорт».

FIONA: Автор не знает, что планета у нас одна? И потомкам, возможно, вообще ничего не останется? Он никогда не думал, что планета не была задумана для «комфорта»? Автор нигде не читал, что виды животных исчезают не «естественным путём», а из-за деятельности[1] человека? Автору никто не рассказал об альтернативных видах энергии, которыми пользуются экологи?

ROBOTTT: Современный комфорт достигается[2] только за счёт[3] тотального уничтожения природной окружающей среды, включая[4] космическое пространство. Уже сейчас в каждом новорождённом[5] находят высочайшую концентрацию вредных химических веществ.

MTS2013: Не понимаю, как автор представляет себе[6] комфортную жизнь при[7] плохой экологии. Хорошо, воду можно фильтровать, а что делать с воздухом или с продуктами питания[8]?

---

[1]activity, [2]is achieved, [3]at the expense of, [4]including, [5]newborn, [6]imagine, [7]together with, [8]food

Participles are sometimes called "verbal adjectives" because they are adjectives formed from verbs. In English we use participles in sentences such as these:

These pants are **torn**.
This well-**written** argument demonstrates that we need to fund this program.

Since participles in Russian are verbal adjectives, they are declined as adjectives and marked for case, number, and gender to agree with the noun they modify.

You can always determine the lexical meaning of the participle by identifying its verbal stem. For example, the participle напи́сан has something to do with writing while рассказа́вший has something to do with telling. Once you learn how to determine the grammatical information conveyed by the form of the participle, you will understand how that form combines with the lexical meaning. This will help you figure out the meaning of the participle in the context in which it occurs. The goal is for you to combine your understanding of the meaning of the verb with your understanding of the meaning of the grammatical form.

Participles come in four basic grammatical types, as illustrated in this table with examples. Take a look at the letters shown under "Marker" in the table. These letters are key indicators of the participle type. For example, if you see a participle with either an Н or a Т immediately before its grammatical ending, you can be confident that the participle is a past passive form. On the other hand, if you see the letter Щ before the grammatical ending you can be just as confident that the participle is a present active participle. Learn this chart and you will be prepared to identify participles.

	Present	Marker	Past	Marker
Passive	Present Passive: люби́мый, так называ́емый	М	Past Passive: про́данный, закры́тый	Н/Т
Active	Present Active: куря́щий, блестя́щий, сле́дующий, уча́щийся	Щ	Past Active: бы́вший, пострада́вший, сумас-ше́дший, верну́вшийся	Ш

Participles are less frequently used in speech, except for certain participles which have been lexicalized; in many cases, these are participles you already know, such as those appearing in these example sentences:

Мои **люби́мые** писатели—Достоевский и Толстой.
My favorite authors are Dostoevsky and Tolstoy.

Москва чем-то похожа на Нью-Йорк, так **называ́емое** «большое яблоко».
Moscow in some way resembles New York, the so-called "big apple."

Мы выходим на **сле́дующей** станции.
We are getting out at the next stop.

Уча́щиеся живут в одном из этих трёх общежитий.
The students live in one of three dormitories.

Эта артистка пользуется большой популярностью; через 2 часа после того, как билеты на её концерт появились в продаже, все они были **распро́даны**.
This performer is very popular; two hours after tickets to her concert went on sale they were already sold out.

Нам очень понравились статьи, **напи́санные** нашим профессором, об экологической ситуации на озере Байкал.
We really liked the articles written by our professor about the ecological situation at Lake Baikal.

Улица Тверская—это **бы́вшая** улица Горького.
Tverskaya Street is the former Gorky Street.

Пострада́вшего в аварии отвезли в ближайшую больницу.
The victim of the accident was taken to the nearest hospital.

Textbook exercise
4

Other participles that occur in spoken language typically appear in written texts that are recited or performed, such as the speech of politicians or television news anchors reading from a written script.

Страда́тельное прича́стие настоя́щего вре́мени (*Present Passive Participles*)

The term "present passive participle" may seem long and intimidating, but the grammatical form it identifies is a simple one to use. The present passive participle is an adjective formed from a verb that conveys the present tense and passive voice. Examples of such forms in English are:

This book **is being read**.
The letters **are being written**.
The new movie theater **is being built**.

The key concept here is that present passive participles carry the inherent meaning of the present tense and that the people or things the participles modify are passive recipients of the action in the clause in which they appear.

Russian present passive participles generally can be formed only from transitive verbs, that is, those verbs that can take an accusative case direct object (without a preposition) and most are formed from imperfective verbs since they are marked for present tense.

Many Russian verbs, such as писать, брать, шить, and мыть, for example, do not have a present passive participle. Here is a list of the most commonly used present passive participles used commonly not only in writing, but also in speech. In each of them you will see the marker of the infix -м- as well as a regular adjectival ending.

Причáстие (Participle)	Инфинитúв глагóла (Infinitive)	Значéние (Meanings [Participle, Verb])
воображáемый	воображáть	imagined, to imagine
любúмый	любúть	beloved, to love
невыносúмый	выносúть	unbearable, to bear or carry out
незабывáемый	забывáть	unforgettable, to forget
незавúсимый	завúсеть	independent, to depend
незаменúмый	заменúть	irreplaceable, to replace
так называ́емый	называ́ть	so-called, to name
неизлечúмый	излечúть	incurable, to cure
необходúмый	обходúть	essential, to go around, get by without
необъяснúмый	объяснúть	inexplicable, to explain
неоспорúмый	оспóрить	indisputable, to dispute
неотвратúмый	отвратúть	inevitable, to avert
непобедúмый	победúть	undefeatable, to defeat or triumph
непоправúмый	попра́вить	irreparable, to repair, remedy, fix
неразрешúмый	разрешúть	unsolvable, to solve
(не)совместúмый	совместúть	(in)compatible, to combine
обвиня́емый	обвиня́ть	the accused, to accuse
рекоменду́емый	рекомендова́ть	recommended, to recommend
содержúмый	содержáть	contents, to contain
уважа́емый	уважа́ть	respected, to respect
узнава́емый	узнава́ть	recognizable, to recognize

All present passive participles are adjectives and are marked for case, number and gender, as illustrated in these example sentences:

Пластиковые пакеты наносят **непоправúмый** вред экологии планеты.
Plastic bags cause irreversible harm to the global environment.

Ветер—один из главных **возобновля́емых** источников энергии.
Wind is one of the most important renewable sources of energy.

Учёные исследуют воздействие вредных веществ, **выделя́емых** при сжигании мусора, на организм человека.
Scientists are studying the impact on the human organism of harmful particles emitted during the burning of trash.

Образование страдательных причастий настоящего времени (*Formation of Present Passive Participles*)

The present passive participle is formed *only* from imperfective transitive verbs[1]—that is, from imperfective verbs that take an accusative case direct object (without a preposition), and even then, not from all of those. For instance, the verbs писать and петь do not have present passive participles. To create present passive participles with those meanings, Russians use related verbs, such as записывать (записываемый) or воспевать (воспеваемый).

To create the present passive participle, take the 1st-person plural (мы) form of the verb and add gender or number endings for short-form participles and full adjectival endings for long-form participles, as in these examples:

любим	любим	любимый
называем	называем	называемый
обходим	необходим	необходимый
забываем	незабываем	незабываемый
выносим	невыносим	невыносимый
рекомендуем	рекомендуем	рекомендуемый

There is an exception for verbs with stems in -авай, such as давать. These verbs form the present passive participle from the stem. Simply remove й, and add -ем, as in these examples:

передавай-	передаваем	передаваемый
продавай-	продаваем	продаваемый

The stress in present passive participles is determined in accordance with these three rules:

Textbook exercises 5. 6

1. Present passive participles formed with -им always have stress on the same syllable as in the first-person singular form of the verb, e.g., зависимый (завишу), любимый (люблю).
2. Present passive participles formed with -аем always have stress on -а.
3. Present passive participles formed with -уем always have stress on -у.

Страдательные причастия прошедшего времени (*Past Passive Participles*)

The past passive participle is also an adjective formed from a verb. In English, this form appears in these example sentences:

That work **was** well **done**.
I'm sorry, but the car has already **been sold**.

Russian past passive participles can be formed only from transitive verbs (i.e., those verbs that take an accusative case direct objective without a preposition). For instance, написать, открыть, закрыть, построить, забыть, сделать, начать, закончить, and купить are all verbs of this type and all have past passive participles:

---

[1]There is a small group of verbal adjectives formed from perfective verbs: (не)излечимый, (не)объяснимый, (не)совместимый, неоспоримый, неотвратимый.

Письмо, **напи́санное** известным борцом за экологию, было напечатано в сегодняшней газете.
The letter, written by the famous environmental advocate, was published in today's paper.

Дорога, **постро́енная** на территории заповедника, стала объектом протеста экологов.
The road, built on the territory of a nature preserve, became the object of the ecologists' protest.

Чтобы предотвратить пожары, в этом году вход в лес будет **запрещён**.
In order to prevent fires, entrance into the forest this year will be prohibited.

Самые **загрязнённые** реки в мегаполисах—это реки в Юго-Восточной Азии.
The most polluted rivers in major cities are rivers in Southeast Asia.

На территории, **заражённой** радиацией, работают спасатели.
First responders are working in an area contaminated with radiation.

Перерабо́танные отходы используют в качестве удобрения.
Recycled waste products are used as fertilizer.

В следующем году здесь будет **откры́т** новый завод по переработке стекла.
Next year a new glass-recycling factory will be opened here.

Пословицы, поговорки, выражения
Вот где соба́ка зары́та!
So there's where the dog is buried!
This is the crux of the matter.

As demonstrated in the examples above, the past passive participle can convey meaning in the past or future tense, which is made clear by the larger context in which the participle is used. In such cases, the participles are subject complements and may occur with a logical subject in the instrumental case as the "agent" responsible for the action, as in these example sentences:

Облако пыли, **вы́брошенное** в атмосферу исландским вулканом «Эйяфьятлайокудль» в 2010 году, парализовало жизнь в городах Европы.
Life in the cities of Europe was paralyzed in 2010 by the explosive eruption of ash into the atmosphere by the Icelandic volcano Eyjafjallajökull.

Парниковый эффект был **откры́т** шведским учёным Сванте Аррениусом.
The greenhouse effect was discovered by the Swedish scientist, Svante Arrhenius.

Новый закон об охране окружающей среды будет **подпи́сан** в июле Президентом Дональдом Трампом.
The new law about the defense of the environment will be signed in July by President Donald Trump.

Пословицы, поговорки, выражения
Дели́ть шку́ру неуби́того медве́дя
To divide up the hide of a bear that's not yet been killed
To count chickens before they're hatched

Some of the most commonly used past passive participles are listed in this table.

Причáстие (Participle)	Инфинити́в глагóла (Infinitive)	Значéние (Meanings [Participle, Verb])
адресóванный	адресовáть	addressed, to address
забы́тый	забы́ть	forgotten, to forget
заведённый	завести́	established/set up/wound up, to set up, to run, to wind up
закры́тый	закры́ть	closed, to close
запрещённый	запрети́ть	forbidden, to forbid
исключённый	исключи́ть	(not) excluded, to excluded
необдýманный	обдýмать	ill-considered, to consider
обнарýженный	обнарýжить	detected, to detect
объединённый	объедини́ть	united, to unite
откры́тый	откры́ть	opened, to open
подáренный	подари́ть	given, to give
при́нятый	приня́ть	accepted, taken or adopted, to accept, take or adopt
соединённый	соедини́ть	united, to unite
состáвленный	состáвить	composed, to compose or assemble
(выше-)упомя́нутый	упомянýть	(afore-)mentioned or named, to mention or name

Past passive participles are generally formed only from perfective verbs because they convey the meaning of an event that has been completed in its entirety or an event that will be completed in its entirety. The key marker of the past passive participle is the letter -н- or -т- followed by an adjectival ending (either short or long form). Sometimes the stress of the past passive participle differs from the stress of the verb's infinitive or conjugated forms. Past passive participles formed from first-conjugation verbs that undergo consonantal mutation (e.g., написáть, рассказáть) do **not** show the mutation in the past passive participle (напи́санный, расскáзанный). By contrast, past passive participles formed from second-conjugation verbs that undergo consonantal mutation (e.g., пригласи́ть, купи́ть) **do show** the mutation in the past passive participle (приглашённый, кýпленный). Past passive participles formed from verbs with the -йти stem, such as пройти́ or найти́, have an infix of -ден- in the past passive participle, as in нáйденный, прóйденный.

Past passive participles, like all other participles, have regular adjectival endings. The short-form past passive participles are marked only for gender or number (напи́сан, напи́сана, напи́сано, напи́саны), but long-form past passive participles are marked for case as well (напи́санный, напи́санную, напи́санными, and so forth).

One of the most important past passive participles for Americans is the participle *united* from the verb соедини́ть, соединённый, because it occurs in the name of our country, the United States of America: Соединённые Штáты Амéрики (США). Another verb, also meaning "to unite," объедини́ть, is the basis for the participle in the name of the United Nations: Организáция Объединённых Нáций.

Образование страдательных причастий прошедшего времени (*Formation of Past Passive Participles*)

Past passive participles are formed in several different ways, depending on the stem of the verb from which they are derived:

1. Verbs with stems in -ий-, -ый-, -ну-, -м- (such as вы́лить, забы́ть, обману́ть, and взять) take a past passive participle ending in -т(ый). Remove the infinitive ending and add -т and the appropriate adjectival ending (according to case, number, and gender).

   Examples: вы́лит(ый), забы́т(ый), обма́нут(ый), взя́т(ый).

2. Verbs with stems in -а+, -ай+, -яй (such as написа́ть, рассказа́ть, прочита́ть, and потеря́ть) take a past passive participle ending in -ан(ый). Remove the infinitive ending and add -н and the appropriate adjectival ending (according to case, number, and gender). In most cases, the stress shifts back one syllable closer to the beginning of the participle. The irregular verb прода́ть also creates its past passive participle in this way.

   Examples: напи́сан(ный), расска́зан(ный), прочи́тан(ный), поте́рян(ный), про́дан(ный).

3. Verbs with stems in -д+, -с+, -и+ (such as привести́, поднести́, реши́ть, купи́ть, бро́сить) take past participle endings in -ен(ный) or -ён(ный). Remove the infinitive endings in -ти or -ть; if the consonant of the stem of the verb undergoes mutation in the present tense, change the consonant from non-mutated to mutated form and add ending -ен(ный) or -ён(ный).

   Examples: приведённый, поднесённый, решённый, ку́пленный, бро́шенный.

4. Stems in -ий-, -ый-, -ну-, -м- have the suffix -т(ый) as in вы́лит, забы́т, обма́нут, взят

5. Stems in -а-, -ай-, -яй- and irregular verbs of the verb type дать feature the suffix -ан with stress shifted back one syllable closer to the beginning of the participle as in напи́сан, прочи́тан, поте́рян, про́дан

6. Stems in -д-, -з-, -т-, -с-, -и- acquire suffixes -ен/ён as in приведён, поднесён, вы́несен, решён, ку́плен, бро́шен

Textbook exercises
7–13

Present active participles convey the idea of the person or thing that is doing something, as illustrated in these English examples:

The student **speaking** Croatian is the one I was talking about yesterday.
Those folks **dancing** the tango are sure having a good time!

The key marker of the present active participle is -щ-, which occurs in every form of the present active participle, without exception, as in these examples:

Около 800 представителей флоры и фауны считаются **вымира́ющими**.
Over 800 kinds of flora and fauna are considered endangered.

Эффективны ли **энéргосберегáющие** технологии для стабилизации климата планеты?
Are energy-saving technologies effective for the stabilization of the planet's climate?

Планируется строительство электростанции, **перераба́тывающей** бытовой мусор в электроэнергию.
They are planning to build a new electricity generating plant that will reprocess daily waste into electric energy.

Выдаю́щиеся учёные работали над этой проблемой целых 10 лет.
The outstanding scientists had been working on this problem for 10 whole years.

Уча́щиеся факультета природных ресурсов проходят практику на Камчатке.
Students of the Natural Resources Department do their internship in Kamchatka.

As you can see in the last two examples, present active participles formed from reflexive verbs take an ending in -ся, whether their adjectival endings end in a consonant (e.g., уча́щиеся) or a vowel (выдаю́щиеся).

Пословицы, поговорки, выражения
Из ря́да вон выходя́щий
Standing out in a crowd
Out of the ordinary

Образова́ние действи́тельных прича́стий настоя́щего вре́мени (*Formation of Present Active Participles*)

The present active participle is derived from the third-person plural (они́) form of the verb using the following (слéдующие!) steps:

1. Use the они form of the verb	слéдуют	у́чатся
2. Drop the final -т	слéдую	уча-
3. Add -щ	слéдующ-	учащ-
4. Add the regular adjectival ending, declined for case, gender, and number and, when necessary, the reflexive ending -ся	слéдующий	уча́щийся

Remember when you add the regular adjectival ending, the ending must conform to the norms of the Russian spelling rules for vowels that may follow the consonant щ. The stress of the present active participle may be the same as the stress in the verb's infinitive or as the stress in the verb's они́ form.

Here is a table of the most commonly occurring present active participles and the infinitives from which they are derived:

Прича́стие (Participle)	Инфинити́в глаго́ла (Infinitive)	Значе́ние (Meanings [Participle, Verb])
блестя́щий	блесте́ть	the one sparkling, to sparkle
бу́дущий	быть	the one who is, to be
веду́щий	вести́	the one leading (serving as master of ceremonies, TV or radio host), to lead
выдаю́щийся	выдава́ться	the outstanding one, to stand out
говоря́щий	говори́ть	the one speaking, to speak
жела́ющий	жела́ть	the one wishing, to wish/to desire
иду́щий	идти́	the one going, to go
име́ющий	име́ть	having, to have
куря́щий	кури́ть	the one smoking, to smoke
находя́щийся	находи́ться	the one located, to be located
начина́ющий	начина́ть	the one beginning, to begin
ожида́ющий	ожида́ть	the one waiting, to wait
пла́чущий	пла́кать	the crying one, to cry
подходя́щий	подходи́ть	the one fitting (suitable), to fit
приезжа́ющий	приезжа́ть	the one arriving, to arrive
продолжа́ющий	продолжа́ть	the one continuing, to continue
пью́щий	пить	the one drinking, to drink
сле́дующий	сле́довать	the one following, to follow
слу́жащий	служи́ть	the one serving, to serve
состоя́щий	состоя́ть	consisting of, to consist of
тре́бующий	тре́бовать	the one demanding, to demand
трудя́щийся	труди́ться	worker, the one working, to work
уезжа́ющий	уезжа́ть	the one leaving, to leave
уча́щийся	учи́ться	student, the one studying, to study

Textbook exercises
14, 15

Действи́тельное прича́стия проше́дшего вре́мени (Past Active Participles)

Past active participles convey the idea of the one who did something or was doing something. English examples illustrate the grammatical purpose of these verbal adjectives:

Yesterday we talked with the engineers who **came** from Vladivostok.
We saw the woman who **had been talking** with your brother.

Past active participles in Russian convey the meaning of someone who did or was doing something in the past. These participles may be derived from either imperfective or perfective verbs and carry the aspectual meaning inherent in those verbs. Past active participles may replace кото́рый clauses. Consider these example sentences:

Леса, **пострада́вшие** от пожаров, будут восстановлены в течение 10 лет.
The woods, having suffered from fires, will be restored in the course of 10 years.

Спасатели, **поги́бшие** от радиации в Чернобыле, никогда не будут **забы́ты**.
The first responders who died from radiation poisoning in Chernobyl will never be forgotten.

Таджикистан предложил договор, **наце́ленный** на укрепление и обновление водных ресурсов.
Tajikistan has proposed a new treaty designed to support the strengthening and renewal of water resources.

Около 50 тысяч домов осталось без света после **обру́шившейся** на регион во вторник сильной бури.
About 50,000 homes are without light after the strong storm that hit the region on Tuesday.

В этом городе начинают перестраивать дома после **произоше́дшего** здесь в прошлом месяце землетрясения.
Homes in this city are beginning to be rebuilt after the earthquake that struck here last month.

Some of the most commonly used past active participles are listed in this table:

Прича́стие (Participle)	Инфинити́в глаго́ла (Infinitive)	Значе́ние (Meanings [Participle, Verb])
бы́вший	быть	former, to be
вы́росший	вы́расти	the one who grew up, to grow up
несбы́вшийся	(не) сбы́ться	unrealized, (not) to come true
оста́вшийся	оста́ться	the one left behind, to be left behind
поги́бший	поги́бнуть	the one who perished, to perish
поступи́вший	поступи́ть	the one who enrolled, to enroll
привы́кший	привы́кнуть	the one who got used to, to get used to
прие́хавший	прие́хать	arrived, to arrive
произоше́дший	произойти́	the thing that took place, to take place
случи́вшийся	случи́ться	happened, to happen
сумасше́дший	(с ума) сойти́	crazy, to go crazy
суме́вший	суме́ть	the one who was able to, to be able to

Textbook exercises
16–18

Причáстие (Participle)	Инфинитúв глагóла (Infinitive)	Значéние (Meanings [Participle, Verb])
уéхавший	уéхать	left, to leave
устáвший	устáть	tired, to become tired
ушéдший	уйтú	departed, to depart

Образование действительных причастий прошедшего времени (*Formation of Past Active Participles*)

The formation of past active participles is relatively simple, as depicted in the table below.

Verb Type	Steps	Examples
Verbs ending in -ть or -ться	Remove infinitive ending, add -вш-, add adjectival endings marked for case, gender, and number, add -ся if verb is reflexive	защитúвший, бы́вший, написáвший, учúвшийся, научúвшийся
Verbs lacking -л in masculine past tense form	Start with masculine past tense form and add -ш-, then add adjectival endings marked for case, gender, and number, add -ся if verb is reflexive	нёсший, принёсший, у́мерший, вёзший, привёзший
Exceptions		сумасшéдший, вéдший, привéдший, пришéдший

Textbook exercises
19–27

УПРАЖНЕНИЯ ПО ГРАММАТИКЕ

4 Просмотрите все тексты в этой главе. Найдите как минимум 8 причастий. Запишите их в таблицу. Заполните таблицу.

Причастие	Тип	Глагол	Перевод глагола	Перевод причастия
окружающий	действительное настоящего времени	окружать	surround	surrounding

5 Краткие причастия

Заполните пропуски причастиями из списка: используемый, охраняемый, читаемый, проводимый, посещаемый, продаваемый.

1. Куркино—это не только особо _____ природная территория, но ещё и прекрасное место для отдыха. (Журнал «Наука и жизнь»)
2. Даллас, пожалуй, самый _____ город в Техасе. (Журнал «Богатей»)
3. Магистранты привлекаются к научным исследованиям, _____ в институтах. (Журнал «Поиск»)
4. 70% футбольных мячей, _____ в мире, шьют вручную в Пакистане. (Журнал «Наука и жизнь»)
5. Самый _____ и популярный чай в мире—цейлонский. (Журнал «Русский репортёр»)
6. «Наука и жизнь» входит в список 50 самых _____ журналов России. (Журнал «Наука и жизнь»)

6 Страдательные причастия

Переведите предложения, используя страдательные причастия настоящего времени. Задайте вопросы партнёру.

1. What do you think causes irreparable harm to people's health?
2. Have you ever had an unsolvable situation or problem? What did you do in the end?
3. Who has the most recognizable voice in your country? Who has the most recognizable face?
4. Have you ever lived in intolerable conditions? When and where was that?
5. Who or what made an indelible impression on you? When and where was that?
6. Can you tell me about one unforgettable trip?

Electronic Workbook
exercises
В, Г

7 Заполните пропуски причастиями из списка: написанный, забытый, сделанный, построенный, найденный, порезанный.

1. В Москве у меня стоит портрет, _____ фотографом Валерием Плотниковым. (С. Спивакова. «Не всё»)
2. Он успел вспомнить _____ эпизод из раннего детства. (Н. Подольский. «Книга Легиона»)
3. Китайский крестьянин Ву Юлу собрал из деталей, _____ на свалках, робота-рикшу. С одного заряда аккумуляторов робот провозит своего хозяина на 10 километров. (Журнал «Наука и жизнь»)
4. В Москве много гостиниц, в том числе и суперсовременных отелей, _____ шведами, финнами и турками. (Г. Горин. «Иронические мемуары»)
5. Увидев _____ им портрет одной своей приятельницы, я стала специально приезжать из Москвы позировать. (С. Спивакова. «Не всё»)
6. Добавьте яйца, молоко, _____ кубиками сыр и снова перемешайте. (Рецепт пирога с луком-пореем, журнал «Наука и жизнь»)

8 Краткие причастия

Прочитайте предложения. Сначала найдите краткие причастия, образуйте полные формы, определите время. Затем переведите предложения на английский язык.

1. Мне интересно наблюдать жизнь—любопытно, как она устроена. (Журнал «Домовой»)
2. Французы не очень любят путешествовать, весь мир для них сосредоточен во Франции. (Газета «Известия»)
3. Все билеты в Театр эстрады были распроданы задолго до концерта. (Газета «Вечерняя Москва»)
4. Как и большинство исторических портов на Рейне, город основан римлянами. (Журнал «Туризм и образование»)
5. Музейная экспозиция была открыта здесь в 1958 году. (Газета «Известия»)
6. Письмо написано моей рукой. (Ю.Домбровский. «Факультет ненужных вещей»)

9 Перепишите предложения, используя глагол *быть* в прошедшем и будущем времени + краткие страдательные причастия вместо глаголов.

Пример: Выбрали нового мэра города.—В марте был выбран новый мэр нашего города.

1. Построили новую фабрику.
2. Напечатали статьи о переработке мусора.
3. Сняли фильм о глобальном потеплении.
4. Закроют атомные электростанции.
5. Установили новый памятник.
6. Запретят продажу алкоголя после 9 часов вечера.
7. Здесь откроют новое кафе.

10 Краткие причастия в рецептах

A. Страдательные причастия часто используются в кулинарных рецептах. Прочитайте рецепт долмы из армянской кухни. Хотели бы вы попробовать это блюдо? Найдите и переведите на английский язык семь причастных оборотов.

ДОЛМА В ВИНОГРАДНЫХ ЛИСТЬЯХ

100 г баранины, 80 г виноградных листьев, 5 г риса, 20 г репчатого лука, 50 г мацуна, 2 г чеснока, соль, перец, зелень чабреца, мяты, кинзы, базилика, майорана

В молотое мясо добавить полуотваренный рис, мелко нарезанный лук и зелень, соль и перец. Всё тщательно перемешать. Свежие виноградные листья положить в кипяток на 2—3 минуты (не кипятить). Взять 1—2 листка, положить на них фарш и завернуть конвертом. На дно кастрюли положить рубленные кости и виноградные листья. Сверху уложить рядами долму, влить немного бульона или воду и плотно прикрыть опрокинутой тарелкой. Кастрюлю закрыть крышкой и на слабом огне довести долму до готовности. Подать долму политой соком, который образовался при тушении. Мацун с толчёным чесноком подать отдельно. («Рецепты национальных кухонь: Армения»)

Б. Образуйте страдательные причастия прошедшего времени от глаголов в скобках и вставьте их в предложения нужной в форме.

ТРАДИЦИОННОЕ ШВЕДСКОЕ РОЖДЕСТВЕНСКОЕ БЛЮДО

400–500 г (мариновать) _____ свёклы

250 г (очистить) _____
отварного картофеля

150 г (солить) _____

или (мариновать) _____ филе селёдки

1 кислое яблоко

1 маленькая луковица

⅓ чашки (мариновать) _____ укропа

Нарезать сельдь, свёклу, (очистить) _____ картошку и яблоко на кусочки (~ 0.5 см) и всё смешать. Добавить мелко (нарезать) _____ укроп, луковицу и свекольный маринад. Выложить смесь в посуду, накрыть её и положить в холодное место, по крайней мере, на ночь, но не более, чем на два дня. («Рецепты национальных кухонь: Скандинавская кухня»)

Electronic Workbook
exercises
Д—Ж

11 Страдательные причастия

Заполните пропуски краткими формами страдательных причастий, образованных от глаголов в скобках. Затем переведите предложения на русский язык.

1. В этом году должно быть (закончить) _____ строительство нового парка.
2. На финансирование этого проекта будет (потратить) _____ 80 млн рублей из городского бюджета.
3. Бывший мэр города был (арестовать) _____ по подозрению в коррупции.
4. Преступление было (совершить) _____ на территории кампуса вечером в пятницу.
5. Гуманитарный груз будет (отправить) _____ в Украину.
6. На участие в этой программе было (подать) _____ две тысячи заявок.

12 Заполните пропуски причастиями из списка: говорящий, лежащий, пишущий, поющий, лежащий, курящий.

1. Молодой спутник его — поэт Иван Николаевич Понырёв, _____ под псевдонимом Бездомный. (М. Булгаков. «Мастер и Маргарита»)
2. Представим себе человека, _____ на пляже. (Л. Гинзбург. «Записные книжки. Воспоминания. Эссе»)
3. Довольно часто там встречаются официантки, _____ по-русски: ереванские армяне присылают сюда детей. (Д. Рубина. «Окна»)

4. «Не _____ человека мы всё равно приглашаем петь. Со временем он запоёт. Практика показала, что не _____ людей нет. (Журнал «Народное творчество»)

5. О себе: одинокий холостой пенсионер, русский, тихий, трудолюбивый, _____ и пьющий в меру. Люблю детей. (Объявление в журнале «Сельская новь»)

6. Я открыл том Шекспира, _____ у меня на столе, и показал ему рисунок. (Ю. Домбровский. «Хранитель древностей»)

13 Действительные причастия

Переведите предложения, используя действительные причастия настоящего времени. Затем задайте эти вопросы партнёру по-русски.

1. Who do you think the next US president will be?
2. Who do you consider an outstanding rock musician?
3. What is a suitable place to study for you? Why?
4. What do you do if you see a crying person?

14 Действительные причастия прошедшего времени

Заполните пропуски причастиями из списка в правильной грамматической форме: купивший, вылетевший, писавший, певший, куривший, приехавший.

1. Он, никогда не _____, вдруг запел, или, точнее, заорал, перекрикивая мощным голосом ветер. (Л. Чуковская. «Памяти детства: Мой отец — Корней Чуковский»)

2. На крылечке дома сидели несколько молодых женщин, _____ дешёвые австралийские сигареты. (Журнал «Звезда»)

3. Экспедиция, _____ самолётом, потеряла радиосвязь с землёй на третьем часу полёта. (Б. Черных. «Весенние костры»)

4. Все критики, _____ о Бунине, видели силу его таланта в яркой изобразительности слова и безошибочном чувстве природы. (Журнал «Вестник США»)

5. Америка населена людьми, _____ со всех концов света. (Журнал «Русский репортёр»)

6. Пассажирам, _____ билеты «Аэрофлота» на рейсы из США, вернут деньги (Газета «Известия»)

15 Страдательные причастия

Перепишите предложения, заменяя причастные обороты предложениями с «который». Обращайте внимание (pay attention) на время причастий.

1. Проводимая государством политика малоэффективна.
2. Перед ним на столе лежал ключ от номера гостиницы «Гранд Отель», украденный им более пяти лет тому назад. (Н. Гейнце. «В тине адвокатуры»)

3. Тысяча рублей или даже долларов, заработанная папой, не сделает его ребёнка счастливее. (Журнал «Русский репортёр»)
4. Это минеральная вода, производимая в России американской корпорацией «Пепси-кола». (Журнал «Наука и жизнь»)
5. Турция была самым посещаемым российскими туристами иностранным государством. (www.rbcdaily.ru)
6. Персонаж, созданный Чаплиным, становится одним из главных персонажей нового цирка . . . (Ю. Олеша. «В цирке»)

16 Страдательные причастия

Перепишите предложения, заменяя причастные обороты предложениями с «который». Обращайте внимание на время причастий.

1. Мы также будем использовать наш опыт, полученный в США и в Западной Европе. (Газета «Известия»)
2. Сегодня часовня — один из объектов, часто посещаемых туристами. (Журнал «Наука и жизнь»)
3. История, рассказанная дядей Колей, не выходила у меня из головы. (Журнал «Мурзилка»)
4. Я читал «Что такое жизнь» Шредингера в сорок седьмом году. Первая книга, украденная мною в государственной библиотеке. (В. Конецкий. «На околонаучной параболе (Путешествие в Академгородок)»)
5. Я стал взрослым в день, когда шёл домой с работы, ощупывая в кармане деньги, впервые заработанные мной. (Г. Садулаев. «Таблетка»)
6. Тема будет обсуждаться на проводимой Высшей школой экономики Четвёртой ежегодной конференции. («Еженедельный журнал»)

17 Действительные причастия

Перепишите предложения, заменяя причастные обороты предложениями с «который». Обращайте внимание на время причастий.

1. Первые три читателя, правильно ответившие на вопросы, получат по тысяче рублей каждый. (Газета «Вечерняя Москва»)
2. За посёлком Оля увидела работающих стариков и подростков. (В. Губарев. «Королевство кривых зеркал»)
3. Первым человеком, написавшим о России по-французски, был Гильберт де Ланноа. (В. Голованов. «Остров, или оправдание бессмысленных путешествий»)
4. Ёжик с Медвежонком неподвижно сидели под вязом и смотрели на заходящее солнце. (С. Козлов. «Правда, мы будем всегда?»)
5. Нужно, чтобы в компании людей, работающих над спектаклем, было доброе отношение друг к другу. (Газета «Известия»)
6. В Китае любят ставить на улицах фонари в виде 12 животных, символизирующих каждый год из 12-летнего цикла лунного календаря. (Журнал «Пятое измерение»)

18 Действительные причастия

Перепишите предложения, заменяя причастные обороты предложениями с «который». Обращайте внимание на время причастий.

Electronic Workbook
exercises
K, Л

1. Этот крест — древний знак, символизирующий четыре страны света. (Журнал «Знание — сила»)
2. Приятно, что театр нужен не только детям, но и родителям. Мамы, ходившие детьми в наш театр, приводят сюда своих малышей. (Журнал «Экран и сцена»)
3. Он стукнул по дереву, лежащему под нами. (В. Шаргунов. «Вась-вась»)
4. Ньютон, открывший законы движения небесных тел, был верующим человеком и занимался богословием. (С. Франк. «Религия и наука»)
5. Пятиместный самолет с двумя пассажирами на борту, вылетевший из города Бурса в Стамбул, вскоре после начала полёта исчез с экранов радаров. (Газета «Коммерсантъ-Daily»)
6. Может быть, и Чехов, приехавший в Москву из Таганрога, мог показаться провинциалом. (В. Катаев. «Алмазный мой венец»)

19 Действительные и страдательные причастия

Выберите нужное причастие (действительное или страдательное) и вставьте его в предложения в правильной форме.

1. Охраняющий — охраняемый

   А. Особо _____ территории — государственные заповедники, природные национальные парки, памятники природы. (Журнал «Вопросы статистики»)

   Б. Для всех народов моей страны необходимы законы, _____ безопасность и права всех людей и каждого отдельного человека. (Журнал «Горизонт»)

2. Обвиняющий — обвиняемый

   А. Обязанность адвоката — защищать _____ в любом, даже самом безнадёжном деле. (А. Рыбаков. «Тяжёлый песок»)

   Б. Интересно отметить взаимное недовольство журналистов, _____ друг друга в непрофессионализме. (Газета «Время МН»)

3. Изучающий — изучаемый

   А. Книга полезна _____ древние языки. (Журнал «Домовой»)

   Б. У меня жизнь сложилась так, что раньше только мечтала поехать в страну _____ языка. (Форум в интернете, НКРЯ)

4. Сделавший — сделанный

   А. Он перечитывал _____ им накануне записи и одновременно думал о сегодняшнем дне. (Б. Гроссман. «Жизнь и судьба»)

   Б. Маргарита была женою очень крупного специалиста, _____ важнейшее открытие. (М. Булгаков. «Мастер и Маргарита»)

5. Написавший — написанный

   А. У моего отца есть две книги, _____ старшим братом. (С. Довлатов. «Наши»)

   Б. Это был обаятельный и весёлый Борис Ласкин, _____ сценарий фильма «Весенние голоса». (Э. Рязанов. «Подведённые итоги»)

6. Принявший — принятый

   А. Более половины работников, _____ участие в опросе, ответили на этот вопрос утвердительно. (Журнал «Уральский автомобиль»)

   Б. Работают новые законы, _____ в последние два года в части регулирования малого и среднего бизнеса. («Бизнес-журнал»)

20 Причастия настоящего и прошедшего времени

Выберите нужное причастие (настоящего или прошедшего времени) и вставьте его в предложения в правильной форме.

1. Изучающий — изучавший

   А. Репин, специально _____ внешность поэта по многочисленным его биографиям, воспоминаниям и портретам, утверждал, что у Пушкина были светлые волосы. («Петербургская газета»)

   Б. Толкинисты — люди, которым нравится Толкин, люди, _____ его творчество. (Газета «Известия»)

2. Пишущий — писавший

   А. Тарас Григорович Шевченко (1814—1861) — известный украинский поэт и художник, _____ на украинском и русском языках. (Т. Соломатина. «Большая собака, или Эклектичная живописная вавилонская повесть о зарытом»)

   Б. Если посмотреть на то, что продаётся в магазинах, можно заметить, что российских авторов, _____ детские книги, сейчас крайне мало. (Газета «Известия»)

3. Покупающий — купивший

   А. У человека, _____ квартиру, уже есть или скоро будет машина. (Журнал «За рулём»)

   Б. Ещё одна модная тенденция — рост числа людей, _____ квартиры специально для того, чтобы потом их сдавать. (Газета «Известия»)

4. Работающий — работавший

  А. Мы — компания, _____ на российском рынке связи, которая на бирже «NASDAQ» продаёт акции. (Газета «Известия»)

  Б. В 80-х годах у меня был в Париже друг, _____ советником у Ива Сен-Лорана. (С. Спивакова. «Не всё»)

5. Уносящий — унёсший

  А. 24 января в московском аэропорту «Домодедово» произошёл теракт, _____ жизни многих людей. (Газета «Комсомольская правда»)

  Б. Малярия — инфекция, _____ 1,3 миллиона жизней ежегодно, преимущественно в Экваториальной и Южной Африке. (Журнал «Наука и жизнь»)

6. Принимающий — принявший

  А. Говорят, что масонство в Россию завёз Пётр I, _____ масонство шотландского образца. (Радиопередача «Вслух о . . . »)

  Б. Процент избирателей, _____ участие в голосовании на выборах в России и в других странах, постоянно снижается. (Газета «Советская Россия»)

21 Причастия с «не»

Некоторые причастия часто используются с частицей «не». Прочитайте выражения, дайте их определения на русском языке и затем переведите их на английский язык.

Пример: Непридуманная история — историю, которую не придумали, реальная история; true story

1. Нерешённая проблема
2. Неописуемая радость
3. Неизгладимое впечатление
4. Невыразимая боль
5. Непредвиденные обстоятельства
6. Несбывшаяся мечта
7. Невыполненное задание
8. Необдуманный поступок
9. Непреодолимое желание
10. Незабываемая встреча

22 Заполните пропуски фразами из упражнения 21 в нужной форме.

1. Для Парижа серьёзной _____ стала волна миграции из Северной Африки. (Газета «РБК Daily»)
2. После рождения дочери я испытал _____. (Газета «Советский спорт»)
3. Впервые в жизни я слышу эту гениальную мелодию Шопена — и она производит на меня _____. (Б. Ефимов. «Десять десятилетий»)

4. Вдруг появляются совершенно _____, которые резко меняют мои планы. (Журнал «Юный натуралист»)

5. Я люблю вот эту воду, деревья, небо, я чувствую природу, она возбуждает во мне страсть, _____ писать. (А. Чехов. «Чайка»)

6. Я, конечно, стараюсь не совершать _____ но, с другой стороны, не люблю тех, кто тщательно рассчитывает каждый шаг. (Газета «Комсомольская правда»)

23 Обсудите с партнёром.

Electronic Workbook exercise M

1. Есть ли у вас несбывшаяся мечта? Какая?
2. Что может заставить вас испытать неописуемую радость?
3. Нужно ли совершать необдуманные поступки? Почему?
4. Была ли в вашей жизни незабываемая встреча? Расскажите о ней.

24 Семейное положение

А. Некоторые причастия описывают семейное положение. Вот несколько примеров. Напишите определения по-русски, а затем переведите на английский язык.

1. разведённый (мужчина)/разведённая (женщина)
2. женатый (мужчина)
3. овдовевший (мужчина)/овдовевшая (женщина)
4. бывший супруг (муж или жена)
5. возлюбленный/возлюбленная
6. влюблённый/влюблённая
7. любимый/любимая
8. беременная

Б. Заполните пропуски причастиями из А.

1. Я (short form) _____, жду второго ребёнка. (Л. Вертинская. «Синяя птица любви»)
2. Мы увидели, как двое _____ целуются на скамейке в темноте. (О. Павлов. «Знамя»)
3. Я видел много примеров того, как _____ родители не разговаривают друг с другом. (Газета «Труд-7»)
4. В Париже Марина вышла замуж за _____ мужа матери! (И. Авраменко. «Даниил Хармс: тридцать два зуба и восемь»)
5. Сорокаоднолетний царь Иван Васильевич, _____ два года назад, решил вступить в третий брак. (Журнал «Наука и жизнь»)
6. —Ты мой милый, ты мой хороший, —вдруг заревела она.
   —Я _____, —сказал я. —И ребёнка имею. —Я знаю, —хлюпает она. —И всё равно тебя люблю. (В. Аксёнов. «Пора, мой друг, пора»)

Electronic Workbook exercise H

25 Названия

А. Соедините причастия в левой колонке со словами в правой, чтобы получились названия литературных произведений и кинофильмов, автор которых указан в скобках.

1. Бегущая
2. Похищенное
3. Спящая
4. Унесённые
5. Поющие
6. Утомлённые
7. Обитаемый

а. красавица (Ш. Перро)
б. ветром (М. Митчелл)
в. по волнам (А. Грин)
г. остров (Братья А. и Б. Стругацкие)
д. солнцем (режиссёр Н. Михалков)
е. письмо (Э. А. По)
ж. в терновнике (К. Маккалоу)

Б. Для каждого причастия в А напишите глагол, от которого оно образовано, а также определите тип причастия: действительное или страдательное, настоящего или прошедшего времени.

В. Обсудите с партнёром: какие из этих книг/фильмов вы читали/смотрели?

26 Журнальные заметки

Заполните пропуски причастиями, образованными от глаголов в скобках. Обратите внимание (pay attention) на вид глагола в скобках.

А. Придумайте и напишите свое название статьи.

Преврати свой дом в (цвести) _____ сад! (надоесть) _____ за зиму вещи — долой! Ведь весна — отличный повод для того, чтобы не только обновить гардероб, причёску, но и интерьер. Наполни свой дом цветами, солнцем и оригинальными аксессуарами. Открой (вымыть) _____ окна и впусти в дом запах весны, (таять) _____ снега и свежей мимозы . . . Радуйся жизни, улыбайся и влюбляйся — весенняя пора для этого и (создать, short form) _____. Букетики из настоящих весенних цветов могут стоять в твоём доме повсюду, посели на своём туалетном столике крошечную бабочку-подсвечник и заставь ветерок играть с оранжевыми подсолнухами, (разносить) _____ по дому свой музыкальный звон. Маленькие подушечки, (украсить) _____ цветами, можно положить на диван и даже в качестве украшения повесить на стену. Они на долгие месяцы превратят твою комнату в (пахнуть) _____ тонкими ароматами (цвести) _____ сад. (Журнал «Даша»)

Б. Придумайте и напишите свое название статьи.

В этом магазине я выбираю «(думать) _____ одежду». Сейчас уже никого не удивляет вид человека, к ремню которого (пристегнуть, short form) _____ мобильный телефон или плейер. Пройдёт ещё несколько лет, и — подобно этим предметам — в наш повседневный быт войдёт одежда со (встроить) _____ в неё электроникой. Специалисты сходятся во мнении, что в «одежду будущего» должны быть (встроить, short form) _____ три важных прибора — мобильный телефон, навигационная система и компьютер. Электроника станет неприметной деталью одежды, лёгкой, миниатюрной, плотно (прилегать) _____ к телу. (Журнал «Знание — сила»)

В. Придумайте и напишите свое название статьи.

Первый из трёх главных индивидуальных ежегодных призов Роналдо получил в понедельник — по итогам опроса спортивных журналистов, (проводить) _____ редакцией «France Football», он (признать, short form) _____ лучшим футболистом, (выступать) _____ в Старом Свете. Учитывая, что именно в Европе собраны лучшие футбольные силы мира, этот «Золотой мяч» считается самым престижным. Результаты ещё одного опроса, (проводить) _____ английским «World Soccer», будут (объявить) _____ позже, а вчера назывались имена тех, кого объявила лучшими Международная федерация футбола (ФИФА). Лучшей футболисткой признана Миа Хемм из США, лучшей командой года — сборная Бразилии, самой (прогрессировать) _____ — сборная Сенегала. (Газета «Известия»)

27 Экологическая ситуация в городах

Андрей Митин, депутат из Москвы, пишет в своём блоге о том, что можно сделать для улучшения экологической ситуации в городах.

А. Прочитайте первую часть и найдите 6 разных причастий. Выпишите их в именительном падеже, определите их грамматические категории: действительное или страдательное, настоящее или прошедшее время. Переведите текст на английский язык.

Нужно постепенно воспитывать в жителях города гражданское сознание и ответственность. Как этого добиться? Вопрос неоднозначный, ведь, скажем, угроза штрафов за свалку мусора в неположенных местах, как правило, никого и никогда не останавливает. И растущее количество урн на улицах Москвы не преграда для тех, кто всю свою сознательную жизнь расставался с мусором где придётся. А что если повысить штрафы до немыслимых сумм и при этом реально следить за тем, чтобы каждому москвичу, пойманному во время бездумного выбрасывания мусора в неположенном месте, выдавалась соответствующая квитанция на оплату? И с урнами вопрос решаемый, просто надо, чтобы кто-то взял на себя ответственность и серьёзно занялся этим.

Б. Прочитайте вторую часть и заполните пропуски причастиями, образованными от глаголов в скобках.

Что касается города, то я думаю, что правильно (подобрать) _____ и интересно (оформить) _____ наглядная агитация, (призывать) _____ жителей бережно и уважительно относиться к тому, что их окружает, а также постоянное информирование населения и об экологической обстановке в городе — это хорошая почва для «переквалификации» из бездумных жителей города в (думать) _____ граждан. Снизилось количество автомобилей, и воздух стал чище? Господа чиновники, не молчите, расскажите об этом людям! А экологи, например, смогут «приправить» (spice up) эти данные фотографиями птиц, (поселиться) _____ в московских парках, хотя до этого они облетали грязный мегаполис стороной.

B. Обсудите идеи Андрея Митина с партнёром.

ПРОДОЛЖАЕМ РАЗГОВОР

Посмотрите на фотографию и обсудите экологическую ситуацию этого города с партнёрами. Используйте как можно больше активной лексики урока.

ТЕКСТ 2: БЛОГ «ЭКОЛОГИЯ И ВЕГЕТАРИАНСТВО»

Before you read the text, you will engage in a discussion to prepare you for the topic. After reading the text, complete the After Reading exercises to evaluate your comprehension and practice new vocabulary.

Перед чтением

Обсудите вопрос в маленькой группе: считаете ли вы, что те, кто заботится об охране окружающей среды, должны быть вегетарианцами?

Прочитайте блог.

У меня есть одно принципиальное[1] и, возможно, неразрешимое возражение[2] против идеологии современных экологов. Это возражение то же самое, что и против практики вегетарианцев.

Я согласен, что природу нужно защищать. Только надо быть перед самим собой интеллектуально честным перед тем, как предъявлять[3] её всем как доктрину и догму.

С точки зрения интересов защиты природы, хорошо бы человечеству прекратить[4] вообще любую деятельность на планете Земля. Потому что даже для печатания[5] экологических брошюр необходимо срубить некоторое количество[6] деревьев на бумагу и истратить[7] некоторое количество литров токсичной типографской краски[8], отходы от производства и использования которой наносят природе вред. Ну, и чтобы развезти[9] эти брошюры из типографии адресатам — нужны машины, асфальт, бензин, нефтедобыча[10].

Согласно нравственным[11] принципам вегетарианства, правильно было бы человечеству отказаться[12] от всякой органической[13] пищи. Питаться[14] камнями[15] и запивать их водой. Потому что растения — они точно такие же живые, как звери[16], рыбы и птицы. Они тоже рождаются, живут, приносят потомство[17], стареют и умирают. Деревьям так же больно, спросите у экологов.

Для того, чтобы продать свою идеологию думающему человеку, и экологам, и веганам нужно сначала очертить[18] границы её применимости[19], включая и неразрешимое логическое противоречие[20]: почему они считают, что куриное яйцо «живое», а кочан капусты[21] — нет? Почему одни способы[22] уничтожения природы мы согласны считать eco-friendly, а другие для нас неприемлемы[23]. Я уверен, что на оба этих вопроса можно найти осмысленный[24] ответ, под которым все порядочные[25] экологи смогли бы подписаться[26], обозначив[27] единый критерий и общую границу. По одну сторону[28] этой границы находится «неизбежное зло[29]», продиктованное потребностью[30] человечества как-то выживать[31], а по другую — недопустимый[32] вред для матери-природы.

Пока этого не произошло, пока нет ясного понимания, где кончается борьба за всё живое и начинаются двойные стандарты, отношение думающего человека к подвигу[33] экологов будет выражено[34] в известной статье Леонида Каганова:

Ну и, как всегда, прекрасна наука экология — самая высокооплачиваемая проститутка современности. Если надо что-то продвинуть[35] — занёс пару миллиардов в мировые экологические секты, и завтра уже пресса кричит, что самолёт «Boeing» разрушает озоновый слой, а не разрушает его только самолёт «Airbus». Или наоборот[36]... Каких только я ни прочёл сказок про газодобычу на трёхкилометровой глубине! И газ этот — радиоактивный! И землетрясения[37] от

этого быва́ют! И питьева́я вода́ во всех коло́дцах[38] Пенсильва́нии тепе́рь под-
жига́ется[39] спи́чками[40] и гори́т (!), а суро́к Фил вылеза́ет из норы́[41] и ви́дит не
тень, а лу́жу[42] чёрной хи́мии . . .

Я ду́маю, что э́то зада́ча эко́логов — сформули́ровать таки́е при́нципы эколо-
ги́ческой борьбы́, под кото́рыми норма́льному челове́ку бы́ло бы легко́ и прия́тно
подписа́ться. Очень ва́жно понима́ть: пока́ э́того не случи́лось, активи́сты эколо-
ги́ческого фро́нта дискредити́руют те о́чень ва́жные общечелове́ческие це́нности[43]
за кото́рые они́ как бы[44] бо́рются.

Антон Носик
интернет-деятель

[1]fundamental, [2]objection, [3]present, introduce, [4]stop, [5]printing, [6]quantity, [7]spend, [8]dye, [9]deliver, [10]oil produc-
tion, [11]moral, [12]reject, [13]organic, [14]feed on, [15]stone, [16]animals, [17]descendants, [18]trace, chart, [19]application, [20]con-
tradiction, [21]head of cabbage, [22]method, [23]unacceptable, [24]sensible, [25]decent, [26]sign off, [27]having outlined, [28]on
the one side, [29]necessary evil, [30]need, [31]survive, [32]impermissible, [33]heroic deed, [34]express, [35]promote, [36]the
other way around, [37]earthquake, [38]well, [39]light up, [40]match, [41]burrow, [42]puddle, [43]value, [44]supposedly

---

 После чтения

Ответьте на вопросы и обсудите с партнёром.

1. Автор проводит (*draws*) параллель между интересами защиты природы и нрав-
   ственными принципами вегетарианства. Объясните эту параллель своими словами.
2. Чего автор требует (*demand*) от экологов? Считаете ли вы это требование автора
   справедливым (*reasonable*)?
3. Почему автор называет экологию «самой высокооплачиваемой проституткой
   современности»? Согласны ли вы с ним?
4. В чём автор блога видит задачу экологов?

 ТЕКСТ 3: АФАНАСИЙ ФЕТ «ВЕСЕННИЕ МЫСЛИ»

Перед чтением

Прочитайте название стихотворения. По-вашему, какие мысли можно назвать весенними?

Весенние мысли

Прочитайте стихотворение и прослушайте его в аудиозаписи.

Снóва птúцы летят издалёка
К берегáм[1], расторгáющим[2] лёд,
Сóлнце тёплое хóдит высóко
И душúстого[3] лáндыша[4] ждёт.

Снóва в сéрдце ничéм не умéришь[5]
До ланúт[6] восходящую[7] кровь[8],
И душóю[9] подкýпленной[10] вéришь,
Что, как мир, бесконéчна[11] любóвь.

Но сойдёмся[12] ли снóва так блúзко
Средь[13] прирóды разнéженной[14] мы,
Как видáло ходúвшее нúзко
Нас холóдное сóлнце зимы́?

1848

---

[1]bank, [2]break off, [3]fragrant, [4]lily of the valley, [5]restrain, [6]cheek, [7]rise, [8]blood, [9]soul, [10]bribe, [11]eternal, [12]converge, [13]amidst, [14]grow soft

 После чтения

А. Ответьте на вопросы и обсудите с партнёром.

1. Перечитайте первое четверостишие. Как поэт описывает весну? Что случается в природе весной?
2. Перечитайте второе четверостишие. О чём оно? О природе или о человеке?
3. Во что верит человек весной? Как поэт описывает любовь?
4. Перечитайте третье четверостишие. Какой вопрос задаёт поэт? В чём он не уверен? О ком он говорит «мы»?
5. Каким словом поэт описывает природу весной? Как вы это понимаете?
6. Как поэт описывает зимнее солнце? Чем оно отличается от весеннего солнца в первом четверостишии?
7. Как вы думаете, о чём это стихотворение: о природе или о любви? Почему?

Б. Найдите и запишите все причастия в стихотворении. Определите грамматическую категорию каждого причастия: действительное или страдательное, настоящее или прошедшее время. К каким существительным они относятся? От каких глаголов они образованы?

 ДАВАЙТЕ ОБСУДИМ

Using what you have learned in this chapter, discuss these topics in groups or with a partner. Try to extend it into a conversation rather than just answering each question.

1. Кто, по-вашему, несёт бо́льшую ответственность за загрязнение окружающей среды: отдельные люди или предприятия? Почему?
2. Во многих городах хотят ограничить или запретить движение машин в центре города. Согласны ли вы с этой мерой? Почему?
3. Расскажите партнёру о том, что делаете вы для охраны окружающей среды. Что бы вы хотели делать, но не делаете? Почему?
4. Расскажите, как изменилось отношение людей к защите окружающей среды за последние 15–20 лет?
5. Какие из запретов вы бы поддержали и почему? Обсудите с партнёром.

   • запрет продавать воду в пластиковых бутылках
   • запрет на продажу «внедорожников» (машин класса "SUV")
   • запрет бесплатных пластиковых пакетов в магазинах
   • запрет использования химикатов для выращивания овощей и фруктов
   • запрет выбрасывать бумагу и стекло вместе с остальным мусором

6. Многие считают, что «Гринпис» и другие экологические организации на самом деле являются политическими. Согласны ли вы с таким мнением?
7. Считаете ли вы, что вегетарианство и веганство помогают защите окружающей среды? Как?

ДАВАЙТЕ ПОГОВОРИМ О КИНО

Вот несколько названий советских и российских фильмов, в которых рассматривается тема главы. Посмотрите один из них (информация в интернете поможет вам выбрать фильм) и подготовьте небольшое выступление, в котором вы: (1) кратко расскажете содержание фильма и (2) покажете, как в этом фильме раскрывается тема главы. Постарайтесь использовать как можно больше активной лексики по теме.

• «Вертикаль», режиссёр Борис Дуров, 1967
• «Дерсу Узала», режиссёр Акиро Куросава, 1975
• «Сталкер», режиссёр Андрей Тарковский, 1979
• «Прощание», режиссёр Элем Климов, 1981
• «Гадкие лебеди», режиссёр Константин Лопушанский, 2006

ПИСЬМЕННЫЕ ЗАДАНИЯ

Выберите одну из тем и напишите сочинение длиной 500–600 слов.

1. Напишите письмо своему другу в России и расскажите: а) об основных экологических проблемах в вашей стране или городе и б) о том, какие меры принимают люди и государство, чтобы решить эти проблемы.
2. Вас выбрали председателем комитета по экологии университета. Напишите небольшой доклад о двух-трёх экологических проблемах на кампусе. Предложите способы решения этих проблем.

Electronic Workbook
exercises
C–X

3. Многие спорят о том, кто несёт ответственность за охрану окружающей среды. Одни считают, что государство и коммерческие предприятия должны заботиться об экологии, а другие говорят, что защита окружающей среды начинается с каждого конкретного человека. Напишите статью в университетскую газету, в которой вы выражаете свою точку зрения на этот вопрос.

4. Некоторые экологи предлагают ввести высокий налог на бензин, чтобы люди меньше ездили на личных автомобилях и больше пользовались общественным транспортом. Согласны ли вы с таким предложением? Приведите 3–4 аргумента в защиту своей точки зрения.

ЛЕКСИКА УРОКА

VERBS

боро́ться (боро̆-ся) за *кого/что*

вымира́ть (вымира́й+ 3)/вы́мереть (вы́мр+)

добыва́ть (добыва́й+ 3)/добы́ть (irregular) *что*

дыша́ть (дышӑ+ 7) *чем*

загрязня́ть (загрязня́й+ 3)/загрязни́ть (загрязни́+ 8) *что*

защища́ть (защища́й+ 3)/защити́ть (защити́+ 8) *кого/что от кого/чего*

охраня́ть (охраня́й+ 3) *кого/что*

разруша́ть (разруша́й+ 3)/разру́шить (разру́ши+ 8) *что*

сохраня́ть (сохраня́й+ 3)/сохрани́ть (сохрани́+ 8) *что*

спаса́ть (спаса́й+ 3)/спасти́ (спас́+ 4) *кого/что от кого/чего*

улучша́ть (улучша́й+ 3)/улу́чшить (улу́чши+ 8) *кого/что*

уничтожа́ть (уничтожа́й+ 3)/уничто́жить (уничто́жи+ 8) *кого/что*

NOUNS AND NOUN PHRASES

атмосфе́ра

вещество́

вода́

во́здух

вы́бросы в атмосфе́ру

выхлопны́е га́зы

глоба́льное потепле́ние

гора́

добы́ча

живо́тное

загрязне́ние (оркужа́ющей среды́)

защи́та

измене́ние кли́мата

кисло́тные дожди́

лес, леса́ (pl)

нефть (fem)

озо́новая дыра́

озо́новый слой

окружа́ющая среда́

отхо́ды

охра́на

плане́та

пляж

приро́да

приро́дный газ

приро́дные ресу́рсы

произво́дство

разруше́ние

расте́ние

река́, ре́ки (pl)

состоя́ние

сохране́ние

спасе́ние

то́пливо

уничтоже́ние

экосисте́ма

адресо́ванный

блестя́щий

бу́дущий

бы́вший

веду́щий

вообража́емый

вы́брошенный

выдаю́щийся

вымира́ющий

вы́росший

говоря́щий

жела́ющий

забы́тый

заведённый

загрязнённый

закры́тый

запрещённый

заражённый

име́ющий

исключённый

ку́пленный

куря́щий

люби́мый

напи́санный

начина́ющий

невыноси́мый

незабыва́емый

незави́симый

незамени́мый

неизлечи́мый

необду́манный

необходи́мый

необъясни́мый

неоспори́мый

неотврати́мый

неразреши́мый

несбы́вшийся

несовмести́мый

обвиня́емый

обма́нутый

обнару́женный

объединённый

ожида́ющий

оста́вшийся

откры́тый

перерабо́танный

пла́чущий

поги́бший

пода́ренный

подпи́санный

подходя́щий

пострада́вший

постро́енный

поступи́вший

поте́рянный

приведённый

привы́кший

приглашённый

приезжа́ющий

прие́хавший

при́нятый

про́данный

продолжа́ющий

произоше́дший

пью́щий, непью́щий

рекоменду́емый

сле́дующий

слу́жащий

случи́вшийся

содержи́мый

соединённый

соста́вленный

состоя́щий

сумасше́дший

суме́вший

так называ́емый

тре́бующий

трудя́щийся

уважа́емый

уезжа́ющий

уе́хавший

узнава́емый

упомя́нутый, вы́шеупомя́нутый

уста́вший

уча́щийся

уше́дший

Урок №14

Герои современности

НАЧИНАЕМ РАЗГОВОР

На картине Виктора Васнецова «Три богатыря» (1898) изображены герои русского народного эпоса Добрыня Никитич, Илья Муромец и Алёша Попович. Вместе с партнёром опишите картину.

In this section you will learn words and phrases that will help you understand texts in this chapter and discuss the topic of modern heroes.

Полезные слова и выражения I

Прочитайте слова и выражения на тему «Герои» и их перевод.

настоя́щий геро́й	real hero
ка́чество	quality
облада́ть *какими* ка́чествами	to have (what) qualities
це́нное ка́чество	valuable quality, asset
це́нности о́бщества	values of society
трудолюби́вый/трудолю́бие	hard-working/diligent
сме́лый/сме́лость	brave/bravery
самоотве́рженный/самоотве́рженность	selfless/selflessness
благоро́дный/благоро́дство	noble, high-minded/highmindedness
свобо́дный/свобо́да	free/freedom
че́стный/че́стность	honest/honesty
поря́дочный/поря́дочность	decent, honest/decency
си́льный/си́ла	strong/strength or force
успе́шный/успе́х	successful/success
посту́пок	deed, act, action
по́двиг	feat, exploit
соверша́ть/соверши́ть посту́пок/по́двиг	to perform an act/a feat
спаса́ть/спасти́ *кого/что*	to save
служи́ть/послужи́ть приме́ром *кому*	to serve as an example for
ориенти́р	guiding/reference point
ориенти́роваться *на кого/что*	to pattern one's behavior on
равня́ться *на кого/что*	to follow somebody's example, to emulate
восторга́ться *кем/чем*	to be enraptured with
сла́ва	fame or glory

Упражнения по лексике

1 Согласны ли вы с этими утверждениями? Почему? Обсудите с партнёром.

- Герой — это тот, на кого хотят равняться дети.
- Настоящий герой — это тот, кто совершил какой-то подвиг, например, спас человека.
- Герой — это не тот, кто совершает подвиги, а тот, кто каждый день живёт честно и помогает другим.

2 Вставьте в предложения слова из списка полезных слов и выражений в правильной форме.

1. Геракл, самый популярный из греческих _____, совершил двенадцать _____.
2. Жизнь Гагарина служила _____ миллионам моих сверстников.
3. Он ничего не боялся, и мы хотели быть такими же _____, как он.
4. Мой друг не _____ никакими геройскими качествами, он просто _____ поступки, которые помогают людям.
5. Мы восторгались его _____ — способностью работать всегда и везде.
6. Жизнь Матери Терезы — это пример _____: она всю жизнь помогала бедным и больным, не думая о себе.

3 Переведите предложения, используя слова и выражения из списка полезных слов и выражений.

1. Everybody admired the fire-fighter's selfless act.
2. Real heroes are always free.
3. Our generation wanted to emulate the war heroes; we wanted to be honest and brave.
4. One of this woman's biggest assets is that she is always kind.
5. Success, strength, and fame are the young generation's main guiding points.
6. Honesty and diligence are the two most necessary assets of a good politician.

Полезные слова и выражения II

Прочитайте слова и их перевод.

предавать/предать *кого/что*	to betray somebody/something
преда́тельство, преда́тель	betrayal, traitor
врать/наврать, соврать *кому о чём*	to lie to somebody about something
враньё, врун	lies, liar
обеща́ть/пообеща́ть *что кому*	to promise something to somebody
обеща́ние	promise
побежда́ть/победи́ть *кого/что в чём*	to defeat somebody in something
побе́да, победи́тель	victory, winner
ве́рить/пове́рить *кому, в кого/во что*	to believe somebody, in somebody/something
ве́ра	belief, faith
уважа́ть *кого за что*	to respect somebody for something
уваже́ние	respect
боя́ться *кого/чего*	to be afraid of somebody/something
боя́знь, страх	fear

Before you read the text, you will engage in a discussion to prepare you for the topic. After reading the text, complete the After Reading exercises to evaluate your comprehension and practice new vocabulary.

 Перед чтением

Обсудите с партнёром, используя лексику из списков полезных слов и выражений. Что для вас значит слово «герой»? Какими качествами он обладает? Какие поступки он совершает? Кого вы считаете героем?

Герои нашего времени
Прочитайте статью.

У каждого времени — свой герои. А кто герой нашего времени? Согласно[1] недавно проведённому Фондом «Общественное мнение» опросу, россияне почти не знают героев среди реальных людей. Около 40% респондентов не смогли назвать даже одного «настоящего героя» России. Около 20% считают, что настоящих героев в реальной жизни нет (среди молодёжи таких 25%). Очень немногие назвали Георгия Жукова и Юрия Гагарина (по 4%).

Кто же он — современный герой? Задав себе этот вопрос, я дала такое определение: герой современности это тот, на кого хотят быть похожими дети. Собственно говоря, дети — лакмусовая бумажка[2] общества и его ценностей[3], а герой — это тот, кто ярче[4] всех выражает[5] эти ценности.

Когда я был ребёнком, взрослые нередко задавали мне вопрос: «Кем ты хочешь стать, когда вырастешь?» Недолго думая, я отвечала: космонавтом. Впрочем[6], точно так же отвечали на этот вопрос почти все мои сверстники[7]. Все мы, родившиеся на рубеже 50–60-х, в наших детских мечтах хотели повторить подвиг Юрия Гагарина, который совершил первый в мире полёт в космос. Именно в Юрии Гагарине в понимании детей того поколения были сконцентрированы самые лучшие и ценные качества, которыми должен, как нам казалось, обладать каждый мальчишка: смелость, трудолюбие, самоотверженность, благородство. Понятно, что космонавтами мы не стали, но зато через годы пронесли с собой эту мечту, в которой приблизились к герою нашей современности.

Мне стало интересно узнать, кем мечтают стать современные дети, и кто из известных людей служит для них примером, на который им хочется равняться. Эксперимента ради[8] я стала задавать этот вопрос детям своих друзей. Оговорюсь[9]: детям, выросшим в благополучных[10] семьях и ни в чём не нуждающимся.

И вот какие я получила ответы:

Ваня, 10 лет: «Хочу стать олигархом. Буду умным и важным. Заработаю много денег и куплю себе крутую[11] спортивную машину. А может, даже две. Все мне будут завидовать[12]».

Оля, 9 лет: «Буду актрисой, фотомоделью или певицей. Не важно, кем именно, просто хочу быть знаменитой. Хочу, чтобы меня

фотографи́ровали и чтобы у меня́ авто́графы бра́ли. То́лько для э́того, гово-
ря́т, на дие́те на́до сиде́ть».

Андрей, 12 лет: «Бу́ду футболи́стом. Как Арша́вин. Чтобы це́лыми дня́ми в
футбо́л игра́ть. И чтобы рекла́мные контра́кты име́ть, как Бе́кхэм».

Леша, 11 лет: «В Госду́ме бу́ду рабо́тать. У поли́тиков мно́го возмо́жностей».

Что тут сказа́ть? Че́стно говоря́, подо́бные отве́ты не ста́ли для меня́ нео-
жи́данностью[13] Но́вое вре́мя породи́ло но́вые це́нности. Ма́ссовая культу́ра воз-
вела́[14] на пьедеста́л но́вых геро́ев — успе́шных, знамени́тых и бога́тых. Геро́ев,
гла́вным жи́зненным ориенти́ром для кото́рых явля́ются де́ньги. На́ши де́ти, «поко-
ле́ние нулевы́х[15]», ви́дя звёзд на обло́жках[16] гля́нцевых[17] журна́лов и на экра́нах
телеви́зоров, хотя́т быть похо́жими на них. Они́ хотя́т одева́ться в дорогу́ю
оде́жду, владе́ть ви́ллами и я́хтами, быть те́ми, кого́ все зна́ют и кем все востор-
га́ются. Они́ бо́льше не мечта́ют измени́ть мир, как хоте́ли в своё вре́мя мы. Воз-
мо́жно, э́то да́же хорошо́, что у них нет романти́ческих иллю́зий. Э́ти де́ти жа́ж-
дут[18] наслажда́ться[19] э́тим ми́ром. Гру́бо говоря́, они́ хотя́т де́нег и сла́вы.

[1]according, [2]litmus test, [3]value, [4]vivid, [5]express, [6]but then again, [7]peer, contemporary, [8]for the sake, [9]make a
reservation, [10]happy, successful, [11]cool, [12]envy, [13]surprise, [14]elevate, [15]generation zero, [16]cover, [17]glossy, [18]crave,
[19]revel

 После чтения

А. Отве́тьте на вопросы и обсудите с партнёром.

1. Какой опрос провёл Фонд «Общественное мнение» и что показал этот опрос?
2. Удивлены ли вы результатами опроса? Почему?
3. Как вы думаете, если бы такой опрос провели в вашей стране, каковы были бы результаты?
4. Как вы понимаете фразу: «дети — лакмусовая бумажка общества»? Вы согласны?
5. Почему дети, родившиеся в России в 50—60-е годы, хотели быть похожими на Юрия Гагарина?
6. На кого вы хотели быть похожими в детстве? Почему?
7. Какой эксперимент провёл автор статьи и зачем?
8. Судя по результатам эксперимента, кем мечтают быть современные дети в России?
9. Какими качествами должны обладать их новые герои?
10. Как сам автор статьи относится к результатам своего эксперимента?

Electronic Workbook
exercise
A

Б. Проведите один из опросов: (1) «Кто для вас является героем современности?» среди своих друзей, или (2) «На кого ты хочешь быть похожим?» среди детей. Напишите статью о результатах опроса.

В. Найдите 6 деепричастий в Тексте «Герои нашего времени» и переведите предло-жения с ними на английский язык.

Verbal adverbs are adverbs derived from verbs; in some textbooks and reference works, they are also called "gerunds." Verbal adverbs come in two types, imperfective and perfective, and have different meanings accordingly. For example, the verbal adverb of the imperfective verb *to do*, делать, is *while doing*, делая, and the verbal adverb of the perfect verb *to do*, сделать, is *having done*, сделав. As adverbs, verbal adverbs are indeclinable.

Verbal adverbs are rarely used in colloquial speech, but are fairly frequent in writing and in formal speech. Not all verbs have verbal adverbs (a list will be given below), but here are some examples:

1. **Слушая** доклад французского посла, министр иностранных дел записывает некоторые факты в любимый блокнот.
While listening to the report of the French ambassador, the Minister of Foreign Affairs is jotting a few notes down in his favorite notebook.

2. **Слушая** доклад французского посла, министр иностранных дел, наверное, будет записывать некоторые факты в свой любимый блокнот.
While listening to the report of the French ambassador, the Minister of Foreign Affairs will probably jot a few notes down in his favorite notebook.

3. **Слушая** доклад французского посла, министр иностранных дел записывал некоторые факты в свой любимый блокнот.
While listening to the report of the French ambassador, the Minister of Foreign Affairs jotted down some notes in his favorite notebook.

4. Когда министр иностранных дел **слушает** доклад французского посла, он записывает некоторые факты в свой любимый блокнот.
While listening to the report of the French ambassador, the Minister of Foreign Affairs jots a few notes down in his favorite notebook.

5. **Посмотрев** фильм о Великой отечественной войне, Президент России начал рассказывать об истории отношений между Россией и Польшей.
Having watched a film about the Great Patriotic War, the President of Russia began to talk about the history of relations between Russia and Poland.

6. **Посмотрев** фильм о Великой отечественной войне, Президент России, конечно, начнёт рассказывать об истории отношений между Россией и Польшей.
Having watched a film about the Great Patriotic War, the President of Russia will probably begin to talk about the history of relations between Russia and Poland.

7. После того, как Президент России **посмотрел** фильм о Великой отечественной войне, он начал рассказывать об истории отношений между Россией и Польшей.
After he watched the film about the Great Patriotic War, the President of Russia began to talk about the history of relations between Russia and Poland.

In the first three examples, imperfective verbal adverbs describe one action given as a background to another. The background action, conveyed by the verbal adverb (слушая), went on, goes on, or will go on simultaneously with the main action (described by the principal verb, записывать). Simultaneity is also conveyed without a verbal adverb in the fourth example. In the fifth and sixth examples, perfective verbal adverbs (посмотрев) describe an event that occurred in its entirety before another event (described by the principal verb phrase, начать рассказывать). This sequentiality is also conveyed in the seventh example, without a verbal adverb.

Textbook exercise
4

> **Пословицы, поговорки, выражения**
> Не зна́я бро́ду, не су́йся в во́ду.
> *Not knowing where the shallow spot is, don't go into the water.*
> Look before you leap.

Use of Verbal Adverbs

Imperfective verbal adverbs are used to express events that are simultaneous, while perfective verbal adverbs are used to describe consecutive or sequential events. The action conveyed by imperfective verbal adverbs can also denote a background that is "interrupted" by the main action conveyed by the principal verb.

In all the examples, the subject of the principal verb is also the implied subject of the verbal adverb. This rule governs the use of verbal adverbs. In order to determine the implied subject of a given verbal adverb, you can just look at the principal verb in the main clause of the same sentence and identify the grammatical subject (in the nominative case) with which that verb agrees. That must also be the logical subject of the verbal adverb.

Note that the verbal adverb has no inherent tense. In context, the verbal adverb may be associated with actions in the past or future (either imperfective or perfective) or in the present (imperfective only).

> **Пословицы, поговорки, выражения**
> Что име́ем, не храни́м, потеря́вши, пла́чем.
> *What we have we don't keep, and having lost it, we weep.*
> You don't know what you've got till it's gone.

When negated, verbal adverbs mean without doing something or without having done something, as in the following examples, in bold:

Генеральный секретарь Коммунистической партии Китайской народной республики встал и вышел из комнаты, **не прости́вшись** с российской делегацией.
The General Secretary of the Communist Party of the People's Republic of China rose and left the room, without having said goodbye to the Russian delegation.

Замконсула в визовом отделе каждый день садился за стол, **не говоря́** ни слова Ирине Михайловне.
The Vice Consul in the Visa Division would take his seat every day without saying a word to Irina Mikhailovna.

Textbook exercises
5, 6

Formation of Verbal Adverbs

The key identifying feature of the imperfective verbal adverb is the ending in -а/-я. But note that this imperfective verbal adverb ending is also used for perfective verbal adverbs for verbs whose infinitives end in -ти.

Reflexive verbs may also form verbal adverbs. The reflexive ending for verbal adverbs is always -сь, which helps distinguish reflexive verbal adverbs from reflexive participles that end in -ся. Thus, imperfective verbal adverbs end in -ась/-ясь, while perfective verbal adverbs end in -вшись.

Verbal adverbs from imperfective verbs are formed differently than verbal adverbs from perfective verbs, as discussed in the next section. The formation of perfective verbal adverbs from verbs whose infinitives end in -ти is somewhat exceptional and will be described in greater detail below, in the section marked "Verbal Adverbs for Verbs with Infinitives Ending in -ти."

Formation of Imperfective Verbal Adverbs

In the two charts in this section, you are given two different ways to form verbal adverbs: one based on the conjugation or the infinitive form of the verb and one based on the stem form of the verb.

Creating Imperfective Verbal Adverbs from the Conjugated Verb Form					
Start with они form	де́лают	говоря́т	у́чатся	танцу́ют	слу́шают
Delete the last two letters	де́ла	говор	уч . . . ся	танцу́	слуша
Add -я (or -а if spelling rules require)	де́лая	говоря́	уча́сь	танцу́я	слу́шая

Formation of Verbal Adverbs from the Verb Stem					
Start with the stem	де́лай-	говори́-	учи́-. . . ся	танцева́-	слу́шай-
Delete last letter or replace syllabic alternation of stem	де́ла	говори́	уч . . . ся	танцу́	слу́ша
Add -я to the stem, spelled -а after к, г, х, ш, щ, ж, ц	де́лая	говоря́	уча́сь	танцу́я	слу́шая

Textbook exercise 7

The stress in imperfective verbal adverbs always falls on the syllable stressed in the я form of the verb, e.g., учу́сь/уча́сь, with the exception of just these four verbal adverbs: лёжа, си́дя, гля́дя, and сто́я.

Formation of Perfective Verbal Adverbs

The key identifying feature of the perfective verbal adverb is the ending in -в or -вши, one of which is used in all perfective verbal adverbs except those whose infinitives end in -ти. Some examples are included in the below chart. Reflexive verbs may form verbal adverbs. As noted above, the reflexive ending for verbal adverbs is always -сь, as in верну́вшись, улыбну́вшись, научи́вшись.

Creating Perfective Verbal Adverbs from the Infinitive (Except for Infinitives in -ти)					
Start with infinitive	сде́лать	сказа́ть	научи́ться	потанцева́ть	услы́шать
Delete last two letters	сде́ла	сказа́	научи́ . . . ся	потанцева́	услы́ша
Add -в or -вшись	сде́лав	сказа́в	научи́вшись	потанцева́в	услы́шав

Verbal Adverbs for Verbs with Infinitives Ending in -ти

Verbs whose infinitives end in -ти have a different pattern for the formation of the verbal adverb. For verbs whose infinitives end in -ти: Start with the они form, drop the ending, and add я:

подвести́ — подведу́т — подвед — подведя́
идти́ — иду́т — ид — идя́
прийти́ — приду́т — прид — придя́

The stress in the perfective verbal adverb is always the same as it is in the perfective infinitive for the given verb. This table illustrates the pattern for the formation of these verbs.

Creating the Verbal Adverb from the Verb Stem					
Start with the stem	сде́лай-	сказа́-	научи́-. . . ся	потанцева́-	услы́ша-
Truncate stems ending in a consonant	сде́ла	сказа́-	научи́ . . . ся	потанцева́-	услы́ша-
Add -в or -вшись for reflexive verbs	сде́лав	сказа́в	научи́вшись	потанцева́в	услы́шав

Textbook exercise
8

 Пословицы, поговорки, выражения
Дав сло́во, держи́сь, а не дав, крепи́сь.
Having given your word, keep it, but having not given it, stay strong.
An honest man's word is his bond.

Exceptions in the Formation of Verbal Adverbs

Two commonly occurring verbs have irregularly formed verbal adverbs that must be memorized: е́хать (е́дучи) and быть (бу́дучи). In addition, some commonly used verbs have no verbal adverb forms. For these, it is possible to use verbal adverbs formed from other verbs similar in meaning, as shown in this table.

Глаго́лы без дееприча́стия (Verbs without Verbal Adverbs)	Глаго́лы-сино́нимы (Verbs with Related Meanings)	Дееприча́стие глаго́ла-сино́нима (Verbal Adverbs)
хоте́ть	жела́ть	жела́я
слать	посыла́ть	посыла́я
ждать	ожида́ть	ожида́я
петь	распева́ть	распева́я
пить	выпива́ть	выпива́я

Глаго́лы без дееприча́стия (Verbs without Verbal Adverbs)	Глаго́лы-сино́нимы (Verbs with Related Meanings)	Дееприча́стие глаго́ла-сино́нима (Verbal Adverbs)
писа́ть	запи́сывать	запи́сывая
бежа́ть	забега́ть	забега́я
бить	забива́ть	забива́я
лезть	залеза́ть	залеза́я
шить	зашива́ть	зашива́я
есть	съеда́ть	съеда́я
рвать	разрыва́ть	разрыва́я

Verbal Adverbs in Set Expressions

Verbal adverbs are generally used far more frequently in written discourse than in speech. However, some verbal adverbs are part of very commonly used expressions, such as the following:

положа́ ру́ку на́ сердце	with hand upon heart, with all sincerity
сломя́ го́лову	at breakneck speed, headlong
спустя́ рукава́	carelessly, without rolling up one's sleeves to do the work honestly
сложа́ ру́ки	not doing anything, sitting on one's hands
не поклада́я рук	nonstop, tirelessly (антоним сложа руки)
скрепя́ се́рдце	reluctantly, unwillingly
вы́пучив глаза́	with one's eyes wide open (with surprise, fear or tension)
вы́сунув язы́к	so fast that one's tongue is sticking out (run like mad)
рази́нув рот	with mouth wide open (with surprise)
затаи́в дыха́ние	with bated breath, anxiously

Consider these examples to see the phrases in context:

Серёжа **сломя́ го́лову** вбежал в комнату и начал собирать вещи.
At breakneck speed, Serezha ran into the room and start to gather his things.

«Что ты сидишь **сложа́ ру́ки**?!»—закричал он на Ларису, которая спокойно сидела и смотрела в окно, не обращая на него никакого внимания.
"Why are you sitting and doing nothing?!" he screamed at Larisa, who sat calmly and looked out the window, not paying him any attention.

Вы́сунув язы́к Серёжа таскал вещи вниз по лестнице.
Running like mad, Serezha lugged his things down the stairs.

Скрепя́ се́рдце Ксения встала и пошла на кухню.
Ksenia reluctantly got up and went to the kitchen.

Textbook exercises
9—11

Verbal Adverbs as Prepositions and Adverbs

Some verbal adverbs are so commonly used that they have been lexicalized, which means that the verbal adverbs are just recognized as words in their own right, and not even considered as a form of a verb. These words now function as prepositions or adverbs.

благодаря́ *чему*	thanks to
включа́я *что*	including
исключа́я *что*	excluding
мо́лча	silently
су́дя *по тому, что/как*	judging by the fact that
хотя́	although

Here are some examples:

Только **благодаря́** телефонному звонку дочери они не поссорились в этот вечер.
They didn't fight that evening only thanks to their daughter's telephone call.

Мы долго **мо́лча** отступали, досадно было, боя ждали . . . (Из поэмы Ю. М. Лермонтова «Бородино»)
We were retreating in silence for a long time, we were sad (because) we were expecting battle.

Verbal Adverbs Used Commonly in Speech

The verbal adverb говоря́ is used in combination with a number of adverbs to create very important and high-frequency sayings, including:

со́бственно говоря́	actually, in fact
че́стно говоря́	to tell the truth
ина́че говоря́	in other words
коро́че говоря́	in a word
мя́гко говоря́	to put it mildly/putting it mildly
стро́го говоря́	strictly speaking
открове́нно говоря́	speaking freely
про́ще говоря́	putting it simply
гру́бо говоря́	putting it bluntly
по со́вести говоря́	in all honesty
не говоря́ ни сло́ва	not saying (even) a word

Textbook exercises
12—15

> **Пословицы, поговорки, выражения**
> Рабо́тать спустя́ рукава́
> *To work without rolling up one's sleeves*
> To work sloppily

4 Смысл жизни

Прочитайте цитату и найдите деепричастия. Обсудите утверждение с партнёром. Согласны ли вы с Сергеем Голубицким?

> Главная задача человека в жизни—добиваться личного счастья, не жертвуя собой ради других и не требуя жертв от окружающих. (Сергей Голубицкий, журналист)

5 Герои или нет?

А. Прочитайте предложения о реальных людях. Найдите и подчеркните деепричастные обороты. Вставьте недостающие запятые (*missing commas*).

1. Сняв фильм о детях-аутистах Любовь Аркус, российский киновед и режиссёр, основала фонд помощи таким детям.
2. Воронежский доктор отдал 70 литров собственной крови спасая жизни 300 пациентов.
3. Полицейский Владимир Алёшин рискуя своей жизнью спас бабушку и внучку из горящей квартиры.
4. Друзья Данил Суслов и Данил Хайдаршин жертвуя собой спасли своего товарища, который тонул в холодной воде.
5. Фахраддин Гусейнов, водитель из Красноярска найдя кошелёк со 100 000 рублями вернул его хозяйке.

Б. Кого из людей в А вы считаете настоящими героями? Почему? Обсудите с партнёром.

6 В левой колонке—наиболее употребительные деепричастия. От каких глаголов они образованы? Напишите глаголы в правой колонке.

Деепричастие	Глагол
глядя	глядеть
говоря	
улыбаясь	
стараясь	
увидев	
заметив	
поднимая	
смеясь	
узнав	

7 Formation of Verbal Adverbs from Imperfective Verbs

А. Образуйте деепричастия от глаголов в скобках и вставьте их в предложения.

1. Легко быть счастливым, (иметь) _____ богатых родителей.
2. Нужно жить, не (думать) _____ о завтрашнем дне.
3. Нужно всегда идти к цели, не (останавливаться) _____.
4. Трудно жить, не (завидовать) _____ богатым людям.
5. Необходимо помогать людям, не (жалеть)_____ своего времени.
6. Невозможно написать сочинение, не (использовать) _____ интернет.

Б. Согласны ли вы с утверждениями в А? Обсудите с партнёром. Перепишите утверждения, с которыми вы не согласны.

В. Напишите ещё 4 утверждения по модели А. Используйте деепричастие в каждом предложении.

8 Verbal Adverb Formation from Perfective Verbs and Verbs Whose Infinitives End in -ти

Образуйте деепричастия от глаголов в скобках и вставьте их в предложения.

1. (прийти) _____ к власти, Барак Обама говорил, что экономика находится в числе главных приоритетов его деятельности. (Газета «Комсомольская правда»)
2. Коллеги говорят о Викторе как об очень ответственном человеке, который, (дать) _____ слово, никогда не подведёт. (Газета «Труд-7»)
3. (вернуться) _____ в Москву, Лаксман занялся научной работой. (Журнал «Наука и жизнь»)
4. (обойти) _____ высокий забор, укрывающий здание Академии, я вышла к крыльцу. (Журнал «Звезда»)
5. Достоевский умер 28 января 1881 года, не (написать) _____ продолжения «Братьев Карамазовых» (Газета «Известия»)
6. (отказаться) _____ от курения, вы можете полностью изменить свою жизнь. (Журнал «100% здоровья»)

9 Деепричастия и будущее время

Что я сделаю? Закончите предложения о себе, используя глаголы совершенного вида в будущем времени. Затем обсудите ваши предложения с партнёром.

1. Закончив университет, . . .
2. Получив хорошую работу, . . .
3. Придя сегодня домой, . . .
4. Сдав все экзамены в этом семестре, . . .
5. Переехав в другой город, . . .

Electronic Workbook exercises Б–Г

10 Закончите предложения с деепричастными оборотами . . .

А. несовершенного вида

1. _____ и лёг спать, не раздеваясь.
2. _____, не думая о том, что будет дальше.
3. Находясь в Москве, _____
4. _____, глядя прямо в глаза, _____
5. _____, стараясь не разбудить родителей, _____
6. Жертвуя собой, _____

Б. совершенного вида

1. Победив в соревнованиях, _____
2. Почувствовав, что что-то не так, _____
3. Обидевшись на друзей, _____
4. Достав из кармана пистолет, _____
5. _____, увидев нас.
6. _____, не узнав меня.

Electronic Workbook
exercises
Д–К

11 Составьте небольшой текст (1–2 абзаца) о настоящем герое. Что он часто делает? Чего он никогда не делает? Используйте как можно больше фраз из списка:

не долго думая   рискуя жизнью/здоровьем/свободой
забыв/забывая обо всём   не говоря ни слова
жертвуя собой/всем   спасая людей

12 Прочитайте предложения с деепричастными оборотами.
Переведите их на английский язык.

1. Через год я поступил в аспирантуру Ленинградской консерватории. Поступал я как композитор, но в том году не было места в композиторской аспирантуре, и мне предложили учиться на музыковеда. Я **скрепя сердце** согласился. (А. Журбин)
2. Ванька вскочил и **сломя голову** кинулся встречать мать. (В. Шукшин)
3. Он работал не **покладая рук** часто до самого рассвета с одним только перерывом на обед. (К. Глинка)
4. Он был ленив, к урокам относился **спустя рукава**, в учебники заглядывал только, когда надо было отвечать урок. (А. Воронский)
5. Мы можем сказать честно, **положа руку на сердце**: эту страну интересно наблюдать, но жить в ней не хочется. (И. Ильф, Е. Петров)
6. Им было очень скучно сидеть **сложа руки**, без работы, но ничего поделать они не могли. (В. Постников)
7. Он стоял, **выпучив глаза**, в ужасающем недоумении. (Ф. М. Достоевский)
8. Я слушала, **разинув рот**, о балетах и операх, о всех чудесах театра. (С. Пилявская)

13 Смелый поступок

A. Прочитайте рассказ о смелом поступке. Придумайте интересное название.

> Я всегда боялась плавать. До дрожи в коленках. В детстве не помогали ни надувные круги, ни уговоры родителей. На выпускном вечере в школе я даже отказалась плыть на теплоходе вместе со всеми одноклассниками. Мой младший брат, напротив, обожал воду. Однажды они с друзьями собрались купаться на речку. Родители попросили меня последить за ними, чтобы они не нахулиганили. Сказали: «Посидишь на берегу». Я согласилась. Случилось непредвиденное — лодка с мальчишками перевернулась. Вижу — брат кричит, тонет. Я бросилась ему на помощь. Спасла. Сама не знаю как. С тех пор бояться воды не перестала. Любую реку или озеро за километр обхожу.

Б. Вставьте в текст А все деепричастные обороты из списка: честно говоря, скрепя сердце, не задумываясь, испортив себе праздник.

В. Можно ли назвать поступок автора героическим? Почему? Обсудите с партнёром.

14 Прочитайте отрывок из стихотворения *The Cataract of Lodore*, английского поэта Robert Southey (1774–1843) и переведите несколько строк на русский язык.

1. Retreating and beating and meeting and sheeting,
2. Delaying and straying and playing and spraying,
3. Advancing and prancing and glancing and dancing,
4. Recoiling, turmoiling and toiling and boiling,
5. And gleaming and streaming and steaming and beaming,
6. And rushing and flushing and brushing and gushing,
7. And flapping and rapping and clapping and slapping,
8. And curling and whirling and purling and twirling,
9. And thumping and plumping and bumping and jumping,
10. And dashing and flashing and splashing and clashing;
11. And so never ending, but always descending,
12. Sounds and motions for ever and ever are blending,
13. All at once and all o'er, with a mighty uproar;
14. And this way the water comes down at Lodore.

15 Переведите предложения на русский язык, используя деепричастные обороты.

1. Actually, I'm not the hero, Svetlana is.
2. To tell the truth, I couldn't have done it without Irina's help.
3. In other words, the whole team helped.
4. Putting it mildly, Slava is our hero.
5. Speaking freely, I think we should be thanking Vadim.
6. In all honesty, it was the Kuznetsovs who helped us.
7. Without even saying a word, they did everything.
8. Thanks to their efforts, everything worked out.
9. Judging by the fact that you got home so late, I know it was hard for you.
10. Including all the doctors and nurses, it was a big team.

Electronic Workbook
exercises
A–H

1. Вместе с партнёром опишите, что вы видите на фотографии, используя как минимум три деепричастия.
2. Расскажите историю жизни женщины на фотографии (8–10 предложений), используя как минимум четыре деепричастия.

ТЕКСТ 2: БЛОГ «ВИКТОР ЦОЙ — ПОСЛЕДНИЙ ГЕРОЙ»

Before you read the text, you will engage in a discussion to prepare you for the topic. After reading the text, complete the After Reading exercises to evaluate your comprehension and practice new vocabulary.

 Перед чтением

Обсудите в группе: был ли в вашей культуре музыкант и поэт, который сейчас считается культовой личностью или героем? Кто он/а? Почему у этого человека такой статус?

Виктор Цой — последний герой

Прочитайте блог о Викторе Цое — рок-музыканте, авторе песен и стихов, основателе и лидере легендарной группы «Кино», культовой личности 80-х.

Цоя люби́ли в 80-х, Цоя пе́ли в 90-х, и в ны́нешнем XXI ве́ке его́ зна́ют и пою́т. Как, прожи́в всего́ 28 лет, он смог повлия́ть[1] на взгля́ды не́скольких поколе́ний?

Он роди́лся 21 ию́ня 1962 го́да в Ленингра́де. С 12 лет учи́лся в худо́жественной шко́ле и уже́ там организова́л свою́ пе́рвую гру́ппу «Пала́та № 6». По́сле восьмо́го кла́сса поступи́л в худо́жественное учи́лище, но че́рез год был исключён[2] за неуспева́емость[3] и, возмо́жно, сли́шком стра́стное[4] увлече́ние[5] рок-му́зыкой.

Его группа «Гарин и гиперболоиды» образовалась летом 1981 года и осенью уже вошла в Ленинградский рок-клуб. Вскоре у неё появилось[6] новое имя, которое стало легендарным, — «Кино». В 1982 году «Кино» записывает первый альбом «45» и даёт свой первый электрический концерт в Ленинградском рок-клубе.

Став лауреатом на Втором фестивале рок-клуба весной 1984 года, «Кино» набирает популярность. В июне 1990 года «Кино» даёт концерт в Лужниках, а 15 августа Виктор Цой погибает[7] в автокатастрофе.

Короткая и яркая жизнь — жизнь, расцвет[8] которой совпал[9] со временем перемен[10], разрушения[11] старых форм и поиска[12] нового в жизни целой страны. Цой предчувствовал[13] это время. Перемены ещё не начинались, а он уже пел о них:

Перемен требуют[14] наши сердца!
Перемен требуют наши глаза!
В нашем смехе, и в наших
слезах, и в пульсации вен[15]
Перемен, мы ждём перемен!

Тогда, в 80-х, нас, молодых сильных ребят, не устраивал[16] мир, в котором всё было наперёд известно и расписано. Это недовольство, это неприятие[17] системы наконец прорвалось[18]. И мы начали действовать. Мы стали искать, где заработать, не теряя времени, мы начали торговать[19]. Свобода 90-х открыла перед нами большие возможности. И постепенно[20] романтики стали директорами фирм, топ-менеджерами, программистами . . . Через некоторое время мы, слушая песни Цоя, начали задумываться: что ещё есть в жизни, кроме карьеры и денег?

А в его песнях, в каждой строчке, звучит бунт, настойчивый[21] призыв[22] к настоящей жизни. Он знает точно, что наша жизнь устроена[23] не так, неправильно, что её надо менять. И это — единственное, для чего стоит жить на свете.

Хочешь ли ты изменить этот мир,
Сможешь ли ты принять как есть,
Встать и выйти из ряда[24] вон,
Сесть на электрический стул или трон?

Но сейчас уже не 80-е и даже не 90-е. Сейчас снова всё наперёд известно и расписано. Современный молодой человек знает, что нужно приобрести перспективную профессию, чтобы найти надёжную работу с возможностью карьерного роста и хорошей зарплатой.

Тот, у кого есть хороший жизненный план,
Вряд ли[25] будет думать о чём-то другом.

В его песнях героя угнетает[26] не скука, не бедность, а отсутствие[27] того, что направляет и вдохновляет жизнь, что ведёт к свету. Вокруг может быть хаос и мрак[28], может идти дождь, но звезда быть должна. И всё творчество Цоя — попытка[29] заставить[30] нас поднять глаза к небу.

А мне приснилось[31]: миром правит[32] любовь,
А мне приснилось: миром правит мечта.
И над этим прекрасно горит звезда . . .

Кто-то счита́ет его́ леге́ндой ро́ка и поэ́тому слу́шает, кому́-то нра́вятся тек-сты, кто-то слу́шает по привы́чке но в его́ пе́снях есть свет, кото́рый притя́гивает[33] молодёжь всех поколе́ний.

Илья́ Моло́ствов
Журна́л «Челове́к без грани́ц»

[1]influence, [2]expel, [3]poor progress, [4]passionate, [5]infatuation, [6]appear, [7]be killed, [8]peak, [9]coincide, [10]change, [11]destruction, [12]search, [13]have a foreboding of, [14]demand, [15]vein, [16]suit, [17]aversion, [18]burst through, [19]trade, [20]gradually, [21]persistent, [22]appeal, [23]put together, [24]row, [25]unlikely, [26]oppress, [27]absence, [28]darkness, [29]attempt, [30]force, [31]have a dream, [32]rule, [33]attract/draw

Комментарии

Воло́дя, 19 лет: Меня́ в нём привлека́ет бунт, стремле́ние[1] к свобо́де, стремле́ние созда́ть и донести́[2] филосо́фию, несмотря́ на режи́м.

Ди́ма, 19 лет: Цой у́чит меня́ гото́вности пойти́ в бой[3]. Забы́ть обо всём на све́те, приня́ть все свои́ недоста́тки[4] и сража́ться[5] с сами́м собо́й.

Ле́на, 28 лет: Его́ пе́сни заставля́ют ду́мать о смы́сле[6] жи́зни: заче́м мы прихо́дим в мир?

Ю́ля, 33 года: Цой был связу́ющим звено́м[7] ме́жду ми́ром, в кото́ром он мы́сленно жил (краси́вым, идеа́льным), и ми́ром, в кото́ром жи́ли все мы. Поэ́тому его́ пе́сни бы́ли близки́ мне и мои́м све́рстникам. Мы перепи́сывали их друг у дру́га и заслу́шивали э́ти кассе́ты «до дыр[8]». Собира́лись и пе́ли их под гита́ру. И э́ти пе́сни объединя́ли[9] нас, таки́х ра́зных и непохо́жих.

[1]striving for, [2]deliver, [3]battle, [4]shortcoming, [5]fight, [6]meaning, [7]connecting link, [8]to tatters, [9]unite

 После чтения

A. Ответьте на вопросы и выполните задания с партнёром.

1. Что вас больше всего заинтересовало в биографии Виктора Цоя?
2. Перечитайте отрывок из песни «Перемен» и переведите его на английский язык.
3. Автор пишет, что в песнях Цоя «звучит бунт». Против чего он бунтует и к чему призывает?
4. Перечитайте и переведите на английский язык четверостишие «Хочешь ли ты . . . ».
5. Можно ли назвать Виктора Цоя героем? Почему?

Б. Найдите в тексте предложения с деепричастиями и переведите их на английский язык.

В. Напишите сочинение о легендарной личности в вашей культуре, которую вы назвали бы героем.

◀)) ТЕКСТ 3: НИКОЛАЙ АСЕЕВ «БЫК»

Перед чтением

1. В таблице даны глаголы из стихотворения. Образуйте деепричастия от этих глаголов.

Глагол	Перевод	Деепричастие
ворочать (несов.)	to roll	
свирепствовать (несов.)	to rage	
реветь (несов.)	to roar, to bellow	
умолкать (несов.)	to fall silent	
рвать (несов.)	to tear	
затушить (сов.)	to put out, to quench	
бросаться (несов.)	to rush after	
падать (несов.)/упасть (сов.)	to fall	
скользить (несов.)	to slip	
сразить (сов.)	to strike down	
блеснуть (сов.)	to flash, to glitter	
заполнить (сов.)	to fill	
вздохнуть (сов.)	to take a breath, to sigh	
злиться (несов.)	to feel angry, to rage	
глядеть (несов.)	to look	
гореть (несов.)	to burn, to shine	
проколоть (сов.)	to pierce	
смениться (сов.)	to change	
взвесить (сов.)	to weigh	
ударить (сов.)	to strike, to hit	

2. Стихотворение Николая Асеева, которое вы будете читать, называется «Бык» (*The Bull*). Какими словами можно описать быка? Как вы думаете, можно ли сравнить быка и героя?

Прочитайте стихотворение и прослушайте его в аудиозаписи.

1

Воро́чая тяжёлыми белка́ми[1]
крова́вых[2] глаз,
свире́пствуя, ревя́, не умолка́я,
идёт расска́з.
Он зе́млю[3] рвёт, он бьёт[4] песо́к[5], кото́рым
зату́шит жар[6],
броса́ясь за вертля́вым[7] пикадо́ром
на блеск[8] ножа́.
Все ждут, все ждут: когда́ ж начнёт он па́дать,
скользя́ в грязи́[9]?
И пе́рвая Испа́нии эспа́да[10]
его́ срази́т . . .

2

Вот так и мне блесну́т, зрачки́[11] запо́лнив,
и песнь и страсть[12],
вот так и мне — в рукоплеска́ньях[13] мо́лний[14]
вздохну́в — упа́сть.
Ведь жить и зна́чит: петь, люби́ть и зли́ться
и рвать в клочки́[15],
пока́ глядя́т оли́вковые ли́ца,
горя́т зрачки́!..

3

Все ждут, все ждут: когда́ ж начнёшь ты па́дать,
ещё горя́щ[16],
и пе́рвая Испа́нии эспа́да
проко́лет хрящ[17]!
Ведь ра́достнее всех людски́х профе́ссий, —
сменя́сь в лице́,
судьбу́[18] чужу́ю[19] взве́сив на эфе́се[20],
уда́рить в цель[21]!

1924

---

[1]white, [2]bloodshot, [3]ground, [4]kick, [5]sand, [6]heat, fire, [7]restless, [8]glitter, [9]mud, [10]sword, [11]pupil, [12]passion, [13]applause, [14]lightning, [15]shreds, [16]ablaze, [17]cartilage, [18]fate, [19]another's, [20]sword hilt, [21]target

Ответьте на вопросы с партнёром.

1. О ком говорится в первой части стихотворения? Где он и что он делает?
2. Кто такой пикадор? Что у него в руке?
3. Кто такие «все», где они и что они делают?
4. Перечитайте вторую часть стихотворения. О ком в ней говорится?
5. С кем лирический герой сравнивает себя? Почему?
6. Что для него значит — жить?
7. Перечитайте третью часть стихотворения. Кому автор говорит «ты»? Есть ли в первой части стихотворения похожая строка? Чем отличаются эти строки?
8. Перечитайте последние четыре строки. О какой профессии говорит автор? Кто «ударяет в цель»? Кто — эта цель? Кто настоящий герой стихотворения?
9. Скажите, как, по-вашему, стихотворение «Бык» раскрывает (develop) тему героя?

 ## ДАВАЙТЕ ОБСУДИМ

Using what you have learned in this chapter, discuss these topics in groups or with a partner. Try to extend it into a conversation rather than just answering each question.

Используйте выражения из "Verbal Adverbs Used Commonly in Speech" в своих ответах.

1. Кто ваш любимый герой в литературе? Почему?
2. Кто ваш любимый герой в кино? Почему?
3. Считаете ли вы героем кого-нибудь из членов своей семьи? Расскажите об этом человеке.
4. Могут ли у героев быть недостатки? Обсудите с партнёром.
5. В группе составьте и обсудите список «героических» профессий. Объясните, почему вы включили ту или иную профессию в этот список.
6. В английском языке есть слово *whistleblower*. Это человек, который сообщает властям или СМИ о недостатках в деятельности своей организации. Можно ли назвать такого человека героем? Знаете ли вы конкретные примеры? Обсудите в группе.
7. В Советском Союзе женщины, родившие и воспитавшие 10 или более детей, получали от государства орден «Мать-героиня». Как вы думаете, можно ли назвать таких женщин героями? Почему?

ДАВАЙТЕ ПОГОВОРИМ О КИНО

Вот несколько названий советских и российских фильмов, в которых рассматривается тема главы. Посмотрите один из них (информация в интернете поможет вам выбрать фильм) и подготовьте небольшое выступление, в котором вы: (1) кратко расскажете содержание фильма и (2) покажете, как в этом фильме раскрывается тема главы. Постарайтесь использовать как можно больше активной лексики по теме.

- «Асса», режиссёр Сергей Соловьёв, 1987
- «Кавказский пленник», режиссёр Сергей Бодров, 1996
- «Брат 2», режиссёр Алексей Балабанов, 2000
- «Адмиралъ», режиссёр Андрей Кравчук, 2008
- «Стиляги», режиссёр Валерий Тодоровский, 2008

ПИСЬМЕННЫЕ ЗАДАНИЯ

Выберите одну из тем и напишите сочинение длиной 500—600 слов.

1. У известной российской рок-группы «Машина времени» есть песня, которая называется «Герои вчерашних дней». Что значит фраза «герой вчерашних дней»? Кого можно считать героями вчерашних дней в вашей стране? Напишите статью в газету.
2. Напишите письмо русскому другу о человеке, которого вы считаете героем. Объясните, почему вы выбрали именно этого человека.
3. Люди спорят о том, кого можно называть героем. Одни считают, что герой —это простой человек, который приносит добро людям, а другие говорят, что героем можно назвать человека, который погиб, защищая свою страну или свои принципы. Напишите небольшую статью в университетскую газету о своём взгляде на этот вопрос.
4. Напишите эссе о том, как вы понимаете русскую пословицу «Герой умирает дважды, а трус — тысячу раз».
5. Как вы понимаете фразу писателя Ивана Бунина: «Жертвуя собой для других, человек становится сильнее смерти»? Напишите эссе и объясните как вы понимаете эту фразу.

Electronic Workbook
exercises
O—T

ЛЕКСИКА УРОКА

VERBS

боя́ться (боя́+ ся 7) *кого/чего*
ве́рить/пове́рить (ве́ри+ 8) *кому, в кого/что*
восторга́ться (восторга́й+ся 3) *кем/чем*
врать/навра́ть/совра́ть (вр+ 1) *кому о чём*
обеща́ть/пообеща́ть (обеща́й+ 3) *что кому*
облада́ть (облада́й+ 3) *чем (ка́чествами)*
ориенти́роваться/сориенти́роваться (ориенти́рова+ся 15) *на кого/что*
побежда́ть (побежда́й+ 3)/победи́ть (победи́й+ 8) *кого/что в чём*

предава́ть (предава́й+ 2)/преда́ть (irregular) *кого/что*
равня́ться (равня́й+ся 3) *на кого/что*
служи́ть/послужи́ть (служи́й+ 8) приме́ром *кому*
соверша́ть (соверша́й+ 3)/соверши́ть (соверши́й+ 8) *что (напр., посту́пок/по́двиг)*
спаса́ть (спаса́й+ 3)/спасти́ (спас+ 4) *кого/что*
уважа́ть (уважа́й+ 3) *кого/что*

ADVERBS AND VERBAL ADVERBS

включа́я
выпива́я

гля́дя
жела́я

жéртвуя

забегáя

забивáя

забывáя

залезáя

замéтив

запи́сывая

зашивáя

исключáя

мóлча

ожидáя

посмотрéв

посылáя

проезжáя

прости́вшись

разрывáя

распевáя

риску́я

слу́шая

смея́сь

стараясь

съедáя

узнáв

NOUNS AND NOUN PHRASES

благорóдство

боя́знь *кого/чего*

вéра в(о) *что/кого*

враньё

врун

герóй

кáчество

обещáние

ориенти́р

пóдвиг

поря́дочность

посту́пок

предáтель

предáтельство

самоотвéрженность

свобóда

си́ла

слáва

смéлость

страх

трудолю́бие

уважéние *кого/чего, к кому/чему*

успéх

цéнность

чéстность

ADJECTIVES

благорóдный

поря́дочный

самоотвéрженный

свобóдный

си́льный

смéлый

трудолюби́вый

успéшный

чéстный

CONJUNCTIONS AND CONNECTING PHRASES

благодаря́ чему

(не) говоря́ *о чём/ком*

гру́бо говоря́

инáче говоря́

корóче говоря́

мя́гко говоря́

не говоря́ ни слóва

откровéнно говоря́

по сóвести говоря́

прóще говоря́

сóбственно говоря́

стрóго говоря́

су́дя *по тому, что*

чéстно говоря́

хотя́

PHRASES

вы́пучив глаза́

вы́сунув язы́к

затаи́в дыха́ние

не покладая рук

положа́ ру́ку на́ сердце

рази́нув рот

скрепя́ се́рдце

сложа́ ру́ки

сломя́ го́лову

спустя́ рукава́

Урок №15

Работа

Что вы видите на фотографии? Как вы думаете, кто этот человек, где он находится и что он делает? Обсудите с партнёром.

In this section you will learn words and phrases that will help you understand texts in this chapter and discuss the topic of work.

Упражнения по лексике

1 Соедините слова и выражения слева с их переводом справа.

1.	приобретáть/приобрестú нáвыки	а.	boss
2.	сáмая нúзкая дóлжность	б.	working conditions
3.	работодáтель	в.	to receive a salary
4.	начáльник	г.	employer
5.	зарабáтывать/зарабóтать дéньги	д.	career advancement
6.	получáть зáработную плáту (зарплáту)	е.	professional achievements
7.	управлять бúзнесом	ё.	benefits package
8.	сотрýдник	ж.	entry-level position
9.	профессионáльные успéхи	з.	to change jobs
10.	услóвия трудá	и.	personnel agency
11.	постоянная (врéменная) рабóта	й.	permanent (temporary) work
12.	социáльный пакéт	к.	to run a business
13.	карьéрный рост	л.	to acquire skills
14.	менять/сменúть рабóту	м.	employee, executive
15.	кáдровое агéнтство/агéнтство по трудоустрóйству	н.	to earn money

Полезные слова и выражения

Прочитайте слова и выражения на тему «работа» и их перевод.

вакáнсия	vacancy, job opening
рабóта на (не-)пóлную стáвку	full-(part) time job
устрáиваться/устрóиться на рабóту	to get a job
увольнять/увóлить (с рабóты)	to fire, to lay off
увольняться/увóлиться (с рабóты)	to quit
проходúть/пройтú стажирóвку (прáктику)	to work as an intern
проходúть/пройтú испытáтельный срок	to complete probationary period
стаж рабóты	length of employment
чаевы́е	tip
нанимáть/нанять (брать/взять) на рабóту	to hire, to employ
истóчник дохóда	source of income
уходúть/уйтú в óтпуск	to take a vacation
рабóтать (не) по прóфилю (специáльности)	to work (not) in one's field
трéбоваться/потрéбоваться	to be wanted, required
спрос на	demand for
рост	growth, increase, rise

2 Что значат эти выражения? Переведите на английский язык.

1. тре́буются о́пытные специали́сты
2. са́мые востре́бованные профе́ссии
3. спрос на росси́йских специали́стов
4. по́льзоваться огро́мным/повы́шенным спро́сом
5. рост у́ровня безрабо́тицы
6. число́ вака́нсий растёт
7. интерне́т-ры́нок растёт бы́стрыми те́мпами
8. компа́нии растя́т сотру́дников
9. рост у́ровня зарпла́ты
10. профессиона́льный рост

3 Вставьте слова и выражения из списка «Полезные слова и выражения» в предложения в правильной грамматической форме.

1. Во время экономического кризиса очень сложно _____ на работу — _____ почти нет.
2. Я не смогу _____ в июле и, наверное, не поеду отдыхать раньше октября.
3. В России официантам и таксистам не всегда дают _____.
4. Когда я был на третьем курсе, я два месяца _____ в компании «Лукойл». Закончив университет, я _____ туда на работу.
5. Какой у вас _____ работы на этом заводе? — Большой — 10 лет.
6. Финансовые консультанты говорят, что человеку нужно иметь как минимум два _____.
7. После рождения ребёнка женщины часто начинают _____.

4 Соедините выражения слева с их переводом справа.

1. нехва́тка специали́стов	а.	unemployment
2. ка́чественная рабо́та	б.	inflated salary expectations
3. коли́чество специали́стов	в.	to reach the ceiling
4. достига́ть/дости́чь потолка́	г.	number of vacancies
5. у́ровень зарабо́тной пла́ты	д.	number of specialists
6. безрабо́тица	е.	unemployment level
7. у́ровень безрабо́тицы	ё.	salary level
8. число́ вака́нсий	ж.	shortage of specialists
9. завы́шенные зарпла́тные ожида́ния	з.	quality work

5 Поговорите с партнёром.

1. Расскажите о вашем опыте работы. Где вы работали? Кем? Как вы нашли работу? Какие были условия труда?

2. Важен ли для вас карьерный рост? Какой должности вы хотите достичь (*attain*) в вашей сегодняшней или будущей работе? Какую зарплату вы считаете «хорошей»?

6 Социологическое исследование «Карьерный рост»

Проведите небольшое социологическое исследование среди студентов вашей группы. Каждый студент должен выбрать только один фактор. Запишите результаты в таблицу и обсудите в группе.

Какой фактор является самым важным для карьерного роста?	я	другие студенты
стаж работы		
связи (connections)		
личные качества (personal qualities) человека		
профессионализм		
хорошие отношения с начальником		

Текст 1: Статья: «Работай, студент!»

Before you read the text, you will engage in a discussion to prepare you for the topic. After reading the text, complete the After Reading exercises to evaluate your comprehension and practice new vocabulary.

 Перед чтением
Обсудите в группах: может ли студент эффективно совмещать (*combine*) работу и учёбу?

Работай, студент!
Прочитайте статью.

По да́нным ВЦИОМа, бо́лее 50% студе́нтов совмеща́ют учёбу с рабо́той. Одна́ко, хорошо́ зарабо́тать мо́гут то́лько студе́нты столи́чных ву́зов и институ́тов больши́х городо́в, где в рестора́нах, магази́нах и на у́лицах ещё оста́лись вака́нсии, не за́нятые «взро́слым[1]» населе́нием. Провинциа́льные студе́нты, как в сове́тские времена́, должны́ ждать по́мощи от госуда́рства: в после́дние го́ды студе́нческие отря́ды[2] — строи́тельные, сельскохозя́йственные[3], педагоги́ческие — ста́ли по́льзоваться большо́й популя́рностью.

«Тре́тий трудово́й семе́стр» есть сейча́с в расписа́нии студе́нтов в 45 регио́нах страны́. Студе́нтам нужны́ де́ньги, стране́ — ру́ки. По прогно́зам учёных, о́чень ско́ро в

России будет огромный дефицит рабочей силы—до 10 млн. человек, и самая плохая ситуация будет в строительной индустрии—там будет не хватать[4] до 22% рабочих.

Кроме того[5] что строек становится всё больше, а население[6] стабильно сокращается[7], будущий дефицит будет вызван[8] и сокращением числа трудовых мигрантов: законодательство[9] становится жёстче[10], приехать в Россию—труднее. Нелегалы сегодня есть, и они готовы работать за копейки, но будут ли они завтра, не знает никто. А студенты есть в большом количестве и будут всегда ездить на стройки.

Так же думают и частные работодатели, которые зазывают[11] студентов в промоутеры, официанты и уборщики. «В этом году у нас вакансий больше, чем желающих[12] работать»,—говорит Ольга Лапушкина, сотрудник кадрового агентства «Юнити».

«Я сам за один день нашёл клёвое[13] место, многие мои однокурсники тоже давно работают»,—говорит 20-летний второкурсник Максим. В конце августа он устроился официантом в один из столичных баров и уже получает 1200–1500 рублей чаевых за вечер (вдобавок[14] к зарплате в 12 000 руб.). «Работа нравится: девушки красивые ходят много, группы классные выступают[15],—радуется Максим.—Правда, я теперь на занятиях засыпаю и весь день усталый хожу, но надеюсь, что на экзаменах проблем не будет».

Сергей Дудников, начальник государственного управления[16] занятости[17] населения Москвы, считает, что работать молодые люди должны не ранее чем с третьего курса. «Первые два-три курса они должны не на работу бегать, а учиться, это и есть их работа,—говорит он.—А потом лучше искать временную работу по своему профилю. Если парень—будущий машиностроитель, то ему снTo ему снDIReturns сн{кер}—сникерсы продавать ни к чему[18]. И будущему архитектору выученное наизусть[19] ресторанное меню мало поможет». Это, по его словам, для дальнейшего карьерного роста—потерянное время.

«Совсем не потерянное!—возражает[20] Ольга Лапушкина из кадрового агентства «Юнити».—Любой опыт работы в студенческие годы потом будет плюсом при трудоустройстве[21]. Даже если студент работал не по профилю, он узнал, что такое работа, дисциплина, корпоративная культура, коллектив». Лапушкина уверена, что работодатель это оценит[22].

Михаил Никифоров, менеджер по работе с клиентами студенческой биржи труда[23] Новгородского госуниверситета, с ней согласен. «Промоутер или официант приобретает навыки общения[24], а курьер—ездит по городу и узнаёт, где находятся разные компании. Любая, даже самая низкооплачиваемая и низкоквалифицированная, работа очень полезна»,—уверен он. По словам Никифорова, более 50% студентов его вуза совмещают учёбу с работой, и многие начинают работать на втором курсе. «Конечно, они в первую очередь[25] ищут вакансию по специальности, но устраиваются на любую работу—нужны деньги»,—говорит менеджер. Девушки идут работать интервьюерами, кассирами и промоутерами, парни—грузчиками, расклейщиками и официантами.

[1]adult, [2]student work team, [3]agricultural, [4]be lacking, [5]aside from, [6]population, [7]decline, [8]be caused, [9]legislation, [10]strict, [11]invite repeatedly, [12]willing, [13]cool, [14]in addition, [15]perform, [16]department, [17]employment, occupancy, [18]of no need, [19]by heart, [20]object, [21]job placement, [22]value, [23]employment exchange, [24]communication, [25]in the first place

 *После чтения*

А. Ответьте на вопросы и обсудите с партнёром.

1. Где, по мнению автора статьи, студентам легче найти работу и почему?
2. Кто такая Ольга Лапушкина и что она думает о работе в студенческие годы?
3. Является ли ситуация, описанная Максимом, типичной для студентов в вашей стране?
4. Кто такие Сергей Дудников и Михаил Никифоров? Что они думают о вопросе работы студентов?
5. Чья позиция вам ближе, Сергея Дудникова или Михаила Никифорова? Объясните.
6. Чем автор статьи объясняет спрос на студенческую рабочую силу?
7. В чём отличие (*difference*) и что общего (*in common*) между трудоустройством студентов в России и в вашей стране?

7 Работа с лексикой

А. В тексте вы встретили следующие словосочетания. Переведите их на английский язык, не пользуясь словарём. Работайте с партнёром.

реализова́ть потенциа́л
атмосфе́ра коллекти́ва
де́лать карье́ру
успе́шная компа́ния
меня́ть места́ рабо́ты как перча́тки
специ́фика компа́нии
принима́ть предложе́ния от работода́телей
кру́пная компа́ния
рабо́чая си́ла
рабо́тать за копе́йки
о́пыт рабо́ты
ни́зкооплачиваемая/высокооплачиваемая рабо́та
ни́зкоквалифици́рованная/высококвалифици́рованная рабо́та

Б. Вставьте слова в скобках в предложения в нужной форме. Используйте активную лексику урока.

1. Сын сказал, что он не собирается (work for peanuts) _____.
2. Когда она (got a job) _____ официанткой, она думала, что это временно, пока она не найдёт постоянную (job in her field) _____ _____. Но время шло, (tips) _____ были хорошие, и она так и не смогла (quit) _____.
3. Ирина согласилась на (low-paying) _____ работу из-за хорошего (benefits package) _____.
4. (Career advancement) _____ никогда не интересовал Алексея; самым главным для него были (flexible working hours) _____ _____ и (long vacation) _____ _____.

5. Мой отец говорит, что никакая работа не бывает бесполезной; ты (acquire valuable skills) _____ _____, выполняя любую работу.

6. Многие нелегальные трудовые мигранты работают в ужасных (working conditions) _____ и боятся, что их могут (lay off) _____ в любую минуту.

B. Переведите предложения. Используйте активную лексику урока.

1. The boss agreed to hire my sister only after she works as an intern for the company for the first year.

2. The employees did not get paid for three months because the boss's son spent the company's money on his new villa.

3. Any work experience is useful when you are looking for a job. You never know what the employer is looking for.

4. In spite of his many years of employment at the company, Alex got fired and lost his only source of income.

5. Many new college graduates in Russia think they have valuable skills and want to receive a high salary though they often lack work discipline.

6. When the boss went on vacation, all the employers started working from home.

Electronic Workbook exercises A–B

ГРАММАТИКА: ГЛАГОЛЫ ДВИЖЕНИЯ БЕЗ ПРИСТАВОК (*UNPREFIXED VERBS OF MOTION*)

Russian verbs of motion may seem difficult to learners who speak English as a native language, but the system of verbs of motion is actually quite logical. As we present verbs of motion in this and the next chapter, you will see how unified this system is.

Verbs of motion without spatial prefixes exist in three different categories:

1. Imperfective: Multidirectional (e.g., ходи́ть, е́здить, бе́гать, пла́вать, лета́ть, носи́ть, води́ть, вози́ть)
2. Imperfective: Unidirectional (e.g., идти́, е́хать, бежа́ть, плыть, лете́ть, нести́, вести́, везти́)
3. Perfective (e.g., пойти́, пое́хать, побежа́ть, поплы́ть, полете́ть, понести́, повести́, повезти́)

We will work on these verbs category by category.

 Пословицы, поговорки, выражения
В чужо́й монасты́рь со свои́м уста́вом не хо́дят.
Don't go to someone else's monastery with your own charter.
When in Rome, do as the Romans do.

Разнонапра́вленные глаго́лы движе́ния (*Multidirectional Verbs of Motion*)

The multidirectional verbs of motion are referred to as indeterminate verbs of motion in some textbooks and grammar references published in English-speaking countries. The two terms are roughly synonymous to one Russian term, многокра́тные глаго́лы движе́ния, which is used most commonly in works published in Russian.

These verbs are called multidirectional because they inherently lack the meaning of motion in a single direction. Multidirectional verbs may be used to express the meaning of a round trip ("there and back") or movement in no particular direction ("running around the yard" or "swimming around in the lake"). The key is that whenever one of these verbs is used, no single destination is possible, as in all these examples:

1. Вчера мы **ходи́ли** в кино.
   Yesterday we went to the movies. (And we're no longer at the movie theater.)

2. В про́шлом году мы **е́здили** в Тверь.
   Last year we went to Tver'. (And we're not there anymore.)

3. Арту́р обы́чно **хо́дит** на рабо́ту пешко́м, а Ко́ля **е́здит** на авто́бусе.
   Artur usually goes to work on foot, while Kolya goes on the bus.

4. По сре́дам Ве́ра обы́чно **пла́вает**, а по четверга́м—**бе́гает**.
   On Wednesdays Vera usually swims, but on Thursdays she runs.

5. Све́та получи́ла лётные права́, так что тепе́рь она́ **бу́дет** ча́сто **лета́ть**.
   Sveta got her pilot's license so now she's going to fly a lot.

6. Самолёты ча́сто **лета́ют** между Москво́й и Каза́нью.
   Planes fly frequently between Moscow and Kazan.

7. Лари́са Ния́зовна весь день **но́сит** кни́ги по библиоте́ке.
   Larisa Niyazovna spends the whole day carrying books around the library.

8. Анато́лий Серге́евич **во́дит** свою́ вну́чку в шко́лу по вто́рникам.
   Anatolii Sergeevich takes his granddaughter to school on Tuesdays.

9. Э́тот такси́ст не **во́зит** пассажи́ров за преде́лы го́рода.
   This taxi driver doesn't take passengers beyond the city limits.

In analyzing each of the nine example sentences, we can see why the multidirectional verb is necessary. Each numbered explanation below refers to the correlated numbered example sentence above:

1. A round trip is implied because the speakers are not still at the movie theater.
2. A round trip is implied because the speakers are no longer in Tver'.
3. A round trip is implied for each man because they go to work (and back) either on foot or on the bus, respectively.
4. The verbs of motion in this sentence denote exercise, rather than movement in a direction.
5. The first verb of motion ("license to fly") denotes the ability to move and the second verb of motion in the future tense denotes multiple (frequent) journeys, not a single destination.
6. The verb refers to multiple trips in both directions (from Moscow to Petersburg and Petersburg to Moscow).
7. The verb refers to movement in many directions, every day (repetitive)
8. The verb refers to movement in a roundtrip (the grandfather takes the granddaughter to school and back every Tuesday).
9. The verb refers to any motion beyond city limits.

Had unidirectional verbs (идти́, éхать, бежа́ть, плыть, лете́ть, нести́, вести́, везти́) been used in the nine example sentences above, we would have had very different meanings, as illustrated in these variants with unidirectional verbs:

1. Когда мы **шли** в кино, мы увидели Вадима.
   When we were going (on our way) to the movies we happened to see Vadim.

2. Когда мы **éхали** в Уфу, мы познакомились с двоюродной сестрой Альбины Михайловны.
   When we were traveling to Ufa, we met Albina Mikhailovna's cousin.

3. Сегодня Костя **идёт** на работу пешком, а Артур **éдет** на автобусе.
   Today Kostya is walking to work while Arthur is going by bus.

4. Смотри! Вера **плывёт** к лодке!
   Look! Vera is swimming to the boat!

5. Света сейчас **лети́т** в Минск и вернётся только поздно вечером.
   Sveta is flying to Minsk now and will be back only late in the evening.

6. Видишь самолёт? Я думаю, что он **лети́т** из Москвы в Сочи.
   Do you see the plane? I think it is flying from Moscow to Sochi.

7. Вот идёт Лариса Павловна, **несёт** книги на третий этаж.
   There goes Larissa Pavlovna, taking books to the third floor.

8. Вот идёт Анатолий Сергеевич и **ведёт** внучку в школу.
   There goes Anatolii Sergeevich, taking his granddaughter to school.

9. Таксист **везёт** пассажира в подмосковные Химки.
   This taxi driver is driving his passenger to Khimki, a suburb of Moscow.

Had perfective verbs (пойти́, поéхать, побежа́ть, поплы́ть, полетéть, понести́, повести́, повезти́) been used, the meanings of the sentences would be still different, as illustrated in these examples:

1. Вчера мы **пошли́** в кино, а потом — в кафе, и вернулись домой только в 2 часа ночи.
   Yesterday we went to the movies and then we went to a café and came home only at 2 am.

2. Мы были в Уфе 3 дня, а потом **поéхали** в Санкт-Петербург.
   We stayed in Ufa for 3 days before heading to St. Petersburg.

3. Завтра Костя **пойдёт** на работу в 8 утра.
   Kostya will go to work at 8:00 am tomorrow.

4. Я думаю, что сейчас Вера **поплывёт** к лодке.
   I think Vera will swim to the boat now.

5. Света **полети́т** в Иркутск в будущем месяце.
   Sveta will fly to Irkutsk next month.

6. Видишь самолёт у выхода №12? Я думаю, что он **полети́т** в Сочи сегодня вечером.
   Do you see that plane at Gate 12? I think it will fly to Sochi tonight.

7. Лариса Павловна сейчас **понесёт** книги в читальный зал.
   Larissa Pavlovna will take the books now to the Reading Room.

8. Анатолий Сергеевич **поведёт** внучку в школу в четверг.
   Anatolii Sergeevich will take his granddaughter to school on Thursday.

9. Я **подвезу́** тебя в Химки завтра.
   I'll drive you to Khimki tomorrow.

Textbook exercise
8

The use of unidirectional and perfective verbs will be discussed later in this chapter. For now we will focus our attention on the multidirectional verbs ходи́ть, бе́гать, е́здить, пла́вать, лета́ть, носи́ть, води́ть, and вози́ть.

Спряже́ние и употребле́ние разнонапра́вленных глаго́лов движе́ния (*Conjugation and Usage of Multidirectional Verbs of Motion*)

Review the conjugation of the multidirectional verbs of motion as illustrated in this table.

	Я	Ты	Они
Ходи́ть	хожу́	хо́дишь	хо́дят
Бе́гать	бе́гаю	бе́гаешь	бе́гают
Е́здить	е́зжу	е́здишь	е́здят
Пла́вать	пла́ваю	пла́ваешь	пла́вают
Лета́ть	лета́ю	лета́ешь	лета́ют
Носи́ть	ношу́	но́сишь	но́сят
Води́ть	вожу́	во́дишь	во́дят
Вози́ть	вожу́	во́зишь	во́зят

There are six different uses for multidirectional verbs of motion.

1. To show movement itself, the ability to move, or movement for the sake of fun, use multidirectional verbs in any tense.
2. To show a single round trip in the past, use past tense multidirectional verbs of motion.
3. To show repeated round trips in the past (trips that were habitual or frequent but are no longer happening), use past tense multidirectional verbs of motion.
4. To show repeated trips or round trips in the present (habitual, routine, and continuing to happen), use present tense multidirectional verbs.
5. To show a single trip in several directions in the past, present, or future, use multidirectional verbs in the appropriate tense.
6. To show repeated trips in the future (trips that will be habitual or frequent), use future tense multidirectional verbs.

Here are examples that illustrate each of these uses of multi-directional verbs:

1. Movement as ability in any tense

   Когда нашему сыну исполнилось 10 месяцев, он уже **ходил**.
   When our son was 10 months old, he was already walking.

   Нашей дочери только 10 месяцев, а она уже **бегает**!
   Our daughter is only 10 months old, and she's already running around!

   Завтра Соня будет **плавать** на парусной лодке три часа.
   Tomorrow Sonya will sail for three hours.

   Зина получила водительские права, так что теперь она будет **возить** бабушку на дачу.
   Zina got her driver's license so she will be driving her grandmother to the dacha.

2. Single round trip in the past tense

   Вчера мы **ходили** к Татьяне Николаевне.
   Yesterday we visited Tatyana Nikolaevna.

   Вчера мы **водили** детей в зоопарк.
   Yesterday we took the children to the zoo.

3. Repeated round trips in the past tense

   Раньше мы **ездили** в Россию каждый год, но в прошлом году мы никуда не **ездили**.
   We used to go to Russia every year, but last year we didn't go anywhere.

   Раньше мы **возили** студентов во Владимир, но в прошлом году мы **возили** их в Нижний Новгород.
   We used to take the students to Vladimir, but last year we took them to Nizhnii Novgorod.

4. Repeated trips or round trips in the present tense

   Мы часто **ходим** к Оксане Петровне.
   We often go to see Oksana Petrovna.

   Мы редко **возим** студентов в Петергоф.
   We rarely take the students to Peterhof.

5. A single trip in several directions in the present tense

   Кости нет дома—он сегодня весь день **бегает** по магазинам.
   Kostya isn't home—he's running from store to store all day today.

6. Repeated trips in the future tense

   Дочь переехала в Вологду, так что теперь мы будем часто **ездить** туда.
   Our daughter moved to Vologda so we'll be going there frequently now.

   Ольга Владимировна переехала в Калининград, так что теперь мы будем часто **возить** туда студентов.
   Olga Vladimirovna moved to Kaliningrad, so now we'll be taking the students there frequently.

Пословицы, поговорки, выражения
Волко́в боя́ться—в лес не ходи́ть.
If you're afraid of wolves, don't go into the forest.
If you can't stand the heat, stay out of the kitchen.

Вы́бор подходя́щего глаго́ла движе́ния: пешко́м и́ли на тра́нспорте? (*Choosing the Appropriate Verb of Motion: On Foot or by Vehicle?*)

Multidirectional verbs of motion express the ideas of movement on foot (at a normal pace or running), movement by vehicle, movement in water (whether by vehicle or not), and movement in the air (whether by vehicle or not). There is a set of rules that governs the verb to use in any given situation that calls for a verb of motion. These rules apply to multidirectional verbs of motion as well as to other types of verbs of motion. For now, we will present the rules with regard to multi-directional verbs of motion and later we will expand them to include the other verbs of motion.

1. To describe the movement of people or animals, use

   а. ходи́ть (movement on foot) unless . . .
   б. the motion is in the air or in the water;
   в. the motion is *to* a city, country, continent, or other clearly defined distant destination;
   г. the motion involves an idiomatic expression that requires another verb;
   д. the speaker wants to emphasize running (at a swift pace)

   In addition, to emphasize that the movement is on foot, speakers use ходи́ть with the adverb пешком (*on foot*).

2. If any one of the conditions б–д is relevant, use е́здить (*movement by vehicle*) to describe the movement of people, unless . . .

   е. the speaker wants to emphasize that the motion was in the air or water;
   ё. the motion is, was, or will be undertaken by an animal;
   ж. the motion involves an idiomatic expression that requires another verb; or
   з. the speaker wants to emphasize running.

3. If any one of the conditions е–з is relevant, use the following verbs, as required by the following rules:

   и. Use пла́вать (*movement in water*) to describe the movement of people, animals, or vehicles if the speaker wants to emphasize that the motion is, was, or will be undertaken by a person in the water, in a boat or ship, or by an animal in the water (e.g., fish, dolphin, whale).
   й. Use лета́ть (*movement in air*) to describe the movement of people, animals or vehicles (including people in helicopters and planes) in the air.
   к. Use бе́гать (*running movement*) to describe the movement of people or animals if the speaker wants to emphasize running (at a swift pace) on land.

4. To describe the movement of vehicles, use . . .

    л.   ходи́ть: for ground vehicles of mass transportation on a regular schedule, such as buses or trains.

    м.   е́здить: for private automobiles and taxis.

    н.   пла́вать: for boats of any kind.

    о.   лета́ть: for planes and helicopters.

5. For the transitive verbs носи́ть, води́ть, and вози́ть use . . .

    п.   носи́ть: for carrying objects while on foot.

    р.   води́ть: for leading people and animals (including by holding hands with a child or leading a dog on a leash).

    с.   вози́ть: for transporting objects, people, or animals in a vehicle of any kind (ship, plane, car, bus, train).

As you can see, the contexts for using пла́вать, лета́ть, бе́гать, носи́ть, води́ть, вози́ть are all highly restricted. The context for using е́здить is somewhat restricted. In order to better understand the restrictions on these verbs, consider the following examples:

Эти инженеры из Владивостока часто **е́здят** на конференции в Америку.
These engineers from Vladivostok often go to America for conferences.

Борис Валентинович боится **лета́ть** и поэтому в Европу он только **пла́вает**.
Boris Valentinovich is afraid to fly and so only sails to Europe.

На прошлой неделе мы **лета́ли** во Владимир на личном самолёте Светланы Андреевны.
Last week, we flew to Vladimir on Svetlana Andreevna's private plane.

In the first of these three examples, the verb е́здить is used because there is no emphasis on the fact that the trips were most likely by air (although possibly by ship), but certainly not by land (from Vladivostok). It is assumed that the transportation is not by train or car, but the mode of transportation is not emphasized. In the second example, the verb пла́вать is required because the subject does not fly and transportation by vehicle on water demands the verb пла́вать. In the third example, the speaker emphasizes that the trip was by plane, even though most people travelling from Moscow to Vladimir would likely go by automobile, bus, or train, in order to emphasize that the trip was made in the plane of an acquaintance.

Textbook exercises
10—13

Однонапра́вленные глаго́лы движе́ния (*Unidirectional Verbs of Motion*)

Unidirectional verbs of motion, sometimes referred to as determinate verbs, are highly restricted in their usage, especially compared with their multidirectional mates. Review the conjugation of these verbs in the table below:

	Я	ТЫ	Они
Идти́	иду́	идёшь	иду́т
Бежа́ть	бегу́	бежи́шь	бегу́т
Ехать	е́ду	е́дешь	е́дут
Плыть	плыву́	плывёшь	плыву́т
Лете́ть	лечу́	лети́шь	летя́т
Нести́	несу́	несёшь	несу́т
Вести́	веду́	ведёшь	веду́т
Везти́	везу́	везёшь	везу́т

Note that the verb бежа́ть is one of the 5 utterly irregular verbs in Russian. (Review chapter 2 for more information.)

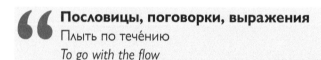

> **Пословицы, поговорки, выражения**
> Плыть по тече́нию
> *To go with the flow*

The unidirectional verbs of motion are used only in very restricted contexts. When we review the Russian National Corpus, we can see clearly that multi-directional and perfective verbs of motion are used far more frequently than the unidirectional ones. The narrow set of contexts in which unidirectional verbs are used is as described and illustrated with examples here:

In all tenses, unidirectional verbs may never be used for:

1. movement itself, the ability to move, or movement for the sake of fun (use multidirectional verbs instead). So, for example, Де́ти бе́гали по са́ду, когда́ прие́хала ба́бушка. (*The children were running around the garden when the grandma arrived.*)

Past tense unidirectional verbs of motion are used for:

2. a single round trip in one direction in progress at the time of speech (when that speaker says something like "There went . . ." or "When X was going . . ."). For example: Когда́ мы е́хали в Сама́ру, мы познако́мились с о́чень интере́сным челове́ком в по́езде.
3. repeated trips in one direction, often to one particular part of a trip (the trip there or the trip back) or to one "leg" of a trip in several stages, especially to convey how much time elapses during a part of the repeated trip. For example, Когда́ Тама́ра рабо́тала в Москве́, она́ е́хала на рабо́ту два часа́.

Present tense unidirectional verbs are used for:

4. repeated trips in one direction, more often than not to one particular part of a trip or "leg" of a trip in several stages. For example, Тепе́рь Тама́ра рабо́тает в больни́це на са́мой окра́ине го́рода: на рабо́ту она́ е́дет на авто́бусе, но домо́й она́ е́дет на маршру́тке.
5. a single trip in one direction in progress at the time of speech (when the speaker says something like "There goes X . . ." or "When X is going to . . .") or a trip that is about to take place (using the present tense to convey future meaning). For example, Где Кузнецо́вы? Да вот они́ иду́т в химчи́стку!

Future tense unidirectional verbs are used for:

6. repeated trips in one direction, more often than not to one particular part of a trip or "leg" of a trip in several stages. For instance, Тама́ра устро́илась на но́вую рабо́ту в це́нтре и тепе́рь она́ бу́дет е́хать на рабо́ту всего́ два́дцать мину́т.

7. a single trip in one direction in progress at the time of speech (when the speaker says something like "X will be going . . ." or "When X will be going to . . .") or a trip that is about to take place (using the present tense to convey future meaning). For example, Я допишу́ отчёт, когда́ бу́ду лете́ть в Читу́.

Пословицы, поговорки, выражения
Ти́ше е́дешь—да́льше бу́дешь.
If you go more slowly, you'll go farther.
Haste makes waste.

Textbook exercises
14–18

Глаго́лы движе́ния соверше́нного ви́да без простра́нственных приста́вок (*Perfective Verbs of Motion without Spatial Prefixes*)

Perfective unprefixed verbs of motion, sometimes referred to as determinate verbs, are generally used to refer to the beginning of motion for a single event, summed up in its entirety. Review the conjugation of these verbs in the table below:

	Я	Ты	Они
Пойти́	пойду́	пойдёшь	пойду́т
Побежа́ть	побегу́	побежи́шь	побегу́т
Пое́хать	пое́ду	пое́дешь	пое́дут
Поплы́ть	поплыву́	поплывёшь	поплыву́т
Полете́ть	полечу́	полети́шь	полетя́т
Понести́	понесу́	понесёшь	понесу́т
Повести́	поведу́	поведёшь	поведу́т
Повезти́	повезу́	повезёшь	повезу́т

Note that the verb побежа́ть is one of the 5 utterly irregular verbs in Russian. (Review chapter 2 for more information.)

The perfective verbs of motion can be used only in restricted contexts as follows:

1. Past tense perfective verbs of motion are used to indicate one trip in one direction, with the result of that trip still in effect (unless another verb follows which reveals additional information) For example, Они́ пое́хали в Москву́ на четы́ре дня, а зате́м. . . .

2. Future tense perfective verbs are used to indicate one trip in one direction, often with emphasis on the act of the departure (the beginning of the movement). Мы пое́дем в Москву́ на четы́ре дня, or Мы пое́дем в Москву́ че́рез неде́лю.

Textbook exercise
19

Обзор употребления глаголов движения без пространственных приставок (*Summary of Usage of Verbs of Motion without Spatial Prefixes*)

	Imperfective Verbs		Perfective Verbs
	Multidirectional	**Unidirectional**	
Sample Verbs	ходи́ть е́здить бе́гать пла́вать лета́ть	идти́ е́хать бежа́ть плыть лете́ть	пойти́ пое́хать побежа́ть поплы́ть полете́ть
Past	one round trip repeated trips	one trip in one direction in progress repeated trips in one direction only	an action begun once, still in progress or result still in effect
Present	repeated trips round trips or a trip in several directions	repeated trips in one direction one-time action in one direction in progress	no present tense
Future	repeated trips round trips or a trip in several directions	one trip in one direction, emphasis on duration of trip repeated trips in one direction	one single trip, with emphasis on the act of departure
All Tenses	movement without direction movement for the sake of movement (ability to move)	not applicable	not applicable

 Пословицы, поговорки, выражения
Лю́бишь ката́ться — люби́ и са́ночки вози́ть.
If you love sledding, you have to love carrying the sled, too.
No pain, no gain.

Идиомати́ческие выраже́ния с глаго́лами движе́ния без приста́вок (*Idiomatic Expressions with Verbs of Motion without Spatial Prefixes*)

Many idiomatic expressions use verbs of motion, and you're probably familiar with several of them already. Here are some of the more common of these expressions:

Бо́же мой, как **вре́мя лети́т**!
My God, how time flies!

Ти́хо! Здесь **иду́т заня́тия**!
Quiet! Classes are in session here!

В кинотеа́тре на на́шей у́лице **идёт но́вый францу́зский фильм**.
The movie theater on our street is showing a new French film.

Вчера́ **шёл снег**.
It snowed yesterday.

Завтра весь день **бу́дет идти́ дождь**.
Tomorrow it will rain all day. (Tomorrow there will be rain all day.)

Скоро **пойдёт снег**.
It's going to snow soon.

Когда я была маленькой, я **вела́ дневни́к**.
When I was little, I used to keep a diary.

Наш профессор **бу́дет вести́** этот семинар.
Our professor will be conducting this seminar.

Коля! **Веди́** себя хорошо!
Kolya! Behave yourself!

Ему очень **повезло́**!
He really lucked out!

Да ему и сейчас очень **везёт**!
Yes, he's lucky right now!

—О чём **идёт речь**?
What is being discussed?
—**Речь идёт** о том, чтобы помочь Зое устроиться на работу.
We're talking about how to help Zoya get a job.

На суде решили, что работодатели **не несу́т никако́й отве́тственности** за это нарушение.
The court decided that the employers are not responsible for this violation.

Textbook exercises
20—22

Я считаю, что он сам **несёт отве́тственность** за то, что сидит без работы уже четвёртый месяц.
I believe that he himself is responsible for the fact that he is still unemployed after four months.

Глаго́лы движе́ния с временны́ми приста́вками с(ъ)- и по-
(Verbs of Motion with Temporal Prefixes с(ъ)- and по-)

The multidirectional verbs ходи́ть, е́здит, бе́гать, лета́ть, and пла́вать can be used with the prefix по- to add the meaning of "for a while," e.g., походи́ть (*to walk around for awhile*) or побе́гать (*to run around for awhile*). Consider these examples:

Мы **походи́ли** по парку и пошли домой.
We walked around the park a bit and went home.

Мы **пое́здим** по городу и потом поедем в ресторан.
We'll drive around town a bit and then go to the restaurant.

Ласточки **полета́ли** над рекой и улетели.
The swallows flew around a bit over the river and flew away.

Мы только что пообедали и поэтому сначала немного отдохнём, а потом **попла́ваем**.

We just had lunch and so we will rest for a bit, and then we'll go swimming.

Мы **повози́ли** детей по городу в первый день каникул.
We drove the children around town on the first day of vacation.

These same verbs can be used with the temporal prefix c(ъ)- to convey the meaning of "making a quick round trip," e.g., сходи́ть (*to make a quick round trip by walking*) or съе́здить (*to make a quick round trip by vehicle*). Consider these examples:

Я **сбе́гаю** за молоком вечером.
I will run to the store for milk this evening.

Ваня! **Сходи́**, пожалуйста, за почтой!
Vanya, get the mail please!

Завтра я должна **съе́здить** в Петербург, так что встретиться с вами смогу только послезавтра.
Tomorrow I've got to make a quick trip to St. Petersburg, so I can meet with you only the day after tomorrow.

Textbook exercises
23, 24

УПРАЖНЕНИЯ ПО ГРАММАТИКЕ

8 Найдите глаголы движения в предложениях, определите их грамматические категории (однонаправленность/разнонаправленность, время и вид) и объясните, почему автор выбрал эти глаголы.

1. С няней ходил я в Александровский сад. Я ехал на трёхколёсном велосипеде, а няня шла рядом. (В. Ходасевич)
2. Пока шли пешком, Лёва рассказывал, как ехал в экспедицию. (Э. Герштейн)
3. Саша говорил о машинах, которые едут мимо, о прохожих, которые идут мимо, о детях, велосипедистах, собаках—во всём находилось что-то забавное. (З. Прилепин)
4. Сегодня еду с работы, как всегда в троллейбусе, смотрю—а с моей женой мой приятель в кино идёт . . . (А. Арканов)

9 Детский сад

Прочитайте отрывок из блога о том, как работающие родители водят ребёнка в детский сад. Вставьте в пропуски глагол «ходить» в правильной форме.

Попытка _____ в садик провалилась, после месяца сада дочка перестала меня отпускать и стала очень болезненно относиться к моим отлучкам. В итоге я _____ на работу полтора дня в неделю и работаю по ночам и выходным, благо работодатель не возражает. На будущее думаю, что нужно всё-таки заранее готовить ребенка к саду, если туда НУЖНО _____. То есть начинать привыкать ещё до 3-летия. Мне про это грустно думать, но другого выхода не вижу (Форум в интернете, НКРЯ)

10 Спросите партнёра о том, где он был в указанное время. Партнёр должен ответить, используя глаголы «ходить» или «ездить».

—два часа назад
—в прошлую субботу
—на прошлых каникулах
—на День благодарения в прошлом году
—на Новый год

11 Напишите ответы на вопросы, используя слова в скобках и глаголы «ходить» или «ездить».

Пример: Где ты был вчера? (Антон) —Вчера я ходила к Антону.

1. Где она была на прошлой неделе? (Калуга)
2. Где они были в среду? (школьные друзья)
3. Где ты был сегодня утром? (окулист)
4. Где она была в четверг вечером? (кино)
5. Где вы были в семь часов вечера? (оперный театр)
6. Где Анна была в прошлом году? (Коста-Рика)

12 Заполните пропуски глаголами «ходить», «бегать», «ездить», «плавать» и «летать» в нужной форме.

1. Куда (goes) _____ Соня по четвергам?
2. Я не люблю общественный транспорт и поэтому (walk) _____ на работу.
3. Я не играю в футбол, но я (run) _____ три раза в неделю.
4. Я раньше занимался лёгкой атлетикой — (ran) _____ короткий спринт.
5. Когда мы были на юге, мы каждый день брали парусную лодку на прокат и (sailed around) _____ часа два.
6. Я не люблю ездить на поезде, и поэтому я (fly) _____из Москвы в Петербург: это быстрее и удобнее.
7. Птицы часто (fly around) _____ по этому заповеднику.
8. Моя дочь переехала в Германию, и теперь мы часто (will fly) _____ туда.
9. Дедушка живёт в Петербурге, и поэтому мы часто туда (go) _____
10. Ты часто (go) _____ в Россию в командировки?

13 Переведите диалоги.

1. —Where did you go last night?
   —We went to Uncle Pavel's.
2. —Where did they go last year?
   —Last year they went to Odessa.

3. —I often fly to Europe.
   —I am afraid of flying: I go to America by ship.
4. —My son is only eight months old, and he already walks quite well.
   —My daughter is only eight months old, and she is already running!
5. —You swim quite well.
   —I run even better.

14 Заполните пропуски глаголами «идти» или «бежать» в правильной форме.

1. Вот (goes) _____ Вадим! Вадим, подожди нас!
2. Когда мы (were walking) _____ в кино, мы увидели Таню.
3. Кинотеатр находится далеко. Пешком мы (will be walking) _____ два часа. Давайте поедем на метро.
4. Извините, ребята, но я ужасно опаздываю—я (am running) _____ на встречу!
5. Таня всё время спешит. Куда она сейчас (is running) _____?
6. Мы увидели Антона, когда он (was running) _____ на собеседование в банк.

15 Ехать или ездить?

А. Прочитайте сообщения на интернет-форуме водителей-женщин. Заполните пропуски глаголами «ехать» или «ездить».

1. Мне проще одной _____, а если _____ с кем-то, то лучше чтоб все молчали—ну не подсказывали, особенно когда сложные перекрёстки проезжаю, потому что от таких советов голова отключается. И ещё заметила, что почти 99% водителей когда _____ с кем-то в машине, дёргают ногами—педали нащупывают и боятся _____ с водителем, потому что не могут контролировать ситуацию, а стиль вождения у всех разный. Я когда с мужем _____, просто вцепляюсь (grab on) в ручку двери, хотя сама погонять (drive fast) очень люблю. (Форум в интернете, НКРЯ)

2. Я была одна. Минут 40 каталась вокруг дома, и скорость 20 казалась такой огромной, машина вырывалась из-под меня. Я была в шоке . . . На следующий день приехал муж, и сев рядом (у него прав нет и _____ он не умеет), сказал что мы _____ в город. С того дня на работу [я] _____ спокойно, машина гиперпослушная, я не ожидала, что всё будет ТАК. С парковкой есть небольшие проблемы, но прогресс заметен. (Форум в интернете, НКРЯ)

3. Я сама вожу машину аккуратно—даже если есть возможность больше 100 км в час не _____ (насмотрелась в своё время на результаты аварий). Но для некоторых трасс скорость 120–130 км приемлема (acceptable). А у меня неделю назад подругу чуть прав не лишили—она _____ со скоростью 110 км в час. (Форум в интернете, НКРЯ)

Б. Напишите параграф, в котором вы детально описываете свой первый опыт вождения машины.

16 Заполните пропуски глаголами «бегать» или «бежать» в правильной форме.

1. Володя помнил только, что _____ так, как никогда в своей жизни не _____. (Б. Савинков, В. Ропшин)

2. —Куда ты, Белая Роза? Но она была уже в конце аллеи. _____, как _____ в детстве, не боясь упасть. (В. Панова)

3. Я закрыл лицо руками и заревел (*started crying*), заревел первый раз в своей жизни. Сижу, реву, а слёзы всё _____ и _____ (В. Медведев. «Баранкин, будь человеком!»)

4. Я часто _____ по утрам, и иногда я _____ и понимаю, что ещё немного—и я умру: так тяжело дышать. (журнал «Русский репортёр»)

5. Я посещаю кардиозал, занимаюсь на тренажерах, _____. (Журнал «100% здоровья»)

6. Все что-то кричали, _____ по комнатам. (М. Шишкин. «Всех ожидает одна ночь»)

17 Преступление и наказание

A. Прочитайте отрывок из романа Ф.М. Достоевского «Преступление и наказание». Заполните пропуски формами глагола «идти».

Он (*started walking*) _____ сколько мог поскорее; но на пути случилось с ним одно маленькое приключение, которое на несколько минут привлекло к себе всё его внимание. Он заметил впереди себя, шагах в двадцати, идущую женщину, но сначала не остановил на ней никакого внимания. Ему уже много раз случалось приходить, например, домой и совершенно не помнить дороги, по которой он (*was walking*) _____, и он уже привык так (*to walk*) _____. Но в идущей женщине было что-то такое странное . . . Ему вдруг захотелось понять, что именно в этой женщине такого странного? Во-первых, она (*was walking*) _____ по такому зною (*heat*) простоволосая, без зонтика и без перчаток, как-то смешно размахивая руками.

Б. Напишите абзац о том, как с вами случилось что-то интересное, когда вы шли куда-то. Используйте глаголы «пойти», «идти», «ходить» и другие глаголы движения.

Electronic Workbook exercises Е, Ж

18 Вопросы о работе

Заполните пропуски глаголами движения в правильной грамматической форме. Затем задайте эти вопросы партнёру. Партнёр должен дать детальный ответ.

1. Зачем люди (*go*) _____ на работу?

2. Вы когда-нибудь (*drive, commute*) _____ на работу больше двух часов?

3. Почему некоторые люди (*run*) _____ от работы, не хотят работать?

4. Что нужно (*wear*) _____ на работу? Можно ли мужчинам (*wear*) _____ шорты, а женщинам—короткие юбки?

Electronic Workbook exercises З–Й

19 Заполните пропуски глаголами «пойти», «побежать», «поехать», «поплыть», «полететь» в правильной форме.

1. Через час Вадим (*will go*) _____ в торговый центр. Тебе что-нибудь нужно?
2. Лены сейчас нет, она (*went*) _____ к декану.
3. Аня, ты всё время торопишься и опаздываешь! Куда ты сейчас (*will run off*) _____?
4. Когда ты (*will go*) _____ в Петербург, купи мне магнит на холодильник!
5. Аркаша хорошо плавает. Сейчас он (*will swim*) _____ к тому берегу.
6. Петровы (*sailed*) _____ в Хельсинки на пароме, но вернулись домой на поезде.
7. Сначала я (*will fly*) _____ в Россию, а потом поеду на поезде на Украину.

Electronic Workbook exercises К, Л

20 Заполните пропуски глаголами в правильной форме. Затем задайте эти вопросы партнёру.

А. Поведение в школе (глагол «вести»)

1. Ты хорошо себя _____ (а) на уроках, когда учился (училась) в школе?
2. Как _____ себя другие ученики на уроках в твоей школе?
3. Как _____ себя преподаватель во время конфликта?
4. Как должны _____ себя родители, если преподаватель жалуется на их сын или дочь?

Б. Дневник (глагол «вести»)

1. Ты _____ сейчас дневник?
2. Почему люди _____ дневники?
3. Ты _____ дневник, если поедешь заграницу надолго?
4. _____ дневник — трудно?

В. Погода (глагол «идти»)

1. Часто ли _____ снег в твоём штате?
2. Жил(а) ли ты где-то, где часто _____ снег? Как тебе нравилась эта погода?
3. Что ты любишь делать, когда _____ ливень (очень сильный дождь)?
4. Что ты делал(а) в последний раз, когда _____ очень сильный снег?

Г. Ответственность (глагол «нести»)

1. Всегда ли родители _____ ответственность за своих детей? Когда нет?

2. _____ ли ответственность автор за то, как его произведения влияют на его читателей?

3. _____ ли директор компании ответственность за благополучие своих сотрудников?

4. _____ ли ответственность муж за финансовое благополучие семьи?

5. _____ ли ответственность блогеры за комментарии на их страницах других читателей?

21 Переведите предложения. Используйте глаголы движения.

1. What's being shown in the movie theater this week?
2. It's going to snow tomorrow.
3. It snowed all day on Wednesday.
4. Do you know if it's supposed to rain on Saturday?
5. Quiet! An exam is going on here.
6. When I was studying in high school I kept a diary.
7. If you behave, your parents will buy you a bicycle.

22 Перепишите предложения, используя выражения с глаголами движения вместо подчёркнутых глаголов.

Electronic Workbook
exercise
M

1. Директор компании <u>отвечает</u> за всё.
2. В нашем кинотеатре обычно <u>показывают</u> авторские фильмы.
3. Вчера вечером на всей территори штата <u>выпал</u> сильный снег.
4. Нас предупредили, что завтра дождь <u>начнётся</u> в 7 утра.
5. Эта статья <u>о</u> проблемах молодёжной безработицы в России.

23 «Походить, походить и . . . »

В русском языке часто используется оборот «походить, походить и . . . » («поездить, поездить и . . . » т.д.). Например: Отец походил, походил по дорожкам, потом сел за стол и начал писать. (Ю. Домбровский) Придумайте ситуации, в которых вы можете сказать следующее. Напишите предложения.

1. Походить, походить и остановиться
2. Побегать, побегать и устать
3. Полетать, полетать и упасть
4. Поносить, поносить и бросить
5. Поездить, поездить и перестать

24 Почему? Когда? С Кем? Зачем?

Закончите предложения и обсудите их с партнёром. Добавьте как минимум две детали к каждому предложению

1. Как только у меня будет возможность, я обязательно съезжу . . .
2. В выходные можно сходить . . .

3. Если есть время, между занятиями можно сбегать . . .
4. Мои друзья провели выходные по-разному: кто-то сходил . . . , кто-то съездил . . .
5. Я никогда не забуду, как я съездил(а) . . .
6. Если ты хочешь сходить в/на . . . , ты должен (должна) . . .

25 Напишите один абзац (8–10 предложений) на одну из тем. Используйте как минимум четыре разных глагола движения в каждом абзаце.

1. Ваш типичный рабочий или студенческий день
2. Ваш типичный день на каникулах или в отпуске
3. Один из лучших дней вашей жизни
4. Ваш идеальный день

ПРОДОЛЖАЕМ РАЗГОВОР

A. Опишите, что вы видите на фотографии. Где находятся эти люди? Что делает мальчик? Куда он идёт? Что он чувствует?

Б. Работали ли вы, когда были подростком? В группах расскажите о вашей первой работе. Считаете ли вы, что подростки должны работать?

ТЕКСТ 2: ИНТЕРВЬЮ С РУКОВОДИТЕЛЕМ КАДРОВОГО АГЕНТСТВА «СТАРТ» ВАСИЛИЕМ НОСИКОВЫМ

Before you read the text, you will engage in a discussion to prepare you for the topic. After reading the text, complete the After Reading exercises to evaluate your comprehension and practice new vocabulary.

 Перед чтением

А. Прочитайте список профессий в таблице ниже и переведите слова на английский язык. Запишите перевод во второй колонке.

Б. Какие из этих профессии наиболее востребованы, а какие—менее востребованы в вашей стране? Во второй колонке проставьте числа от 1 до 8, где 1 = наиболее востребованная профессия.

В. Какую зарплату получают специалисты этих профессий в вашей стране? Запишите в третьей колонке.

Профессия	Перевод	Востребованность	Зарплата
программи́ст			
ли́чный води́тель			
вебма́стер			
архите́ктор-проектиро́вщик			
стили́ст-визажи́ст			
шеф-по́вар			
специали́ст ба́нковского де́ла			
IT-специали́ст			

Г. Обсудите таблицу с партнёром.

Старт

Прочитайте интервью с руководителем кадрового агентства «Старт» Василием Носиковым.

Журналист: Расскажи́те, что представля́ет из себя́[1] совреме́нный росси́йский ры́нок труда́? Каки́е существу́ют[2] тенде́нции?

Василий Носиков: Уже́ не́сколько лет ситуа́ция на ры́нке остаётся стаби́льной. Ро́ста у́ровня безрабо́тицы мы не наблюда́ем[3]—он нахо́дится в преде́лах[4]

5–6%. Но нужно понимать, что Россия — огромная страна, состоящая из 83 федеральных субъектов. У каждого из этих регионов своя история, правительство, ресурсы, население и экономика, и, соответственно, уровень безработицы в каждом из регионов разный: в наименее развитых[5] регионах работу найти сложнее. Основным центром притяжения[6] кандидатов является Москва — здесь самый высокий уровень заработных плат по стране и постоянно требуются специалисты. В Москве сконцентрированы офисы крупнейших компаний и предприятий[7] государственного сектора, число вакансий в которых также растёт. Поэтому именно сюда едут люди.

Из тенденций на рынке труда можно отметить[8] то, что специалисты сейчас чаще меняют работу, они стали более мобильны — могут сделать перерыв в работе или начать карьеру в другой сфере с нуля. В этом мы стали больше похожи на Запад.

Ещё один интересный момент — у молодых специалистов наблюдаются[9] завышенные зарплатные ожидания и они всё больше диктуют свои условия работодателям. Однако очень часто они не обладают необходимой квалификацией, знаниями, дисциплиной, и работодателям приходится[10] тратить ресурсы, чтобы научить их качественно работать. Однако же часто бывает, что человек, проработав короткое время в одной компании и получив там ценные навыки и опыт, переходит в другую. Тогда страдает[11] работодатель.

Журналист: Каким образом работодатели решают эту проблему?

Василий Носиков: Во-первых, растят сотрудников внутри[12] компании: берут на самые низкие должности студентов и обучают их сами. Во-вторых, многие крупные компании приглашают на работу иностранных специалистов. На фоне[13] финансового кризиса в Европе иностранцы едут работать в Россию — здесь им готовы платить хорошие деньги. Существует спрос и на российских специалистов, имеющих опыт работы за границей или, как минимум, прошедших стажировку за рубежом[14].

Журналист: Какие профессии являются сейчас наиболее востребованными и высокооплачиваемыми?

Василий Носиков: Мы только что получили рейтинг самых востребованных профессий 2014 года. Первое и второе места последние 5 лет занимают[15] профессии программиста и IT-специалиста. Хорошо квалифицированному специалисту в этих областях работодатели готовы платить от 50 до 150 тысяч рублей.

На третьем месте — профессия вебмастера. Так как российский интернет рынок растёт быстрыми темпами, демонстрируя ежегодный рост в 25–30%, специалисты этой новой профессии пользуются повышенным спросом и могут рассчитывать[16] на зарплату в 50–90 тысяч рублей. На четвёртом месте — профессия специалиста банковского дела. Тут надо сказать, что пользуются огромным спросом специалисты с опытом работы. Зарплата — от 60 до 85 тысяч рублей.

На пятом месте находится архитектор-проектировщик. Хотя строительный бум конца 2000-х уже прошёл, но в последнее время рынок строительства заметно оживился[17], поэтому сейчас наблюдается нехватка специалистов этой сферы. Они зарабатывают от 45 до 80 тысяч.

На шестóм мéсте—стилúст-визажúст. Эта профéссия нахóдится в деся́тке сáмых перспектúвных ужé нéсколько лет подря́д[18]. Зарплáта—от 45 до 70 ты́сяч. Седьмóе мéсто занимáет шеф-пóвар с зáработной плáтой от 40 до 80 ты́сяч рублéй. Здесь, конéчно, глáвную роль игрáет óпыт рабóты и квалификáция специалúста.

Неизмéнно[19] популя́рной профéссией остаётся профéссия лúчного водúтеля, котóрая заняла́ восьмóе мéсто. Здесь наблюдáется большáя дифференциáция зáработной плáты, свя́занная[20] с компáнией úли лúчностью[21] работодáтеля.

Журналúст: Какúм бýдет ры́нок труда́ в перспектúве?

Василий Носиков: Бóлее гúбким[22] и бóлее глобáльным. Глáвным в рабóте бýдет результáт, а не колúчество часóв, котóрое провóдит сотрýдник в óфисе. Гранúца мéжду рабóчим и нерабóчим врéменем бýдет продолжáть стирáться[23]. Ужé сейчáс мнóгие журналúсты, дизáйнеры, программúсты не хóдят в óфис кáждый день; большинствó из них рабóтает дóма на лúчном компью́тере. В бýдущем, колúчество такúх специалúстов бýдет тóлько увелúчиваться[24].

[1]represent, [2]exist, [3]observe, [4]within the limits, [5]developed, [6]center of gravity, [7]enterprise, [8]note, [9]be observed, [10]have to, [11]suffer, [12]inside, [13]background, [14]abroad, [15]occupy, [16]expect, [17]liven up, [18]in a row, [19]invariably, [20]associated, [21]personality, [22]flexible, [23]be erased, [24]increase

После чтения

Ответьте на вопросы с партнёром.

1. Что вы узнали о безработице на территории России?
2. Какую роль на российском рынке труда играет Москва? Есть ли в вашей стране город, который выполняет ту же функцию?
3. Назовите тенденции, которые характеризуют современный российский рынок труда?
4. Как вы думаете, почему российские специалисты с опытом работы за рубежом пользуются большим спросом у российских работодателей?
5. Каким, по мнению Носикова, будет рынок труда в будущем? Согласны ли вы с этим прогнозом?

ТЕКСТ 3: ВЛАДИСЛАВ ХОДАСЕВИЧ «АКРОБАТ»

Перед чтением

Расскажите, где работает акробат и что он обычно делает. Используйте слова «канат» (*rope*), «палка» (*stick*) и глаголы движения.

Акробат

Прочитайте стихотворение и прослушайте его в аудиозаписи.

От кры́ши[1] до кры́ши протя́нут[2] кана́т.
Легко́ и споко́йно идёт акроба́т.

В рука́х его́ — па́лка, он весь — как весы́[3],
А зри́тели[4] сни́зу задра́ли[5] носы́.

Толка́ются[6], шёпчут[7]: «Сейча́с упадёт!» —
И ка́ждый чего́-то взволно́ванно[8] ждёт.

Напра́во — стару́шка гляди́т[9] из окна́,
Нале́во — гуля́ка[10] с бока́лом[11] вина́.
Но не́бо прозра́чно[12], и про́чен[13] кана́т.
Легко́ и споко́йно идёт акроба́т.

А е́сли, сорва́вшись[14], фигля́р[15] упадёт
И, о́хнув[16], закре́стится[17] лжи́вый[18] наро́д[19],

Поэ́т, проходи́[20] с безуча́стным[21] лицо́м:
Ты сам не таки́м ли живёшь ремесло́м[22]?

1913

[1]roof, [2]stretch, [3]scales, [4]spectators, [5]lift, [6]push one another, [7]whisper, [8]with agitation, [9]look, [10]playboy, [11]wineglass, [12]transparent, [13]solid, [14]fall down, [15]clown, [16]groan, [17]cross oneself, [18]lying, [19]people, [20]pass through, [21]indifferent, [22]trade, craft

 После чтения

А.   Ответьте на вопросы и обсудите с партнёром.

1. Где находится акробат и что он делает?
2. Что он держит в руках? Зачем? Почему он «как весы»?
3. Кто находится снизу? Как вы думаете, их много? Как вы понимаете фразу «задрали носы»?
4. Что делают люди, которые смотрят на акробата? Чего, по-вашему, они ждут?
5. Реагирует ли акробат на людей снизу? Почему?
6. Что может случиться с акробатом? Если это случится, что сделает народ? Почему автор называет народ «лживым»?
7. С кем автор сравнивает акробата в конце стихотворения? Объясните, как вы понимаете это сравнение.

Б.   Найдите в стихотворении глаголы движения и объясните их употребление.

В.   В стихотворении Ходасевича ремесло акробата сравнивается с тем, что делает и как живёт поэт. Ниже даны цирковые профессии. С какими нецирковыми профессиями их можно сравнить и почему?

Пример: Политики — это иллюзионисты, потому что . . .

клоун	дрессировщик	фокусник	мим
жонглёр	иллюзионист	канатоходец	

ДАВАЙТЕ ОБСУДИМ

Using what you have learned in this chapter, discuss these topics in groups or with a partner. Try to extend it into a conversation rather than just answering each question.

1. По данным социологического опроса, проведённого компанией Gallup в 2013 году, во всём мире только 13% людей любят свою работу. 63% относятся к своей работе равнодушно, у них нет мотивации, а ещё 24% абсолютно недовольны своим местом работы. Обсудите с партнёром результаты этого опроса.

2. Что для вас значит работа: источник дохода, способ самореализации, неприятная обязанность (*duty*)? Объясните.

3. Что для вас важнее в работе? Проставьте цифры от 1 до 10 (1 — «совсем не важно», 10 — «очень важно») и обсудите результаты с партнёром.

   ____ Высокая зарплата   ____ Большой отпуск

   ____ Близость работы к дому   ____ Стабильность

   ____ Хороший социальный пакет   ____ Карьерный рост

   ____ Гибкие (*flexible*) часы работы   ____ Интересная, творческая работа

   ____ Хорошие коллеги   ____ Возможность учиться

4. Некоторые считают, что нельзя сделать карьеру без связей, или, как говорят русские, без блата. Согласны ли вы с этим утверждением? Почему?

5. Кому проще сделать карьеру: мужчине или женщине? Изменилась ли эта ситуация за последние 20 лет?

6. Должен ли в компаниях существовать дресс-код? Может ли работодатель говорить работникам, в чём они должны ходить на работу? Почему?

7. Опишите, как вы ходили на собеседование при устройстве на работу? Какие вопросы вам задавали? Получили ли вы работу?

8. Готовы ли вы поехать на работу в другую страну? Объясните. Если бы вы должны были поехать, какую страну вы бы выбрали? Почему?

9. Опишите типичный день на работе вашей мечты. Используйте глаголы движения.

▶◀ ДАВАЙТЕ ПОГОВОРИМ О КИНО

Вот несколько названий советских и российских фильмов, в которых рассматривается тема главы. Посмотрите один из них (информация в интернете поможет вам выбрать фильм) и подготовьте небольшое выступление, в котором вы: (1) кратко расскажете содержание фильма и (2) покажете, как в этом фильме раскрывается тема главы. Постарайтесь использовать как можно больше активной лексики по теме.

- «Девять дней одного года», режиссёр Михаил Ромм, 1962
- «Начало», режиссёр Глеб Панфилов, 1970
- «Служебный роман», режиссёр Эльдар Рязанов, 1997
- «Бумажный солдат», режиссёр Алексей Герман-младший, 2008
- «Плюс один», режиссёр Оксана Бычкова, 2008

Выберите одну из тем и напишите сочинение длиной 500—600 слов.

1. В письме своему другу в России опишите, где и кем обычно работают студенты в Америке. Опишите условия труда, оплату, перспективы и трудности.
2. Опишите работу вашей мечты. Где, кем, с кем вы мечтаете работать?
3. Должны ли люди работать? Необходимо ли работать человеку, у которого достаточно денег и которому не надо зарабатывать на жизнь? Почему? Напишите эссе.
4. Некоторые считают, что безработные обязаны соглашаться на любую работу, даже на малооплачиваемую. По их мнению, безработные не должны получать от государства денежное пособие, если есть хоть какие-то вакансии на рынке труда. Согласны ли вы с этим мнением? Напишите статью, в которой вы аргументируете свою позицию.
5. Герой пьесы «На дне» писателя Максима Горького сказал: «Когда труд — удовольствие, жизнь — хороша! Когда труд — обязанность, жизнь — рабство!» Прокомментируйте это высказывание в блоге.

Electronic Workbook
exercises
П—Т

VERBS

бе́гать (бега́й+ 3), бежа́ть (irregular), побежа́ть (irregular)

води́ть (води́й+ 8), вести́ (вёд⁺ 4), повести́ (повёд⁺ 4) *кого/что куда*

вози́ть (вози́й+ 8), везти́ (вёз⁺ 4), повезти́ (вёз⁺ 4) *кого/что куда*

де́лать/сде́лать (де́лай+ 3) карье́ру

е́здить (е́зди+ 8), е́хать (irregular), пое́хать (irregular) *куда*

зараба́тывать (зараба́тывай+ 3)/зарабо́тать (зарабо́тай+ 3)

иска́ть (иска̌+ 1)/найти́ (irregular) *кого/что*

лета́ть (лета́й+ 3), лете́ть (лете́+ 5), полете́ть (полете́+ 5) *куда*

меня́ть (меня́й+ 3)/смени́ть (смени́й+ 8) *что* (рабо́ту)

нанима́ть (нанима́й+ 3)/наня́ть (на́йм+ 10) *кого* (на рабо́ту/в компа́нию)

носи́ть (носи́й+ 8), нести́ (нёс⁺ 4), понести́ (нёс⁺ 4) *кого/что куда*

пла́вать (пла́вай+ 3), плыть, поплы́ть (плы̌в+) *куда*

побе́гать (побе́гай+ 3)

повози́ть (повози́й+ 8) *кого/что*

пое́здить (пое́зди+ 8)

полета́ть (полета́й+ 3)

попла́вать (попла́вай+ 3)

походи́ть (походи́й+ 8)

приобрета́ть (приобрета́й+ 3)/приобрести́ (приобрёт⁺ 4) *что*

проходи́ть (проходи́й+ 8)/пройти́ (irregular) стажиро́вку, пра́ктику

рабо́тать (рабо́тай+ 3) (не) по про́филю, по специа́льности

расти́/вы́расти (irregular) *кого/что*

расти́ть (расти́й+ 8)/вы́растить (вы́расти+ 8)

реализо́вывать (реализо́вывай+)/реализова́ть (реализова́+ 15) *что* (потенциа́л)

сбе́гать (сбе́гай+ 3) *за кем/чем*

сходи́ть (сходи́й+ 8) *за кем/чем*

съе́здить (съе́зди+ 8) *за кем/чем*

тре́бовать/потре́бовать (тре́бова+ 15) *кого/что/чего*

увольня́ть(ся) (увольня́й+(ся) 3)/уво́лить(ся) (уво́ли+(ся) 8) *кого/что/чего*

управля́ть (управля́й+ 3) *чем* (би́знесом)

устра́иваться (устра́ив<u>ай</u>+ся 3)/устро́иться
(устро́<u>и</u>+ся 8) *куда* (на рабо́ту) *куда*
(напр., в о́тпуск)

уходи́ть (ухо<u>ди́й</u>+ 8)/уйти́ (irregular)
ходи́ть (хо<u>ди́й</u>+ 8), идти́ (irregular), пойти́
(irregular) *куда*

NOUNS AND NOUN PHRASES

аге́нтство по трудоустро́йству
ка́дровое аге́нтство
безрабо́тица
вака́нсия
рабо́чее/нерабо́чее вре́мя
до́лжность
зарпла́та
исто́чник дохо́да
кандида́т
коли́чество специали́стов
лоя́льность *кому/чему*
на́выки
нача́льник
нехва́тка специали́стов
о́пыт
социа́льный паке́т
персона́л
профессионали́зм

работода́тель
низкоопла́чиваемая/высокоопла́чиваемая
рабо́та
постоя́нная/вре́менная рабо́та
карье́рный рост
свя́зи
сотру́дник
спрос *на кого/что*
испыта́тельный срок
по́лная/непо́лная ста́вка
стаж рабо́ты
уме́ние
у́ровень
усло́вия труда́
успе́х
чаевы́е
число́

ADJECTIVES

завы́шеннный
ли́чный

служе́бный
рабо́чий

PHRASES

вести́ дневни́к
вести́ себя́
вести́ семина́р
идёт дождь
идёт снег
идёт фильм

иду́т заня́тия
как вре́мя лети́т
кому везёт, повезло́
нести́ отве́тственность
о чём идёт речь

Урок №16

Путешествия и туризм

НАЧИНАЕМ РАЗГОВОР

Кого и что вы видите на фотографии? Где эти люди? Что они делают? Вы бы хотели поехать туда? Почему?

In this section you will learn words and phrases that will help you understand texts in this chapter and discuss the topic of travel.

Полезные слова и выражения

собира́ться/собра́ться в пое́здку	to prepare for a trip
отправля́ться/отпра́виться в путеше́ствие	to go off on a journey
посеща́ть/посети́ть стра́ны, места́	to visit countries, places
пакова́ть/упакова́ть (ве́щи в чемода́н)	to pack (things in a suitcase)
пакова́ться	to pack
провожа́ть/проводи́ть *кого*	to see somebody off
ночева́ть/переночева́ть	to spend a night
остана́вливаться/останови́ться (у друзей, в гостинице)	to stay (with friends, at a hotel)

Упражнения по лексике

1 Напишите определения следующих слов по-русски.

пое́здка
о́тпуск
путеше́ствие
кани́кулы
командиро́вка

2 Соедините русские фразы и их английский перевод.

1. заграни́чная пое́здка	а.	around-the-world voyage
2. кругосве́тное путеше́ствие	б.	a trip to a resort
3. проводи́ть о́тпуск	в.	long flight
4. дли́нный перелёт	г.	to travel light
5. пое́здка на куро́рт	д.	a trip abroad
6. е́здить налегке́	е.	to spend one's vacation

 3 Обсудите с партнёром.

1. Зачем, по-вашему, люди путешествуют по миру?
2. Хотели бы вы совершить кругосветное путешествие? Почему да или нет?
3. Как вы предпочитаете проводить свой отпуск или каникулы: ездить на курорт и проводить там всё время или путешествовать по разным местам?
4. Когда вы путешествуете, вы предпочитаете ездить за границу или по своей стране? Почему?
5. Хотели бы вы иметь такую работу, где вам надо было бы ездить в командировки несколько раз в месяц? Почему да или нет?
6. Какими авиалиниями вы обычно летаете? Почему?

4 Выражения

А. Соедините русские выражения и их перевод.

1.	ма́ссовый о́тдых	**а.**	prestigious resort
2.	пятизвёздочный оте́ль	**б.**	trip abroad
3.	скалола́зание	**в.**	mass recreation
4.	прести́жный куро́рт	**г.**	five-star hotel
5.	пое́здка за рубе́ж	**д.**	beach recreation
6.	пля́жный о́тдых	**е.**	rock-climbing

Б. Вставьте в предложения слова из А в правильной грамматической форме.

1. Ибица—это очень модный _____, куда приезжает отдохнуть масса знаменитостей и просто богатых людей.
2. Родители невесты поселили всех гостей в шикарнейший _____ прямо на берегу озера.
3. В Советские 80-е годы _____ была экзотикой и привилегией, доступной очень немногим.
4. Мой муж ходит по музеям, а я предпочитаю _____ с хорошей книгой и шумом моря.
5. _____, как любой другой экстремальный вид спорта, требует серьёзной спортивной подготовки.
6. Кристина не могла спокойно сидеть на одном месте, поэтому _____.

5 Заимствования (*Borrowings*)

А. Знаете ли вы слова «дайвинг», «альпинизм», «рафтинг», «кайтсерфинг»? Соедините: Человек, который занимается . . .

1.	да́йвингом	**а.**	. . . восходит на вершины гор
2.	ра́фтингом	**б.**	. . . катается на доске по волнам за воздушным змеем
3.	альпини́змом	**в.**	. . . плавает под водой со специальным снаряжением
4.	кайтсе́рфингом	**г.**	. . . сплавляется по горным рекам

Б. Ответьте на вопросы и обсудите в маленькой группе.

1. Считаете ли вы виды спорта в задании А экстремальными?
2. Любите ли вы экстремальный туризм? Объясните, почему да или нет.
3. Почему некоторые люди практикуют экстремальный туризм?

В. Знаете ли вы, что такое дауншифтинг? Как путешествуют дауншифтеры? Обсудите с партнёром.

Г. Автостоп—это бесплатное путешествие на попутном транспорте с согласия водителя. А кто такой автостопщик? Путешествовали ли вы когда-нибудь автостопом? Почему некоторые люди путешествуют автостопом? Назовите плюсы и минусы путешествия автостопом. Обсудите в маленькой группе.

6 Как по-английски называются курорты, где «всё включено»? Хотели бы вы поехать на такой курорт? Почему да или нет? Обсудите с партнёром.

7 Как перевести на английский язык фразу «карточки часто летающих пассажиров»? Есть ли у вас такие карточки? Объясните партнёру, зачем они нужны.

8 Соедините русские фразы с их переводом.

1. гости́ница с ви́дом на что-то
2. ме́сто для ночле́га
3. объе́здить полми́ра
4. двухъя́русная крова́ть
5. быть прое́здом где-то
6. сдава́ть/сдать кварти́ру в аре́нду
7. снима́ть/снять кварти́ру в аре́нду
8. арендова́ть ко́мнату
9. жильё
10. остана́вливаться в ча́стном се́кторе

а. to travel halfway around the world
б. accommodation, lodging
в. to stay in private housing
г. to rent an apartment
д. to rent a room
е. hotel with a view on something
ж. place for an overnight stay
з. to rent out an apartment
и. to be passing through
к. bunk bed

9 Переведите предложения на русский язык.

1. When Erik travels, she stays only at five-star hotels.
2. Our flight was early in the morning, and we decided to spend the night at the airport hotel.
3. Travelling the country, the musicians stayed at their friends' places and entertained them with stories.
4. After seeing her son off at the airport, Olga packed her bags and took off on around-the-world voyage.
5. Nicole was packing her brother's things into a suitcase, since he had no idea how to pack.
6. The students were getting ready for their trip to Europe and were reading up on the places they wanted to visit.
7. For her birthday, Masha's dad gave her a trip abroad to any country she wanted to visit. She wanted to stay at a prestigious resort in the south of France.
8. Arthur wants to do rock-climbing, and her husband prefers to lie on the beach. How can they spend their vacation together?

Текст 1: Блог «Путешествия и социальный статус»

Before you read the text, you will engage in a discussion to prepare you for the topic. After reading the text, complete the After Reading exercises to evaluate your comprehension and practice new vocabulary.

Прочитайте название блога. Как вы думаете, о чём он?

Путешествия и социальный статус
Прочитайте блог.

Путешéствия укáзывали[1] на социáльный стáтус человéка ещё в Совéтском Сою́зе. В позднесовéтском óбществе путешéствовать станóвится престúжно. Рáзные направлéния[2] путешéствий начинáют различáть[3] по стéпени[4] престúжа. Напримéр, мáссовый óтдых — это Крым и Сóчи, а Прибáлтика означáет, что ты стои́шь немнóго вы́ше масс, как по стáтусу, так и по культýрным запрóсам[5]. Предéл мечтáний[6] — это заграни́чные поéздки.

Пóсле распáда[7] Сою́за и всеóбщего обнищáния[8] путешéствия стáли достýпны[9] тóлько ýзкому крýгу[10] «нóвых рýсских». Эта социáльная грýппа начинáет формировáть нóвые туристи́ческие стандáрты. В начáле 90-х стáрые совéтские курóрты теря́ют свою́ привлекáтельность[11], а откры́вшаяся заграни́ца — это я́ркий[12] показáтель высóкого социáльного стáтуса. В глазáх неискушённых[13] в заграни́чных путешéствиях «нóвых рýсских» любáя поéздка за рубéж — это «крýто[14]».

В начáле 2000-х формирýются совремéнные представлéния[15] о путешéствиях. Появля́ется[16] убеждéние, что путешéствовать (éздить на óтдых, на учёбу, в командирóвки) — это необходи́мо[17], прили́чно[18], престúжно, культýрно. Напрóтив, откáз[19] от путешéствий воспринимáется[20] как моветóн, при́знак[21] культýрной несостоя́тельности[22]: «Он вообщé ничéм не интересýется, дáже загранпáспорт себé не сдéлал».

Совремéнные россия́не соревнýются[23] в коли́честве[24] посещённых стран. Получи́ли распространéние[25] электрóнные счётчики в ви́де кáрты ми́ра, на котóрой посещённые стрáны закрáшиваются[26] тёмным цвéтом. Таки́е счётчики, как и мéсто рождéния, учéбные заведéния и местá рабóты, стáли вáжной чáстью и́миджа.

Возни́кла[27] слóжная иерáрхия путешéствий. Напримéр, поéздки на курóрты Тýрции и Еги́пта отнóсятся[28] к разря́ду[29] мáссового, непрести́жного óтдыха. С тóчки зрéния представи́телей[30] срéднего клáсса, котóрые хотя́т вы́глядеть «продви́нутыми[31]» и «успéшными», дешёвый пля́жный óтдых в Тýрции, Грéции, Испáнии и на Ки́пре — это удéл[32] простых, не óчень обеспéченных[33] согрáждан, котóрым крóме all inclusive ничегó не нýжно. Сегóдня наибóлее «стáтусными» направлéниями в пля́жном óтдыхе считáются Юго-Востóчная Áзия и островá — Мальди́вы, Сейшéлы, Канáры.

В послéднее врéмя огрóмное распространéние получи́л культýрный тури́зм — поéздки по стрáнам, чтóбы познакóмиться с чужóй культýрой. Здесь тáкже существýет «mainstream» и прести́жный сегмéнт. К «mainstream» отнóсится тепéрь практи́чески вся Еврóпа, крóме[34] Сéверных (Норвéгия, Исла́ндия) и Зáпадных (Португáлия, Ирла́ндия) окрáин[35]. А всегó 20 лет назáд мы мечтáли «уви́деть Пари́ж и умерéть». Прести́жными направлéниями культýрного тури́зма считáются Амéрики, Ю́жная Áзия, Австрáлия и другúе стрáны, сохраня́ющие[36] в глазáх россия́н и́мидж «экзоти́ческих».

Нáши согрáждане соревнýются не тóлько в коли́честве посещённых стран, но и в «кáчестве[37]» путешéствий. Пятизвёздочные отéли коти́руются[38] горáздо вы́ше, чем други́е. Перелёты «Сингапу́рскими авиали́ниями» и́ли «Air Emirates» прести́жнее, чем перелёты «Аэрофло́том» и́ли «Люфтга́нзой». Предме́том го́рдости[39] ста́ли ка́рточки ча́сто лета́ющих пассажи́ров. Коли́чество нако́пленных[40] «миль» и у́ровень[41] (сере́бряный, золото́й и́ли пла́тиновый) та́кже показа́тель ста́туса.

В после́днее десятиле́тие популя́рными ста́ли экстрема́льные путеше́ствия. Это пое́здки для заня́тий да́йвингом, скалола́занием, альпини́змом, ра́фтингом, кайт-се́рфингом и други́ми подо́бными ви́дами спо́рта. Лю́ди, практику́ющие экстрема́льный тури́зм, ча́сто испо́льзуют э́ти пое́здки для формирова́ния своего́ и́миджа. Скалола́зание в Тайла́нде говори́т о том, что челове́к, кото́рый прово́дит о́тпуск таки́м о́бразом, хорошо́ зараба́тывает, акти́вен и «нон-конформи́ст».

«Дауншифтинг» — ещё оди́н вид совреме́нных путеше́ствий. Ка́ждый год ты́сячи успе́шных представи́телей сре́днего кла́сса оставля́ют[42] обы́чную жизнь и отправля́ются в путеше́ствия. Центр росси́йского дауншифтинга — инди́йский штат Го́а. Нема́ло таки́х путеше́ственников есть в Индокита́е, Эквадо́ре, Австра́лии и Но́вой Зела́ндии. Тёплый кли́мат, дешёвая споко́йная жизнь — вот что влечёт[43] дауншифтеров. Автосто́пщики — са́мые после́довательные[44] покло́нники[45] дауншифтинга. Эти путеше́ственники хотя́т быть свобо́дными от стереоти́пов прести́жности. Звёздность оте́лей и изве́стность рестора́нов для них ничего́ не зна́чат.

Культу́ра путеше́ствий постоя́нно эволюциони́рует. Скоре́е всего́, че́рез не́сколько лет приорите́ты на́ших тури́стов сно́ва изме́нятся.

Сергей Шейхетов
социолог

[1]indicate, [2]direction, [3]distinguish, [4]degree, [5]demand, [6]pinnacle of desires, [7]break up, [8]impoverishment, [9]accessible, [10]narrow circle, [11]attraction, [12]vivid, [13]unsophisticated, [14]cool, [15]notion, [16]emerge, [17]necessary, [18]proper, [19]refusal, [20]be perceived, [21]sign, [22]failure, [23]compete, [24]number, [25]distribution, [26]shade, [27]emerge, [28]belong to, [29]category, [30]representative, [31]advanced, [32]lot, [33]well-to-do, [34]except, [35]remote area, [36]maintaining, [37]quality, [38]be regarded, [39]claim to fame, [40]accumulated, [41]level, [42]leave, [43]draw, [44]consistent, [45]follower

 После чтения

Ответьте на вопросы и обсудите с партнёром.

1. Куда люди ездили на отдых в Советском Союзе? Какие поездки считались престижными, а какие — нет?

2. Кто такие «новые русские» и почему только они могли путешествовать после распада СССР?

3. Какие новые представления о путешествиях появляются в начале 2000-х?

4. Знаете ли вы, что такое загранпаспорт и зачем он нужен? Почему в начале 2000-х стало стыдно не иметь загранпаспорт?

5. Объясните, как вы понимаете утверждение, что «россияне соревнуются в количестве посещённых стран»?

6. Как вы понимаете выражение «иерархия путешествий»?

7. Что такое культурный туризм? Есть ли в культурном туризме престижные и непрестижные направления?

8. Что такое «экстремальный туризм»? Как можно описать человека, который увлека-ется экстремальными путешествиями?

9. Согласны ли вы с мнением, что если человек совершает экстремальные путеше-ствия, то он нонконформист? Почему?

10. Как путешествуют так называемые «дауншифтеры»? Почему их так назвали?

ГРАММАТИКА: ГЛАГОЛЫ ДВИЖЕНИЯ С ПРИСТАВКАМИ (*PREFIXED VERBS OF MOTION*)

Now that you've learned about verbs of motion without spatial prefixes you are ready to learn about verbs of motion with spatial prefixes. Verbs of motion with spatial prefixes exist in only two categories:

1. Imperfective: Unidirectional (e.g., приходи́ть, уезжа́ть, подбега́ть, доплыва́ть, взлета́ть, заноси́ть, отводи́ть, and вывози́ть)

2. Perfective: (e.g., прийти́, уе́хать, подбежа́ть, доплы́ть, взлете́ть, занести́, отвести́, and вы́везти)

We will address them in these two categories, but first we will turn our attention to the spatial meanings of the prefixes.

Приста́вки для глаго́лов движе́ния (*Spatial Prefixes Used with Verbs of Motion*)

The first and most important feature of the prefixed verbs of motion is the spatial prefixes themselves. Here are charts showing some of the most important spatial prefixes, their mean-ings, and the prepositions most commonly used with verbs with those prefixes, together with example sentences. The charts of prefixes are grouped according to meaning. It is important to understand that the example verbs and sentences are not intended to give the full range of meanings for a given verb with a prefix. Many verbs have a number of idiomatic meanings, and we will explore those later in this chapter.

Prefix	Meaning	Example Verbs	Prepositions
при-	coming to	прилета́ть, прилете́ть	в, на *куда*, к *кому*
у-	going away, leaving	убега́ть, убежа́ть	из, с *откуда*, от *кого*

Чулпан **прилета́ет** из Мурманска в 7 часов.
Chulpan is arriving (flying in) from Murmansk at 7 pm.

Наша кошка **убежа́ла** из дома.
Our cat ran away from home.

 Пословицы, поговорки, выражения
Душа́ ушла́ в пя́тки.
One's soul went into one's heels.
One's heart sank into one's boots.

Prefix	Meaning	Example Verbs	Prepositions
в-	into an enclosed space	входи́ть, войти́	в, на *куда*, к *кому*
вы-	out of an enclosed space	вывози́ть, вы́везти	из, с *откуда*, от *кого*

Мы **вошли́** в зал таможенного досмотра, где была огромная очередь.
We entered the Customs Inspection Hall, where there was an enormous line.

Большинство моих друзей никогда не **выезжа́ли** за границу.
The majority of my friends have never traveled abroad.

 Пословицы, поговорки, выражения
Сло́во не воробе́й, вы́летит — не пойма́ешь!
A word is not a sparrow because if it flies out, you can't catch it.
Think before you speak.

Prefix	Meaning	Example Verbs	Prepositions
под-	approaching, toward	подъезжа́ть, подъе́хать	к *кому/чему*
от-	away from	отходи́ть, отойти́	от *кого/чего*
до-	up to (but not including)	доплыва́ть, доплы́ть	до *чего*

Подъе́хало такси. Олег сел в него и **уе́хал** в аэропорт.
The taxi drove up. Oleg got in it and rode away to the airport.

Уважаемые пассажиры! **Отойди́те** от края платформы!
Dear passengers! Please move away from the edge of the platform!

Оля уверенно **доплыла́** до другого берега и потом **приплыла́** обратно.
Olya confidently swam to the other shore and then swam back.

Prefix	Meaning	Example Verbs	Prepositions
за- (1)	tangent from main direction, side trip	заходи́ть, зайти́	в, на *куда*, к *кому* из, с *откуда*, от *кого*
за- (2)	behind or beyond	забега́ть, забежа́ть	за *кого/что*
об- (1)	encircling, going completely around	обходи́ть, обойти́	вокруг *кого/чего*
об- (2)	passing (encircling only partially, on one side)	объезжа́ть, объе́хать	no preposition, used with direct object in accusative case
об- (3)	several stops (making the rounds)	обходи́ть, обойти́	

Если мы едем в Петербург, мы всегда по пути **заезжа́ем** в Новгород к Тамаре Васильевне.
If we go to St. Petersburg we always stop in Novgorod to see Tamara Vasilievna.

Мы **прие́хали** в аэропорт и **зашли́** в кафе перекусить.
We arrived at the airport and went to a cafe to grab a bite to eat.

Мы в первый раз услышали этот странный звук, когда ехали по шоссе и **объезжáли** большой грузовик.
We heard that strange sound for the first time when we were driving on the highway and passing a big truck.

По четвергам Татьяна Евгеньевна **обхóдит** все книжные магазины на Невском проспекте.
On Thursdays Tatyana Evgenievna makes the rounds of all the bookstores on Nevsky Prospect.

Prefix	Meaning	Example Verbs	Prepositions
про-	through, across (emphasizing the space crossed)	проезжáть, проéхать	через *что*, мúмо *кого/чего*, or no preposition with direct object in accusative case
пере-	through, across (emphasizing arrival at the other side)	перебегáть, перебежáть	

Мы уже **проéхали** мимо Елисеевского магазина, так что скоро будем дома.
We've already driven past the Eliseev Store, so we'll be home soon.

Давайте сейчас **перебежúм** улицу, пока нет машин.
Let's cross the street now while there are no cars.

Пословицы, поговорки, выражения
Жизнь прожúть—не пóле перейтú.
To live one's life is not as simple as crossing a field.
Life is not a bowl of cherries.

Prefix	Meaning	Example Verbs	Prepositions
с- (1)	down	сходúть, сойтú	с *чего* в, на *куда*, из, с, от *откуда*
вз- (вс-)	up	взлетáть, взлетéть	на *что*, *куда*

Она быстро **сбежáла** с лестницы.
She quickly ran down the stairs.

Самолёт **взлетéл** и **полетéл** на север.
The plane took off and flew north.

Prefix	Meaning	Example Verbs	Prepositions
с- (2)	coming together from different points of origin, centripetal	съезжáться, съéхаться	с *чего*, *куда*
раз-	scattering to different destinations from a single origin, centrifugal	разбегáться, разбежáться	по *куда*

На эту конференцию каждый год **съезжáются** делегации из 50 разных стран.
Every year delegations from 50 different countries gather for this conference

Ленка разбила окно и все дети **разбежáлись**.
Lenka broke a window and all the children ran off.

Textbook exercises
10—14

Глаго́лы движе́ния несоверше́нного ви́да с приста́вками
(Imperfective Verbs of Motion with Spatial Prefixes)

Prefixes with spatial meanings (*to*, *from*, *in*, *out*, *away from*, *toward*, and so forth) can be attached to multidirectional verbs of motion (such as ходи́ть, бе́гать, е́здить, пла́вать, лета́ть, носи́ть, води́ть, and вози́ть) to form imperfective prefixed verbs of motion conveying frequent movement in one direction or a single round trip.

> Маша обычно **ухо́дит** на работу в 8 часов, а **прихо́дит** домой в 6.
> *Masha usually goes to work at 8 am and comes home at 6.*

> Когда тебя не было, **заходи́л** Толя.
> *While you were out, Tolya stopped by. (And he's not here anymore.)*

The first example illustrates the use of the imperfective prefixed verb of motion conveying frequent movement in one direction; in other words, each verb in that sentence expresses motion in one direction. The second example illustrates the use of the imperfective prefixed verb of motion conveying a movement whose result is no longer in effect, in other words because Tolya didn't stay, he dropped by and left.

When the same spatial prefixes are attached to unidirectional verbs of motion (such as, идти́, бежа́ть, е́хать, плыть, лете́ть, нести́, вести́, and везти́), perfective verbs of motion are created. These verbs express a single movement in one direction, with the result of that movement still in effect at the time of speech (until otherwise explicitly stated), as illustrated in the next two examples:

> Маша уже **ушла́** на работу и **придёт** домой только после 6 часов.
> *Masha already left for work and will come home only after 6 pm.*

> А к нам **зашёл** Толя! Он ждёт тебя на кухне, пьёт чай с бабушкой.
> *Tolya came by! He's waiting for you in the kitchen, drinking tea with grandma.*

The two verbs of motion represent consecutive events in the first example in this pair, the first of which is completed in its entirety before the second one can begin. In the second example in this pair, the verb of motion is perfective because the result of that action (dropping by) is still in effect: Tolya is in the kitchen waiting for you.

Образова́ние глаго́лов движе́ния несоверше́нного ви́да с приста́вками
(Formation of Imperfective Verbs of Motion with Spatial Prefixes)

There are some irregularities in the formation of imperfective prefixed verbs of motion. They are formed by combining the multidirectional verb of motion with a spatial prefix, but some multidirectional verbs have a slight change of stem in this context, regardless of prefix. See how these verbs—бе́гать/подбега́ть, е́здить/подъезжа́ть, and пла́вать/подплыва́ть—are conjugated with the prefix под- in the table below:

	Stem	Я	Ты	Они
Под + бегать[1]	-бегай+	подбегаю	подбегаешь	подбегают
Под + ездить	-езжай+	подъезжаю	подъезжаешь	подъезжают
Под + плавать	-плывай+	подплываю	подплываешь	подплывают

[1]Note that the stress pattern for подбегáть is different than for the multidirectional бéгать.

The only difference between the conjugation of бéгать and подбегáть is the shift of stress from the first syllable (бéгать, бéгаю, бéгаешь) to the ending (подбегáть, подбегáю, подбегáешь).

There is another slight change to the one verb in this category that begins with a vowel: éздить (-езжáй+). A hard sign ъ is added after any prefix ending in a consonant, as in these examples:

въезжать   отъезжать   подъезжать
разъезжать(ся)   съезжать(ся)

Textbook exercises
15–20

But:

выезжать   доезжать
приезжать   уезжать

Образовáние глагóлов движéния совершéнного вúда с пристáвками (*Formation of Perfective Verbs of Motion with Spatial Prefixes*)

Perfective prefixed verbs of motion are formed by combining a unidirectional verb of motion—идтú, éхать, бежáть, летéть, плыть, нестú, вестú, or везтú—with a spatial prefix, as depicted in the table below.

	Я	Ты	Они
Подойтú	подойдý	подойдёшь	подойдýт
Прибежáть	прибегý	прибежúшь	прибегýт
Уéхать	уéду	уéдешь	уéдут
Доплы́ть	доплывý	доплывёшь	доплывýт
Взлетéть	взлечý	взлетúшь	взлетя́т
Отнестú	отнесý	отнесёшь	отнесýт
Вы́везти	вы́везу	вы́везешь	вы́везут

As is often the case, there are some exceptions. There are two slight changes to two verbs in this group: идтú and ехать. Идти changes slightly in all forms except with the prefix при- (about which below) to add an infix vowel of -о- after prefixes ending in a consonant, as in сойдý, войдý подойдý, дойдý, and отойдý. The verb is unchanged for prefixes ending in a vowel, except for прийтú, for which the й is omitted in the conjugated forms: придý, придёшь, and придýт, but вы́йду, вы́йдешь, вы́йдут, дойдý, дойдёшь, and дойдýт.

The verb ехать will take a hard sign after a spatial prefix ending in a consonant, as in these examples:

въе́хать   отъе́хать   подъе́хать
разъе́хаться съе́хать(ся)

But prefixes ending with a vowel are attached to the verb ехать without any additional letters inserted, as in these examples:

вы́ехать   дое́хать
прие́хать   уе́хать

Textbook exercises
21—32

All perfective verbs with the spatial prefix вы- will have the stress shift onto the prefix in all forms of the verb:

вы́еду   вы́шел   вы́несла   вы́бежали
вы́везу   вы́веди! (imperative) вы́плыть

Идио́мы и выраже́ния с приста́вочными глаго́лами движе́ния
(Idiomatic Uses of Verbs of Motion with Spatial Prefixes)

There are several prefixed verbs of motion (both imperfective and perfective) which have special meanings that are in widespread use. You must simply memorize these:

входи́ть/войти́ в си́лу	to go into effect
выходи́ть/вы́йти замуж	to get married (said only about marrying a man, use жениться *на ком* about marrying a woman
доходи́ть/дойти́ *до того, что*	to get to the point when
обходи́ться/обойти́сь *без чего*	to manage to do without something
переезжа́ть/перее́хать *откуда, куда*	to move one's residence from one location to another
переходи́ть/перейти́ все грани́цы (преде́лы)	to cross all boundaries
прибега́ть/прибе́гнуть *к чему*	to resort to something (note the unusual perfective form used only in this context and rarely in any other)
приходи́ть/прийти́ в го́лову *кому, что*	to come to mind (an idea)
приходи́ть/прийти́ в себя́	to come to oneself (after a medical or psychological lapse, either serious or joking)
пробега́ть/пробежа́ть *чем, по чему* (па́льцами по кла́вишам, глаза́ми по страни́це)	to go across something
проходи́ть/пройти́ (вре́мя)	to go by (said about time)
проходи́ть/пройти́ (материа́л)	to cover (material in a class)
сходи́ть/сойти́ с ума́	to go crazy

доводи́ть/довести́ *кого* до отча́яния	to bring someone to the point of despair
доноси́ть/донести́ на *кого, кому*	to inform on someone to someone
своди́ть/свести́ *кого* с ума́	to drive someone crazy
подводи́ть/подвести́ *кого*	to let someone down
подводи́ть/подвести́ ито́ги	to sum up, to review, to draw conclusions
сноси́ть/снести́ *что*	to tear something down
относи́ть/отнести́ *что, к кому, к чему*	to relate something to something else
относи́ться/отнести́сь к *кому, чему, как*	1) to have an attitude about something or somebody or 2) to say that two things are related
произноси́ть(ся)/произнести́(сь)	to pronounce
переводи́ть/перевести́ *с какого языка на какой язык*	to translate
приводи́ть/привести́ в приме́р	to cite/to give an example
ввози́ть/ввезти́ *кого, что, откуда, куда*	to import, to bring in
вывози́ть/вы́везти *кого, что, откуда, куда*	to export, to bring out

Textbook exercises
33-34

 ## Пословицы, поговорки, выражения

Выноси́ть сор из избы́
To carry the trash out of the hut
To air one's dirty laundry

УПРАЖНЕНИЯ ПО ГРАММАТИКЕ

10 При- или у-?

Заполните пропуски приставками при- или у-. Затем переведите предложения на английский язык.

1. Многие американцы _____езжают в Техас, чтобы почтить память Кеннеди, покушение на которого было совершено в центре Далласа. (О. Панфилова. «Америка от А до Я»)
2. Если так будем идти, мы и к обеду не _____дём. Я пойду вперёд, а вы _____ходите в мастерскую. (В. Шаламов)
3. Он _____шёл к себе в комнату, а я взяла сына, и мы отправились по магазинам. (Журнал «Даша»)
4. Мне пора было _____езжать ... Самолёт из Архангельска _____летал вечером. Я сидела, ждала и смотрела в иллюминатор. (Журнал «Столица»)
5. Меня удивило то, что Рудольфи не навестил меня, хотя я и написал ему записку, чтобы он _____шёл ко мне. (М. Булгаков)
6. Щенок смотрел настороженно, не _____бегал, но подойти опасался. (Н. Королёва. «Другая собака»)

Electronic Workbook
exercise
Г

11 В- или вы-?

Прочитайте предложения и решите, какую приставку (в- или вы-) надо употребить с каждым глаголом. Впишите глаголы с приставками в пропуски в правильной грамматической форме. Затем переведите предложения на английский язык.

1. Я _____ (в/вы + лететь) в США в 1964 году прямо из Милана, где тогда гастролировал Большой театр. (И. Архипова. «Музыка жизни»)
2. Борис Николаевич, чья каждая лекция была подарком, _____ (в/вы + летать) в аудиторию всегда с небольшим опозданием. (В. Смехов. «Театр моей памяти»)
3. В 2000 году за границу _____ (в/вы + ехать) около 18,5 миллиона российских граждан (из них туристов—4,251 миллиона). (Газета «Известия»)
4. Это дом, где Андрей Тарковский провёл детство. _____ (в/вы + ходить) в дом, попадаем в кухню: печь, налево окно, рядом небольшой стол, керосиновая лампа и три деревянных стула. (Журнал «Экран и сцена»)
5. Я _____ (в/вы + бежать) на 3-й этаж и быстро-быстро, подряд, начала нажимать кнопку звонка. (Н. Воронель. «Без прикрас. Воспоминания»)
6. _____ (в вы + идти) Анна из такси. Вытащила чемодан, коробки с подарками. (В. Токарева. «Своя правда»)

Electronic Workbook
exercise
A

12 Под, до- или от-?

Заполните пропуски приставками под(о)-, от(о)- или до-. Затем переведите предложения на английский язык.

1. Трамвай «А» ходил по Бульварному кольцу и ____езжал до Покровских ворот. (С. Пилявская)
2. Я ударил его изо всех сил, и он ____летел. (В. Аксёнов)
3. Я работал летом на Мальте и однажды ко мне ____шла какая-то женщина и предложила мне поработать у них спасателем. Было очень приятно! (Письмо молодого человека подруге, НКРЯ)
4. Во всё время болезни Агата не ____ходила от него ни на минуту. (И. Лажечников)
5. Сейчас многие автомобилисты пользуются городским транспортом. ____езжая до конечной станции, они оставляют где-нибудь машину и далее едут на метро. (Журнал «Строительство»)
6. Когда я ____езжал к своей деревне, вечер был ясный и тихий. (И. Панаев)

Electronic Workbook
exercise
E

13 За- или об-?

Заполните пропуски приставками за- или об-. Затем переведите предложения на английский язык.

1. Я на пути в Европу через неделю смогу к тебе ____лететь. (В. Аксёнов. «Новый сладостный стиль»)

2. Мы ____шли в Комарове несколько домов, в перерыве ходили по лесу, к морю. (А. Сахаров. «Воспоминания»)

3. Он ещё несколько раз ____ходил. Приносил еду, конфеты и памперсы. (А. Геласимов. «Жанна»)

4. В библиотеку за все школьные годы она ____шла всего два раза. (Н. Склярова. «Казаки-разбойники»)

5. Давайте ____летим весь остров на воздушном шаре и найдём пиратов, предложил профессор Пыхтелкин. (В. Постников. «Карандаш и Самоделкин в стране людоедов»)

6. Раз в месяц управляющий ____ходит коттеджи, собирая плату за проживание. (Д. Донцова. «Доллары царя Гороха»)

Electronic Workbook exercise Ё

14 Разные приставки

Заполните пропуски приставками. Иногда возможны два варианта.

1. Она сейчас ____ойдёт к нам и спросит нас об этом.
2. Витя обычно ____ходит домой с работы в шесть часов.
3. Жёлтая «Тойота» быстро ____ъехала с дороги.
4. Давайте ____плывём реку здесь, это самое узкое место.
5. Она ____ъехала на гору, чтобы хорошо рассмотреть оттуда город
6. Всего на форум ____ъехалось более 7 тысяч участников.
7. (в музее) Пожалуйста, ____йдите от картины!
8. Мы ____йдём через Красную площадь и ____йдём в Покровский собор.

Electronic Workbook exercise Ж

15 Напишите определения следующих слов, используя глаголы в скобках.

Пример: Пограничник (въезжать/въехать — выезжать/выехать) — Пограничник — это человек, который проверяет документы у тех, кто въезжает в другую страну или выезжает из страны.

1. Виза (въезжать/въехать)
2. Курьер (разносить/разнести — развозить/развести)
3. Круиз (заезжать/заехать)
4. Иммигрант (приезжать/приехать)
5. Экспорт (вывозить/вывезти)
6. Импорт (ввозить/ввезти)

Electronic Workbook exercises З, И

16 Переведите на русский язык, используя глаголы «привести», «привезти» или «принести».

1. I was walking home from school when I saw a kitten, and then I brought it home.
2. When he goes to Cheliabinsk, he always brings back local vodka.
3. Buses did not run on that day, so the parents brought the child to school on foot.
4. When he comes to parties he never brings anything.
5. The ambulance brought the patient to the hospital.
6. When Jessica went to Russia, she brought back caviar.

Electronic Workbook exercises Б–В

17 Объявления и указатели

Когда вы будете путешествовать по России, вы скорее всего увидите или услышите подобные указатели и объявления. Напишите и скажите, где их можно увидеть/услышать и что они значат?

Пример: Проезд закрыт   На дороге. Вы не можете ехать дальше.

1. Переход на станцию закрывается в 1:00   _____
2. Вылет задерживается   _____
3. Выход на посадку во втором терминале   _____
4. Вход только по пропускам   _____
5. Подземный переход   _____
6. Объезд   _____

18 Что нужно сделать в этих ситуациях?

Напишите предложения, используя глаголы движения с приставками: «подойти», «перейти», «развезти», «объехать», «подплыть», «сходить».

Пример: У бабушки закончились лекарства.— Нужно ей их привезти.

1. На нашем пути яма. Нужно её _____.
2. Магазин на другой стороне улицы. Нужно её _____.
3. Нам нужны яблоки. Нужно _____ в магазин за яблоками.
4. Нам прислали гуманитарную помощь для бедных. Нужно _____ её людям.
5. Константину плохо. Нам нужно _____ к нему и поговорить.
6. Человек тонет в бассейне. Спасателю нужно _____ к нему.

19 Соедините глаголы движения с их синонимами слева.

1. посещать/посетить
2. добираться/добраться
3. спускаться/спуститься
4. удаляться/удалиться
5. прибывать/прибыть
6. приближаться/приблизиться

а. доезжать/доехать—доходить/дойти
б. подъезжать/подъехать—подходить/подойти
в. отъезжать/отъехать—отходить/отойти
г. приезжать/приехать—приходить/прийти
д. заезжать/заехать—заходить/зайти
е. съезжать/съехать—сходить/сойти

20 Синонимы

Прочитайте предложения, обратите внимание на глаголы, выделенные жирным шрифтом (bold). Затем перепишите предложения, заменив эти глаголы следующими движения глаголами в правильной форме: «отплывать», «приехать», «заехать», «доехать», «подойти», «съехать».

1. Если ты будешь в Польше и не **посетишь** Краков — тебя никто не поймёт. (Журнал «Даша»)
2. Его забрали в армию, увезли куда-то. Через полгода Саша сбежал. Сел на поезд и **добрался** до Баку. (В. Токарева. «Своя правда»)
3. Теперь я могу **спуститься** с любой горы и чувствую себя совсем уверенно на лыжах. (Журнал «Домовой»)
4. Томка **приблизилась** к матери и обняла её за плечи. (А. Геласимов. «Дом на Озёрной»)
5. Пароход продолжал **удаляться** от берега. (Э. Герштейн. «Перечень обид»)
6. Когда они с Людмилой **прибыли** в Париж, мы первым делом побежали к ним в гостиницу. (С. Спивакова. «Не всё»)

21 Подчеркните правильный вариант. Если оба варианта правильные, объясните разницу в значениях.

1. Светлана уехала/приехала из Новгорода в Москву год назад, но до сих пор не может найти работу.
2. Туристы обошли/перешли все магазины, но так и не нашли хороших сувениров.
3. Вы объедете/переедете озеро и увидите небольшую деревню.
4. Ольга выехала/въехала из гаража и остановилась.
5. Не забудь принести/отнести родителям журналы.
6. Вчера к нам прибежала/забежала Ольга и рассказала свои новости.

22 Отпуск

Ваш друг собирается в отпуск. Напишите вопросы, используя слова в скобках, и задайте их партнёру.

1. (когда/уехать)
2. (через сколько/день/приехать)
3. (за сколько/долететь)
4. (какие/сувениры/привезти)

23 Обсудите вопросы с партнёром. Отвечайте полными предложениями, используя глаголы движения с приставками.

1. Когда ты приезжаешь в новый город, куда ты обычно идёшь сначала?
2. Какие сувениры ты обычно привозишь из путешествий?
3. Когда ты уезжаешь в путешествие надолго, какие вещи ты обычно берёшь с собой?
4. За сколько часов до вылета самолёта ты обычно выезжаешь из дома?
5. Если ты ездишь в гости к друзьям в России, какие подарки ты привозишь (или хотел/а бы привезти) им из своей страны?
6. Когда ты выходишь из гостиницы, где ты обычно оставляешь паспорт?

24 Новости

Прочитайте отрывки из новостных сообщений. Заполните пропуски глаголами из списка: «приехали», «вышли», «проходит», «прилетел», «пришли», «вылетел». Затем переведите предложения на английский язык.

1. В Татарстане _____ международный фестиваль мусульманских фильмов.
2. Министр транспорта РФ _____ в Смоленскую область на вертолёте.
3. В Омск на стажировку _____ немецкие и французские менеджеры.
4. Сербы _____ в полуфинал чемпионата мира.
5. На «Марш мира» в Москве _____ пять тысяч человек.
6. Премьер-министр Грузии _____ в Нью-Йорк.

25 Турфирмы

А. Прочитайте отрывки из рекламных сообщений туристических фирм. Объясните использование глаголов движения: (а) выбор приставки, (б) тип движения (пешком или нет), (в) вид глагола.

1. Обычно группа выезжает из Минска вечером, и уже в 5 утра приезжает в Москву.
2. В Турцию добраться на автобусе будет проблематично, а вот долететь на самолёте—запросто.
3. На ярмарке все желающие смогут проехать на повозке (*carriage*) и посмотреть на конно-спортивные мероприятия.
4. Думаете, как провести выходные с семьёй? Приезжайте в туристический центр «Алмаз»!
5. На пути к Кулдиге можно заехать в небольшой городок Айзпут и посетить винный завод. Здесь производят вино из местных фруктов и ягод.
6. Во время экскурсии вы пройдёте по дворам одного из самых старых монастырей Чехии.

 Б. Какая информация привлекла ваше внимание и почему? Обсудите с партнёром.

26 Переведите предложения на русский язык, используя подходящие глаголы движения с приставками.

1. We will get there sooner if you drive around the construction site (стройплощадка).
2. They walked endlessly along the side of the building, but couldn't find the entrance!
3. While I was visiting the Moscow Zoo, a hummingbird (колибри) flew up to me, realized that I wasn't a flower, and flew off.
4. Each morning, the cows walk up the hill and enter the field.
5. He usually comes back from classes at 5 PM.
6. Children should enter the elevator after adults.
7. My coach can cross the river in 30 minutes.
8. The plane took off and the flight attendants brought us drinks.

A. Вставьте в пропуски глаголы нужного вида из списка в правильной грамматической форме.

заходить/зайти, подходить/подойти, доезжать/доехать, обходить/обойти, проходить/пройти, приезжать/приехать, входить/войти, улетать/улететь

1. Если вы когда-нибудь поедете в Россию, вам обязательно надо _____ в Суздаль, в место с тысячелетней историей, один из городов Золотого кольца.

2. Туристы ездят в этот исторический городок и _____ все архитектурные достопримечательности, включая церкви, монастыри и музеи.

3. Каждый год в Суздале проводится Международный праздник огурца. В конце этого фестиваля воздушный шар в форме огурца по традиции _____ в небо.

4. Если вы хотите послушать настоящий русский хор, вы можете _____ в церковь в Спасо-Евфимиеве монастыре. Там же находится и могила Дмитрия Пожарского, русского национального героя.

5. В монастыре туристы _____ через большие огороды мимо старых стен.

6. Не забудьте _____ в Музей деревянного зодчества и крестьянского быта, чтобы узнать, как жили крестьяне несколько веков назад.

7. Совет для иностранных туристов: если российские школьники слышат английский язык, иногда они _____ к иностранцам и специально говорят по-русски, дразня их!

8. Если у вас есть время, недалеко от Суздаля находится Боголюбово, в котором находится дворец Андрея Боголюбского, и Церковь Покрова на Нерли. Вы можете _____ до них за полчаса.

Б. Напишите подобные советы туристу, приезжающему в другой город. Используйте как можно больше глаголов из А.

28 Кто куда?

Придумайте историю об этом путешествии, используя как минимум 6 разных глаголов движения с приставками.

A. Заполните таблицу формами глаголов. Укажите вид глаголов. Обратите внимание на их спряжение и правописание (*spelling*). Проставьте ударение.

	Настоящее/будущее время		Прошедшее время	
	Я	**Вы**	**Она**	**Они**
Забежать	забегу			
Войти		войдёте		
Отлететь			отлетела	
Проплывать				проплывали
Выбегать	выбегаю			
Подъехать		подъедете		
Приходить			приходила	
Долетать				долетали
Объезжать	объезжаю			
Переплыть		переплывёте		

Б. Подберите видовую пару к каждому глаголу (пролетать — пролететь). Напишите те же формы этих глаголов, что и в таблице.

30 Заполните пропуски словами из таблицы упражнения 29.

1. Я схожу за машиной и минут через десять _____. (Журнал «Наука и жизнь»)
2. Мы _____ в просторную комнату и сели за стол. (Газета «Аргументы и факты»)
3. Я обожаю это место, всегда, когда бываю в Питере, туда _____ . . . (Газета «Известия»)
4. Чёрная птица _____ прочь от окна. (Л. Чарская)
5. И вдруг распахивается кухонная дверь, и оттуда выходит, почти _____ Теймраз. (Ф. Искандер. «Слово»)
6. Внезапно солнце _____ за тучу, слегка потемнело, ветерок стих. (Д. Донцова. «Доллары царя Гороха»)

31 Правописание глаголов

A. Заполните таблицу формами глаголов. Укажите вид глаголов. Обратите внимание на их спряжение и правописание.

	Совершенный (с) или несовершенный (н) вид?	Настоящее/ будущее время		Прошедшее время	
		Я	Он	Он	Они
Отвозить		отвожу			
Проводить			проводит		
Вносить				вносил	
Подвести					подводили
Вынести		вынесу			
Завезти			завезёт		

Б. Подберите видовую пару к каждому глаголу (пролетать—пролететь). Напишите те же формы этих глаголов, что и в таблице.

32 Заполните пропуски глаголами из таблицы упражнения 31.

1. Я за ним _____ и отвожу на работу и с работы. (А. Тарасов. «Миллионер»)
2. _____ меня к твоему отцу, я хочу с ним познакомиться. (В. Измайлов. «Прекрасная Татьяна, живущая у подошвы Воробьёвых гор»)
3. И мы продолжали _____ в дом связки (bundles) картин, привезённых из старой мастерской. (Д. Рубина. «Окна»)
4. Итоги конкурса мы _____ в конце февраля. (Газета «Марийская правда»)
5. Папа _____ из-за стола, взял меня под мышки и вынес в маленькую комнату. (Б. Минаев. «Детство Лёвы»)
6. Первое мандариновое дерево _____ в Италию в 1840 году неаполитанец Мишель Тенор. (А. Дружинина. «Плоды запоздалые»)

33 Идиомы и выражения

Переведите предложения на русский язык, используя идиомы и выражения с приставочными глаголами.

1. Next year, new visa and passport regulations will *go into effect*.
2. Mother was *brought nearly to the point of despair* when she learned that the monument we had traveled to see had been *torn down*.
3. Travel agencies *summed up the results* of the season and announced that more than a million tourists visited Russia.
4. It was amazing watching the weaver's (ткач) hands *move across* the loom (ткацкий станок).
5. He *got to the point* that he could travel without any money and with almost no luggage.
6. When he visited the desert, he made the mistake of thinking he could *do without* sunscreen (солнцезащитный крем).
7. My sister wants to go to Ireland and *get married* in a castle.
8. She *gave* (pronounced) a nice toast (тост) at my wedding

Electronic Workbook exercises M—C

Переведите предложения, используя идиоматические выражения с приставочными глаголами движения.

1. We moved frequently (from one home to another) when I was little.
2. We just moved into a new apartment.
3. We haven't covered this material yet.
4. Maybe we can get by without a test.
5. This will go into effect tomorrow.
6. Lena got married to Vadim last week.
7. It's gotten to the point that we've begun to go crazy.
8. This crosses all boundaries!
9. It came to my mind to invite the Pavlovs.
10. A minute will go by and she'll come to herself.

Electronic Workbook
exercise
T

ТЕКСТ 2: СТАТЬЯ «КАК ПУТЕШЕСТВОВАТЬ И НЕ РАЗОРИТЬСЯ»

Before you read the text, you will engage in a discussion to prepare you for the topic. After reading the text, complete the After Reading exercises to evaluate your comprehension and practice new vocabulary.

Перед чтением

Обсудите, что надо делать, если вы хотите приехать в большой дорогой город, но не можете позволить себе (*afford*) остановиться в гостинице?

Как путешествовать и не разориться

Прочитайте статью.

«Как переночевать в Москве и не разориться[1]?» — этот вопрос волнует всех, кто хочет приехать в российскую столицу, но не может позволить себе остановиться в гостинице «Националь» с видом на Кремль и Красную площадь. В помощь тем, кто ищет место для ночлега, цены на которое «не кусаются[2]», мы составили список альтернативных способов[3] переночевать в Москве. Впрочем[4], этот список будет полезен[5] и для тех, кто направляется в любой крупный российский город и не знает, где остановиться.

1. Первое, что приходит в голову — это хостел. Это вариант для тех, кто путешествует с рюкзаком на плечах и в особом комфорте не нуждается. Ещё несколько лет назад найти хороший хостел в Москве

было невозможно. Сейчас их появляется всё больше и больше — в бывших фабриках, которые сейчас стали модными лофтами, и даже в старинных особняках[6] в центре города. Обустроены[7] они по западной модели — ничего общего[8] со старыми советскими общежитиями у них нет. К вашим услугам[9], как правило, бесплатный Wi-Fi, европейский завтрак, ежедневная уборка номера, а также говорящие на английском языке хозяева[10], которые, до того как открыть собственный хостел, сами объездили полмира и не раз спали на двухъярусных кроватях в комнатах с другими туристами.

2. Каучсёрфинг — социальная сеть для тех, кто ищет «диван» для ночлега в любой точке[11] мира. Регистрируясь на сайте couchsurfing.org, владелец[12] «дивана» информирует других пользователей сервиса о том, что может безвозмездно разрешить[13] им переночевать в своей квартире. В ответ он получает сообщения наподобие этого: «Буду проездом в Москве из Краснодара. Нужна комната на 2 ночи. Веду себя[14] прилично[15]. Вредных привычек[16] не имею. Везу фрукты из своего сада». По собственному[17] опыту знаю, что впустить[18] в свою квартиру незнакомца — сложно. Многие боятся воровства[19] или насилия[20]. Философия каучсёрфинга, однако, подразумевает[21] отсутствие[22] сексуальных мотивов и каких-либо материальных выгод[23]. Доверять[24] или нет — решать вам.

3. Квартира. Такой вариант ночлега подойдёт[25] тем, кому во время отдыха хочется иметь под рукой кухню и минимальный набор[26] бытовой техники[27]. Квартиры, как правило, сдают в аренду небольшие агентства. Альтернатива агентствам — бабушки, сдающие жильё в аренду на железнодорожном вокзале. Они хорошо знакомы тем, кто хоть раз останавливался в частном секторе на побережье Чёрного моря. Обычно пожилые[28] женщины встречают поезда, держа в руках табличку «Сдаю жильё, недорого». Бизнес этот, конечно, нелегальный, но пенсия у стариков настолько мала, что они готовы рисковать. У этой альтернативы есть один минус — такая квартира как кот в мешке[29]: никогда не знаешь, в каком она состоянии[30], когда арендуешь её на вокзале.

Итак, не бойтесь разориться и смело поезжайте в Москву. Вам совершенно необязательно останавливаться в пятизвёздочных отелях, чтобы получить удовольствие от всего того, что может предложить[31] вам российская столица.

Ксения Головлёва
журналист, Москва

[1]go broke, [2]bite, [3]way, [4]however, [5]useful, [6]mansion, [7]equipped, [8]in common, [9]at your service, [10]host, [11]spot, [12]owner, [13]allow, [14]behave, [15]decently, [16]bad habit, [17]own, [18]admit, [19]theft, [20]violence, [21]imply, [22]absence, [23]benefit, [24]trust, [25]suit, [26]set, [27]home appliances, [28]elderly, [29]a pig in a poke, [30]condition, [31]offer

 После чтения

Ответьте на вопросы с партнёром.

1. Какие три альтернативы гостиницам предлагает автор?
2. Объясните, что такое хостел. Назовите плюсы и минусы проживания в хостеле.
3. Объясните, что такое каучсерфинг, человеку, который никогда о нём не слышал.
4. Как вы понимаете утверждение, что квартира, арендованная на вокзале, как «кот в мешке»?
5. Останавливались ли вы когда-нибудь в хостеле, «на диване» в системе каучсер-финга или в квартире, снятой у бабушек на вокзале? Расскажите о своём опыте.

ТЕКСТ 3: ВЛАДИСЛАВ ХОДАСЕВИЧ «НЕТ НИЧЕГО ПРЕКРАСНЕЙ И ПРИВОЛЬНЕЙ»

 Перед чтением

А. Знаете ли вы эти глаголы?

расставаться/расстаться с кем/чем   to part with
прощаться/попрощаться с кем/чем   to say goodbye, to bid farewell

Б. Представьте себе, что вы расстаётесь с любимым человеком на вокзале. Вы проща-етесь, он/она заходит в поезд, и поезд отходит. Что вы чувствуете в этот момент? Куда вы идёте? Что вы делаете? Обсудите в маленькой группе.

Нет ничего прекрасней и привольней

Прочитайте стихотворение и прослушайте его в аудиозаписи.

***

Нет ничего́ прекра́сней и приво́льней[1],
Чем навсегда́ с возлю́бленной[2] расста́ться
И вы́йти из вокза́ла одному́.
По-но́вому тогда́ пе́ред тобо́ю
Дворцы́ венециа́нские предста́нут[3].
Поме́дли[4] на ступе́нях[5], а пото́м
Сядь в гондо́лу. К Риа́льто подплыва́я,
Вдохни́[6] свобо́дно за́пах[7] ры́бы, ма́сла
Прого́рклого[8] и овоще́й лежа́лых[9]
И вспо́мни без раска́янья[10], что по́езд
Уж Мэ́стре, вероя́тно, минова́л[11].
Пото́м зайди́ в лавчо́нку[12] banco lotto[13],
Поста́вь на[14] семь, четы́рнадцать и со́рок,
Пройди́сь по Мерчери́и, пообе́дай
С буты́лкою «Вальпаличе́лла». В де́вять
Переоде́нься, и яви́сь[15] на Пья́цце,

И под финал волшебной[16] увертюры
«Тангейзера» — подумай: «Уж теперь
Она проехала Понтеббу». Как привольно!
На сердце и свежо[17] и горьковато.[18]

1925–1926

[1]free, [2]beloved, [3]appear, [4]linger, [5]steps, [6]breathe in, [7]smell, [8]rancid, [9]stale, [10]remorse, [11]pass, [12]hole-in-the-wall shop, [13]лотерейная контора (ит.) [14]bet on, [15]arrive, [16]enchanting, [17]fresh, [18]a little bitter

---

 После чтения

А. Ответьте на вопросы и обсудите с партнёром.

1. Перечитайте первые три строки. Где находится герой? Где его возлюбленная? Как вы думаете, они встретятся снова? Почему? Какие чувства испытывает герой?
2. Перечитайте строки 4–8. В каком городе находится герой? Куда он направляется с вокзала? На чём? Что такое Реальто? Почему там запах рыбы, масла и овощей? О чём думает герой, когда он плывёт в гондоле?
3. Перечитайте строки 9–12. Куда идёт герой после прогулки на гондоле? Что он делает? Какое это время дня?
4. Дочитайте стихотворение до конца. Куда герой идёт вечером? Что он делает? Что такое «Тангейзер»? Думает ли герой о своей возлюбленной?
5. Что чувствует герой, когда он думает о ней? Подберите синонимы к словам «привольно», «свежо» и «горьковато» в контексте стихотворения.
6. Понимаете ли вы чувства героя? Почему он чувствует свободу и свежесть после отъезда любимой женщины?

Б. Перескажите стихотворение своими словами, используя как можно больше разных глаголов движения.

В. Выпишите все глаголы движения из стихотворения. Объясните их употребление: вид, время, однонаправленность/разнонаправленность, лексическое значение. Напишите короткий рассказ о том, как расстались влюблённые, используя эти и другие глаголы движения в разных формах.

 ДАВАЙТЕ ОБСУДИМ

Using what you have learned in this chapter, discuss these topics in groups or with a partner. Try to extend it into a conversation rather than just answering each question.

1. Опишите «идеального» попутчика. Какими качествами он обладает? Что он делает и чего не делает? Можете ли вы назвать себя «идеальным попутчиком»? Почему?
2. Опишите себя как путешественника. Обсудите с партнёром: с какой целью вы путешествуете, как часто, в какие места, какими видами транспорта, что для вас важно и неважно в поездках, где вы останавливаетесь, важен ли для вас комфорт, что вы делаете в поездках.

3. Опишите в деталях самое интересное путешествие, которое вы совершили. Расскажите:

- куда вы ездили, с кем и почему;
- как вы готовились к этой поездке;
- как вы добирались до этого места;
- где вы остановились;
- как вы проводили время;
- чем эта поездка отличалась от других ваших поездок.

4. Какой из этих способов путешествий является для вас наиболее предпочтительным? Расставьте их по порядку от самого предпочтительного (7) до наименее предпочтительного (1). Обсудите с партнёром.

- путешествие автостопом
- круиз
- автобусный тур
- тур по системе «всё включено»
- охота и рыбалка
- экстремальный туризм
- шоппинг-тур

Какие основные плюсы и минусы есть у этих типов туризма? Назовите два плюса и два минуса для каждого.

5. Какие три места на Земле, по вашему мнению, должен посетить каждый человек? Почему?

6. Как вы думаете, является ли страна, в которой вы живёте, хорошим местом для туризма? Почему? Как можно сделать вашу страну более привлекательной для туристов?

7. Писатель Иван Бунин сказал: «Человека делают счастливым три вещи: любовь, интересная работа и возможность путешествовать». Согласны ли вы с мнением писателя? Почему?

8. Есть мнение, что туризм—это интернет в реальном мире. Как вы это понимаете? Согласны ли вы с теми, кто считает, что можно увидеть и узнать гораздо больше, сидя дома в интернете, чем во время поездок?

ДАВАЙТЕ ПОГОВОРИМ О КИНО

Вот несколько названий советских и российских фильмов, в которых рассматривается тема главы. Посмотрите один из них (информация в интернете поможет вам выбрать фильм) и подготовьте небольшое выступление, в котором вы: (1) кратко расскажете содержание фильма и (2) покажете, как в этом фильме раскрывается тема главы. Постарайтесь использовать как можно больше активной лексики по теме.

- «Бриллиантовая рука», режиссёр Леонид Гайдай, 1968
- «Ностальгия», режиссёр Андрей Тарковский, 1983
- «Окно в Париж», режиссёр Юрий Мамин, 1993

- «Особенности национальной охоты», режиссёр Александр Рогожкин, 1995
- «Коктебель», режиссёр Борис Хлебников, 2003

ПИСЬМЕННЫЕ ЗАДАНИЯ

Выберите одну из тем и напишите сочинение длиной 500–600 слов.

1. Напишите в самых мельчайших деталях о том, как добраться до вашего дома из университета (или из ближайшего аэропорта).
2. В письме другу в России опишите своё самое незабываемое путешествие.
3. Вы учитесь в России и вас попросили написать статью в студенческую газету о самой известной достопримечательности в вашей стране. Опишите это место, расскажите о его истории и о том, почему оно популярно.
4. Напишите эссе о том, как путешествия связаны с социально-экономическим статусом человека.
5. Как изменился туризм за последние двадцать лет? Напишите доклад и подробно опишите две-три тенденции, которые вам кажутся значительным. В последнем абзаце напишите о том, как путешествия изменятся через 20–30 лет.
6. Некоторые считают, что все виды экстремального туризма нужно запретить, так как они угрожают жизни и здоровью туристов и гидов. Согласны ли вы с этой точкой зрения? Объясните.

Electronic Workbook
exercises
У–Ц

ЛЕКСИКА УРОКА

VERBS

арендова́ть (арендова́+ 15)

быть (irregular)

ввози́ть (ввози̌+ 8)/ввезти́ (вёз+̌ 4)

взлета́ть (взлета̌й+ 3)/взлете́ть (взлете́+ 5)

входи́ть (входи̌+ 8)/войти́ (irregular)

вывози́ть (вывози̌+ 8)/вы́везти (вы́вез+ 4)

выходи́ть (выходи̌+ 8)/вы́йти (irregular)

доводи́ть (доводи̌+ 8)/довести́ (довед+́ 4) кого/что до чего

доноси́ть (доноси̌+ 8)/донести́ (донёс+ 4)

доплыва́ть (доплыва̌й+ 3)/доплы́ть (плы̌в+)

доходи́ть (доходи̌+ 8)/дойти́ (irregular) до чего

е́здить (е́зди+ 8)

забега́ть (забега̌й+ 3)/забежа́ть (irregular)

заходи́ть (заходи̌+ 8)/зайти́ (irregular)

обходи́ть (обходи̌+ 8)/обойти́ (irregular) без чего

обходи́ться (обходи̌+ся 8)/обойти́сь (irregular)

объезжа́ть (объезжа̌й+ 3)/объе́хать (irregular)

относи́ть(ся) (относи̌+ 8)/отнести́(сь) (отнёс+(ся) 4) к чему/как

отходи́ть (отходи̌+ся 8)/отойти́ (irregular)

перебега́ть (перебега̌й+ 3)/перебежа́ть (irregular)

переводи́ть (переводи̌+ 8)/перевести́ (перевёд+ 4)

переезжа́ть (переезжа̌й+ 3)/перее́хать (irregular)

переходи́ть (переходи̌+ 8)/перейти́ (irregular)

подводи́ть (подводи̌+ 8)/подвести́, (подвед+ 4)

подвози́ть (подвози̌+ 8)/подвезти́ (подвёз+ 4)

подъезжа́ть (подъезжа̌й+ 3)/подъе́хать (irregular)

прибега́ть (прибега́й+ 3)/прибежа́ть (irregular)/прибе́гнуть (прибе́гну+ 14) к кому/чему

приводи́ть (приводи́+ 8)/привести́ (привёд+ 4)

прилета́ть (прилета́й+ 3)/прилете́ть (прилете́+ 5)

приходи́ть (приходи́+ 8)/прийти́ (irregular)

пробега́ть (пробега́й+ 3)/пробежа́ть (irregular)

проводи́ть (проводи́+ 8)/провести́ (провёд+ 4)

проезжа́ть (проезжа́й+ 3)/прое́хать (irregular)

произноси́ть(ся) (произноси́+(ся) 8)/произнести́(ся) (произнёс+(ся)4)

проходи́ть (проходи́+ 8)/пройти́ (irregular)

разбега́ться (разбега́й+ 3)/разбежа́ться (irregular)

своди́ть (своди́+ 8)/свести́ (свёд+ 4)

сдава́ть (сдава́й+ 2)/сдать (irregular)

снима́ть (снима́й+ 3)/снять (сним+ 11)

сноси́ть (сноси́+ 8)/снести́ (снёс+ 4)

сходи́ть (сходи́+ 8)/сойти́ (irregular)

съезжа́ться (съезжа́й+ся 3)/съе́хаться (irregular)

убега́ть (убега́й+ 3)/убежа́ть (irregular)

NOUNS AND NOUN PHRASES

(заграни́чная) пое́здка

(кругосве́тное) путеше́ствие

командиро́вка

о́тпуск

кани́кулы

(дли́нный) перелёт

куро́рт

ма́ссовый о́тдых

(пятизвёздочный) оте́ль

скалола́зание

да́йвинг

ра́фтинг

альпини́зм

кайтсёрфинг

вид *из чего на что*

ме́сто для ночле́га

(двухъя́русная) крова́ть

жильё

ADJECTIVES AND ADVERBS

прести́жный

зарубе́жный

налегке́

прое́здом

PHRASES

арендова́ть ко́мнату

входи́ть/войти́ в си́лу

выходи́ть/вы́йти за́муж

доводи́ть/довести́ *кого* до отча́яния

переводи́ть/перевести́ *с како́го языка́ на како́й язы́к*

переходи́ть/перейти́ все грани́цы (преде́лы)

приводи́ть/привести́ в приме́р

приходи́ть/прийти́ в себя́

приходи́ть/прийти́ в го́лову *кому, что*

проходи́ть/пройти́ (материа́л)

своди́ть/свести́ *кого* с ума́

сдава́ть/сдать (кварти́ру) в аре́нду

снима́ть/снять кварти́ру в аре́нду

сходи́ть/сойти́ с ума́ *от чего*

Throughout the word lists at the end of each chapter, each regular verb is given in the infinitive with its stem. If the stem is one of the 16 most common stem types catalogued here, the stem number, as listed in this chart, appears next to the stem. There are some stems that are not listed here because they are not common. For example, the stems for the verbs жить, плыть, and слыть end in -в and that stem occurs *only* with these three verbs and the verbs derived from them (e.g., пережить). In the word lists, a verb with an uncommon stem is listed without a number (e.g., бороться). A truly irregular verb is one with no stem, and these are marked "irregular" in the word lists.

A simple stress mark (e.g., á, é, ó, ý, and so forth) indicates stable stress in all non-past and past tense forms of the verb. A crossed stress mark (e.g., й) indicates that the verb has a stress shift, either in the past tense (e.g., from the stem to the feminine ending, as in дал, далá, дáли) or in the non-past (e.g., скажý, скáжешь, скáжут).

The stems in the word list sometimes include an underscored vowel. The underscore signifies that this is a suffix stem.

	Stem	Conj.	Sample Verbs	Sample Forms	Comments
1	а-	I	писать, сказать	пишý, пйшешь писáл, писáла	Mutation in all non-past forms of the verb
2	авай-	I	давать	даю́, даёшь давáл, давáла	Syllabic alternation of -авай with stressed endings -ю, -ёшь, etc.
3	ай-/яй-	I	читать, открывать	читáю, читáешь читáл, читáла	
4	д/т-, з/с-	I	украсть везти	украдý, украдёшь укрáл, укра́ла везý, везёшь вёз, везлá	Alternation of т with д in conjugated forms of the first subtype; irregular infinitive and masculine past tense form in second subtype
5	е-	II	видеть, смотреть	вйжу, вйдишь, вйдел, вйдела смотрю́, смо́тришь, смо-трéл, смотрéла	May feature mutation in first-person singular
6	ей-	I	уметь	умéю, умéешь умéл, умéла	
7	жа-	II	кричать, слышать	кричý, кричйшь, кричáл, кричáла слы́шу, слы́шишь, слы́шал, слы́шала	Note spelling rule impact on third-person plural
8	и-	II	говорить, учиться, любить, купить	говорю́, говорйшь, гово-рйл, говорйла учýсь, ýчишься, учйлся, учйлась люблю́, лю́бишь люби́л, люби́ла	May feature mutation in first-person singular, including insertion of -л-

	Stem	Conj.	Sample Verbs	Sample Forms	Comments
9	ий-	I	пить	пью, пьёшь пил, пилá	Alternation of -ий and -ь with conjugation endings, such as -ью, -ьёшь, etc.
10	им-/йм-	I	снять, принять	снимý, снúмешь сня́л, сняла́	Insertion of -им- in non-past forms
11	м/н-	I	взять начать	возьмý, возьмёшь взял, взяла́ начнý, начнёшь нáчал, начала́	Insertion of vowel in non-past, e.g., возьмý for first subtype
12	н-	I	стать	стáну, стáнешь стал, стáла	Stress always on the stem
13	ну- (1)	I	привыкнуть	привы́кну, привы́кнешь привы́к, привы́кла	Suffix -ну is deleted in past tense endings
14	ну- (2)	I	вернуться	вернýсь, вернёшься вернýлся, вернýлась	Suffix -ну is retained in past tense endings
15	ова-	I	фотографиро-вать, танцевать	фотографи́рую, фотографи́руешь фотографи́ровал форографи́ровала танцýю, танцýешь, танцева́л, танцева́ла	Syllabic alternation of -ова- with -уй-
16	ой-	I	открыть	откро́ю, откро́ешь откры́л, откры́ла	Syllabic alternation of -ый in infinitive with -ой in non-past forms

Masculine Noun Phrases—Singular

Именительный Кто/что	Винительный Кого/что	Родительный Кого/чего	Дательный Кому/чему	Творительный Кем/чем	Предложный О ком/о чём
Московский университет	Московский университет	Московского университета	Московскому университету	Московским университетом	о Московском университете
старый кремль	старый кремль	старого кремля	старому кремлю	старым кремлём	о старом кремле
большой пляж	большой пляж	большого пляжа	большому пляжу	большим пляжем	о большом пляже
способный врач	способного врача	способного врача	способному врачу	способным врачом	о способном враче
умный студент	умного студента	умного студента	умному студенту	умным студентом	об умном студенте
дорогой санаторий	дорогой санаторий	дорогого санатория	дорогому санаторию	дорогим санаторием	о дорогом санатории
интересный подарок	интересный подарок	интересного подарка	интересному подарку	интересным подарком	об интересном подарке

Masculine Noun Phrases—Plural

Именительный Кто/что	Винительный Кого/что	Родительный Кого/чего	Дательный Кому/чему	Творительный Кем/чем	Предложный О ком/о чём
Московские университеты	Московские университеты	Московских университетов	Московским университетам	Московскими университетами	о Московских университетах
старые кремли	старые кремли	старых кремлей	старым кремлям	старыми кремлями	о старых кремлях
большие пляжи	большие пляжи	больших пляжей	большим пляжам	большими пляжами	о больших пляжах
способные врачи	способных врачей	способных врачей	способным врачам	способными врачами	о способных врачах
умные студенты	умных студентов	умных студентов	умным студентам	умными студентами	об умных студентах
дорогие санатории	дорогие санатории	дорогих санаториев	дорогим санаториям	дорогими санаториями	о дорогих санаториях
интересные подарки	интересные подарки	интересных подарков	интересным подаркам	интересными подарками	об интересных подарках

Feminine Noun Phrases—Singular

Именительный Кто/что	Винительный Кого/что	Родительный Кого/чего	Дательный Кому/чему	Творительный Кем/чем	Предложный О ком/о чём
вечерн**яя** газет**а**	вечерн**юю** газет**у**	вечерн**ей** газет**ы**	вечерн**ей** газет**е**	вечерн**ей** газет**ой**	о вечерн**ей** газет**е**
добр**ая** учительни**ца**	добр**ую** учительни**цу**	добр**ой** учительни**цы**	добр**ой** учительни**це**	добр**ой** учительни**цей**	о добр**ой** учительни**це**
Красн**ая** площа**дь**	Красн**ую** площа**дь**	Красн**ой** площа**ди**	Красн**ой** площа**ди**	Красн**ой** площа**дью**	о Красн**ой** площа**ди**
современн**ая** лаборатори**я**	современн**ую** лаборатори**ю**	современн**ой** лаборатори**и**	современн**ой** лаборатори**и**	современн**ой** лаборатори**ей**	о современн**ой** лаборатори**и**
умн**ая** студент**ка**	умн**ую** студент**ку**	умн**ой** студент**ки**	умн**ой** студент**ке**	умн**ой** студент**кой**	об умн**ой** студент**ке**
красив**ая** песн**я**	красив**ую** песн**ю**	красив**ой** песн**и**	красив**ой** песн**е**	красив**ой** песн**ей**	о красив**ой** песн**е**
больш**ая** короб**ка**	больш**ую** короб**ку**	больш**ой** короб**ки**	больш**ой** короб**ке**	больш**ой** короб**кой**	о больш**ой** короб**ке**

Feminine Noun Phrases—Plural

Именительный Кто/что	Винительный Кого/что	Родительный Кого/чего	Дательный Кому/чему	Творительный Кем/чем	Предложный О ком/о чём
вечерн**ие** газет**ы**	вечерн**ие** газет**ы**	вечерн**их** газет	вечерн**им** газет**ам**	вечерн**ими** газет**ами**	о вечерн**их** газет**ах**
добр**ые** учительни**цы**	добр**ых** учительни**ц**	добр**ых** учительни**ц**	добр**ым** учительни**цам**	добр**ыми** учительни**цами**	о добр**ых** учительни**цах**
историческ**ие** площа**ди**	историческ**ие** площа**ди**	историческ**их** площа**дей**	историческ**им** площа**дям**	историческ**ими** площа**дями**	об историческ**их** площа**дях**
современн**ые** лаборатори**и**	современн**ые** лаборатори**и**	современн**ых** лаборатори**й**	современн**ым** лаборатори**ям**	современн**ыми** лаборатори**ями**	о современн**ых** лаборатори**ях**
умн**ые** студент**ки**	умн**ых** студент**ок**	умн**ых** студент**ок**	умн**ым** студент**кам**	умн**ыми** студент**ками**	об умн**ых** студент**ках**
красив**ые** песн**и**	красив**ые** песн**и**	красив**ых** песен	красив**ым** песн**ям**	красив**ыми** песн**ями**	о красив**ых** песн**ях**
больш**ие** короб**ки**	больш**ие** короб**ки**	больш**их** короб**ок**	больш**им** короб**кам**	больш**ими** короб**ками**	о больш**их** короб**ках**

Neuter Noun Phrases—Singular

Именительный Кто/что	Винительный Кого/что	Родительный Кого/чего	Дательный Кому/чему	Творительный Кем/чем	Предложный О ком/о чём
скандальное письмо	скандальное письмо	скандального письма	скандальному письму	скандальным письмом	о скандальном письме
чистое бельё	чистое бельё	чистого белья	чистому белью	чистым бельём	о чистом белье
трудное упражнение	трудное упражнение	трудного упражнения	трудному упражнению	трудным упражнением	о трудном упражнении

Neuter Noun Phrases—Plural

Именительный Кто/что	Винительный Кого/что	Родительный Кого/чего	Дательный Кому/чему	Творительный Кем/чем	Предложный О ком/о чём
скандальные письма	скандальные письма	скандальных писем	скандальным письмам	скандальными письмами	о скандальных письмах
дорогие ружья	дорогие ружья	дорогих ружей	дорогим ружьям	дорогими ружьями	о дорогих ружьях
трудные упражнения	трудные упражнения	трудных упражнений	трудным упражнениям	трудными упражнениями	о трудных упражнениях

Personal Pronouns

Именительный Кто/что	Винительный Кого/что	Родительный Кого/чего	Дательный Кому/чему	Творительный Кем/чем	Предложный О ком/о чём
я	меня	меня	мне	мной (мнóю)	обо мне
ты	тебя	тебя	тебé	тобóй (тобóю)	о тебé
он	(н)егó	(н)егó	(н)емý	(н)им	о нём
онá	(н)её	(н)её	(н)ей	(н)ей (éю)	о ней
онó	(н)егó	(н)егó	(н)емý	(н)им	о нём
мы	нас	нас	нам	нáми	о нас
вы	вас	вас	вам	вáми	о вас
онú	(н)их	(н)их	(н)им	(н)úми	о них
	себя	себя	себé	собóй	о себé
сам	самогó	самогó	самомý	самúм	о самóм
самá	самý	самóй	самóй	самóй	о самóй
сáми	самúх	самúх	самúм	самúми	о самúх

Possessive Pronouns—Masculine

Именительный Кто/что	Винительный Кого/что	Родительный Кого/чего	Дательный Кому/чему	Творительный Кем/чем	Предложный О ком/о чём
мой	моего́/мой	моего́	моему́	мои́м	о моём
твой	твоего́/твой	твоего́	твоему́	твои́м	о твоём
наш	на́шего/наш	на́шего	на́шему	на́шим	о на́шем
ваш	ва́шего/ваш	ва́шего	ва́шему	ва́шим	о ва́шем
чей	чьего́/чей	чьего́	чьему́	чьим	о чьём

*The nominative case form is used in the accusative for inanimate nouns; the genitive case form is used in the accusative for animate nouns.

Possessive Pronouns—Feminine

Именительный Кто/что	Винительный Кого/что	Родительный Кого/чего	Дательный Кому/чему	Творительный Кем/чем	Предложный О ком/о чём
моя́	мою́	мое́й	мое́й	мое́й	о мое́й
твоя́	твою́	твое́й	твое́й	твое́й	о твое́й
на́ша	на́шу	на́шей	на́шей	на́шей	о на́шей
ва́ша	ва́шу	ва́шей	ва́шей	ва́шей	о ва́шей
чья	чью	чьей	чьей	чьей	о чьей

Possessive Pronouns—Neuter

Именительный Кто/что	Винительный Кого/что	Родительный Кого/чего	Дательный Кому/чему	Творительный Кем/чем	Предложный О ком/о чём
моё	моё	моего́	моему́	мои́м	о моём
твоё	твоё	твоего́	твоему́	твои́м	о твоём
на́ше	на́ше	на́шего	на́шему	на́шим	о на́шем
ва́ше	ва́ше	ва́шего	ва́шему	ва́шим	о ва́шем
чьё	чьё	чьего́	чьему́	чьим	о чьём

Possessive Pronouns—Plural

Именительный Кто/что	Винительный Кого/что	Родительный Кого/чего	Дательный Кому/чему	Творительный Кем/чем	Предложный О ком/о чём
мой	мойх/мой	мойх	мойм	мойми	о мойх
твой	твойх/твой	твойх	твойм	твойми	о твойх
наши	наших/наши	наших	нашим	нашими	о наших
ваши	ваших/ваши	ваших	вашим	вашими	о ваших
чьи	чьих/чьи	чьих	чьим	чьйми	о чьих

*The nominative case form is used in the accusative for inanimate nouns; the genitive case form is used in the accusative for animate nouns.

Special Modifiers—Masculine

Именительный Кто/что	Винительный Кого/что	Родительный Кого/чего	Дательный Кому/чему	Творительный Кем/чем	Предложный О ком/о чём
этот	этого/этот	этого	этому	этим	об этом
тот	того/тот	того	тому	тем	о том
весь	всего/весь	всего	всему	всем	обо всём

*The nominative case form is used in the accusative for inanimate nouns; the genitive case form is used in the accusative for animate nouns.

Special Modifiers—Feminine

Именительный Кто/что	Винительный Кого/что	Родительный Кого/чего	Дательный Кому/чему	Творительный Кем/чем	Предложный О ком/о чём
эта	эту	этой	этой	этой	об этой
та	ту	той	той	той	о той
вся	всю	всей	всей	всей	о всей

Special Modifiers—Neuter

Именительный Кто/что	Винительный Кого/что	Родительный Кого/чего	Дательный Кому/чему	Творительный Кем/чем	Предложный О ком/о чём
это	это	этого	этому	этим	об этом
то	то	того	тому	тем	о том
всё	всё	всего	всему	всем	обо всём

Special Modifiers—Plural

Именительный Кто/что	Винительный Кого/что	Родительный Кого/чего	Дательный Кому/чему	Творительный Кем/чем	Предложный О ком/о чём
э́ти	э́тих/э́ти	э́тих	э́тим	э́тими	об э́тих
те	тех/те	тех	тем	те́ми	о тех
все	всех/все	всех	всем	все́ми	обо всех
одни́	одни́х/одни́	одни́х	одни́м	одни́ми	об одни́х

*The nominative case form is used in the accusative for inanimate nouns; the genitive case form is used in the accusative for animate nouns.

Masculine Russian Last Names in -ев/-ёв/-ин/-ын

Именительный Кто/что	Винительный Кого/что	Родительный Кого/чего	Дательный Кому/чему	Творительный Кем/чем	Предложный О ком/о чём
Медведев	Медведева	Медведева	Медведеву	Медведевым	о Медведеве
Соловьёв	Соловьёва	Соловьёва	Соловьёву	Соловьёвым	о Соловьёве
Бородин	Бородина	Бородина	Бородину	Бородиным	о Бородине
Солженицын	Солженицына	Солженицына	Солженицыну	Солженицыным	о Солженицыне

Shaded cells indicate adjectival declension pattern.

Feminine Russian Last Names in -ев/-ёв/-ин/-ын

Именительный Кто/что	Винительный Кого/что	Родительный Кого/чего	Дательный Кому/чему	Творительный Кем/чем	Предложный О ком/о чём
Медведева	Медведеву	Медведевой	Медведевой	Медведевой	о Медведевой
Соловьёва	Соловьёву	Соловьёвой	Соловьёвой	Соловьёвой	о Соловьёвой
Бородина	Бородину	Бородиной	Бородиной	Бородиной	о Бородиной
Солженицына	Солженицыну	Солженицыной	Солженицыной	Солженицыной	о Солженицыной

Shaded cells indicate adjectival declension pattern.

Plural Russian Last Names in -ев/-ёв/-ин/-ын

Именительный Кто/что	Винительный Кого/что	Родительный Кого/чего	Дательный Кому/чему	Творительный Кем/чем	Предложный О ком/о чём
Медведевы	Медведевых	Медведевых	Медведевым	Медведевыми	о Медведевых
Соловьёвы	Соловьёвых	Соловьёвых	Соловьёвым	Соловьёвыми	о Соловьёвых
Бородины	Бородиных	Бородиных	Бородиным	Бородиными	о Бородиных
Солженицыны	Солженицыных	Солженицыных	Солженицыным	Солженицыными	о Солженицыных

Shaded cells indicate adjectival declension pattern.

Adjectives Based on Names and Family Relationships

Именительный Кто/что	Винительный Кого/что	Родительный Кого/чего	Дательный Кому/чему	Творительный Кем/чем	Предложный О ком/о чём
Сашин	Сашиного/Сашин	Сашиного	Сашиному	Сашиным	о Сашином
Сашина	Сашину	Сашиной	Сашиной	Сашиной	о Сашиной
Сашины	Сашиных/Сашины	Сашиных	Сашиным	Сашиными	о Сашиных

Shaded cells indicate adjectival declension pattern.

Note that adjectives based on family relationships, such as мамин, are not capitalized except when they are sentence initial.

Cardinal Numbers

	Именительный Кто/что	Винительный Кого/что	Родительный Кого/чего	Дательный Кому/чему	Творительный Кем/чем	Предложный О ком/о чём
1	оди́н	оди́н/одного́	одного́	одному́	одни́м	об одно́м
	одна́	одну́	одно́й	одно́й	одно́й	об одно́й
	одно́	одно́	одного́	одному́	одни́м	об одно́м
	одни́	одни́/одни́х	одни́х	одни́м	одни́ми	об одни́х
2	два	два/двух	двух	двум	двумя́	о двух
	две	две/двух				
3	три	три/трёх	трёх	трём	тремя́	о трёх
4	четы́ре	четы́ре/четырёх	четырёх	четырём	четырьмя́	о четырёх
5	пять	пять	пяти́	пяти́	пятью́	о пяти́
6	шесть	шесть	шести́	шести́	шестью́	о шести́
7	семь	семь	семи́	семи́	семью́	о семи́
8	во́семь	во́семь	восьми́	восьми́	восемью́	о восьми́
9	де́вять	де́вять	девяти́	девяти́	девятью́	о девяти́
10	де́сять	де́сять	десяти́	десяти́	десятью́	о десяти́

	Именительный Кто/что	Винительный Кого/что	Родительный Кого/чего	Дательный Кому/чему	Творительный Кем/чем	Предложный О ком/о чём
11	одиннадцать	одиннадцать	одиннадцати	одиннадцати	одиннадцатью	о одиннадцати
12	двенадцать	двенадцать	двенадцати	двенадцати	двенадцатью	о двенадцати
13	тринадцать	тринадцать	тринадцати	тринадцати	тринадцатью	о тринадцати
14	четырнадцать	четырнадцать	четырнадцати	четырнадцати	четырнадцатью	о четырнадцати
15	пятнадцать	пятнадцать	пятнадцати	пятнадцати	пятнадцатью	о пятнадцати
16	шестнадцать	шестнадцать	шестнадцати	шестнадцати	шестнадцатью	о шестнадцати
17	семнадцать	семнадцать	семнадцати	семнадцати	семнадцатью	о семнадцати
18	восемнадцать	восемнадцать	восемнадцати	восемнадцати	восемнадцатью	о восемнадцати
19	девятнадцать	девятнадцать	девятнадцати	девятнадцати	девятнадцатью	о девятнадцати
20	двадцать	двадцать	двадцати	двадцати	двадцатью	о двадцати
30	тридцать	тридцать	тридцати	тридцати	тридцатью	о тридцати
40	сорок	сорок	сорока	сорока	сорока	о сорока
50	пятьдесят	пятьдесят	пятидесяти	пятидесяти	пятьюдесятью	о пятидесяти
60	шестьдесят	шестьдесят	шестидесяти	шестидесяти	шестьюдесятью	о шестидесяти
70	семьдесят	семьдесят	семидесяти	семидесяти	семьюдесятью	о семидесяти
80	восемьдесят	восемьдесят	восьмидесяти	восьмидесяти	восьмюдесятью	о восьмидесяти
90	девяносто	девяносто	девяноста	девяноста	девяноста	о девяноста
100	сто	сто	ста	ста	ста	о ста
200	двести	двести	двухсот	двумстам	двумястами	о двухстах
300	триста	триста	трёхсот	трёмстам	тремястами	о трёхстах
400	четыреста	четыреста	четырёхсот	четырёмстам	четырьмястами	о четырёхстах
500	пятьсот	пятьсот	пятисот	пятистам	пятьюстами	о пятистах
600	шестьсот	шестьсот	шестисот	шестистам	шестьюстами	о шестистах
700	семьсот	семьсот	семисот	семистам	семьюстами	о семистах
800	восемьсот	восемьсот	восьмисот	восьмистам	восемьюстами	о восьмистах
900	девятьсот	девятьсот	девятисот	девятистам	девятьюстами	о девятистах
1000	тысяча	тысячу	тысячи	тысяче	тысячей	о тысяче
2000	две тысячи	две тысячи/двух тысяч	двух тысяч	двум тысячам	двумя тысячами	о двух тысячах

Ordinal Numbers

1	пе́рвый	11	оди́ннадцатый			100	со́тый
2	второ́й	12	двена́дцатый			200	двухсо́тый
3	тре́тий	13	трина́дцатый	30	тридца́тый	300	трёхсо́тый
4	четвёртый	14	четы́рнадцатый	40	сороково́й	400	четырёхсо́тый
5	пя́тый	15	пятна́дцатый	50	пятидеся́тый	500	пятисо́тый
6	шесто́й	16	шестна́дцатый	60	шестидеся́тый	600	шестисо́тый
7	седьмо́й	17	семна́дцатый	70	семидеся́тый	700	семисо́тый
8	восьмо́й	18	восемна́дцатый	80	восьмидеся́тый	800	восьмисо́тый
9	девя́тый	19	девятна́дцатый	90	девяно́стый	900	девятисо́тый
10	деся́тый	20	двадца́тый			1000	ты́сячный
						2000	двухты́сячный

All texts that are not attributed were written by the authors. All texts from Ekho Moskvy are used with permission.

Chapter 1

Photo 1: Photograph by Alexey Malgavko. Students before a class at the Omsk Medical Academy (2014). Used with permission of Sputnik.

Photo 2: Photograph by Sergey Venyavsky. The Department of Military Science of the State Technological University of Rostov on Don will be closed in October 2008 under the government's decision to reduce the number of officers' training departments and military science departments at universities. At present, 30 army officers work and more than 300 students study at the Technological University of Rostov on Don (2008). Used with permission of Sputnik.

Chapter 2

Photo 1: Photograph by Илья Ипатов/Il'ia Ipatov. Used with permission.

Photo 2: Photograph by Sergey Rasulov. Some of thousands of participants of a rally against kidnappings and law enforcement agencies' lawlessness in Makhachkala (2011). Used with permission of Sputnik.

Текст 1: Блог «О вреде социальных медиа»: Эльдар Муртазин/Eldar Murtazin, "О вреде социальных медиа для карьеры топ-менеджера или как толпа уничтожает людей/How social media can harm a top manager's career, or how crowds destroy people," *Ekho Moskvy*, May 18, 2012. Accessed at: http://echo.msk.ru/blog/murtazin/889872-echo/.

Текст 2: Запись в «Фейсбуке»: Социальные сети—зло или добро?: From, *Типичный случа/Typical case radio program*, hosted by Olga Zhuravleva; originally aired on Ekho Moskvy on July 31, 2011. The words in the main text were spoken by Alexey Navalny.

Текст 3: Анна Ахматова, «Сегодня мне письма не принесли . . . ». Used with permission of Margarita Novgorodova.

Chapter 3

Photo 1: Photograph by Илья Варламов/Il'ia Varlamov. Used with permission.

Photo 2: Photograph by Sergey Pyatakov. Alexander Yatsko as Arkady Svidrigailov and Anna Mikhailovskaya as Dunya in a scene from the play R.R.R., based on Fyodor Dostoyevsky's novel *Crime and Punlishment* and staged at Mossovet Theater (2012). Used with permission of Sputnik.

Текст 1: Статья «Закончен срок—что ждёт на воле?»: Ольга Кузнецова/Olga Kuznetsova, "Закончен срок—что ждёт на воле?/The time is up—what awaits outside of prison?" *Ekho Moskvy*, November 6, 2013. Accessed at: http://echo.msk.ru/blog/ladyok/1192480-echo/.

Текст 2: Блог «Страны-убийцы»: Сергей Никитин/Sergey Nikitin, "Страны-убийцы/Countries-murderers." *Ekho Moskvy*, March 27, 2014. Accessed at: http://www.echo.msk.ru/blog/echonikit/1288104-echo/.

Chapter 4

Photo 1: Photograph by Alexandr Kryazhev. Men are smoking at the Mochischche aerodome near Novosibirsk where "The Continuity of

Generations" air festival is held to mark the 100th birthday anniversary of Marshal of the Soviet Air Force, Three Times Hero of the Soviet Union Alexander Pokryshkin (2013). Used with permission of Sputnik.

Photo 2: Photograph by Sergey Norin. Creative Commons license Attribution 2.0 Generic (CC BY 2.0).

Текст 1: Блог «Закон о борьбе с курением—победа табачного лобби»: Борис Тупицын/Boris Tupitsyn,"Закон о борьбе с курением—победа табачного лобби/The bill to fight smoking is a victory for the tobacco lobby," *Ekho Moskvy*: February 27, 2013. Accessed at http://www.echo.msk.ru/blog/tbm/1021168-echo/.

Текст 2: Блог «Сбылась мечта наркомана?»: Марк Сандомирский/Mark Sandomirskii, "Сбылась мечта наркомана?/Drug user's dream come true?" *Ekho Moskvy*: January 2, 2014. Accessed at: http://www.echo.msk.ru/blog/rez/1230584-echo/.

Текст 3: Анна Ахматова, «Я не любви твоей прошу . . . ». Used with permission of Margarita Novgorodova.

Chapter 5

Photo 1: Photograph by Saint-Petersburg Theological Academy, 19th Sunday after Pentacost, Holy Apostle Thomas; October 19, 2004. Creative Commons license: Attribution-NoDerivs 2.0 Generic (CC BY 2.0).

Photo 2: Photograph by Saint-Petersburg Theological Academy, 19th Sunday after Pentacost, Holy Apostle Thomas; October 19, 2004. Creative Commons license: Attribution-NoDerivs 2.0 Generic (CC BY 2.0).

Текст 1: Религия в жизни россиян: Press release, «Религия в жизни россиян», ВЦИОМ/All-Russian Center for the Study of Public Opinion, December 9, 2008. Available at: http://wciom.ru/index.php?id=236&uid=11099.

Текст 2: Статья «Преподавание религии в школе»: Written by Ksenia Golovleva/Ксения Головлева. © 2017 Georgetown University Press.

Chapter 6

Photo 1: Photograph by Артемий Лебедев/Artemii Lebedev. Used with permission.

Photo 2: Painting by Иван Крамской/Ivan Kramskoi, "The Stranger," 1883. Tretyakov Gallery. Scala/Art Resource, NY. Used with permission.

Текст 1: Статья «Вопрос психологу»: Written by Ksenia Golovleva/Ксения Головлева. © 2017 Georgetown University Press.

Текст 2: "Как бы выглядела кукла Барби в жизни? Самые известные живые куклы," translated by Филипенко Л. В. Infoniac, 17 May 2013. Available at: http://www.infoniac.ru/news/Kak-by-vyglyadela-kukla-Barbi-v-zhizni-Samye-izvestnye-zhivye-kukly.html.

Chapter 7

Photo 1: Photograph by Vladimir Pesnya. A view of Varvarka Street in Moscow. Used with permission of Sputnik.

Photo 2: Photograph by Tanya K. Creative Commons license: CC Attribution 2.0 Generic (CC BY 2.0).

Текст 1: Блоги «Города России»: Written by Ksenia Golovleva/Ксения Головлева. © 2017 Georgetown University Press.

Текст 2: Блог «Откажись от автомобиля!»: "Откажись от автомобиля!/Give up the car!" from, "Типичный случай/Typical case radio program," hosted by Olga Zhuravleva, aired on *Ekho Moskvy*, March 25, 2012. Available at: http://echo.msk.ru/programs/tsluchay/870764-echo/.

Текст 3: Анна Ахматова, «Как люблю, как любила глядеть я . . . ». Used with permission of Margarita Novgorodova.

Chapter 8

Photo 1: Photograph by M. Dmitriev. Tea time routine in the family of the Leningrad Trade House salesperson Tatyana Ivanova (1985). Used with permission of Sputnik.

Photo 2: Painting by Василий Пукирев/Vasilii Pukirev, "A Marriage of Interest," 1862. Tretyakov Gallery. © Scala/Art Resource, NY. Used with permission.

October 5, 2013. Available at: http://echo.msk.ru/blog/nossik/1171076-echo/.

Chapter 14

Photo 1: Painting Виктор Васнецов/Viktor Vasnetsov, "Bogatyrs," 1898. © State Russian Museum, St. Petersburg. HIP/Art Resource, NY. Used with permission.

Photo 2: Photograph by Илья Варламов/Il'ia Varlamov. Used with permission.

Текст 1: Статья «Герои нашего времени»: Written by Ksenia Golovleva/Ксения Головлева. © 2017 Georgetown University Press.

Текст 2: Илья Молоствов, «Виктор Цой—последний герой,» *Человек без границ /Humans without Borders*, November 3, 2004. Available at: http://www.manwb.ru/articles/persons/fatherlands_sons/Tsoy_ILMolostvov/.

Chapter 15

Photo 1: Photograph by Andrey Dorofeev, A cleaner washing the façade of a building on Nevsky Avenue in St Petersburg (2009), Used with permission of Sputnik.

Photo 2: Photograph by Alexander Alpatkin. School children and casual workers harvesting early potatoes at the Izyaschny vegetable garm in the Kurgan Region (2006). Used with permission of Sputnik.

Текст 1: Статья: «Работай, студент!»: Written by Ksenia Golovleva/Ксения Головлева. © 2017 Georgetown University Press.

Текст 2: Интервью с руководителем кадрового агентства «Старт» Василием Носиковым: Written by Ksenia Golovleva/Ксения Головлева. © 2017 Georgetown University Press.

Chapter 16

Photo 1: Photograph by Илья Ипатов/Il'ia Ipatov. Used with permission.

Photo 2: Photograph by Илья Ипатов/Il'ia Ipatov. Used with permission.

Текст 1: Блог «Путешествия и социальный статус»: Сергей Шейхетов, "Граждане общества потребления (путешествия)," *Ekho Moskvy*, June 30, 2010. Available at: http://echo.msk.ru/blog/sheih/691783-echo.

Текст 2: «Как путешествовать и не разориться» Written by Ksenia Golovleva/Ксения Головлева. © 2017 Georgetown University Press.